此防伪页系专门制造

※此防伪页内有多层次固定水印，透光看水印清晰，水印凹凸立体感明显。

※此防伪页上有开天窗安全线，安全线在可见光下改变角度可变色，线上印有“自学考试”激光字。

全国高等教育自学考试指定教材

社会调查方法

（含：社会调查方法自学考试大纲）　课程代码　00288

（2024年版）

全国高等教育自学考试指导委员会　组编

主　编　董海军

副主编　曾东霞　柳卓萍

中国人民大学出版社

·北京·

中国人民大学出版社自考数字教材配套数字资源使用指南

由全国高等教育自学考试指导委员会组织国内相关领域知名专家，编写了最新版自考教材，并首次配套数字资源。本数字教材有以下特点：

（1）知识点微课贯穿全书，视频扫码随时学。

（2）在线自测题按章分布，边学边练效果好。

（3）支持课程互动和评论，让学习不再孤单。

（4）考试资讯和资源更新，关注公号享服务。

凡是购买正版教材的考生，可凭封面的兑换码免费兑换教材配套数字资源。

数字资源获取方法和使用说明如下：

（1）扫描并关注“人大社 e 自考”微信公众号。

（2）点击“课程中心”中的子菜单“兑换中心”。

（3）刮开本书所附卡片涂层，获取数字资源兑换码，即可兑换教材配套数字资源。

（4）在“课程中心”中的子菜单“我的课程”里找到已兑换的课程进行学习。

如兑换码有误或有其他问题，请关注“人大社 e 自考”微信公众号并留言。

组编前言

21 世纪是一个变幻莫测的世纪，是一个催人奋进的时代。科学技术飞速发展，知识更替日新月异。希望、困惑、机遇、挑战，随时随地都有可能出现在每一个社会成员的生活之中。抓住机遇，寻求发展，迎接挑战，适应变化的制胜法宝就是学习——依靠自己学习、终身学习。

作为我国高等教育组成部分的自学考试，其职责就是在高等教育这个水平上倡导自学、鼓励自学、帮助自学、推动自学，为每一个自学者铺就成才之路。组织编写供读者学习的教材就是履行这个职责的重要环节。毫无疑问，这种教材应当适合自学，应当有利于学习者掌握和了解新知识、新信息，有利于学习者增强创新意识，培养实践能力，形成自学能力，也有利于学习者学以致用，解决实际工作中所遇到的问题。具有如此特点的书，我们虽然沿用了“教材”这个概念，但它与那种仅供教师讲、学生听，教师不讲、学生不懂，以“教”为中心的教科书相比，已经在内容安排、编写体例、行文风格等方面都大不相同了。希望读者对此有所了解，以便从一开始就树立起依靠自己学习的坚定信念，不断探索适合自己的学习方法，充分利用自己已有的知识基础和实际工作经验，最大限度地发挥自己的潜能，达到学习的目标。

欢迎读者提出意见和建议。

祝每一位读者自学成功。

全国高等教育自学考试指导委员会

2022 年 12 月

目　录

组编前言

社会调查方法自学考试大纲

大纲前言 …… 2
Ⅰ　课程性质与课程目标 …… 3
Ⅱ　考核目标 …… 5
Ⅲ　课程内容与考核要求 …… 6
Ⅳ　关于大纲的说明与考核实施要求 …… 24
附录：题型举例 …… 26
大纲后记 …… 28

社会调查方法

编者的话 …… 30
第一章　导论 …… 33
　第一节　社会调查的含义、题材与功能 …… 34
　第二节　社会调查的类型学及其过程 …… 37
　第三节　社会调查的理论基础 …… 40
　第四节　社会调查的发展脉络 …… 44
第二章　选择调查主题 …… 49
　第一节　确定调查主题的意义 …… 50
　第二节　评价调查主题的标准 …… 52
　第三节　选择调查主题的途径 …… 56
　第四节　文献回顾 …… 59

第三章 调查设计 …… 67
第一节 分析单位 …… 68
第二节 调查方案设计 …… 71
第三节 测量 …… 75
第四节 操作化 …… 86
第四章 问卷设计 …… 92
第一节 问卷及其结构 …… 93
第二节 问卷设计的意义、步骤与原则 …… 97
第三节 问题和选项的设计 …… 102
第四节 网络问卷设计及其注意事项 …… 110
第五章 抽样 …… 117
第一节 抽样概述 …… 117
第二节 概率抽样 …… 122
第三节 非概率抽样 …… 130
第四节 样本规模 …… 135
第六章 定量资料的收集 …… 140
第一节 自填问卷法 …… 141
第二节 结构访问法 …… 149
第三节 定量资料收集的实施要领 …… 153
第四节 大数据时代的数据获取 …… 154
第七章 定量资料的处理 …… 159
第一节 调查资料的审核与编码 …… 160
第二节 数据输入与清理 …… 166
第三节 数据转化与调整 …… 168
第八章 实地调查 …… 179
第一节 实地调查的含义、特征与过程 …… 180
第二节 观察法 …… 189
第三节 无结构式访谈法 …… 196
第四节 实地资料及其整理分析 …… 204
第九章 文献调查 …… 210
第一节 文献调查的含义及相关辨析 …… 210
第二节 内容分析 …… 216
第三节 二次分析 …… 223

第四节　现存统计资料分析 …… 226
第十章　统计基础知识 …… 234
第一节　单变量描述分析 …… 235
第二节　多变量描述分析 …… 243
第三节　参数估计 …… 246
第四节　相关关系与因果关系 …… 247
第五节　详析模式与统计控制 …… 255
第十一章　统计图表的呈现规范 …… 259
第一节　数据的报表呈现 …… 260
第二节　数据的图形展示 …… 265
第十二章　报告撰写 …… 278
第一节　调查报告的类型及特点 …… 279
第二节　调查报告的撰写步骤与内容 …… 282
第三节　不同类型调查报告的结构与具体写作 …… 289
第四节　撰写调查报告应注意的其他问题 …… 302
参考文献 …… 305
附录 …… 307
后记 …… 308

全国高等教育自学考试

社会调查方法
自学考试大纲

全国高等教育自学考试指导委员会　制定

大纲前言

为了适应社会主义现代化建设事业的需要，鼓励自学成才，我国在20世纪80年代初建立了高等教育自学考试制度。高等教育自学考试是个人自学、社会助学和国家考试相结合的一种高等教育形式。应考者通过规定的专业课程考试并经思想品德鉴定达到毕业要求的，可获得毕业证书；国家承认学历并按照规定享有与普通高等学校毕业生同等的有关待遇。经过40多年的发展，高等教育自学考试为国家培养造就了大批专门人才。

课程自学考试大纲是规范自学者学习范围、要求和考试标准的文件。它是按照专业考试计划的要求，具体指导个人自学、社会助学、国家考试及编写教材的依据。

为更新教育观念，深化教学内容方式、考试制度、质量评价制度改革，更好地提高自学考试人才培养的质量，全国考委各专业委员会按照专业考试计划的要求，组织编写了课程自学考试大纲。

新编写的大纲，在层次上，本科参照一般普通高校本科水平，专科参照一般普通高校专科或高职院校的水平；在内容上，及时反映学科的发展变化以及自然科学和社会科学近年来研究的成果，以更好地指导应考者学习使用。

全国高等教育自学考试指导委员会

2023年12月

Ⅰ　课程性质与课程目标

一、课程性质和特点

“社会调查方法”课程在社会科学领域中占据重要地位，是学术研究从理论到实践的桥梁。该课程深入讲授如何通过科学的社会调查手段获取和分析数据，对于培养学生的实证研究能力、批判性思维和问题解决技巧至关重要。在社会学、管理学、经济学、政治学等多个学科领域，社会调查方法提供了一套完善的工具和框架，以支撑严谨的科学研究。同时，它也是市场分析、公共政策评估和社会工作等实务操作不可或缺的部分。本课程系统介绍定性与定量研究方法，涵盖调查策划，数据采集、处理、分析和报告撰写全过程，这为应考者将来在文书报告写作、管理决策支持和提升政策执行成效方面打下坚实基础。

本课程旨在培育自学考试应考者深刻理解社会现象、精准评估社会问题的能力，使自学考试应考者比较全面系统地掌握社会调查的基本理论、基本知识和基本操作技能，学会设计调查方案、编制调查问卷、组织实施调查、处理调查数据和撰写调查报告，系统了解社会调查的概念与功能、调查设计的基本原则、样本抽取的理论与方法、数据收集的技术与工具、数据分析的常用统计方法以及调查报告的撰写等。其作用在于提高自学考试应考者的社会调查能力，使其在市场研究、公共管理、文秘写作等领域能应对多样化的工作需求。本课程的适用专业是秘书学（专升本）、社会工作（专科）、公共事务管理（专科）、行政管理（专科）等。

二、课程目标

课程设置的目标是使考生能够：

1. 了解社会调查研究的基本程序、基本方法和基本概念。

2. 掌握社会调查的基本原理和主要方法技术。

3. 掌握社会调查的基本知识，包括抽样方法、问卷设计、访谈技巧、统计分析方法等。

4. 了解各种调查方法、工具的优缺点和适用情况，能够根据调查对象与调查目的选择适当的调查方法和工具。

5. 了解初级数据统计基础知识，具备基本的计算机统计技能，能使用电子表格进行初级数据分析。

6. 根据学科特性，理解和掌握书本知识，能够应用知识解决实际问题。

7. 提高社会调查能力，包括问卷调查、实地调查、文献调查以及调查报告撰写的能力。

三、与相关课程的联系与区别

学习本课程应具备社会学的基础知识。

社会调查方法借鉴了社会学理论与方法，并逐渐形成了一门以社会调查方法范式为核心、具有跨学科特点的独立学科体系。与社会学和统计学不同，社会调查方法在研究领域上，既关注理论的构建与验证，也关注实践的经验和逻辑，强调方法论、研究方法和具体方式三个层次的综合运用。在研究方法上，社会调查方法强调定性研究与定量研究并重，侧重于实际操作技能的培养，如选题、研究设计、资料收集、撰写报告等具体方法和技术。在培养特点上，社会调查方法致力于培养兼具理论素养和实践能力的学生。

四、课程的重点和难点

本课程的重点是：社会调查基础理论知识、选择调查主题、调查设计、问卷设计、抽样、定量资料的收集、定量资料的处理、调查报告的撰写。

本课程的次重点是：实地调查和文献调查。

本课程的一般重点是：统计基础知识和统计图表的呈现规范。

本课程的难点是：调查设计和定量资料的处理。

Ⅱ　考核目标

本课程在考核目标中，按照识记、领会、简单应用和综合应用四个层次规定其应达到的能力层次要求。四个能力层次是递进关系，各能力层次的含义是：

识记（Ⅰ）：要求考生能够识别和记忆本课程中有关社会调查方法的基本概念，如定义、特点、原则、功能等，并能够根据考核的不同要求，做出正确的表述、选择和判断。

领会（Ⅱ）：要求考生能够领悟和理解本课程中有关社会调查概念及原理的内涵及外延，理解不同调查方法之间的区别和联系，并能根据考核的不同要求对社会问题、社会现象进行识别和分类，并做出正确的描述、解释和说明。

简单应用（Ⅲ）：要求考生能够根据已掌握的社会调查方法和技巧，针对具体的社会问题，选择适当的调查方法，厘清不同调查方法各自的优势和局限性。在课程案例的引导下培养问题意识，激发探索社会本质的热情。

综合应用（Ⅳ）：要求考生能够综合运用社会调查方法的基本概念、基本原理、常用技巧和方法，聚焦社会运行过程中存在的某些社会问题和社会现象，设计调研方案、进行资料收集分析并完成调查报告。

Ⅲ　课程内容与考核要求

第一章　导论

一、学习目的与要求

通过本章的学习，全面、正确地了解和认识社会调查，重点掌握社会调查的含义、题材、类型和功能，理解社会调查的理论基础，了解社会调查的发展历程、发展简史等内容。

二、课程内容

第一节　社会调查的含义、题材与功能

（一）社会调查的含义

（二）社会调查的题材

（三）社会调查的功能

第二节　社会调查的类型学及其过程

（一）社会调查的类型学

（二）社会调查的过程

第三节　社会调查的理论基础

（一）认识论基础：辩证唯物主义与历史唯物主义

（二）方法论基础：实证主义与人文主义

（三）本土取向：伦理关系与转型社会

（四）实践联系：中国共产党的调查传统

第四节　社会调查的发展脉络

（一）古代社会调查

（二）近代社会调查

（三）现代社会调查

三、考核知识点与考核要求

（一）社会调查的含义、题材与功能

1. 识记：(1) 社会调查的含义；(2) 社会调查的功能。

2. 领会：(1) 社会调查方法体系的现今“共识”；(2) 社会调查的题材。

(二) 社会调查的类型学及其过程

1. 识记：(1) 问卷调查的定义；(2) 实地调查的定义；(3) 文献调查的定义；(4) 定量调查的定义；(5) 定性调查的定义；(6) 选题阶段的任务；(7) 准备阶段的任务；(8) 调查阶段的任务；(9) 研究阶段的任务；(10) 总结阶段的任务。

2. 领会：(1) 社会调查的类型学；(2) 定量调查和定性调查的区别。

3. 简单应用：社会调查的过程。

(三) 社会调查的理论基础

1. 识记：(1) 实证主义的定义；(2) 人文主义的定义。

2. 领会：(1) 社会调查的认识论基础；(2) 社会调查的方法论基础；(3) 社会调查的本土取向；(4) 社会调查的实践联系。

3. 简单应用：(1) 辩证唯物主义与历史唯物主义；(2) 中国社会传统对社会调查的影响；(3) 中国共产党的调查研究传统。

(四) 社会调查的发展脉络

1. 识记：(1) 古代社会调查的定义；(2) 近代社会调查的定义；(3) 现代社会调查的定义。

2. 领会：(1) 社会调查的不同历史阶段；(2) 近现代中国学者的社会调查。

3. 简单应用：不同时期社会调查的时间、特点、典型代表。

四、本章重点与难点

本章重点：社会调查的概念、社会调查的题材、社会调查的功能、社会调查的类型学、社会调查的过程。

本章难点：社会调查的理论基础、社会调查的发展脉络。

第二章　选择调查主题

一、学习目的与要求

通过本章的学习，全面、正确地了解与认识选择和确定社会调查主题的全过程，重点掌握确定调查主题的意义、标准和途径，掌握进行文献回顾的具体方法。

二、课程内容

第一节　确定调查主题的意义

(一) 确立研究方向

(二) 展现研究水平

(三) 制约研究过程

(四) 影响调查质量

第二节 评价调查主题的标准

（一）重要性：主题有必要

（二）创新性：主题有新意

（三）可行性：主题可执行

（四）合适性：主题能适配

第三节 选择调查主题的途径

（一）从现实社会中寻找主题

（二）从个人经历中寻找主题

（三）从文献资料中寻找主题

第四节 文献回顾

（一）文献回顾的意义

（二）文献回顾的主要任务

三、考核知识点与考核要求

（一）确定调查主题的意义

1. 识记：（1）研究方向的定义；（2）研究水平的定义；（3）研究过程的定义；（4）调查质量的定义。

2. 领会：确定调查主题的意义。

3. 简单应用：选择调查主题。

（二）评价调查主题的标准

1. 识记：（1）重要性标准的定义；（2）创新性标准的定义；（3）可行性标准的定义；（4）合适性标准的定义。

2. 领会：（1）重要性标准的理论价值和实践价值；（2）创新性标准的三个内容；（3）可行性标准的主客观条件；（4）合适性标准的适配度。

3. 简单应用：（1）调查主题的评价标准；（2）确立调查主题的一般过程。

4. 综合应用：（1）重要性标准的体现；（2）创新性标准的体现；（3）可行性标准的体现；（4）合适性标准的体现。

（三）选择调查主题的途径

1. 识记：（1）现实社会中主题的定义；（2）个人经历中主题的定义；（3）文献资料中主题的定义。

2. 领会：（1）现实社会中的主题来源；（2）确定个人经历中的主题；（3）寻找文献资料中的主题。

3. 简单应用：从现实社会、个人经历和文献资料中寻找合适的主题。

4. 综合应用：（1）从现实社会、个人经历、文献资料中去寻找主题的不同方法和角度；（2）判断调查主题的质量。

（四）文献回顾

1. 识记：（1）文献回顾的意义；（2）文献回顾的主要任务。

2. 领会：(1) 查找文献的来源；(2) 选择文献的考虑因素；(3) 阅读文献时的注意事项；(4) 撰写文献述评时要注意的问题。

3. 简单应用：(1) 文献回顾的理论意义和具体作用；(2) 文献回顾的四个主要步骤。

4. 综合应用：(1) 文献回顾的主要内容和具体步骤；(2) 撰写文献述评。

四、本章重点与难点

本章重点：确定调查主题的四个意义、评价调查主题的标准、选择调查主题的三大途径、展开文献回顾的过程。

本章难点：运用评价标准来判断调查主题的好坏、撰写文献述评。

第三章　调查设计

一、学习目的与要求

通过本章的学习，全面、正确地了解和认识社会调查中的调查设计，明确区分社会研究中的分析单位和观察单位，并领会分析单位的重要性；正确认识和了解调查方案设计的基本内容和步骤，了解调查过程中的测量工具及其信度和效度。

二、课程内容

第一节　分析单位

(一) 分析单位类型

(二) 区别分析单位与观察单位

(三) 方法论谬误

第二节　调查方案设计

(一) 调查方案设计的具体内容

(二) 调查方案设计的基本原则

第三节　测量

(一) 测量的四要素

(二) 测量的分类：定性测量和定量测量

(三) 测量的过程

(四) 测量层次

(五) 专门化的测量工具

(六) 测量质量的评估

第四节　操作化

(一) 操作化的含义及作用

(二) 操作化的过程

三、考核知识点与考核要求

（一）分析单位

1. 识记：（1）分析单位的定义；（2）区群谬误的定义；（3）简化论的定义。

2. 领会：（1）区分分析单位和观察单位；（2）方法论谬误的类型。

3. 简单应用：分析单位的类型。

（二）调查方案设计

1. 识记：（1）研究类型的定义；（2）选题目的和意义的定义；（3）研究内容的定义；（4）调查范围、调查对象、抽样方案和分析单位的定义；（5）调查的理论假设；（6）调查资料的收集方法与分析方法；（7）调查人员的组织；（8）调查的时间进度和经费使用计划。

2. 领会：调查方案设计的具体内容。

3. 简单应用：（1）社会调查方案设计的一般过程；（2）调查方案设计的基本原则。

（三）测量

1. 识记：（1）测量的定义；（2）概念化的定义。

2. 领会：（1）量的概念化与操作化的区分；（2）质的概念化和操作化的区分；（3）定类测量的定义；（4）定序测量的定义；（5）定距测量的定义；（6）定比测量的定义；（7）指数的定义；（8）量表的定义；（9）定量研究中的信度和效度；（10）定性研究中的信度和效度；（11）内在效度和外在效度的定义。

3. 简单应用：（1）测量层次的定义；（2）信度和效度的关系；（3）李克特量表的设计。

4. 综合应用：（1）测量的过程；（2）建立指数的方法；（3）量表的设计；（4）测评质量的评估。

（四）操作化

1. 识记：（1）操作化的定义；（2）概念的定义；（3）维度和指标的定义。

2. 领会：（1）操作化的作用；（2）社会指标的特点；（3）社会指标的类型。

3. 简单应用：社会指标的设计。

4. 综合应用：操作化的步骤。

四、本章重点与难点

本章重点：分析单位的界定、方法论谬误的鉴别、调查方案的具体内容和原则、测量的不同层次、操作化的过程。

本章难点：分析单位和观察单位的区别、抽象概念的操作化。

第四章　问卷设计

一、学习目的与要求

通过本章的学习，全面、正确地了解与认识问卷设计，重点掌握问卷设计的内涵及问卷的结构，重点掌握问卷设计的步骤及原则、问题及答案的设计技巧，掌握网络问卷设计方法及注意事项等有关内容。

二、课程内容

第一节　问卷及其结构

（一）问卷的概念

（二）问卷的结构

第二节　问卷设计的意义、步骤与原则

（一）问卷设计的意义

（二）问卷设计的步骤

（三）问卷设计的原则

第三节　问题和选项的设计

（一）问题的设计

（二）问题语言及提问方式的选择

（三）问题的数量和顺序的选择

（四）问卷选项设计的原则

第四节　网络问卷设计及其注意事项

（一）网络问卷及其特点优势

（二）网络问卷设计注意事项

三、考核知识点与考核要求

（一）问卷及其结构

1. 识记：（1）问卷的定义；（2）标题的定义；（3）指导语的定义；（4）编码的定义。

2. 领会：问卷的问题及选项。

3. 简单应用：（1）理解问卷的内涵；（2）问卷指导语的编写。

4. 综合应用：（1）问卷封面信的拟定；（2）问卷的结构。

（二）问卷设计的意义、步骤与原则

1. 识记：（1）探索性摸底工作的定义；（2）问卷初稿的定义；（3）卡片法的定义；（4）框图法的定义；（5）试调查的定义；（6）回收率的定义；（7）主观评价法的定义；（8）客观检查法的定义。

2. 领会：问卷设计的意义。

3. 简单应用：问卷设计的原则。

4. 综合应用：问卷设计的步骤。

（三）问题和选项的设计

1. 识记：（1）开放式问题的定义；（2）封闭式问题的定义；（3）关联式问题的定义；（4）穷尽性的定义；（5）互斥性的定义。

2. 领会：（1）问卷问题的类型；（2）问题语言及提问方式的选择；（3）问题数量和顺序的选择；（4）问卷选项设计的选择。

3. 简单应用：问卷语言、提问方式及题目数量、顺序等问题。

4. 综合应用：（1）问卷设计各项要求；（2）问题和选项的设计。

（四）网络问卷设计及其注意事项

1. 识记：（1）网络问卷的定义；（2）传统纸笔问卷调查的定义。

2. 领会：（1）网络问卷产生的时代背景及社会条件；（2）网络问卷调查与传统纸笔问卷调查的比较；（3）网络问卷的独特优势。

3. 简单应用：网络问卷的注意事项。

4. 综合应用：网络问卷的设计。

四、本章重点与难点

本章重点：问卷的结构、问卷设计的步骤、问题语言及提问方式的选择、问题数量和顺序的选择、问卷选项设计的选择、网络问卷设计的注意事项。

本章难点：问题语言及提问方式的选择、问卷选项设计的选择、网络问卷设计的注意事项。

第五章　抽样

一、学习目的与要求

通过本章的学习，全面、正确地了解与认识抽样过程，重点掌握抽样的基本原理，重点掌握概率抽样和非概率抽样的主要类型及其优缺点，能根据具体的研究对象和主题选择合适的抽样方法、确定样本规模。

二、课程内容

第一节　抽样概述

（一）抽样的相关概念

（二）抽样类型

（三）抽样的作用

（四）概率抽样的基本原理

（五）抽样设计

第二节　概率抽样

（一）简单随机抽样

（二）系统抽样

（三）分层抽样

（四）整群抽样

（五）多段抽样

第三节　非概率抽样

（一）偶遇抽样

（二）配额抽样

（三）立意抽样

（四）雪球抽样

（五）其他非概率抽样方法

第四节　样本规模

（一）样本规模的确定

（二）影响样本规模的因素

三、考核知识点与考核要求

（一）抽样概述

1. 识记：（1）总体的定义；（2）抽样的定义；（3）抽样框的定义。

2. 领会：（1）抽样的相关概念；（2）抽样的类型；（3）抽样的一般程序；（4）抽样设计的原则。

3. 简单应用：（1）参数值与统计值的概念；（2）概率抽样和非概率抽样的基本原理和类别。

4. 综合应用：（1）概率抽样和非概率抽样的基本类型；（2）抽样设计。

（二）概率抽样

1. 识记：（1）简单随机抽样的定义；（2）系统抽样的定义；（3）分层抽样的定义；（4）整群抽样的定义；（5）多段抽样的定义。

2. 领会：（1）简单随机抽样的类别；（2）概率抽样的优缺点。

3. 简单应用：（1）不同概率抽样的具体操作和优缺点；（2）不同概率抽样的适用范围。

（三）非概率抽样

1. 识记：（1）偶遇抽样的定义；（2）配额抽样的定义；（3）立意抽样的定义；（4）雪球抽样的定义。

2. 领会：（1）非概率抽样方法的实用性；（2）各个不同抽样方法的优缺点。

3. 简单应用：（1）不同非概率抽样方法的适用方法；（2）不同非概率抽样的优缺点。

（四）样本规模

1. 识记：（1）样本规模的定义；（2）总体规模的定义。

2. 领会：（1）样本规模的影响因素；（2）总体异质性；（3）研究的精确度。

3. 简单应用：样本规模、总体规模的确定与区分。

4. 综合应用：根据影响因素确定样本规模。

四、本章重点与难点

本章重点：抽样的基本原理、概率抽样的类型、非概率抽样的类型、样本规模的确定。

本章难点：抽样设计的一般程序与基本原则、概率抽样与非概率抽样各种方案的优缺点。

第六章　定量资料的收集

一、学习目的与要求

通过本章的学习，全面、正确地了解与认识定量资料的收集方法，重点掌握自填问卷法和结构访问法两种基本类型及其子类型的操作方法与优缺点，并理解资料收集方法的实施要领；对资料收集方法的时代变化、大数据的特点以及互联网大数据挖掘等内容有一定的了解。

二、课程内容

第一节　自填问卷法

（一）个别发送法

（二）集中填答法

（三）邮寄填答法

（四）媒体问卷法

（五）自填问卷法的优缺点

第二节　结构访问法

（一）当面访问法

（二）电话访问法

第三节　定量资料收集的实施要领

（一）了解和熟悉定量资料收集的基本技巧

（二）保证调查资料的回收质量

（三）调查员的挑选和培训

第四节　大数据时代的数据获取

（一）大数据的特点

（二）大数据的挖掘

三、考核知识点与考核要求

（一）自填问卷法

1. 识记：（1）自填问卷法的定义；（2）个别发送法的定义；（3）集中填答法的定义；（4）邮寄填答法的定义；（5）邮政邮寄法的定义；（6）电子邮件邮寄法的定义；（7）媒体问卷法的定义；（8）报刊问卷法的定义；（9）网站问卷法的定义；（10）特定网页问卷法的定义。

2. 领会：(1) 个别发送法的优缺点；(2) 邮寄填答法的注意事项；(3) 媒体问卷法的时代特征；(4) 网站问卷法的优缺点。

3. 简单应用：自填问卷法的优缺点。

4. 综合应用：自填问卷法的各种子类型及其操作方法。

(二) 结构访问法

1. 识记：(1) 当面访问法的定义；(2) 当面访问法的主要优点；(3) 当面访问法的主要缺点；(4) 电话访问法的定义；(5) 电话访问法的实施要点。

2. 领会：电话访问的一般做法。

3. 简单应用：(1) 结构访问法的操作方法；(2) 当面访问法和电话访问法的优缺点。

(三) 定量资料收集的实施要领

1. 识记：定量资料收集的基本技巧。

2. 领会：调查员的挑选和培训。

3. 简单应用：提高问卷回收率和保证问卷填答质量应注意的问题。

4. 综合应用：定量资料收集的基本技巧及相关常见问题注意事项。

(四) 大数据时代的数据获取

1. 识记：(1) 大数据的特点；(2) 规模性的定义；(3) 多样性的定义；(4) 价值性的定义；(5) 高速性的定义。

2. 领会：(1) 大数据的概念；(2) 大数据时代的数据获取。

3. 简单应用：(1) 大数据的概念及特点；(2) 互联网的大数据挖掘过程及优缺点。

四、本章重点与难点

本章重点：自填问卷法的常用类型及其特点、结构访问法的常用类型及其特点、个别发送法和集中填答法的优缺点、邮寄填答法的注意事项。

本章难点：网站问卷法的优缺点、电话访问法的概念及其优缺点、定量资料收集过程的注意事项、大数据的挖掘。

第七章　定量资料的处理

一、学习目的与要求

通过本章的学习，全面、正确地了解与掌握定量资料的处理方法，重点掌握调查资料的审核与编码、数据输入与清理、数据转化与调整，掌握定量资料处理的相关工具和技术。

二、课程内容

第一节　调查资料的审核与编码

(一) 调查资料的审核

(二) 调查问卷的编码

第二节　数据输入与清理

（一）数据输入

（二）数据清理

第三节　数据转化与调整

（一）数据排序

（二）数据筛选

（三）批量转换

（四）分类汇总

（五）合并计算

三、考核知识点与考核要求

（一）调查资料的审核与编码

1. 识记：（1）资料审核的目的和意义；（2）资料审核的内容与方式；（3）编码的定义和作用。

2. 领会：（1）编码方式；（2）答案代码的确定。

3. 简单应用：（1）编码的具体方法；（2）编制编码手册。

（二）数据输入与清理

1. 识记：（1）数据输入的方式；（2）数据清理的目的和意义。

2. 领会：数据清理的具体内容。

3. 简单应用：数据质量抽查。

（三）数据转化与调整

1. 识记：（1）数据排序；（2）数据筛选。

2. 领会：（1）分类汇总的方法；（2）批量转换的方法。

3. 简单应用：数据的批量转换。

四、本章重点与难点

本章重点：调查资料的审核与编码、数据输入与清理、数据转化与调整。

本章难点：数据输入与清理、数据转化与调整。

第八章　实地调查

一、学习目的与要求

通过本章的学习，全面、正确的了解与掌握实地调查这一研究方式，理解实地调查的基本特征及过程、实地调查的优势与局限，重点掌握观察法、无结构式访谈法以及实地资料的整理与分析。

二、课程内容

第一节 实地调查的含义、特征与过程

（一）实地调查的含义
（二）实地调查的基本特征
（三）实地调查的过程
（四）实地调查的优势与局限性

第二节 观察法

（一）观察的概念及意义
（二）观察法的特点及类型
（三）实地观察法的原则
（四）实地观察法实施的技巧
（五）实地观察法的误差和误差控制

第三节 无结构式访谈法

（一）无结构式访谈的含义和特点
（二）无结构式访谈的类型
（三）访谈技术
（四）集体访谈

第四节 实地资料及其整理分析

（一）实地资料及其特点
（二）实地资料的整理与分析

三、考核知识点与考核要求

（一）实地调查的含义、特征与过程

1. 识记：（1）实地调查的定义；（2）第一手资料的定义；（3）观察者效应的定义。
2. 领会：（1）实地调查的基本特征；（2）实地调查的优势；（3）实地调查的局限性。
3. 简单应用：适用于多种不同的研究领域和场景的实地调查。
4. 综合应用：实地调查的前中后期的过程。

（二）观察法

1. 识记：（1）观察的定义；（2）结构观察的定义；（3）非结构观察的定义；（4）直接观察的定义；（5）间接观察的定义；（6）个体观察的定义；（7）群体观察的定义；（8）实验室观察的定义；（9）实地观察的定义；（10）非参与观察的定义；（11）参与观察的定义；（12）明观察的定义；（13）暗观察的定义。

2. 领会：（1）观察的意义；（2）观察法的特点；（3）观察法的类型；（4）实地观察法的原则。

3. 简单应用：（1）不同类型观察法的特征；（2）观察误差产生的原因。

4. 综合应用：实地观察法实施的技巧。

（三）无结构式访谈法

1. 识记：（1）无结构式访谈的定义；（2）半结构式访谈的定义；（3）结构式访谈的定义；（4）正式访谈的定义；（5）非正式访谈的定义；（6）个别访谈的定义；（7）集体访谈的定义；（8）集中访谈的定义；（9）深度访谈的定义；（10）客观陈述法的定义。

2. 领会：（1）无结构式访谈法的特点；（2）无结构式访谈法的类型；（3）集体访谈的特点。

3. 简单应用：访谈记录的基本技巧。

4. 综合应用：（1）结构式访谈和无结构式结构访谈的区别；（2）访谈的记录技巧及其注意事项。

（四）实地资料及其整理分析

1. 识记：实地资料的定义。

2. 领会：（1）实地资料的特点；（2）整理实地资料的意义；（3）实地资料处理的原则。

四、本章重点与难点

本章重点：实地调查的概念、观察法的类型、无结构式访谈的技巧、集体访谈的准备与实施。

本章难点：实地资料的分析与处理。

第九章　文献调查

一、学习目的与要求

通过本章的学习，全面、正确地了解与掌握文献调查这一研究方式，理解文献的含义、文献调查的优缺点，重点掌握文献调查的内容分析、二次分析和现存统计资料分析方法。

二、课程内容

第一节　文献调查的含义及相关辨析

（一）文献及其特点和类型

（二）文献调查的内涵及优缺点

第二节　内容分析

（一）内容分析的概念

（二）内容分析的类型

（三）内容分析的程序

（四）内容分析的优点和缺点

第三节　二次分析

（一）二次分析概述

（二）二次分析的步骤

（三）二次分析的优点和缺点

第四节　现存统计资料分析

（一）现存统计资料分析的含义、资料来源及类型

（二）现存统计资料分析的步骤

（三）现存统计资料分析资料的效度与信度

（四）现存统计资料分析的优势和缺陷

三、考核知识点与考核要求

（一）文献调查的含义及相关辨析

1. 识记：（1）文献的定义；（2）文献调查的定义；（3）零次文献的定义；（4）一次文献的定义；（5）二次文献的定义；（6）三次文献的定义。

2. 领会：（1）文献的特点；（2）文献的类型。

3. 简单应用：文献调查的内涵与优缺点。

（二）内容分析

1. 识记：（1）内容分析的定义；（2）解读式内容分析的定义；（3）实验式内容分析的定义；（4）计算机辅助内容分析的定义。

2. 领会：（1）内容分析的优点；（2）内容分析的缺点。

3. 简单应用：不同类型内容分析的定义、特征和适用情景。

（三）二次分析

1. 识记：二次分析的定义。

2. 领会：（1）二次分析的主要功能；（2）二次分析的优点和缺点。

3. 简单应用：（1）二次分析的类型；（2）二次分析的一般过程。

（四）现存统计资料分析

1. 识记：（1）现存统计资料分析的定义；（2）内部资料的定义；（3）外部资料的定义；（4）数量性状资料的定义；（5）质量性状资料的定义；（6）半定量（等级）资料的定义。

2. 领会：（1）现存统计资料分析的类型；（2）现存统计资料分析的优势；（3）现存统计资料分析的缺陷。

3. 简单应用：现存统计资料分析的主要来源。

四、本章重点与难点

本章重点：文献调查的概念、文献及其类型、二次分析的步骤、现存统计资料分析的类型。

本章难点：内容分析的过程、现存统计资料分析的步骤。

第十章　统计基础知识

一、学习目的与要求

通过本章的学习，全面、正确地了解与掌握统计基础知识，重点掌握单变量描述分析、多变量描述分析、参数估计、相关关系与因果关系、详析模式与统计控制等内容，以及相关工具和技术的使用。

二、课程内容

第一节　单变量描述分析

（一）集中趋势分析（位置分析）
（二）离中趋势分析
（三）形状分析

第二节　多变量描述分析

（一）列联表
（二）相关分析
（三）方差分析
（四）回归分析

第三节　参数估计

（一）参数估计的基本概念
（二）参数的点估计与区间估计

第四节　相关关系与因果关系

（一）相关关系
（二）因果关系

第五节　详析模式与统计控制

（一）详析模式
（二）偏相关分析与协方差分析

三、考核知识点与考核要求

（一）单变量描述分析

1. 识记：(1) 集中趋势的定义；(2) 离中趋势的定义；(3) 形状分析的定义与判断方法。

2. 领会：(1) 集中趋势与离中趋势在统计分析中的作用；(2) 均值、中位数、众数等指标的比较与应用。

3. 简单应用：运用集中趋势与离中趋势的分析方法，进行简单数据的描述性统计分析。

（二）多变量描述分析

1. 识记：（1）列联表的构建与解读；（2）消减误差比例；（3）相关系数的解读；（4）方差分析的基本原理。

（三）参数估计

1. 识记：（1）参数估计的基本概念；（2）点估计与区间估计的计算方法。

2. 领会：（1）参数估计的基本原理与意义；（2）置信区间的计算与解释。

（四）相关关系与因果关系

1. 识记：（1）相关关系的定义；（2）因果关系的定义。

2. 领会：因果关系的原理。

（五）详析模式与统计控制

1. 识记：（1）详析模式的定义；（2）偏相关分析的定义；（3）协方差分析的定义。

2. 领会：详析模式的类型。

四、本章重点与难点

本章重点：单变量描述分析、多变量描述分析、参数估计。

本章难点：相关关系与因果关系、详析模式与统计控制。

第十一章　统计图表的呈现规范

一、学习目的与要求

通过本章的学习，掌握如何在社会调查中规范地制作与呈现统计表和统计图；全面、正确地了解与认识统计表和统计图，重点掌握统计表和统计图的定义、类型、功能、特点的有关内容；掌握运用 Excel 等软件制作各种类型统计表、统计图的方法，以及图表的编辑与解读。

二、课程内容

第一节　数据的报表呈现

（一）统计表的构成、作用与制作要点

（二）统计表的类型

第二节　数据的图形展示

（一）统计图的构成与分类

（二）简单条形图与折线图

（三）直方图与茎叶图

（四）饼图

（五）箱图

（六）散点图

（七）P-P 图与 Q-Q 图

三、考核知识点与考核要求

（一）数据的报表呈现

1. 识记：（1）统计表的定义；（2）叠加表的定义；（3）交叉表的定义；（4）嵌套表的定义；（5）多层表的定义；（6）复合表格的定义。

2. 领会：（1）统计表的作用；（2）统计表的基本构成；（3）统计表的制作原则与要求；（4）统计表的制作步骤；（5）统计表的编辑。

（二）数据的图形展示

1. 识记：（1）统计图的定义；（2）单变量图的定义；（3）双变量图的定义；（4）简单条形图的定义；（5）折线图的定义；（6）直方图的定义；（7）茎叶图的定义；（8）饼图的定义；（9）箱图的定义；（10）散点图的定义；（11）P－P图的定义；（12）Q－Q图的定义。

2. 领会：（1）统计图的种类；（2）统计图的构成。

四、本章重点与难点

本章重点：数据的报表呈现、数据的图形展示。

本章难点：统计表的基本构成、图表的制作。

第十二章　报告撰写

一、学习目的与要求

通过本章的学习，全面、正确地了解与认识如何撰写社会调查报告，重点掌握确定调查报告的类型、特点、步骤、内容、结构等相关内容，掌握如何撰写调查报告的具体方法。

二、课程内容

第一节　调查报告的类型及特点

（一）调查报告的类型

（二）调查报告的特点

第二节　调查报告的撰写步骤与内容

（一）调查报告的撰写步骤

（二）调查报告的撰写内容

第三节　不同类型调查报告的结构与具体写作

（一）应用性调查报告的结构和写作

（二）学术性调查报告的结构和写作

第四节　撰写调查报告应注意的其他问题

（一）调查报告中所应该注意的“五性”

（二）要遵循调查报告的行文要求

（三）符合调查报告的引文与注释要求

（四）其他需要注意避免的情况

三、考核知识点与考核要求

（一）调查报告的类型及特点

1. 识记：（1）学术性调查报告的定义；（2）应用性调查报告的定义；（3）描述性调查报告的定义；（4）解释性调查报告的定义；（5）综合性调查报告的定义；（6）专题性调查报告的定义；（7）定量调查报告的定义；（8）定性调查报告的定义。

2. 领会：调查报告的特点。

3. 简单应用：调查报告的类型。

（二）调查报告的撰写步骤与内容

1. 识记：（1）调查报告的撰写步骤；（2）调查报告的撰写内容。

2. 领会：（1）确定和提炼主题的注意事项；（2）拟定写作提纲的主要作用；（3）材料的主要来源；（4）撰写调查报告中的分工与合作。

（三）不同类型调查报告的结构与具体写作

1. 识记：（1）应用性调查报告的结构；（2）学术性调查报告的结构。

2. 领会：（1）应用性调查报告的标题写法；（2）应用性调查报告的导言写法；（3）应用性调查报告主体的三种形式；（4）学术性调查报告的摘要写法；（5）学术性调查报告导言的内容；（6）学术性调查报告的研究方法；（7）学术性调查报告的结果写作；（8）学术性调查报告的讨论写作；（9）学术性调查报告参考文献的写作格式。

（四）撰写调查报告应注意的其他问题

1. 识记：（1）调查报告所应该注意的“五性”；（2）调查报告的行文要求。

2. 领会：（1）调查报告的针对性；（2）调查报告的主张性；（3）调查报告的翔实性；（4）调查报告的注释要求。

四、本章重点与难点

本章重点：调查报告撰写的类型和特点、不同类型调查报告的结构与写作、撰写调查报告时要注意的“五性”。

本章难点：应用性调查报告的写作、学术性调查报告的写作。

Ⅳ　关于大纲的说明与考核实施要求

一、课程自学考试大纲的目的和作用

课程自学考试大纲是根据专业自学考试计划的要求，结合自学考试的特点而确定的。其目的是对个人自学、社会助学和课程考试命题进行指导和规定。

本课程自学考试大纲明确了课程学习的内容以及广度、深度，规定了课程自学考试的范围和标准。因此，它是编写自学考试教材和辅导书的依据，是社会助学组织开展自学辅导的依据，是自学者学习教材、掌握课程内容知识范围和程度的依据，也是进行自学考试命题的依据。

二、课程自学考试大纲与教材的关系

课程自学考试大纲是进行学习和考核的依据，教材是学习掌握课程知识的基本内容与范围，教材的内容是大纲所规定的课程知识和内容的扩展与发挥。课程内容在教材中可以体现一定的深度或难度，但在大纲中对考核的要求一定要适当。

大纲与教材所体现的课程内容应基本一致；大纲里面的课程内容和考核知识点，教材里一般也要有。反过来，教材里有的内容，大纲里就不一定体现。

三、关于自学教材

《社会调查方法》，全国高等教育自学考试指导委员会组编，董海军主编，中国人民大学出版社，2024 年版。

四、关于自学要求和自学方法的指导

本大纲的课程基本要求是依据专业考试计划和专业培养目标而确定的。课程基本要求明确了课程的基本内容，以及对基本内容掌握的程度。基本要求中的知识点构成了课程内容的主体部分。因此，课程基本内容掌握程度、课程考核知识点是高等教育自学考试考核的主要内容。

为有效地指导个人自学和社会助学，本大纲已指明了课程的重点和难点，在章节的基本要求中一般也指明了章节内容的重点和难点。

本课程共 6 学分，不包括实验内容的学分。对于本课程的学习，广大考生可参考以下几点自学建议：

（1）阅读参考资料。除了学习本课程的内容外，考生可以仔细研读教材和相关的学术文献，以了解社会调查方法的基本原理、方法和技巧。此外，还可以参考一些经典的社会调查研究案例，以便更好地理解理论与实践的结合。

（2）关注实际问题。社会调查方法是一门与社会现实密切相关的学科，考生可以积极关注国内外的社会问题和现象，提高对社会话题的敏感度和理解力。考生可以将自己感兴趣的社会问题作为研究对象，运用所学的社会调查方法进行实证研究。通过关注实际问题，可以提高自己的问题意识和研究能力，同时也有助于将理论知识应用于实际情境中。

（3）进行交流讨论。考生可以积极参与课堂讨论、小组讨论或在线论坛等交流活动，与其他学习者分享自己的观点和经验，借鉴他人的见解和方法。通过与他人的交流讨论，可以拓宽自己的思路，提高自己的思辨能力和表达能力。

五、对考核内容的说明

（1）本课程要求考生学习和掌握的知识点内容都作为考核的内容。课程中各章的内容均由若干知识点组成，在自学考试中成为考核知识点。因此，课程自学考试大纲中所规定的考试内容是以考核知识点的方式给出的。由于各知识点在课程中的地位、作用不同，以及知识自身的特点不同，自学考试对各知识点分别按四个认知（或称能力）层次确定考核要求。

（2）在考试之日起 6 个月前，由全国人民代表大会和国务院颁布或修订的法律、法规都将列入相应课程的考试范围。凡大纲、教材内容与现行法律法规不符的，应以现行法律法规为准。命题时也会对我国经济建设和科技文化发展的重大方针政策的变化予以体现。

（3）按照重要性程度的不同，考核内容分为重点内容、次重点内容、一般内容。在本课程试卷中对不同考核内容要求的分数比例大致为：重点内容占 60%，次重点内容占 30%，一般内容占 10%。

六、关于考试方式和试卷结构的说明

1. 本课程的考试方式为闭卷，笔试，满分 100 分，60 分及格。考试时间为 150 分钟。

2. 本课程在试卷中对不同能力层次要求的分数比例大致为：识记占 20%，领会占 30%，简单应用占 30%，综合应用占 20%。

3. 要合理安排试题的难易程度。试题的难度可分为：易、较易、较难和难四个等级。必须注意：试题的难易程度与能力层次有一定的联系，但二者不是等同的概念。在各个能力层次中，对于不同的考生存在着不同的难度，切勿混淆。

4. 课程考试的题型主要有：单项选择题、多项选择题、简答题、论述题、设计分析题、计算题等。

附录：题型举例

一、单项选择题（在每小题列出的备选项中只有一项是最符合题目要求的，请将其选出）

1. 社会调查的功能不包括

A. 描述功能　　B. 解释功能　　C. 预测功能　　D. 演绎功能

2. 调查中发现，甲城市人均收入比乙城市低，同时，甲城市犯罪率比乙城市高，由此得出结论，"收入越低的居民越容易犯罪"，这样就犯了

A. 区群谬误　　B. 简化论　　C. 前后谬误　　D. 以偏概全

二、多项选择题（在每小题列出的备选项中至少有两项是符合题目要求的，请将其选出，错选、多选或少选均无分）

1. 一般来说，社会科学研究中的分析单位包括

A. 个体　　B. 群体　　C. 组织　　D. 宇宙

E. 社区

2. 社会科学类课题的研究内容可以归纳为

A. 社会特征　　B. 行动　　C. 态度和意见　　D. 物质空间

E. 自然规律

三、简答题

1. 简述社会调查的过程。

2. 简述文献回顾的意义。

四、论述题

1. 试论定量调查与定性调查的差别。

2. 试论调查方案的设计需要遵循的五项原则。

五、设计分析题

1. 当前社会上存在着关于青年从"内卷"到"躺平"的多种说法。假如你想研究当代青年的工作生活状况来回应社会上的这些说法，你会从什么问题意识出发，采取哪些研究方法，如何设计自己的研究，选择哪些研究技术和工具？

2. 请对"课堂教学效果"进行操作化并设计五个问题来测量。

六、计算题

1. 下面是一家公司 39 名办公室人员的受教育水平的分组频数分析：

受教育水平	频数
研究生	3
大学	5
高中	14
初中	11
小学及其以下	6
$N=39$	

请指出受教育水平的测量层次以及适用于描述受教育水平的集中趋势的测量值。

2. 一项调查得到下列结果，某市人均月收入为 4 550 元，标准差为 650 元，人均住房面积为 35 平方米，标准差为 10 平方米。该市人均月收入和人均住房面积哪一个差异程度比较大？

大纲后记

《社会调查方法自学考试大纲》是根据《高等教育自学考试专业基本规范（2021 年）》的要求，由全国高等教育自学考试指导委员会公共管理类专业委员会组织制定的。

全国高等教育自学考试指导委员会公共管理类专业委员会对本大纲组织审稿，根据审稿会意见由编者做了修改，最后由公共管理类专业委员会定稿。

本大纲由中南大学董海军教授编写；参加审稿并提出修改意见的有南京大学孙亚忠教授、华中师范大学徐晓军教授、南京大学方长春教授。

对参与本大纲编写和审稿的各位专家表示感谢。

全国高等教育自学考试指导委员会
公共管理类专业委员会
2023 年 12 月

全国高等教育自学考试指定教材

社会调查方法

全国高等教育自学考试指导委员会　组编

编者的话

近年来，中国在各个领域都取得了显著的进步，成为全球的焦点，中国特色社会主义进入了新的发展阶段。这一切都离不开深入的调查研究，以及注重实效的精准政策。党和国家多次强调了“调查研究是谋事之基、成事之道”的理念，这在当前世界局势复杂多变的背景下显得尤为重要。调查研究设计必须紧密围绕问题的实际，突破教条，注重问题导向。确保调查不是虚谈，而是为了解决实际问题而使用的有力工具。新的历史条件下，我们正在进行许多具有新的历史特点的伟大斗争。如何从我们过往的光辉历史中汲取丰富经验，进一步深入学习调查研究的思想和方法，对于我们用好传家宝、练好基本功，正确认识、把握和破解各种风险挑战，推进中国特色社会主义事业不断前进，具有重要的现实意义和时代价值。

社会调查是一门充满挑战但又充满机遇的学科，它不仅为我们提供了解社会的窗口，更是为社会变革和进步提供了关键支持。2019 年 5 月，习近平总书记在“不忘初心，牢记使命”主题教育工作会议上强调，“调查研究要注重实效，使调研的过程成为加深对党的创新理论领悟的过程，成为保持同人民群众血肉联系的过程，成为推动事业发展的过程”，启迪我们要深入开展调查研究，摸清情况，找到症结，做到心中有数，不能拍脑袋决策，真正把功夫下到察实情、出实招、办实事、求实效上。

当前，中国正处在经济体制深刻变革、社会结构深刻变动、利益格局深刻调整、思想观念深刻变化的现代化转型期，社会分工、文化观念和行为模式都发生着巨大的变迁与重塑，世界格局越来越风云变幻，国际和国内的互动与联系也更为紧密，这都对 21 世纪个体的发展能力和水平提出了更为迫切的要求。无论是分析形势还是制定决策，无论是解决复杂的发展难题还是应对与人民群众自身利益息息相关的问题，都需要我们具备更加专业的思维、专业的素养以及更高水平的专业方法。

在实际工作和学习中，党员干部、研究人员、社会团体、学生青年甚至一些普普通通的人民群众想调研、愿调研的意愿越来越强，这是非常可喜的，但在实际调查开展过程中，依然存在一些无法取得成效、解决问题的调研。有的变成脚不沾泥、身不染土的“作秀式”调研，走马观花、蜻蜓点水式地了解到一点点皮毛就直接下结论，甚至所调查到的表象与实际相差甚远；有的变成“适用路线”的“模板式”调研，根据示范样板生搬硬套，形成格式非常标准但缺乏实质内容的文字堆砌；有的只注重调研形式的“脱节式”调研，调而不研，只做材料的统计师、收集员，不做材料的分析师、研究员。这样的所谓“调查研究”，不仅解决不了问题，还容易带偏调研结果的分析。

在新的发展背景下，我们必须不断强化专业素养，不仅要对调查领域的知识有深刻的理解，还需要具备批判性思维和解决问题的能力。只有通过不断学习和磨炼，我们才能更好地应对复杂的挑战，找到创新性的调查方案，推动调查研究取得更好实效。为了让调查研究更好地解决问题，首要任务是确保研究问题与实际需求紧密契合。确保研究问题的选择与社会、个体的实际需求相匹配。只有带着问题去，调研才会有方向、有重点，我们才能掌握调研活动的主动权，避免出现“走过场”的现象。其次要使调查研究取得更好的实效，必须注重其科学性和方法学质量，借鉴先进的问卷设计原则和调查方法，确保问题清晰、可理解，同时通过多种途径进行调查，以提高数据的多样性和可信度，并深入挖掘数据中的信息，进行科学的数据解释，从中提取有关问题的见解。此外，随着社会的不断演变和科技的迅猛发展，我们不但要充分掌握传统的调查方法，还要探索如何借助新技术和新思维来深化对社会现象的理解，以更好地应对现代社会的复杂问题。

通过学习本书，大家可以更好地掌握自身社会调查方法专业知识，提升调查研究、解决社会问题的技能，学会如何准确地提出研究问题、选用合适的方法、评估数据质量以及分析和解释研究结果，根据具体情境进行判断和决策，解答社会实际问题，从而共同推动社会科学领域的进步。本书以调查研究项目开展的过程为主线，形成以下三个方面的特色主题，希望对调查研究进行进一步的有益总结与科学探索，助推道不虚谈、学求实效的调查之风。

第一，问题导向，价值引领。问题是前进的动力，是时代的呼声，调查研究必须坚持问题导向。本书的问题导向特色意味着着重关注如何解决实际社会问题，始终强调选择和明确定义研究问题的重要性，基于中国的调查情境与实践经验，选取实际社会问题作为案例，以便自考生在学习的过程中理解如何应用方法来解决现实问题。这种问题导向的方法鼓励自考生将所学知识与社会实践相结合，突出中国的情境与本土性，使得他们能够更好地解决现实生活中的问题。与此同时，本书全面贯彻党的教育方针，落实立德树人根本任务，将习近平新时代中国特色社会主义思想所蕴含的马克思主义世界观和方法论贯穿于自考教材的内容中，按照学科特点有机融入，系统全面，使自考生能真正举一反三，在深入调研中增强推动高质量发展的担当和本领。

第二，方法创新，简明实用。大数据时代的到来，使传统的社会研究方法面临新的挑战，但也为社会研究方法提供了更加广阔的新的研究空间。除介绍传统调查方法，如问卷调查、统计调查、抽样调查之外，本书增设了网络问卷调查的内容，使得自考生在自学、自考过程中顺应当下网络技术的发展潮流，更好地掌握新型网络调查方法。此外，本书还充分利用现代信息技术，打破教材原有单一纸质编写模式，将数字化和多媒体教学技术与纸质教材相融合，在中国大学 MOOC 提供在线开放同步相关慕课“社会调查与统计”，并提供电子配套教学资源。既保证自考教材内容的方向性、思想性、科学性，又体现教材形态的适应性、灵活性、现代性，真正体现出教材的“新内容”与“新形态”。毫无疑问，调查研究有了明确的问题导向后，需要科学有效的调研方法帮助研究者回答各种社会问题，验证理论假设。通过数据分析，研究者也可以检验研究假设的有效性，揭示社会现象的原因和影响因素，从而促进理论的发展和修正，所以调查方法是本书的重点内容和难点内容。考虑到自考生自学、自考的实际需要，在介绍调查方法时，本书采用清晰的教学结构，将调查研究过程分解为易于理解的步骤，以问题为导向，结合具体案例与社会数据，引导自考生思考和探索，理论阐述深入浅出，实践描述简明扼要，文字表达通俗易懂、生动精练，有助于自考生逐步掌握方法，并将其应用到实际项目中。

第三，系统规范，适于自学。本书内容根据高等教育自学考试受众特点，涵盖社会调查方法的基本理论、基本方法、基本运用，清楚确切地进行概念和定义表述、原理和论证论据阐述、实践和实验操作。将基础社会调查知识与基本调查统计技能相结合，突出调查原理和多样化调查方法的运用，强调基础性、实用性、实践性。为进一步展现完整的调查研究过程，解决自考生在调查过程中不同环节可能出现的问题，本书以一个完整的社会调查研究过程为主线，介绍多样化的调查方法，主要包括基本社会调查概念、选题与研究设计（抽样设计、测量与问卷设计等）、定量资料收集与处理、实地调查、文献调查、统计基础知识与图表呈现、报告撰写七大核心内容。根据专业自学考试计划的要求，结合自学考试的特点，每一章节都设置了与之对应的考试大纲，课程自学考试大纲明确了课程学习的内容以及深广度，规定了课程自学考试的范围和标准，有助于自考生学习教材、掌握课程内容和考核范围。本书充分体现社会调查方法自学考试特点，内容编排和体例符合自主学习规律，适于自学。

综上所述，本书希望能够为自考生提供系统、清晰的社会调查方法知识，帮助自考生理解如何进行社会调查研究。本书鼓励自考生思考调查方法的局限性和伦理责任，使自考生能够以批判性的眼光评估已有的研究和数据，并通过简明凝练的编写安排，充分服务于自考生自学、自考的现实需要。在本书的编写过程中，我们参考借鉴了国内外学者、专家的文献资料与研究成果，引用分析了国内多项社会调查数据，在此向有关学者、专家表示诚挚的谢意。同时向一切关心本书出版的各校师生、自考生及其他使用者表示谢意。

本书编写分工如下：中南大学公共管理学院社会学系董海军教授负责前言、第一章、第十章和第十一章，中南大学公共管理学院米莉副教授负责第二章和第十二章，上海工程技术大学刘珊副教授负责第三章和第五章，湖南师范大学公共管理学院社会学系胡书芝副教授负责第四章和第六章，湖南科技大学法学与公共管理学院曾东霞副教授负责第七章和第十一章，青海民族大学民族学与社会学学院讲师、中南大学公共管理学院社会学系博士生柳卓萍负责第八章和第九章。南京大学孙亚忠教授、华中师范大学徐晓军教授、南京大学方长春教授负责审稿并提出修改意见。在整个过程中，我指导的博士生胡晓乐和王鹏飞同学协助我进行了行政助理工作，中南大学社会学系的本科毕业生现为浙江大学社会系硕士生的徐千娟同学协助我进行了资料查找等工作，副主编曾东霞和柳卓萍协助我编写课程自学考试大纲，并和我一起对书稿进行了审读修改。在此，感谢大家的努力支持和卓越贡献。

同时，本书的选题、写作与出版，离不开全国高等教育自学考试指导委员会公共管理类专业委员会和中国人民大学出版社的督促与支持。它们一直关心支持着图书的写作与出版，在各个时间节点上我总是收到公共管理类专业委员会负责老师以及编辑老师适时的温暖提醒与激励督促，让人无法懈怠。

董海军

2023 年 12 月

第一章　导论

案例导入

三至才溪乡：实事求是的精神历久弥新

1933 年秋，国民党向各革命根据地发起第五次军事“围剿”，其中 50 万兵力进攻中央苏区。与此同时，国民党加紧对中央苏区的经济封锁，企图从军事和经济两个方面扼杀中央苏区。军事和经济形势的紧张，加上受“左”倾“进攻路线”的影响，各级苏区政府都忙于对外发展革命战争，而对于苏区经济建设较为漠视，甚至对立起来。

为此，时任中华苏维埃临时中央政府主席的毛泽东深感忧虑。为了批驳和纠正“左”倾论调，解决苏区军民生产生活和红军战争遇到的物质困难，毛泽东把目光投向了中央苏区模范区、福建省第一模范乡——才溪乡，决定再次到才溪乡开展调查。此前，毛泽东同志曾先后两次到才溪乡作调查。第一次是 1930 年 6 月上旬，他在赣南寻乌开展社会调查后，带了一个警卫连，经杨梅、兰背、吉潭、滋溪、福建武平、上杭千家村（今珊瑚乡）来到才溪，了解闽西地区土地革命和根据地建设情况。第二次是 1932 年 6 月上旬，毛泽东同志率领红军第一、五军团攻打漳州胜利后，回师中央革命根据地来到才溪，目的是解决如何把经济建设推向新高潮问题。

1930 年至 1933 年，毛泽东同志先后三次到福建省上杭县的才溪乡进行调查，从而写就了著名的《才溪乡调查》一文，为我们树立了深入实际、调查研究、实事求是的光辉典范。

阅读提示

毛泽东同志在才溪乡的调查研究以及工作方法，对我们今天建设新时代中国特色社会主义仍有着极为重要的借鉴作用，我们愈加感兴趣调查研究是什么？调查方法在哪里？可以运用哪些调查方法？在研究过程中，我们沿途会经历什么？这一旅程有哪些重要的部分构成？

可阅读论文《社会研究：方法、能力与关键》[风笑天．中华女子学院学报，2022，34（5）]。

社会调查是社会科学研究的重要手段，它通过对社会现象进行系统、客观、科学的调查，收集数据与资料，并对其进行处理和分析，从而揭示社会现象的本质和规律。掌握社会调查方法对于我们深入了解社会现象、解决社会问题、推动社会发展具有重要意义。在本章中，我们将简要介绍社会调查的含义、题材、功能和方法体系，帮助读者了解社会调查的基本类型和基本过程。同时，我们还将介绍社会调查的理论基础和历史发展，以及感知社会调查在社会科学研究中的地位和作用。

第一节 社会调查的含义、题材与功能

当前，社会调查已经充分走进大众的日常生活和精神世界，不断加深对“人”的认识和理解，在“情境-过程”中，社会调查力图理解结构与制度背后沉淀的日常生活逻辑，在发现“人”、理解“人”的过程中，深刻领悟社会大众的所思、所为、所感、所盼，从而在将理论创新与现实关怀融为一体的过程中，承担起建构中国社会学自主知识体系的责任。那么，究竟什么是社会调查？科学意义上的社会调查有什么特征呢？社会调查又有什么样的题材与功能呢？带着这些问题我们进入本节学习社会调查的含义、题材与功能，从而学习并熟悉社会调查的相关基础性知识。

一、社会调查的含义

社会调查是一种研究社会现象、人类行为和社会关系的方法，旨在收集、分析和解释有关社会群体、个体或事件的数据和信息。20 世纪 80 年代以后，我国从西方引进现代社会调查方法（Social Survey）后，对社会调查的名称就叫法不一，国外称为“调查方法”（Survey Method）或“调查研究方法”（Survey Research Method）。国内最常见的名称则是“社会调查方法”或“社会调查研究方法”。目前，我们在生活中常常接触到的概念有：社会研究方法、现代社会调查方法、社会调查研究方法、问卷调查方法、抽样调查方法、质性研究方法等。

随着社会进步和调查技术的发展，专业的调查机构逐渐兴起，社会调查方法也日益成为一门独立的学科，以用于研究和教育。由于人们对于调查的范围和内容有不同的看法，因此对社会调查这一概念的理解也存在多样性。国内社会学界对社会调查方法体系的认识基本上“形成了某种共识”，这种共识突出体现在以下几个方面[①]：

（1）几乎所有社会学类著作都将社会调查方法或社会调查研究方法的知识体系划分为方法论、基本方式和具体方法及技术三大部分。

（2）几乎所有社会学类著作都将社会调查方法或社会调查研究方法的基本方式划分为普遍调查、抽样调查、典型调查和个案调查四种类型。

（3）大部分著作都把问卷法、访问法、观察法、实验法、文献法等作为社会调查或社会调查研究中的资料收集方法。

（4）几乎所有社会学类著作都遵循着从选题开始，直到撰写调查报告为止的完全相同的逻辑程序。

（5）大部分著作都将社会调查研究的全过程划分为选题、准备、调查、研究、总结五个阶段。

（6）几乎所有社会学类著作都包含着测量、抽样、问卷设计、统计分析这几个关键性

① 风笑天．近五年社会学方法研究述评．社会学研究，1995（1）．

内容。

我们认为，社会调查是指人们运用特定的方法和手段，从调查对象、调查地或文献那里收集信息资料，并对其做出描述和解释的一种自觉的社会认识过程或活动。其中，特定的方法和手段主要有问卷调查、实地调查、文献调查等，其主要内容体系如图 1－1 所示。

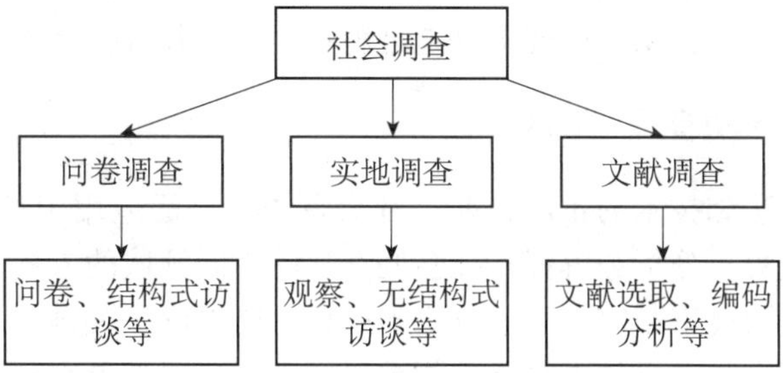

图 1－1 社会调查的主要内容体系

二、社会调查的题材

我们身处的社会是不断在发展、转型、变化的，社会本身具有较强的复杂性和层次多样性，加之社会由不同文化、种族、性别、年龄和背景的人群构成，不同群体的需求、问题和关切也不同，这些多元性导致了各种不同的社会课题，进而导致了社会调查题材的丰富性和多样性。但概括地说，我们从社会调查相关人群的角度来看，社会调查的题材主要可分为下述三大类：

（1）某一人群的社会背景，即有关人们各种社会特征的资料。这种资料既包括某些人口统计方面的内容，如性别、年龄、职业、婚姻状况、文化程度等，也包括人们生活环境方面的内容，如家庭构成、居住形式、社区特点等。

（2）某一人群的社会行为或与社会政策相关的社会活动，即有关人们“做了些什么”以及在社会政策等影响下他们“怎样做”等方面的资料。这类题材也是客观的、事实性的，它通常构成大部分社会调查的主体内容。

（3）某一人群的意见、情绪和态度，即有关人们“想些什么”“如何想的”“有什么看法”“持什么态度”等方面的资料。这类题材属于观念性、主观性的，是构成各种民意测验、舆论调查、社会心理调查的主要内容。

社会调查的对象可以是广泛多样的，社会调查除了调查以人为构成要素的群体，获得他们的态度、行为、价值观、经历和看法之外，也可以针对特定组织或社群，了解其中的组织结构、互动模式和共同兴趣，还可以关注不同时间段的社会情境和历史事件，以追踪社会变革、文化演变、政策变化等方面的趋势。由于调查题材的不同，社会调查的结果可以具有普遍性（泛化性），也可以具有特殊性（特定性）。

普遍性意味着调查结果具有高度的适用性，一定程度上可以推广到更广泛的人群、情境或时间范围内。普遍性的程度取决于研究的抽样方法、样本的代表性、研究设计的有效性以及研究问题的广泛适用性。越严格和全面的研究方法越可能产生具有较高普遍性的结果。特殊性指的是研究结果或发现在某些情境或特定群体中具有独特性，不一定适用于其他情境或人群。特殊性可能由于地理、文化、历史、政治、经济等多种因素而产生。

社会调查结果的普遍性与特殊性并不矛盾，而是相互关联的。研究者需要认识到研究的局限性，了解结果是否可以推广到其他情境或人群，并在结果的解释和应用中加以考虑。在一些情况下，特殊性的结果对于解决特定问题或制定特定政策可能更为重要，而在其他情况下，普遍性的结果可能具有更广泛的影响。因此，在社会调查中，需要权衡和理解普遍性与特殊性之间的关系，以便更好地理解社会现象并进行有效的分析推断。

三、社会调查的功能

随着社会调查方法和技术的不断进步，社会调查已广泛应用于社会生活的多个领域。通过系统性的数据收集、分析和解释，社会调查帮助不同领域的人深入了解社会现象、人类行为和社会趋势，为决策制定、问题解决和社会发展提供了关键支持。作为一门相对独立的学科，社会调查有其自身的丰富体系与重要意义，我国学者水延凯、鲁长安曾与风笑天教授商榷后，指出社会调查有四大作用：一是认识社会现象的真实情况；二是研究社会现象的因果联系；三是探索社会现象的本质及其发展规律；四是寻求改造旧社会、建设新社会的道路或方法。[①]

在此意义上，想要理解社会调查"何以可为"，就必须对社会调查的功能进行充分的学习与探讨，本节主要将社会调查的功能概括为描述功能、解释功能与预测功能。

（一）描述功能

社会调查的首要目的就是要准确地描述社会客观现实，即说明社会"什么样"或"怎么样"的问题。社会是纷繁复杂、不断变化的，人们要想了解其真实情况，就必须使用科学而有效的方法去认识和描述社会现象。人们了解和描述社会现象的途径有很多，包括他人讲授、阅读学习、社会调查等。但是，只有通过社会调查，人们才可以消除主观偏见，在实践中获得对现象或事件的真理性认识，突破个人眼光的局限，从而"在分析和研究中把零散的、粗浅的认识上升为系统的、深刻的认识，摸清事物的本质和规律"[②]。

（二）解释功能

任何社会现象的发生都是有原因的，社会调查不仅要回答社会现象"怎么样"与"什么样"的问题，还要解释社会现象，回答"是什么"与"为什么"的问题，即进一步揭示出其原因、本质和规律。这是因为社会现象虽然是多变的、个别的，但其背后总是隐藏着事物内在的、本质的、必然的联系，以及具有普遍性、可重复性和相对稳定性的东西。通过社会调查研究找出事物产生的原因、本质和发展规律，才能更为深刻地认识社会现象，实现从实践到理论的升华，从而更好地指导实践。这一功能比起单纯的描述社会现实要更为深入一些，从描述提升到分析层面。这就使得社会调查能够被广泛地用来探讨不同社会现象之间的关系，或是探讨分析某一现象发生的原因。

---

① 水延凯，鲁长安．必须创建中国特色社会调查学：兼与风笑天教授商榷．云梦学刊，2017，38（4）．

② 徐功献，吴艳林．习近平总书记关于调查研究重要论述的基础来源、主要内涵与时代价值．桂海论丛，2021，37（4）．

（三）预测功能

社会调查除了对社会现象进行基础性的描述和原因、本质解释外，往往还可以对调查对象进行科学的预测和对策研究。预测是建立在对社会现象准确描述和正确解释的基础上的，主要是指调查者运用各种预测方法，对调查对象内外相关的联系及发展趋势进行科学的估计和评价。预测研究的成果不仅能够让人们认识到调查对象的发展现状，还能让人们了解调查对象的未来发展趋势和前景。

预测是社会调查研究较为高级的功能，在现实生活中，一些社会调查的预测结果甚至可以运用到政策制定上。具体来说，通过对社会现象的预测分析，调查者可以设计一定的社会调控方案，或者针对目前的情况，提出政策、措施建议，供决策部门参考，从而使社会调查研究具有更大的实践指导意义。但是需要注意的是，社会调查的预测功能是基于已有数据和模型的分析，因此并不是绝对准确的。结果可能受到样本选择、调查方法、数据质量等因素的影响。但当社会调查的样本代表性好、方法科学严谨时，它们可以提供有用的预测信息，帮助决策者做出更明智的决策。社会调查通常用于支持决策和规划，但不应被视为未来事件的确定性预测工具。

第二节 社会调查的类型学及其过程

社会调查是一个由系统的理论和方法组成的完整的知识体系，其方法体系可由社会调查的方法论、基本方式、各种具体方法和技术三个层次构成。虽然它们之间有层次上的差别，但其方法体系是一个有机的整体，各种方法论、研究方式、具体方法和技术都不是各自独立、互不相关的。所以在本节中，我们主要从具体方法角度来讨论社会调查的三种调查方式、两种路径，以及社会调查的过程。

一、社会调查的类型学

在日常生活中，我们常常接触到各种各样的社会调查，从人口普查到市场调查，从政治民意调查到健康调查，每种类型的社会调查都有其独特的特点和应用领域。本书将社会调查分为问卷调查、实地调查与文献调查三种调查方式，以及定量调查和定性调查两种调查路径。不同的社会调查类型，所使用的具体技术方法也有差异，为此，了解社会调查的类型学有助于我们掌握正确的区分技巧与实践方法。

（一）问卷调查、实地调查与文献调查

问卷调查、实地调查和文献调查三种，分别对应着以人、地、物（文献）为主的调查对象。

1. 问卷调查

问卷作为用于测量人们行为、态度和特征或收集其他信息的一种常用工具，已经成为社会调查的主要手段。问卷调查是通过制定详细周密的问卷，请求调查对象据此进行回答以收集资料的方法。

2. 实地调查

实地调查是一种定性的社会调查方式，要求深入到研究现象的生活背景中，以参与观

察和无结构式访谈的方式收集资料，并通过对这些资料的定性分析来理解和解释现象的社会研究方式。

3. 文献调查

文献调查又称为文献研究，是一种通过收集和分析现存的，以文字、数字或符号、声音图画等信息形式出现的文献资料，来探讨和分析各种社会行为、社会关系及其他社会现象的调查研究方式。

（二）定量调查和定性调查

在社会调查方法中，定量调查与定性调查是我们在社会研究过程中可以采取的两种路径。二者在问题选择、研究程序、使用工具及研究策略等方面具有显著的差别。例如，针对一个社区居民的收入、家庭人口、工作现状、社区满意度进行调查，以数据的形式收集材料并统计分析，这是采用了定量调查的路径；而对这一社区某一特色的习俗活动进行观察记录，与社区居民进行交谈并了解情况，则属于定性调查的路径。从学理上来说，我们可以用表1-1来简明地呈现定量调查与定性调查的各种差别。

表1-1　定量调查与定性调查的差别比较

比较内容	定量调查	定性调查
哲学基础	实证主义	人文主义
研究范式	科学范式	自然范式
逻辑过程	演绎推理	归纳推理
研究特征	客观	主观
理论模式	理论检验	理论建构
主要目标	确定相关关系和因果关系	深入理解社会现象
资料收集方式	量表、问卷、结构观察等	深度访问、参与观察等
资料处理方式	统计分析	文字描述

虽然定量调查与定性调查千差万别，但二者也是相互联系的。定量调查与定性调查作为社会调查不可或缺的调查方法，其目的都是力求合理地解释社会现象和社会问题，都着眼于调查结果的真实性与规律性。在具体研究的过程中，二者往往相互交融、相互补充，定量调查的前提是根据某种特征和规则对社会现象进行类型划分。[①] 这本身就需要定性调查作为基础；而定性调查的过程中也不可避免会利用量化指标对研究对象进行特征描述。

综上，定量调查与定性调查是我们在社会研究过程中可以采取的两条途径。在社会研究者认识社会现象的过程中，它们发挥着各不相同的作用，能够为我们绘制出两幅不同的图景。就像对实证主义与人文主义方法论的看法一样，定量调查和定性调查二者之间也不存在孰优孰劣的问题。尽管定量调查和定性调查在研究方法、数据类型和数据分析方法等方面存在显著的区别，但无论是定量调查还是定性调查，都要求研究者采用系统性的方法来设计和执行研究，以确保数据的可靠性和有效性。因此，在选择调查方法时，研究者需

① 谢宇．社会学方法与定量研究．北京：社会科学文献出版社，2006：3.

要根据不同的研究问题和研究情景来决定使用哪种方法，并且在一定情况下，可以将两种方法结合起来以获取更全面的理解。

二、社会调查的过程

社会调查的过程，从广义上看，是一般研究都会遵循的“一般过程”，大体上可分为五个阶段：选题阶段、准备阶段、调查阶段、研究阶段、总结阶段。[①] 社会调查作为一种研究社会现象、行为和态度的系统性方法，必然每一个阶段都有需要特别注意的要求。

（一）选题阶段

社会调查的选题阶段是研究过程中的关键步骤，它涉及确定研究的主题或问题，为研究提供了方向和焦点。一个明智和合适的选题可以为整个研究锚定方向，确保研究的成功和有益性。俗话说：“发现问题等于解决问题的一半。”社会调查的课题常常是现实生活中的某种社会现象或某种社会问题，如 H 省县域高中教育生源情况调查。选题阶段的第一步是明确问题或主题。研究者需要考虑他们感兴趣的社会问题、现象或领域，并确定一个可以研究的具体问题。问题可能来源于社会政策、学术文献、实际观察或个人兴趣等。一旦问题明确，研究者需要定义他们的研究目标。这些目标应该清晰、具体和可测量，以便在研究中实现。在确定选题的过程中，考虑研究的实际应用和潜在影响是选题阶段的一个重要方面。社会调查者需要了解先前的研究成果、研究方法和存在的研究不足，从而确保选题的独特性和重要性。

（二）准备阶段

如果说选择调查问题的意义在于确定调查的目标，那么准备阶段的全部工作就可以理解为实现调查目标而进行的道路选择和工具准备。道路选择指的是为达到调查的目标，而进行的调查设计工作，包括从思路、策略到方式、方法和具体技术的各个方面。工具准备指的是调查所依赖的测量工具或信息收集工具——问卷的准备，当然，同时还包括调查信息的来源——调查对象的选取工作。准备工作的好坏直接影响整个调查的效果，准备阶段的主要任务是：确定调查任务；设计调查方案；组织调查队伍。比如，在进行“县域高中教育生源情况调查”项目的准备阶段，先进行文献综述，了解已有的关于县域高中教育生源的研究和相关理论，改善现有的调查设计，确定数据收集和分析技术。此外，研究涉及学生、教师或其他教育相关方，需要制订伦理计划，包括获得知情同意、保护隐私和处理潜在的伦理问题。一般情况下，像人口普查、工业普查和农业普查等大型社会调查，所调查的范围和维度都非常广，往往需要一两年甚至更长的时间进行准备，远远多于实施现场调查所花的时间。

（三）调查阶段

调查阶段也称作收集资料阶段或调查方案的实施阶段，这个阶段的主要任务是根据之前确定的思路和策略，按照调查设计中所确定的方式、方法和技术直接深入社会生活，进行资料的收集工作。资料的客观性、准确性是课题研究成功的基本保证，调查阶段应注

① 风笑天．社会研究方法．6 版．北京：中国人民大学出版社，2022：15.

意：(1) 要获得被调查地的地区、单位及个人的支持与协助；(2) 要熟悉调查对象，了解他们的工作和生活环境；(3) 要采取适当、有效的调查方式，保证调查质量；(4) 调查人员在进入实地时，应根据具体情况调整和补充调查的方式方法以及具体的调查项目，保证调查的真实性和有效性；(5) 调查人员应当认真、准确、详细地做好观察和访问的所有记录。为了组织众多的调查人员按照统一的要求顺利完成收集材料的任务，还需要加强调查阶段的组织管理。一是要加强调查队伍的内部指导工作。二是要注意总结和交流调查工作的经验，及时发现和解决调查工作中出现的新情况、新问题。三是要搞好外部的协调工作，即努力争取被调查单位的支持与帮助，合理地安排调查工作的任务和进程。

(四) 研究阶段

在调查结束之后就进入了研究阶段，需要对收集的资料进行整理和分析，主要任务是鉴别整理资料、数据分析或资料研读分析，开展理论研究。研究阶段是社会调查的深化、提高阶段，是从感性认识向理性认识飞跃的阶段。整个社会调查是否最终出成果、具有多大的研究价值和意义，在很大程度上取决于研究阶段。特别是对资料展开理论研究，就是运用逻辑思维方法以及与社会调查相关的各学科的科学理论与方法，对经过鉴别整理后的事实材料和统计分析后的数据，进行科学思维加工，以揭示研究对象的内在本质，说明研究对象的前因后果，预测研究对象的发展趋势，做出调查者自身对研究对象的理论说明，并在此基础上有针对性地提出对实际工作的具体建议。因此，社会调查的领导者和组织者，要花更多的时间和更大的精力，抓好这一阶段的工作。

(五) 总结阶段

作为整个社会调查过程的最终环节，总结阶段的任务主要是撰写调查报告与总结调查工作。撰写调查报告是对整个社会调查工作进行全面总结的过程，从调查的目的、方式，到资料的收集、分析方法，再到调查得出的结论、评估调查质量及调查成果的质量，都要在调查报告中进行总结和反映。同时，还要将社会调查研究的成果以不同的形式应用到社会实践中，真正发挥社会调查在认识社会现象、探索社会规律中的巨大作用。总结调查工作，是对整个社会调查研究过程的回顾与总结，包括整个社会调查工作的总结和每个参与者的个人总结。总结的目的是既要积累成功的经验，又要吸取失败的教训，为今后进行类似的社会调查研究提供必要的经验教训。

社会调查的上述五个阶段，是相互关联、相互交错在一起的，它们共同构成社会调查的完整过程，去掉其中任何一个阶段，调查工作都无法进行。每一个阶段都需要调查研究者深思熟虑，做好充分准备，在本书的后续章节中将对这五个阶段进行更加细致的讲述。

第三节　社会调查的理论基础

理论基础一般是指学科或领域中知识体系的基石，其建立在多年的研究和理论构建之上，为学术探索和实际应用提供一种框架，使我们能够更深入地理解和解释世界上的各种现象、问题和现实情况。我们将针对社会调查的相关知识，了解其认识论基础、方法论基础、本土取向以及实践联系，以更好地明晰社会调查因何而来、为何存在。

一、认识论基础：辩证唯物主义与历史唯物主义

马克思主义哲学是指导带领我们进行调查研究的主要指导思想，马克思主义的辩证唯物主义和历史唯物主义认识论将科学的实践观引入了调查研究，它包含的实事求是、辩证、群众的观点等同调查研究的内涵与要求相契合。

辩证唯物主义产生于19世纪40年代，辩证唯物主义阐明了物质和意识的辩证关系，用唯物而又辩证的观点从根本上回答了世界“是什么”的问题。它认为物质是世界的本原，物质是第一性的，意识是第二性的，物质决定意识，意识是物质的反映，意识对物质有能动的反作用。与形而上学相反，辩证唯物主义不是把自然界看作静止不动的状态、停顿不变的状态，而是看作不断运动、不断变化的状态。因此，辩证唯物主义要求我们在调查研究的过程中，不仅要从各个现象的相互联系和相互制约方面去观察，而且要兼顾它们的运动变化、产生衰亡方面，并要求我们要以一种动态的眼光进行调查研究，既要看到调查过程中事物的普遍性，又要看到其有别于其他事物的特殊性，抓住主要矛盾和矛盾的主要方面的同时兼顾次要矛盾与矛盾的次要方面。

历史唯物主义即唯物辩证的社会历史观，是马克思主义完整的辩证唯物主义世界观中具有特殊重要意义的组成部分。历史唯物主义把唯物主义和辩证法贯彻到包括社会历史在内的一切领域，用唯物、辩证的观点去看整个世界。所以我们在调查研究中，要充分意识到进行调查研究时要认识到一切理论都来源于实践，“人类生活世界中的一切矛盾都根源于实践，同时实践也是能够解决人类一切现实矛盾的方法和力量”①，实践是调查经验与调查理论产生和存在的根据和基础，我们在进行调查研究时要尊重客观现实，坚持实事求是的观点，从社会现象和客观事物的实际情况出发对它们进行掌握。与此同时，也要意识到社会观念、文化习俗、政治观点和政治制度反过来也会影响到调查研究的实施与开展，影响到调查研究的推断与分析。

二、方法论基础：实证主义与人文主义

实证主义和人文主义是科学研究中两种最基本的方法论倾向，分别代表着两种不同类型的知识探求方法，并由此形成了定量调查研究和定性调查研究两种不同取向的研究范式。定量调查研究侧重于且较多地依赖于对事物的测量和计算，而定性调查研究则侧重于和依赖于对事物的含义、特征、隐喻、象征的描述和理解。② 随着时代的发展，现在的社会调查常常融合运用这两种方法论，二者之间既有相通处，也有许多不同点，为社会调查提供了不同角度的方法论指导。

实证主义是以孔德、斯宾塞等社会学创始者为代表，并经古典社会学的代表人物涂尔干发展后日趋成熟，他们认为社会现象和自然现象之间并无本质的区别，它们遵循着同样的方法论准则，都可以用普遍的因果律加以说明。从研究特征来看，实证主义对“科学建构”的强调依赖于把自然科学作为社会理论构造的模式，认为科学的目的就在于对现象的

---

① 王森．马克思形而上学批判思想研究．北京：人民出版社，2021：70.

② 许加明，陈友华．数据质量、前提假设与因果模型：社会科学定量研究之反思．社会科学研究，2020（2）.

因果性做出说明，并在此基础上对现象的未来发展趋势做出预测。由于对自然科学这种因果性、精密性和普遍性的极端追求，许多社会调查研究就一直是以数学和统计学为取向的，特别注重量化的研究方法。

人文主义是社会调查研究的另一种理论取向，以韦伯等社会学家为代表，他们认为社会现象有其独特的性质和规律，绝不能盲目效仿自然科学方法来研究社会科学，而应确立自己独特的研究方法。从其观点的角度来讲，社会调查就是一门科学，其意图在于对社会行动进行诠释性的理解，并从而对社会行动的过程及结果予以因果性的解释。因此，人文主义倾向下社会调查的任务为试图对社会行动做出解释性理解，并由此形成了人文的、理解的社会调查研究传统。在这种传统的影响下，人文或理解社会学的研究对象则是导致人们行动的内在意义，它认为人们应该从日常的、平凡的事物出发，研究人类对社会现象做出的解释以及赋予它们的意义，而不是简单地还原于自然规律的水平。

实证主义与人文主义研究方法的不同点在于实证主义强调经验归纳，人文主义强调理解的方法。实证主义和人文主义在认识论上存在着以下几点不同：第一，实证主义认为，价值判断必须从研究中摈除或还原为事实问题，研究应持客观中立立场；而人文主义则认为，社会现实的本质并不是客观存在的，而是不同的人在不同的时空赋予各自不同的意义。第二，实证主义极力推崇经验的作用，认为主体对客体的认识必须建立在经验的基础上，一切可靠知识只能来源于经验，理论和假设的可靠性必须由经验来验证；人文主义则强调理性的思维，认为人类可以依靠理性的翅膀翱翔在知识的天空，同时注重客体的差异和多样性。第三，实证主义倾向于注重科学方法的作用，认为自然科学的方法应该被用于一切的研究领域，同时强调研究应精确化、量化；人文主义则认为人是万物的尺度，因此应关注人的价值、意义、态度与理解，关注价值世界，注重情感、创造性的智慧和对生命的感受，而这一切是无法用数字的语言、用数据的形式来表现，只能通过描述性的、解释性的语言来实现。

三、本土取向：伦理关系与转型社会

西方社会学的社会调查传统虽然对中国社会调查产生了很大影响，但以中国社会现实为本土取向应是我们开展调查的根据。中国式现代化是一个社会发生结构性和整体性变动的过程。在进行社会调查的过程中，要辨析这些复杂的具有结构性影响的力量，既需要历史的、全局的视野，又需要扎根到中国社会现实的水土之中，摸清中国社会现实中各种力量跃动的脉搏。[①]

当我们去探讨中国社会调查理论前提时，必须承认伦理关系在中国社会生活中具有极其深厚的影响。中国文化系统中，人是一种关系的存在，每个人都要对别人尽道德义务，这就是伦理。社会人类学家费孝通教授也在他的著作《乡土中国》中提出，“在家族中，你对家族内部的各个成员，根据你与他关系的亲疏，有着不同的道德义务，儒家的五伦都是个别对个别，由此形成了一个以自我为中心的‘差序格局’”。所谓“差序”，就是有等级差别的伦理关系，是一系列同心圆，以自我为中心，越与自己亲近的，彼此间的伦理义

① 周飞舟．将心比心：论中国社会学的田野调查．中国社会科学，2021（12）．

务也就越强，圈层也越中心。因此在一个以家庭关系为基础而展开的伦理社会中，人们不可能离开自己的人际关系去承认抽象的普遍性。所以在社会调查的过程中，不要否认情感因素在社会生活中的重要作用，无视人的情感体验。

伦理关系，始于家庭，而不止于家庭。人始终在与人的关系中生活，所以作为个体的人，是很难剥离所在的社会环境的。开展社会调查，特别在我国开展社会调查，必须充分考虑到当代中国社会正处于“文化-政治-经济”三重转型期，正从以农业经济为主的社会转变为以工业经济为主的社会，社会的转型必然给生产力、生产关系以及上层建筑领域的各种形态带来较大的冲击。与此同时，改革开放以来，我国工业与农业、城市与农村、东南沿海与西北内地、国有企业与私有个体等结构性张力不断扩大。转型社会与结构分化在一定程度上削弱了中国社会的一般性和共同性，这种情况决定了中国社会调查应当根据不同地区、不同社会层面，选择不同的社会理论作为指导，而不应只以一种理论、一种原则和一种模式来对待千差万别的中国社会。① 因此，中国社会调查的认识论方法不应该只将量化奉为科学的神明，还应充分吸纳具有强烈人文精神的一些解释主义方法，从而才能更好地开展中国本土化的探索与实践，构建具有本土性的社会调查研究。

四、实践联系：中国共产党的调查传统

开展调查研究是中国共产党在一切工作，特别是群众工作中一贯秉承的优良传统。中国共产党在百年风雨历程中，始终坚持调查研究工作方法，坚持实事求是，从而为实现中华民族伟大复兴创造了根本社会条件。从毛泽东到习近平，几代中国共产党人形成了科学的调查研究理论和方法。

毛泽东是中国共产党内最早将调查研究运用于实际工作的领导人。他十分重视调查研究，在不同的历史时期对中国国情和社会情况进行了多次调查研究。除了提出“没有调查，没有发言权”② 这一著名论断外，毛泽东还提出要坚持把调查研究作为一项长期坚持的工作方法。

邓小平强调要“认真调查研究”③，指出调查研究是全党干部不可忽视的工作方法。邓小平要求党员干部在社会主义现代化建设和改革开放进程中，对新情况要“深入调查研究，集中正确意见”④。邓小平在毛泽东调查研究方法的基础上，补充提出了“问数字”“算账”等现代调查方法。1993 年 7 月 5 日，在全国省、自治区、直辖市党委政策研究室主任会议上，江泽民强调“坚持做好调查研究这篇文章，是我们的谋事之基、成事之道”⑤。他号召党员干部要继续发扬调查研究这一党的优秀传统，全党特别是各级领导干部要增强调查研究本领。在改革开放新形势下，胡锦涛继承和发展了党的调查研究思想，号召全党进行大量调查研究，对国情、社情、党情进行正确分析。胡锦涛提出将调查研究与建设社会主义和谐社会相联系，强调只有“加强对构建社会主义和谐社会实际问题和重大

① 刘少杰．中国社会调查的理论前提．社会学研究，2000（2）．

② 毛泽东．毛泽东选集：第 1 卷．2 版．北京：人民出版社，1991：109.

③ 邓小平．邓小平文选：第 3 卷．北京：人民出版社，1993：7.

④ 邓小平．邓小平文选：第 2 卷．2 版．北京：人民出版社，1994：322.

⑤ 江泽民．江泽民文选：第 1 卷．北京：人民出版社，2006：309.

问题的调查研究"[①]，才能不断提高全党建设社会主义和谐社会的能力，并且认为调查研究就应该"实事求是"，"尊重群众实践"[②]。

党的十八大以来，在习近平总书记带领下党中央和国务院进行了大量调查研究工作。新形势下，习近平总书记着力强调调查研究的重要性，指出"重视调查研究，是我们党在革命、建设、改革各个历史时期做好领导工作的重要传家宝"[③]，习近平总书记还强调"领导干部要带头调查研究，拿出一定时间深入基层"[④]。"搞好调查研究，一定要从群众中来、到群众中去，广泛听取群众意见"[⑤]。

中国共产党百余年的历史证明，调查研究无论是在革命战争年代、建设年代还是在改革开放时代都是重要工作方法，并且还在关键时期起到关键作用。调查研究不仅是一个了解情况获得知识的过程，同时也是一个联系群众、为民办事、推动工作的过程。"调查研究是谋事之基、成事之道。没有调查，就没有发言权，更没有决策权。"[⑥] 新时代的我们更应加强和改进调查研究，不唯书、不唯上、只唯实，通过调查研究，推动社会主义建设事业的健康发展。

第四节　社会调查的发展脉络

在人类社会发展的长河中，社会调查不断演变和完善，形成了丰富的发展脉络。随着时间的推移，社会调查也在不断地发展，它承载了对社会现象、人类行为和社会关系的深入认知。社会调查的发展大体经历了三个阶段，即古代社会调查、近代社会调查和现代社会调查，了解社会调查的历史发展有助于我们进一步认识社会调查的性质、特点、功能与发展趋势。

一、古代社会调查

古代社会调查，是指前资本主义时代的社会调查，包括奴隶制时代的社会调查和封建制时代的社会调查。公元前约 2100 年，华夏的远祖就开展过大规模的全范围的山水调查。我们今天能见到的《禹贡》中关于山脉和河流的分布、源头、走向的记载，就是这一山水调查的成果。据古希腊历史学家希罗多德记载，大约在公元前 3000 年，古埃及国王为了建造宇塔，曾经进行过人口和财产的调查。这大概是西方历史中有文字记载的最早的社会调查。中国是人口普查开展较早的国家。中国的社会调查就是从人口调查开始的。历代统治者为了征兵和徭役不断地进行人口调查，秦始皇统一中国以后，历代王朝的官吏们经常普查民情并记入地方志。古罗马比较著名的是奥古斯都的全国人口普查。1086 年，威廉派人调查英格兰各地每家的人口和财产，编订为《末日审判书》。

古代社会调查一般都是直接为奴隶主和封建主的统治服务的，所以没有形成自觉的系

① 胡锦涛．论构建社会主义和谐社会．北京：中央文献出版社，2013：69.

② 胡锦涛．胡锦涛文选：第 1 卷．北京：人民出版社，2016：87.

③④⑤ 习近平．谈谈调查研究．学习时报，2011－11－21.

⑥ 习近平．习近平关于"不忘初心、牢记使命"论述摘编．北京：党建读物出版社，2019：211.

统的科学理论。虽然古代社会调查都产生在经济比较发达的国家和地区，但是没有设立专门的调查机构和调查人员，调查方法也非常原始、简单、直观，并且由于古代社会调查常常被作为剥削和压迫的工具（作为服兵役、缴税的证据），因此在调查者与调查对象即劳动人民之间往往存在着对抗性矛盾。

二、近代社会调查

近代社会调查一般是指 17 世纪至 20 世纪初的社会调查，这一时期的调查内容较为繁杂，多为实用性调查，如家庭调查、生活调查、工业调查、犯罪调查以及后来的舆论调查与市场调查。在这一阶段，调查研究迅速发展和完善，逐渐形成了一套具有科学性的调查研究的方法体系。

近代社会调查首先从最早进入工业化的国家如英国、法国、德国开始。17 世纪下半叶，欧洲的一些思想家和政治家意识到，要有效地进行社会管理和改良，就必须客观、准确地了解社会经济状况。威廉·配第在分析英国的社会经济状况时，就运用了统计分组法、图表法和一系列统计指标。18 世纪中期，英国一位慈善家约翰·霍华德在“监狱调查”中使用访谈法，直接与犯人交谈，广泛收集英国和欧洲各地监狱的情况。他用调查中获得的确凿事实，促成了英国监狱制度的改革。19 世纪，布思在个案研究的基础上综合使用访谈法、问卷法和观察法等以及地图、图表和统计表等工具和技术，开创了城市生态研究方法，促进了城市调查的开展和社会统计方法的发展。

法国的社会改革家勒·普累从 1829 年起就开始调查欧洲技术进步与经济发展对于工人家庭的影响。他采取了系统观察、个别谈话、用调查表做家庭的访问、家庭记账等多种调查方法，对工人家庭生活进行了持久的调查。与之同期的还有帕兰·杜卡特列的性工作者调查和维莱梅的纺织工人调查。杜卡特列的调查曾轰动整个欧洲，维莱梅的调查对于制定“童工管理法”发挥了很大作用。

与英、法两国相比，德国在经验社会调查上开始得较晚，并且还受到前两国的影响。恩格尔的家计研究便是一例。恩格尔通过多次调查研究之后提出了著名的“恩格尔定律”，时至今日，我们仍沿用“恩格尔系数”来衡量一个家庭的生活水准。19 世纪，马克思、恩格斯为剖析和改造资本主义社会，也做了许多调查研究工作，并出色地运用各种分析方法从事实资料中抽象出理论认识。这些调查对了解社会现实、认识社会现象、解决社会问题起到了相当大的作用，如果没有这些调查提供的丰富经验和翔实的资料做基础，后期的理论研究和社会改革便很难深入地进行。

三、现代社会调查

19 世纪末 20 世纪初，随着社会调查方法的广泛运用，以及数学方法在社会调查领域的长足进步，社会调查方法逐渐演变成为一门方法性学科，获得了迅速的发展。经验社会调查开始与理论研究和政策研究密切结合，法国社会学家涂尔干的《自杀论》（1897 年）标志着社会研究进入实证阶段。涂尔干创立了社会调查研究的实证程序，即研究假设—经验检验—理论结论。他还为如何利用统计分析构建社会理论提供了范例。

早期的研究性调查是从美国社会学的芝加哥学派开始的。在布恩的影响下，这一学派于20世纪20年代前后对美国的移民问题和城市的贫民、种族、社区规划等问题进行了大量的调查，如托马斯、兹纳涅茨基的《身处欧美的波兰农民》和帕克等人的城市生态学研究。前者被誉为个案研究的范例，后者开创了都市病态研究的领域。人类学家林德夫妇也将人类学的社区研究方法运用于现代城镇的研究，他们在《中镇》一书中刻画了美国中部城镇的市民生活。20世纪20至30年代，因为经济、政治需要，舆论调查和市场调查大行于世，一些国家相继建立专门的民意调查机构，其中以美国1935年创办的“盖洛普民意测验所”最为有名。[①]

中国学术界早期的社会调查有许多是在外籍学者的指导下进行的，如1917年美籍教授狄特莫指导清华学生对北京西郊居民生活的调查，以及美籍传教士甘博、燕京大学教授步济时等人仿照美国“春田调查”所做的北京的社会调查等。中国人主持的社会调查最早的是1923年陈达对北平成府村居民和清华校工所做的生活费调查。1913年，由瞿秋白、陶孟和等为主要成员成立的北京社会实进会可以说是最早开始进行社会调查的本土机构。20世纪20年代开始，中国的社会调查走向本土化，中国学者成为社会调查的主体。

20世纪20至40年代是中国学术界社会调查发展最迅速的时期，学者们从了解中国国情入手，在社会、经济、政治等广泛领域进行了大量的社会调查。其中较著名的有：采用实地调查与统计调查相结合的李景汉的《北平郊外之乡村家庭》及历时七年之久才完成的社区研究的杰作《定县社会概况调查》，这一时期，王同惠、费孝通的“花篮瑶社会组织的调查”在民族研究史上留下了感人的一页。[②] 其中影响力最为深远的是费孝通所著的《江村经济》，这部著作被他的导师马林诺夫斯基誉为“人类学实地调查和理论工作发展中的一个里程碑”[③]，时至今日被许多大学列为人类学课程的必读参考书。

我们今天所运用的社会统计调查以及变量关系分析方法，与下面两位美国社会研究方法专家分不开。第一位是美国社会学家斯托福，他早年就读于统计学家皮尔逊和费舍尔门下，并受到了严格的统计学训练。他在《美国士兵》一书中所研制的研究设计、抽样方法、问卷设计以及分析逻辑等已成为目前广泛应用的社会统计调查研究的模式。第二位是拉扎斯菲尔德，他提出了社会统计分析的“详析模型”。在以拉扎斯菲尔德为首的哥伦比亚学派的努力下，社会调查的多变量分析方法也得以成熟。

20世纪40至70年代是社会调查的数量化方法发展最为迅速的时期。这些方法和技术来源于多门学科，抽样调查的广泛应用、问卷法和访问法的精密化、态度测量方法的精密化，使得调查方法和技术不断创新。20世纪60、70年代以后，注重了解个人与社会行为的主观意义的研究方法也有所发展。如现象学方法和民俗方法学，前者是通过精细的观察与描述来揭示人的社会行动的实际产生过程，后者是运用实地观察、主观理解和语言分析

---

① 赵勤．社会调查方法．2版．北京：电子工业出版社，2012：58.

② 范伟达，范冰．社会调查研究方法．上海：复旦大学出版社，2010：101.

③ 费孝通．江村经济．上海：上海人民出版社，2006：7.

来了解个人之间的社会交往规则或方式。近年来，随着人工智能、大数据分析等技术手段的发展，智慧调查逐渐兴起。

思考发现

现代社会是一个复杂多变的信息社会。要想正确认识并科学管理现代社会，离不开对社会信息准确及时的收集和处理。所有社会工作者和研究人员都应该认真学习和掌握社会调查方法。

本章小结

社会调查是一种研究社会现象、人类行为和社会关系的方法，旨在收集、分析和解释有关社会群体、个体或事件的数据和信息。

社会调查是指人们运用特定的方法和手段，从调查对象、调查地或文献那里收集信息资料，并对其做出描述和解释的一种自觉的社会认识过程或活动。

从社会调查相关人群的角度来看，社会调查的题材主要可分为三大类，分别是：某一人群的社会背景；某一人群的社会行为或与社会政策相关的社会活动，即有关人们“做了些什么”以及在社会政策等影响下他们“怎样做”等方面的资料；某一人群的意见、情绪和态度。社会调查的功能可概括为描述功能、解释功能与预测功能。

社会调查包括问卷调查、实地调查、文献调查三种调查方式，以及定量调查和定性调查两种调查路径。定量调查和定性调查存在不同，但二者之间不存在谁优谁劣的问题。

社会调查过程大体可分为五个阶段：选题阶段、准备阶段、调查阶段、研究阶段、总结阶段。

马克思主义的辩证唯物主义和历史唯物主义认识论将科学的实践观引入了调查研究，它包含的实事求是、辩证、群众的观点等都同调查研究的内涵与要求相契合。

实证主义和人文主义是科学研究中两种最基本的方法论倾向，分别代表着两种不同类型的知识探求方法，并由此形成了定量调查研究和定性调查研究两种不同取向的研究范式。

中国共产党在百年风雨历程中，始终坚持调查研究的工作方法，从毛泽东到习近平，几代中国共产党人形成了科学的调查研究理论和方法。

社会调查的发展大体经历了三个阶段，即古代社会调查、近代社会调查和现代社会调查。近年来，智慧调查逐渐兴起。

关键术语

社会调查　描述功能　解释功能　预测功能　社会调查过程
辩证唯物主义和历史唯物主义认识论　实证主义　人文主义

资源链接

视频微课 1-1　　视频微课 1-2　　视频微课 1-3

视频微课 1-4　　视频微课 1-5　　视频微课 1-6

复习思考题

1. 什么是社会调查？社会调查的题材有哪些？
2. 结合生活中的例子谈谈社会调查的功能。
3. 社会调查可分为哪些类型？各个类型的社会调查有什么特点？
4. 社会调查过程中需要注意些什么？
5. 什么是理论基础？社会调查的理论基础是什么？
6. 区分实证主义和人文主义，并绘制一个对比汇总表。
7. 在网络平台搜索新中国各个时期领导人所进行的社会调查资料，并分析其中涉及的社会调查方法与技巧。
8. 怎样理解中国的社会调查发展历史？

在线自测

扫一扫　练一练

第二章　选择调查主题

案例导入

“理解中国”丛书总序

当前，中国正处于百年未有之大变局的关键时刻，理解中国是一个时代命题。

中国在延续一百多年来的现代化之路。“革命”和“改革”是中国时代变迁的主题，这注定了中国的现代化具有赶超性，其“变局”在某种程度上是规划出来的，结果却是剧烈的，也可能是意外的。

中国现代化在开启一种新的可能性。中国式现代化是勾连过去和现在的“变局”。当前的中国社会有无限的发展动力，也暗藏着社会风险。我们要顺利到达彼岸，还需要理解当下。

我们可以说，“变局”意味着一个全新社会形态的出现。无论从哪个角度上看，中国都已经告别了乡土社会，城市和乡村交融共生的城乡社会形态正在成型。当前，中国的城镇化率已经超过了65%，绝大多数人口都生活在城市，且相当部分生活在农村的人口也曾经生活在城市，都市生活方式已经扩张。但是，中国城市化具有典型的“半城市化”特征，人们也普遍过着“亦城亦乡”的生活，乡村是中国现代化的稳定器和蓄水池，乡土生活仍然是中国人的人生价值和生活意义的源泉。

中国社会运行的底层逻辑在发生改变。一些根植于传统中国的社会机制，如家庭本位、集体主义等，在工业化和城市化过程中不断地解体和重构。在互联网技术的加持下，人们的生活世界和交往行为在变革。哪怕是最弱势的老人、最偏远的农村，也很难摆脱现代生活方式的洗礼。但我们必须警惕，不能将抽象和外来理论机械地运用于解释中国社会，因为，中国式现代化过程根植于中国传统文化，也与中国特色的城乡关系有关。我们提倡进入到中国社会内部中去，“理解中国”，就要调查中国、认识中国。

过去二十多年来，华中村治研究团队一直致力于“理解中国”。20世纪90年代末，我们开展了转型期社会性质研究，对乡村治理的社会基础展开研究。2009年，我们出版了“中国村治模式实证研究”丛书，试图揭示进入21世纪后中国农村正在发生的静悄悄的革命。此后，我们又以团队的博士论文为基础，出版了“华中村治研究”丛书，对中国社会变迁的诸多专题开展了系统研究。这些年来，我们也努力将自己的一线观察及时呈现出来，参与公共政策讨论。

华中村治研究团队坚持“田野的灵感、野性的思维、直白的文风”的学术风格，我们的灵感来自田野，分析根植于经验，写作服务于大众，真正践行把学术做在祖国大地上。

“理解中国”丛书尝试理解“变局”，以鲜活、灵动的方式将中国社会的底层逻辑呈现出来。丛书论题不拘一格，我们希望通过持续的努力，将“变局”图景拼接完整。

资料来源：贺雪峰．《“理解中国”丛书》总序//大后方：作为稳定器和蓄水池的中国农村．北京：东方出版社，2023.

阅读提示

通过阅读上面的文字，可以看出贺雪峰主编“理解中国”丛书的主要目的和出发点，还可以了解到华中村治团队将乡村治理的社会基础作为研究重点是出于何种考虑。同时，请思考以下几个问题：(1) 确定调查主题有什么样的意义？(2) 评价调查主题的标准有哪些？(3) 选择调查主题有哪几条途径？

本章我们将迈入一个决策的迷宫：如何在广袤的社会学领域中选择一个值得深入研究的主题？你曾想过如何确立研究方向，以展现你的独特研究水平吗？评价调查主题的标准是什么？如何判断一个主题的重要性、创新性、可行性和合适性？选择调查主题的途径有哪些？你是否曾从个人经历中找到灵感？文献回顾在这一过程中又扮演了怎样的角色？在本章，我们将一一探讨这些问题，引导你在研究的起步阶段做出明智的选择。

第一节　确定调查主题的意义

社会调查的直接目标是回答某个特定的问题，因此，选择调查主题的过程，也就是决定要调查什么、不调查什么的思维过程。从本质上而言，社会调查不仅要考验研究者能否分析问题和解决问题，更重要的是，它考验研究者是否具备提出问题的能力，即如何在看似平常普通的社会现象面前，敏锐地发现其背后所隐含的更为宏大广阔的背景、原因、本质等，也即保持社会学的想象力，并把这种模糊的好奇心转化为明确具体的调查主题，从而不断去追寻答案的过程。从这个意义上说，学会寻找并确定调查主题，往往在一项调查研究中具有举足轻重的意义。

一、确立研究方向

开展调查研究的第一步，是要明确具体的研究方向。社会是由很多个相互关联但又有所不同的领域所构成的，每个领域内都有很多不同的具体课题可以展开研究，但如果是漫无边际、无的放矢的话，相关研究就会陷于宏大散乱而难以开展，有时候甚至无法获得有效的结论。因此，每个研究者的首要任务是明确自己的调查方向，从而确保这项研究是具体的、明确的、有针对性的、可开展的。

在调查研究中，不同的研究方向涉及的领域不同，针对的问题或者现象也有所差别。譬如，一项关于老年人养老模式的调查，涉及的是社会生活中的家庭养老这一领域，针对的是老年人的养老问题这一现象；而一项关于年轻人消费习惯的调查，涉及的是社会生活中的消费这一领域，针对的是年轻人青睐快消品这一现象；一项关于城市居民邻里关系的调查，涉及的是社会生活中的社会互动领域，针对的是原子化现象。在现实的社会调查中，每一项社会调查和每一个具体的调查主题，都应该是针对某一社会生活中的特定社会现象或者社会问题所设计和展开的。

二、展现研究水平

调查研究的具体方向选择和确定，可以在很大程度上影响并展现研究者的研究水平。对于同一个社会议题，有的调查能够启发人们从全新的角度来重新认识和反思这一主题，从而引发广泛的讨论，但有的调查却只能在比较浅显的层次上对某种社会现象的表征进行一般性的描述和记录；有的调查能够敏锐地捕捉和回应社会中新出现的重要问题和焦点事件，有的调查却只是在个案补充的角度上重复早已是普遍认知的现象和结论。之所以会出现这些水平高低、层次深浅不一的差别，往往与调查主题具体方向的选择密切相关。如果能够选择好的调查主题并将其作为切入点，即便是那些看上去已经是平淡无奇的社会现象，也能成为深刻揭示社会本质及其运行机制的关键成果。如中国人对于“面子”的看重是大多数人已经习以为常的生活状态，而翟学伟则从关系交往中关注“面子”背后的人情与关系权力等，将“面子”作为理解中国社会文化的一个重要切面①。

一个好的调查主题的选择，既要求研究者熟练掌握相关专业理论、调查研究方法和实际操作技术，同时也要求研究者具备开放的研究心态、开阔的学术视野、敏锐的视角和坚定的判断力，对于所选择主题的学术价值和可能产出的成果有坚定的信念。除此之外，还需要研究者具有一定的生活经验，对社会生活中习以为常的事情保持持续的好奇心，善于发现有趣之处，善于追问。

一个具体的调查主题从开始选择到最终确立下来，是以上这几种因素共同作用的结果，研究者在任何一个方面的欠缺或者不足，最终都会影响到调查主题的执行程度和质量。这就要求研究者要具备一定的理论储备，对所研究领域有相应的学术积累，从而善于发现较新的视角，为相关研究带来新的活力。同时，由于每个人的研究水平相对有限，因此，在选择一个具体的调查主题时并非越宏大越好、越深邃越好、越复杂越好，而要量力而行，在自身研究水平之内选择可行的调查主题。比如，要一个刚刚接触社会学的学生去进行一项关于社会发展趋势的调查研究，自然是无法真正开展的，因而也就不能算是一个好的调查主题。

三、制约研究过程

选题不同，需要调查的对象、范围、方法可能不相同，相应地，调查人员的选择、调查队伍的组织、调查工作的安排都不一样。因此，研究者既要根据调查主题的目标、内容和类型来设计研究过程，也需要综合分析所能调用的资源、手段来安排合适的研究路径和方法，从而保证调查研究的客观性和科学性。以下三个案例将展示调查主题如何来制约研究过程。

主题一：我国乡村发展状况调查。

主题二：北京大学的毕业生就业状况调查。

---

① 翟学伟．人情、面子与权力的再生产．北京：北京大学出版社，2005.

主题三：上海市高龄老年人健康状况调查。

主题一的抽样范围是全国层面的，要求在全国所有乡村这一范围中进行抽样，抽样程序比较复杂，样本规模要求也相当大。而且，在具体的研究主题上，“乡村发展状况”本身包含的范围就非常广，经济、社会、文化等各个方面都要包含在内才能相对全面地概括乡村的发展状况，因此在调查问卷的设计上会相当复杂。显然，进行这样的调查所需要的经费、人员、时间都必须比较充足，而且也无法仅仅依赖个人的力量就能做到，必须依靠大的机构、团体、组织的力量才有可能完成。

主题二的抽样范围是在北京大学层面，相比较主题一，范围明显缩小，需要的抽样程序较为简单，且样本规模也比较小。而且在具体的研究主题上，“就业状况”也比“发展状况”更加聚焦，问卷设计相对简单，实施起来难度较小，只需要少量调查员就可以完成。

主题三的抽样范围聚焦到了省市一级，研究范围介于主题一和主题二之间，在问卷的复杂程度、执行难度方面也都介于两者之间。而且，它要求的资料收集方法也与主题二不同，相比较于主题二中的对象——大学生而言，主题三的调查对象是高龄老年人，需要采用结构式访谈法进行调查访问，调查人员的协调和组织也是需要考虑的问题。

四、影响调查质量

某个具体的调查主题一旦确定，就从客观上需要配以相应的条件才能顺利开展。一个不合适、不可行的调查主题，往往从一开始就酝酿着调查质量不高的内在因素，如主题本身的设计有缺陷、层次过高或过低、调查人员的素质不高、调查技能不够、调查工作进行得较为潦草等。因此，调查主题的选择应该是与这些条件相匹配的，这样才有可能取得预期的成果。

比如，一个不懂瑶语的汉族研究者选择诸如“瑶族信仰状况变迁”的调查主题，其调查资料的获得和调查质量的保证，就远不及选择一个类似于“汉族传统节日变迁”的调查主题更好，因为他对瑶族的熟悉程度以及从事这一调查的资源、条件等，都远不及后者。再比如，一个没有充足研究经费和团队规模的研究员，如果选择做“中国乡村振兴实施状况调查”这样的主题，往往会由于资源、能力的不足而很难完成，就不如选择类似于“某县乡村振兴实施状况调查”这样的主题，更能保证调查的质量和进度。换言之，调查者应该结合自身的能力、条件，选择相匹配的、恰当可行的主题展开研究。

第二节　评价调查主题的标准

选择调查主题是开展调查研究的第一步，能否选择一个好的调查主题，将会直接影响到社会调查的质量高低和最终成果是否成功，因此，在调查正式开始之前，就应该高度重视调查主题的选择问题。在实践中，有以下几条标准可以作为评估和评价所选主题是否具有研究价值、是否易于开展、是否可能成功的依据，即重要性、创新性、可行性与合适性。

一、重要性：主题有必要

重要性是指调查主题所具有的意义或者价值，它是决定这一主题是否有必要开展实施的评价标准。在每一项调查主题开展之前，都应该考虑它是否具有某种价值或者意义，以及价值或者意义有多大。不同的调查主题，类型往往有所不同，其背后的价值、意义也有所不同。比如说，有的主题是注重理论层面的，即如何去更好地解释和理解社会问题；而有的主题是注重实践层面的，即如何去更好地指导实践和改造社会；当然，也有些主题是理论与实践兼顾的，可以从理论价值和实践价值两个方面来判断主题的重要性。

一方面，理论价值类主题大多数是当前学术界比较关注的问题，或者是某一专业领域中比较重要的问题，其价值主要体现在对一门学科、一种理论的推进、发展或者否定等，应该对社会规律的认识、社会现象的解释、社会发展的预测等做出理论上的贡献。例如，主题“社会转型与阶层流动的关系研究”，其关注点就在于探讨社会生活中阶层流动与整个社会的转型之间的关系，因而具有重要的理论价值。

另一方面，调查主题的实践价值，表现在应该选择那些能够解释现实社会中的具体问题，并能提供合理的解决方法来改善和提升现实状况的题目。例如，“当前我国城乡教育不均衡现象及其对策研究”的主题，就对分析并改善当前城乡教育不均衡现象具有明显的实践意义。具有实践价值的主题不仅能够提高研究者的理论水平，往往也能够锻炼和提高其解决实践问题的能力。

一般而言，价值越大的主题就越是好主题。当然，判断调查主题的价值，不能仅仅从眼前的状况来看，而是要从较为长远的视角来判断，综合评估和考虑其对社会发展的长远意义。有些主题虽然和当下的社会现实没有直接的联系，但有可能在未来对社会发展产生一定的影响，或者对于推进理论认识、学科建设等有所作为，那么，这些主题就是有重要意义的主题。

二、创新性：主题有新意

创新性又叫独特性，指的是这一调查主题与之前的研究相比应该具有与众不同之处和独特之处，而不只是人云亦云、老调重弹，简单重复前人的研究成果。创新性是选择调查主题时尤其重视和强调的点，是科学研究的灵魂所在，它直接决定了主题的意义和价值。关于调查主题是否具有创新性，一般需要满足以下三个方面的某一个。

（一）关注社会新现象新问题

当一个调查主题是前人没有探讨过的或被忽视或未关注的话题，那么就是在研究对象或研究内容上具有创新性。这类调查主题在社会变迁或者转型的过程中往往会涌现出来，当社会发生急剧变迁，使得一种生活方式被另一种生活方式所改变，甚至社会结构被另外一种社会结构所取代的时候，就会产生很多需要调查和研究的新问题。比如，农民工问题、随迁老人问题、青年搭子社交现象、大数据时代个人隐私的保护问题、数字化时代的数字鸿沟问题等，这些都是伴随着社会的发展和变迁而衍生出来的新问题。选择这类主题，就需要研究者具有非常敏锐的观察力和洞察力，能够及时捕捉和发现社会生活中出现的各类新问题、新情况、新变化，并及时展开研究。

（二）研究过程具有新颖性

对于大部分调查主题来说，只要能够在调查研究过程中的某一个方面或几个方面，如采用的理论视角、调查的思路方法或调查的角度等与以往的研究有所不同，也可以说具有一定的创新性。比如说，在关注老人生活状况问题时，如果有人从老人与子女的关系互动角度通过问卷或者观察访谈开展了研究，那么，收集老人生活方面的大数据或者将研究视角聚焦在他们的社会融入和心理健康问题上面，这在研究过程方面就有一定的创新。

（三）研究观点不同寻常

如果有人已经做过一个调查主题，但你进行重复研究，得出了一些新观点、新结论，这也是具有创新性的主题。例如，对于自杀的研究有很多成果，以往的研究者往往是从个人的角度来寻找原因，但法国社会学家涂尔干是从社会整合的角度入手来解释自杀的规律，得出了与众不同的观点，这无疑算是具有创新性的主题。

创新性是调查研究最看重的部分，对于研究者而言有很高的要求：第一，研究者要具有敏锐的观察力和思考力，善于从看似平常普通的现象中发现值得研究的点，从而聚焦成为新的主题；第二，研究者要充分了解现有研究成果，并掌握新的研究动态，才有可能在这些基础上展开新的探索；第三，研究者在借鉴前人研究的基础之上，不断进行对话、分析、总结和提炼，才能不断推进新的研究。

三、可行性：主题可执行

可行性指的是一项研究是否具备能够完成的主观、客观条件，或者是在现有条件下该主题是否能够执行和行得通。可行性是一项社会调查是否能够顺利完成的现实可能性，如果在主观和客观上都存在着各种条件限制，使得调查者无法完成研究，那么，不管是多么有价值和有意义的主题，最后都只能放弃。

影响研究主题可行性的条件，可以分为主观条件和客观条件。主观条件包括研究者自身方面的限制，如身体素质、知识结构、社会经验、组织能力、行动能力、时间安排、精力安排等，要综合评估是否能够满足开展这一研究主题的基本要求。影响研究主题可行性的客观条件，是指进行这项研究时所需要的一系列外在的社会经济条件，如研究时间、研究经费、技术支撑、设备提供等。有时候有些特定的研究内容，需要相关部门和领导的支持和允许，且不得违反有关政策法律的要求和道德伦理。比如说，当一项调查研究的主题是“老年丧偶人士的心理干预问题研究”，研究者就不可能在三天之内完成项目，因为研究者主观上不可能突破生理限制，每天 24 小时工作组织开展课题调研写作。我们也不能违背社会道德法律这些客观条件去研究“如何劝说人们吸毒”等问题。

只有主观条件和客观条件都具备的调查主题，才是具备可行性的主题，否则无论主题看上去多么有价值，实质上都很难开展，反而会给研究者带来挫败感。这就要求研究者在确定主题时，要审慎考虑和评估各种主客观条件，防止好高骛远、贪大求全，选择能做、可做的调查主题。

四、合适性：主题能适配

可行性指的是调查主题是否能够执行的“可能性”问题，评估其“能不能做完”；合适性则是指调查主题和研究者之间的适配问题，即这一主题的设计是否符合研究者自身的研究兴趣、研究者和研究对象之间是否契合，是有关“能不能做好”的问题。可行性侧重于对任何研究者来说是否可行，合适性却是针对不同研究者来说是否适合，同一主题对于有些研究者是合适的，对有些研究者却是不合适的。因此，在进行主题选择时，需要考虑研究者自身的研究基础、研究兴趣和研究实力等。事实证明，调查者自身的研究兴趣是决定调查主题只是完成还是能够出彩最重要的影响因素，符合研究兴趣的主题很容易激发研究者潜在的创造力和工作动力，使得其获得高质量的研究成果。因此，在其他条件都相似的前提之下，研究者应该首先选择自己最感兴趣的调查主题。

除此之外，研究者对与调查主题相关的社会生活领域的熟悉程度，也是影响调查能否顺利进行的重要因素。在同等条件下，研究者应该尽量选择那些与自己所熟悉的生活领域、知识背景相关联的主题，而排除那些比较陌生的领域中的问题。一般而言，研究者与研究领域的熟悉度、相似性越高，就越有助于收集和分析所获得的研究资料，也越有助于研究的展开。比如说，在同等条件下，一个长期从事城市研究的学者选择“城市居民人际交往方式变迁”的主题，就比他选择“乡村居民生活方式”的主题更有助于展开分析。

以上我们介绍了研究者选择调查主题、评估主题质量时所经常采用的四条标准，这四条标准之间存在着层次上的关联。首先，重要性是评估一项调查主题最基本的标准；创新性是在重要性基础上评估其价值大小的标准；可行性在某种意义上起着主题选择的决定性作用，而合适性则是在前三条标准之上的更进一步的要求。这四条标准贯穿于研究者选择和确定调查主题的全过程，帮助研究者从最初众多模糊、粗略的想法中逐渐提炼筛选出满意的调查主题。

对于研究者而言，重要性、创新性、可行性、合适性这四条标准是其选择调查主题时必须综合考虑的四个维度。同时，在选题过程中，还要注意和避免以下几个问题：

第一，要避免简单草率。有些研究者在进行选题的时候并没有经过仔细地考虑和分析评估，往往是人云亦云，看到别人选择什么自己也跟着做什么，导致缺乏新意；有些研究者没有考虑到主客观条件是否具备，导致课题半途而废或者无法开展；或者是知识储备不够，导致主题模糊散乱，操作时无法聚焦，不知道该调查什么问题。好的主题对于整个调查研究的开展具有决定性的作用，因此，选择主题必须谨慎对待，不能简单草率从事。

第二，要避免凭空设想。选择调查主题，既需要了解该领域相关的理论，也要了解现实社会的基本情况，如果只是闭门造车，凭想象设定一个主题，就会脱离社会现实，不可能了解社会中最重要的、具有普遍性的、急需解决的问题。那些具有实践意义和理论价值的好的研究主题，往往都隐藏在复杂的社会现象表面之下，也需要相当的理论功底支撑才能发现。因此，研究者要避免闭门造车，要不断深入研究，从实际中探求，真正的问题才有可能浮现出来。

第三，要避免贪大求全。初级研究者最容易犯的一个错误，往往就是在自己的主观能力不够、客观条件也不具备的情况之下，拟定一个宏大的主题，结果不是因为超出自己的水平和能力而无法进行调查，只能半途而废，就是用主观理论来替换客观调查，导致调查结果并不科学。如费孝通先生所言："在选题目上常常容易犯的毛病是脱离实际，想搞大理论，搞一个完整的体系，看不起'小题目'，忽视知识的积累，以致老虎吃天，无从下口，自己给自己出难题。这样的教训是不少的。"[①] 因此，选择主题一定要注意从大处着眼、小处着手，微观与宏观结合，选择与自己能力匹配的主题进行调查研究。比如说，有这样四个主题："论乡村振兴""论乡村人才振兴""论乡村人才振兴的实施路径""论社会组织参与乡村人才振兴的实施路径"，第一个主题显然太大且很难执行，因为乡村振兴包括产业振兴、文化振兴、人才振兴、生态振兴、组织振兴等，一个主题根本无法涵盖所有的内容。第二个主题比第一个要小一点，但人才振兴包含的内容仍然很复杂。第三个主题抓住了人才振兴的实施路径这一方面，相对而言更小一点。第四个主题则聚焦于社会组织参与乡村人才振兴的具体措施方面，针对性强，就容易进行深入研究。

第四，要避免笼统宽泛。在调查主题的选择中，研究者往往容易犯的一个错误，就是选择一个较为笼统和宽泛的研究领域，甚至是某一类社会现象或社会问题，而不是明确一个具体的调查主题。比如说，"留守儿童研究"其实并不是一个调查主题，而是包含了若干个子问题的研究领域，如"留守儿童生存状况""留守儿童健康状况""留守儿童社会支持"等，甚至每一个子问题内部又包含着若干个小问题，如在"留守儿童健康状况"里面，又包含留守儿童身体健康、身体发育状况、心理健康、营养学等具体的小问题。因此，必须对调查主题进行明确化，防止笼统宽泛。

第五，要避免不了解研究现状。每一个研究主题的顺利实施和完成，都需要充分的知识储备和现状了解才能展开，研究者都是在前人研究基础上展开相关工作的。因此，在确定研究主题之前，研究者就一定要充分了解该领域已有的研究进展和研究成果，防止盲目开展和低水平重复开展。想要了解研究现状，一是要收集与该主题相关的文献资料，充分了解和吸收前人的研究成果，以便找到自己的突破口和独特性；二是要积极向该领域的专家和前辈咨询学习，召开座谈会和研讨会，帮助自己更好地选择方向。

第三节　选择调查主题的途径

如何从复杂的社会生活和现象中聚焦并提炼出一个值得研究的、具备较大研究价值的调查主题，往往是研究者需要面临的重要挑战。对于刚刚开始独立开展社会调查的研究者来说，经常会觉得如何找到一个合适的调查主题似乎要比如何去执行这一主题更加困难，因为在这些领域似乎早已经有前人进行了大量的研究，自己很难从中找出新的切入点，或者是自己的能力和知识积淀尚不足以支撑自己发现并准确定义和开展新的主题。尽管如此，依然有以下几种途径，可以帮助研究者尽快地寻找和选择合适的调查主题。

① 费孝通．社会调查自白．北京：北京知识出版社，1985：10.

一、从现实社会中寻找主题

现实社会作为一个丰富多彩、复杂多元、不断变化的系统，每天都在生产着极其丰富的社会现象、社会行为、社会问题和社会事件，可以说，现实社会为研究者提供着认识社会、改造社会的取之不尽、用之不竭的调查主题。如费孝通先生所言，“社会调查的题目从根本上说是来自社会实践的发展”[①]。但是，之所以有时候调查者难以从现实生活中发现值得研究的问题，主要是因为他们时刻在这种社会生活中，对于身边的事件，由于过于熟悉而无视，即处于“日用而不知”的状态。比如，对于居住在城市社区的人们来说，广场舞是绝大部分小区和广场上每天都会见到的、参与度极高的社会现象，但当研究者从理解和认识这些广场舞者们的关系网络建构、情感空间重筑这一目的出发，提出“为什么参与者主要是中老年女性”“为什么风雨无阻”等疑问的时候，就会从这种看似普遍、普通、熟悉的一般现象中，抽象出类似“广场舞群体的社会关系网络构建研究”“广场舞群体的情感空间重筑”这样一些值得分析和研究的调查主题。

选择调查主题最为丰富、最为普遍的来源，就是现实社会。尤其是现代以来，随着科学技术的发展和现代化的推进，社会进入较大的转型变化期，产生出各种值得研究的社会现象、社会行为、社会心理、社会问题，这也就要求每个研究者都将研究目光聚焦在现实生活中，保持好奇、善于观察、勤于思考、勇于追问。在日常生活中，要习惯性地多问几个为什么，从而从看似普通、纷繁复杂的社会现象中，抽离和提炼出值得研究和探讨的调查主题，即“生活处处皆学问”。

在现实生活中，始终存在着各种值得展开调查研究的社会现象、社会行为、社会问题，这些都可以作为研究的主题展开。比如，医疗保障、教育公平、大学生就业、性别平等、政治参与、农民工保障、邻里关系、养老保障、数字鸿沟、生育问题等，都值得深入研究。重要的是研究者要保持基本的批判性眼光，不断向那些看似普通和寻常的社会现象提出疑问，并尝试去寻找答案，才能不断锻炼和提高自己寻找与确立研究主题的能力。比如，作为刚刚走入社会的年轻人，在放假回家的时候，经常会面临家长和社会的各种花式催婚。但当研究者试图反思诸如“为什么一定要结婚”“不同年龄阶段的人对于婚姻的意义认知是什么”“婚姻在生活中扮演了什么样的角色”“婚姻中的彩礼和嫁妆起着什么样的作用”“婚姻是不是必需品”等问题时，就会发现其中蕴含着很多关于文化伦理、关系互动，甚至是理性算计的内容，值得进行深入研究。当然，也可以就这一问题进行跨文化、跨区域、跨年龄的比较研究，从而分析其中的观念变化、权力互动和利益交换等。

因此，现实生活是选择和确定调查主题的重要路径，我们要善于观察和思考，也要热爱生活，关心身边发生的事情，养成对普遍现象不断追问的习惯，从而发现更多有趣且值得研究的主题。

二、从个人经历中寻找主题

个人经历和经验作为人们参与各类社会生活的特定收获，既构成了人们观察各类社会

① 费孝通．社会调查自白．北京：北京知识出版社，1985：9.

现象、理解各种社会问题的直观感受，也是人们面对未来事件时的态度、心理、做法的基础和基本出发点。因此，一个好的研究主题的选择和确立，往往离不开个人经历和个人经验的帮助。比方说，一个有亲自养育子女经验的人，就会发现在做家庭教育方面的研究时，容易产生感同身受的切近感；一个有过留守经历的研究者，在做关于留守儿童问题研究的时候，往往能够敏锐地体验并描述出留守儿童在成长过程中所经历的心理压力和情感需求；而一个从青少年时期起就一直生活在乡村、几乎没有城市生活经验的人，通常也会觉得从事乡村问题的研究比较得心应手。

每个人都生活在一个特定的场景和情境中，所经历的事件也往往是一条特殊的人生道路，这些特定的个人经历就会为研究者提供一个特定的视角，在很大程度上影响个人的兴趣、视野、感受和体验。正是因为这些个人经历的差异和不同，也使得人们对于同一事件所产生的反应、理解、认知和感受都会有所差异，所谓“一千个读者，就有一千个哈姆雷特”，意思就是说每个人的经历会塑造他不同于其他人的观察视角。从这个角度来说，研究者根据自身的个人经验、生活经历和感受、体悟，往往就会引发出很多有意思的研究主题。这就要求我们要善于观察、记录、体味和提炼日常生活，从中发现值得深究和研究的主题。许多有价值的研究主题，往往可能是从研究者的个人经历和经验中，尤其是特定的生活感受和理解中发展出来的。

比方说，乡村的孩子经常由于父母外出打工而被迫成为留守儿童，对于很多一直生活在城市的研究者来说，有可能难以敏感地关注到这类群体所面临的情感缺失、生存困境等问题，然而，对于有过乡村生活经验的研究者而言，看到类似的情况，尤其是类似情况发生在周边亲戚朋友身上的时候，往往容易激发起许多有意思的研究，如“乡村留守儿童的就学困境调查与职业发展规划”“乡村留守儿童情感发展现状及重建研究”等。再比如说，点外卖已经成为很多人生活中习以为常的一种生活场景，无论是白天深夜，还是刮风下雨，总是能够看到很多外卖小哥的身影，对于很多人来说，这个群体不过是一个特殊的服务群体，并不会对他们过多关注。但假如某个研究者自己的亲戚、邻居或者好朋友就是外卖人员，他也许会从另外一个角度来看到这个群体，并从身边具体的事件中多问一下“是什么”“为什么”“怎么办”的问题，比如说，“为什么外卖小哥的工作强度越来越大、越来越卷?”“算法和技术怎么精准控制外卖小哥的轨迹和工作强度?”“外卖群体如何在高强度工作中进行自我调适和情绪管理?”“评价系统对外卖群体有哪些反向制约作用?”“为什么很多年轻人会选择当外卖员?”等，从而促使他做出一项关于“算法控制下外卖群体的生活特点、情绪管理与影响研究”的主题。同样的思维，也可以被推衍到其他行业领域，如家政人员等。

从客观来看，这种基于个人经历和个人经验来寻找研究主题的方式，常常既简单又实用，所要求的就是研究者要善于反思和经常性回顾个体的经历，并重视在这一过程中自己的主观体验和体会。在许多情况下，这种简单实用的方法，往往可以帮助研究者发现许多容易被忽略，但很值得深入分析的研究主题。

三、从文献资料中寻找主题

确立调查主题的第三种途径，是从文献资料中寻找。这种文献资料包括学术著作、教科书、学术报刊、研究文章、调查报告、学习笔记、访谈记录等。这些文献资料常常可以成为启发研究灵感、激发思想火花、催生研究想法的重要来源，很多研究主题就是从对文献资料的了解、熟悉和梳理中产生出来的，要格外重视那些登载在如《中国社会科学》《社会学研究》《政治学研究》《法学研究》《教育研究》等权威期刊上的学术论文。它们代表着过去和现在的重要研究者在社会科学领域的研究成果，是研究者寻找研究主题重要的来源和参考。除此之外，一些非专业的、综合性的甚至是大众性的、通俗性的文献中，也有可能蕴含着值得去探索和研究的社会问题，这就需要研究者抱有开放的心态和敏锐的视角，善于观察和提问。

阅读文献虽然是启发研究者灵感的重要方式之一，但是，在从文献中寻找调查主题时，特别要注意避免的一个情况就是盲从、盲信文献中所有的观点。所谓“尽信书则不如无书”，就是指要摒弃教科书式的思维，不能不加批判地接受文献中的一切，而是要带着自身的思考和疑问去阅读。每个人的经历不同，经历的社会事件不同、关注的社会问题也不同，这就要求研究者带有审视的视角，对同样的文献、资料和结论，产生新的疑问、新的思索，从而迸发出新的火花，找到有价值的研究主题。

比方说，假设研究者看到文献中有一篇文章，通过对一些特殊个案的分析，认为独居老人相比较于非独居老人而言具有很多不一样的特点，二者之间存在明显差异。富有反思精神的研究者有可能会对这样的结论提出自己的疑问，并可能产生一些相关研究主题，如“独居老人与非独居老人情感支持网络的比较研究”“独居老人与非独居老人的行为特点比较研究”“独居老人与非独居老人心理健康状况比较研究”等，以此来检验这篇文章的结论。

以上讲述的是在阅读文献时需要拥有反思批判精神，善于发问，除此之外，对于研究者而言，在阅读文献时还需要拥有一定程度的发散思维能力。因为每个人由于时间、精力的有限性，并不可能穷尽所有的文献，而是要通过阅读有限的文献而启发自己的联想，从内容到形式、从时间到空间、从对象到方法、从横向到纵向、从逻辑到方法进行广泛联想，换个角度思考，从而启发新的思路，提炼出值得进一步研究的新主题。

比方说，当研究者在文献中读到有关智能手机的普及对目前青年人的人际交往方式产生了重要影响的调查报告时，就可以展开进一步的联想：智能手机普及对目前青年人的价值观念、消费行为、择偶观念等方面是否也产生了类似的重要影响？而换另一个角度还可以提问：既然智能手机普及对青年人的生活方式产生了重要影响，那么，它对其他群体如公务员、农民工、教师、大学生、中小学生、老年人等是否也产生了重要的影响，或者产生了哪些影响呢？通过这样的发散思考，就会产生出许多值得研究的新主题。

第四节　文献回顾

文献回顾是选择和确立调查主题时很重要的一个环节，又叫作文献考察或者文献综述，指的是对目前为止所能找到的与某一主题相关的各种文献进行系统性查阅、综合性分析、归纳整理以及进一步批判提炼的整个过程，以便研究者能够全面了解和熟悉该领域的研究现状，从而展开下一步的研究。从广义上来看，文献包括一切知识的载体，如文字、影像、图片等，即文献调查方法中的文献的含义。本节中的文献回顾是指研究中的一个过程环节，其中的文献为狭义，通常是指学术文献，即那些已经在学术刊物或者出版社公开刊登或者出版发行的著作、论文、调查报告、资料等。

一、文献回顾的意义

文献回顾是社会调查研究中的重要环节，也是展开一项调查研究的重要基本前提。具体而言，它主要有以下四个作用。

（一）帮助研究者明确调查主题

文献回顾的成功与否，可以直接决定调查主题的选择质量高低与成功与否。在社会调查开始之前，如果能进行系统文献回顾，研究者将会比较全面地了解调查主题的相关历史沿革、既有研究状况、当前争论的焦点问题、未来的研究趋势等，从而帮助研究者选择出更加有意义、有突破性、有价值的主题，并对学科的发展和实际问题的解决做出贡献。一般来说，文献回顾与调查主题明确之间具有交互作用，可以起到相互促进的作用，具体流程如图 2－1 所示。

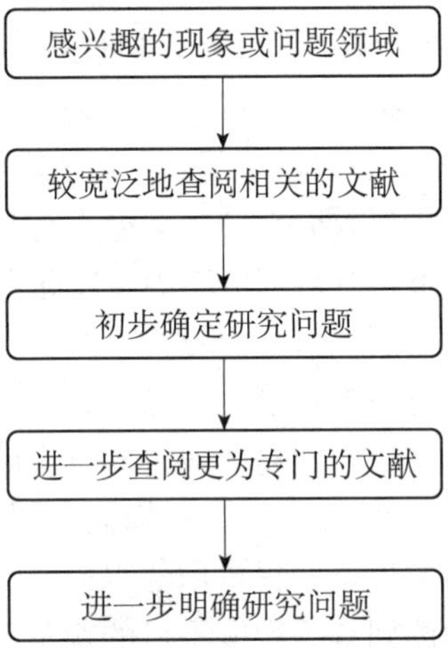

图 2－1　文献回顾与明确调查主题流程

这一流程表明，通过文献回顾来熟悉某一研究领域的现状和主要研究成果，与调查主题的选择、调查主题的明确化密切相关，同时它也是进行一项社会调查的基本前提之一。调查主题的明确化，即聚焦研究问题，指的是通过对调查主题进行某种界定，给予明确的陈述，使得最初头脑中那些比较含糊和模糊的想法能够聚焦成为清楚明确的调查主题；同时，将最初比较笼统、比较宽泛的研究范围和领域，变成特定领域中的特定现象和特定问题。可以采取将宽泛的问题转化为具体的问题、将一般性问题转化为特定问题的做法实现调查主题的明确化，这是选择研究主题过程中十分重要的一个环节。对研究主题进行明确化，主要途径就是通过文献综述来选定研究视角、确定研究范围、限定研究对象，清晰陈述所要回答的研究问题。

（二）帮助研究者熟悉相关领域已有的研究成果

对于人文社会学科而言，绝大多数的调查主题，其实或多或少都有人研究过或者涉及过。因此，当一个研究者在选择调查主题的时候，系统的文献回顾可以帮助其尽快了解在相关领域中前人已经做了哪些研究、使用了哪些方法进行研究、哪些方向属于研究的热门，以及哪些方面可能是未来的研究突破点等。文献回顾还可以使研究者更加熟悉相关领域的研究脉络、研究方法、研究争论，从而更好地为推动研究进展，提出理论的创见，推动现实发展。

（三）为研究者提供一些可供参考的研究思路和研究方法

初学者在一项调查研究正式展开之前，往往会困惑到底应该如何进行。进行文献回顾的另外一个好处就在于，通过学习，研究者可以了解其他人在探索相关领域和问题时所采用的研究策略、研究角度、研究方法等，这些策略、角度和方法都可以为自己的研究提供可供学习和借鉴的基本经验。比方说，当研究者试图展开一项关于“中考分流政策下家长课外辅导态度变化”的研究时，就会面临应该采取定量分析还是定性分析、如何选择调查对象、如何展开调查等具体的问题。而通过文献回顾，了解前人的研究方法和策略，就能够帮助研究者对上述问题产生一定的理解和认知。文献回顾的结果，既可以让研究者采用一种与之前研究不同的研究框架来安排自己的研究，也可以帮助研究者去发现和探索新的角度。

（四）为解释研究结果提供背景性资料

就整体而言，文献回顾在客观上为研究者提供了一种与该领域相关的背景性资料，这种背景性资料既是研究者在选择和确立调查主题时的参考框架，同时也是研究者在对自己的研究成果和研究发现进行解释时所依据的一种参考框架。文献回顾可以帮助研究者发现和利用现有研究中某些关键变量的操作方法和测量指标，将其作为自己研究的背景性资料。而且，任何一项社会调查研究都有可能会产生一些预料之外的结果，有时候甚至这种结果与研究者的预期截然相反，在这种情况下，就需要参考文献回顾所提供的背景性资料，来正确理解或者合理解释这些结果。

二、文献回顾的主要任务

一般而言，一项调查主题的展开，需要查找和阅读的文献数量很多，而且研究者往往只能花费有限的时间去进行文献回顾，因此，这项工作就必须在明确的目标导向和方法指引下展开。文献回顾的过程通常包括四个主要任务，分别是查找文献、选择文献、阅读文献和撰写文献述评。

（一）查找文献

社会调查最主要的文献来源，通常包括三个部分：一是相关的著作；二是相关的学术论文和调查报告；三是相关的统计资料和档案资料。

（1）与研究领域相关的著作通常能够提供该领域较为全面的研究背景和理论，而图书馆就是这类文献的主要来源。在大学的图书馆或者国家图书馆的网站以及其他图书网站上，往往会有专门的检索工具，研究者通过输入需要查询的“书名”“作者”“主题词”“索书号”等关键词，就可以进行检索和查询。通常，相关著作书籍的查找要按照图书分类法来进行，因此，研究者在展开文献查找之前，需要对图书分类法有一个基本的了解。

如果想要熟练掌握图书检索的相关知识，研究者也可以阅读图书文献学方面的专门书籍，或者进行关于图书情报方面课程的专门学习。

（2）与研究领域相关的学术论文和调查报告，也是社会调查查阅中用得最多的文献，有多种检索工具可以帮助研究者进行查找。英文论文的常用检索工具包括社会科学索引（Social Science Index，SSI），这一索引收录了全世界重要的英文社会科学期刊上发表的论文题目，是目前世界上可以用来对不同国家和地区的社会科学论文的数量进行统计分析的大型检索工具。此外，社会科学的各种学科也有专门的索引工具和具有索引功能的论文摘要期刊，比如人口学的人口索引（Population Index）、社会学的社会学摘要（Sociological Abstracts）、政治学的政治学摘要（Political Science Abstracts），以及更广泛的社会科学摘要（Social Science Abstracts）等。JSTOR（Journal Storage，过期期刊数据库）也是研究者常会用到的论文数据库，常见的期刊论文可以在这上面进行查找。

在中文论文的检索工具中，最常用的是中国学术期刊网（CNKI，又称知网），目前，这一数据库收录了国内绝大部分学术期刊的论文。研究者可以按照“主题”“作者”“关键词”“来源期刊”等检索词对论文进行检索。比如，研究者想查找与“城市化”有关的论文，在搜索栏中键入“城市化”一词，并按照“篇名”的方式进行检索，就会搜索到上千篇论文题目包含“城市化”的论文列表。而且，除了提供文献检索外，CNKI还能够支持进行知识元检索与引文检索功能。除此之外，《全国报刊资料索引（哲学社会科学版）》、中国人民大学书报资料中心编辑出版的各门社会科学的《复印报刊资料》及其索引、《新华文摘》、《中国社会科学文摘》、《高等学校文科学术文摘》也兼有索引功能和论文摘要，也是相关学术论文和研究报告的重要来源。

（3）相关的统计资料和档案资料，也是社会调查资料的重要补充，可以为研究者探索某一研究问题提供背景资料和宏观依据。统计资料可以在图书馆和互联网上查阅，档案资料则可以从政府的档案馆获得。不同的调查主题，对于统计资料和档案资料的依赖性会有所差异，相对而言，这类文献在调查主题选择中主要起某种辅助作用，因而在整个文献回顾工作中所占的分量相对较轻。

在计算机上进行文献查找时，研究者首先要明确自己想要查阅的是哪方面的资料。相应的搜索方式有“主题”（Subject）查询或“关键词”（Keyword）查询。同时，研究者还可以选择“作者”“题目”“摘要”“发表时间”等不同的条件进行设置，以便缩小查找的范围。查找的思路可以采用逐步“收敛”的方法，即开始可以从比较大的范围进行搜索，然后逐步缩小范围。与此同时应该注意的是，研究者所感兴趣的问题常常会同时涉及好几个不同的主题领域，因此，应在几个相关的领域中都进行查找。比如，对于留守儿童心理健康问题，研究者就应该在“留守儿童”“青少年问题”“学前教育”“学校教育”“家庭教育”“青少年心理发展”等多个不同的主题领域中进行查找，才能保证查找结果的全面性。

值得注意的是，文献回顾中所涉及的相关文献，主要指的是学术性的论文和调查报告，那些发表在大众传媒如报纸、通俗杂志中的文章或者网络新闻，即便也涉及相关的研究内容，往往不会被列为文献回顾的内容，最多只能提供某种思路的启发。

（二）选择文献

通常情况下，当研究者在完成文献查找之后就会发现，在这个领域已有的文献数量非常多，有好几百篇甚至是上千篇的论文，而阅读完所有这些文献往往既没有必要，事实上也不太可能。因此，摆在研究者面前的下一个任务，就是对文献进行筛选，从而获得那些与研究主题相关度更强、质量更高、学术价值更好的资料。换句话说，研究者必须决定，在所查找到的这些文献中，哪些需要详细分析、哪些只要大致浏览就可以、哪些则是不需要阅读的。一般情况下，研究者需要从以下几个方面进行考虑：

（1）根据研究的相关性来选择。通常，文献中所依据的理论框架、所涉及的主要内容、所研究的变量、所使用的样本类型与自己的研究主题越相关越好，也越值得仔细分析和阅读。

（2）根据发表的时间性来进行选择。通常，除了那些很经典的著作文献之外，论文、研究报告等文献应该选择最近几年发表的。因为科学研究具有累积性，相关文献发表或者出版的时间越近，就意味着它越有可能参考和吸收了比它更早的一些研究成果。同时，最近发表的文献也更能反映当下社会现实状况，从而对研究当下社会状况具有更强的参照性。

（3）根据文献的权威性来进行选择。文献的权威性可以从文献作者、出版或发表载体以及发表后的反响等角度进行综合判断。通常情况下，文献的作者、出版社或刊物的学术地位越高，该文献的权威性就越高。研究者要注意文献发表后所获得的关注量以及引用量，这些指标也从侧面反映了该文献的影响力。目前，随着科学技术的发展，文献的载体日益多元化，除了传统的纸质学术期刊，互联网等成为新兴的文献重要载体，但互联网所载文献往往在科学性、严谨性、可靠性等问题上有一定的欠缺。因此，除了官方权威性网站外，应慎重对待互联网上的文献。

（三）阅读文献

阅读文献是一项相当浩大的工作，需要研究者能够有充足的时间、耐心和细致的品质，同时也需要具有敏锐性和高效率的方法。一般而言，研究者可以在文献重要的地方做上记号，并随手写出自己的评论和启发，以便后期进行整理和总结工作。如果时间充裕的话，研究者可以找一个专门的笔记本或购买专门的文献摘抄卡，在上面适当做些摘录，注明文献的标题、内容、出处、页码，方便以后进行查找和使用。而随着电子设备的普及和发展，研究者还可以利用电子笔记本或文献管理软件进行摘录，电子摘录的优点在于方便进行复制和多样化的归类整理。

阅读文献时，要特别注意以下几个方面内容：

（1）明确文献所列每一研究的理论框架和研究背景。研究者要充分了解各个不同的研究分别是从哪一点出发的，它们各自的目标是什么。

（2）明确该研究的具体方法，包括研究对象、研究方式、抽样设计、样本特征、资料分析方法等。

（3）熟悉文献研究的主要结果。包括它在讨论部分所提出的观点、所作的推论等。

（4）清晰提炼自己对该文献研究的评价，这一点尤其重要。研究者既要指出所阅读文献的研究特点和独到之处，也要指出它存在的不足，特别是在方法上、研究效度或信度上的不足。

当研究者对全部文献进行了系统阅读之后，下一步工作就是要进行一定的梳理和总结。研究者尤其需要考虑的是，在这一特定的问题领域，先前的研究已做了哪些方面的工作？对于这一特定的现象，现有研究涉及哪些理论？它们已得出了哪些基本的研究结论？这些研究总体上还存在哪些相对薄弱的环节？这些梳理和总结，就会引出研究者下一步的工作重点。

（四）撰写文献述评

前面查找文献、选择文献和阅读文献这三个环节，都是为第四个环节撰写文献述评做准备。通过对选定的有价值的文献进行浏览、泛读、精读，并不断了解和掌握其主要观点、研究方法和研究思路，从中发现现有研究存在的各种问题，并加以整理，再在此基础上形成一篇文献报告及文献述评。文献述评作为研究者在阅读与调查主题相关的全部文献之后所撰写的文献报告，主要回答以下问题：

（1）与研究者的调查主题相关的学术界已有的理论背景、研究框架主要是什么？有什么变迁和推进？

（2）在之前的这些文献中，所采用的研究方式、研究方法主要有哪些？研究对象、抽样设计、样本规模、资料收集和分析的方法以及理论框架和经验资料之间通过什么样的形式进行演绎和归纳？研究假设验证的精确度和可靠性如何？

（3）与本调查主题相关的以往研究中，有哪些成果？这些成果达到的水平如何？

（4）学术界相关研究主题的文献中存在着哪些问题和局限性？此处的局限性既包括理论的局限性，也包括方法的局限性。明确这些问题能够让我们了解到已有研究的不足之处，从而为自己的研究奠定更好的学术基础。

以上所有的问题，都必须在研究者的文献述评中得到回答，这也是一篇规范的文献述评的基本要素。

需要注意的是，很多初学的研究者往往会把文献述评当作简单的文献摘要，这是错误的。文献述评不能只有“述”而没有“评”，而一篇高质量的文献述评本身就可能是一篇好论文。因此，文献述评的撰写，首先需要做文献摘要，然后对文献进行归纳和整理，尽量用自己的语言概括文献中的主要成果和研究方法等，并将其条理化。撰写文献述评时，也不能对每一篇文献单独进行评述，而要把所有的文献综合起来，提炼出这些文献的共同点和差异性。在文献述评的最后，还要对以往的研究加以评论，肯定其长处，指出存在的问题和局限性，从而突出我们自身选题的创新性。文献述评的写作格式，可以按照观点进行整理，也可以按照前面所说的四个要素逐条归纳。

思考发现

爱因斯坦说：“提出一个问题往往比解决一个问题更重要，因为解决一个问题也许仅是一个数学上或技术上的技能而已。而提出新的问题、新的可能性，从新的角度去看旧的问题，都需要有创造性的想象力，而且标志着科学的真正进步。”在选择调查主题时，需要深入历史、尊重前人，还要能够解决社会和民众面对的具体问题，主题必须与广大民众的切身利益息息相关，正所谓民心所系。

本章小结

所谓的调查主题，简单来说就是社会调查所要反映或试图解决的某个问题。对于研究者而言，确立调查主题具有重要意义，包括确立研究方向、展现研究水平、制约研究过程和影响调查质量。

选择调查主题的一般过程包括四个步骤：(1) 初步选择主题；(2) 评估主题质量；(3) 聚焦研究问题；(4) 回顾相关文献。在初步选择主题时，主题的基本来源主要有以下三种：(1) 现实社会，这是调查主题最丰富也最经常的来源。(2) 个人经历，这是研究者观察各种事物、理解各种现象的基本视角和出发点，社会调查的顺利开展离不开研究者个人经历的影响和帮助。(3) 文献资料，调查主题常常可以从学术著作、教科书、各类文章、研究报告等文献资料中寻找到。

评估调查主题本身的质量高低和意义大小，主要遵循以下四条原则标准：(1) 重要性，指调查主题要具有一定的意义或价值，可以是理论方面的，也可以是实践方面的，或者理论和实践兼而有之的。(2) 创新性，指调查主题应该具有某种新的东西，具有某种与众不同的地方。(3) 可行性，指研究者是否具备进行或完成调查主题的主观和客观条件。(4) 合适性，指调查主题是否适合研究者的个人特点。选择调查主题应将这四条标准综合起来考虑。同时，要注意和防止以下倾向和问题：一是简单草率；二是凭空设想；三是贪大求全；四是笼统宽泛；五是不了解研究现状。

调查主题的明确化，即聚焦研究问题，指的是通过对调查主题进行某种界定，给予明确的陈述，使得最初头脑中那些比较含糊和模糊的想法能够聚焦成为清楚明确的调查主题；同时，将最初比较笼统、比较宽泛的研究范围和领域，变成特定领域中的特定现象和特定问题。可以采取将宽泛的问题转化为具体的问题、将一般性问题转化为特定问题的做法实现调查主题的明确化，这是选择研究主题过程中十分重要的一个环节。

文献回顾中的文献指具有历史意义和研究价值的著作、论文或资料。文献回顾指的是对到目前为止所能找到的与某一研究问题相关的各种文献进行系统查阅、综合性分析、归纳整理以及进一步批判提炼的整个过程，以便研究者能够全面了解和熟悉该领域的研究现状，从而展开下一步的研究。它在社会调查中有着重要作用：(1) 帮助研究者明确调查主题；(2) 帮助研究者熟悉相关领域已有的研究成果；(3) 为研究者提供一些可供参考的研究思路和研究方法；(4) 为解释研究成果提供背景性资料。

文献回顾的过程通常包括四项主要的工作任务：一是查找文献；二是选择文献；三是阅读文献；四是撰写文献述评。需要注意的是，文献述评不是简单的文献摘要，不能只有“述”，而没有“评”。

关键术语

调查主题　主题的重要性　主题的创新性　主题的可行性　文献回顾

资源链接

视频微课 2－1　视频微课 2－2　视频微课 2－3

视频微课 2－4　视频微课 2－5

复习思考题

1. 从社会学期刊中选取若干研究论文，用本章所介绍的选题标准对这些论文进行评价。

2. 选择一个恰当的调查主题，并谈一谈对于社会调查研究工作来说，这一主题具有什么样的研究意义。

3. 调查主题的可行性、重要性、创新性、合适性分别指的是什么？它们彼此之间有什么关系？

4. 什么是调查主题的明确化？如何对调查主题进行明确化？

5. 试着在 CNKI 上查找有关下列专题的文献，并进行简单的文献选择："市场化""留守儿童""社会化"。

在线自测

扫一扫　练一练

第三章　调查设计

案例导入

“掌握调查研究这个基本功”，总书记这样言传身教

2013 年 7 月，习近平总书记在武汉主持召开部分省市负责人座谈会时指出：“调查研究是谋事之基、成事之道。没有调查，就没有发言权，更没有决策权。”为了打赢脱贫攻坚战，习近平总书记先后 7 次主持召开中央扶贫工作座谈会，进行 50 多次调研扶贫工作，走遍 14 个集中连片特困地区。

重视调查研究，是我们党做好领导工作的重要传家宝。

2020 年 9 月 17 日，习近平总书记在基层代表座谈会上指出：“早在延安时期，毛泽东同志就强调‘共产党员应是实事求是的模范’，‘只有实事求是，才能完成确定的任务’，认为调查研究的方法‘第一是眼睛向下，不要只是昂首望天’，‘第二是开调查会’”。

2021 年 9 月 1 日，在 2021 年秋季学期中央党校（国家行政学院）中青年干部培训班开班式上，习近平总书记回忆道：“年年去、常常去，直接到贫困户看真贫、扶真贫，直接听取贫困地区干部群众意见，不断完善扶贫思路和扶贫举措，不断推进工作，带着感情去抓，带着践行宗旨的承诺去抓，最终在全党全国共同努力下打赢了脱贫攻坚战”。习近平总书记强调“要用好交换、比较、反复的方法，重视听取各方面意见包括少数人的意见、反对的意见”。

…………

解答中国的问题，必须深入调查研究，从中国基本国情出发，“既不能刻舟求剑、封闭僵化，也不能照抄照搬、食洋不化”。

从石库门到天安门，从兴业路到复兴路，新民主主义革命道路、社会主义革命道路、社会主义建设道路、中国特色社会主义道路的开辟和不断拓展，无不是以调查研究为前提、为依据的。

“操千曲而后晓声，观千剑而后识器。”调查研究是获得真知灼见的源头活水，调查研究的过程就是领导干部提高认识能力、判断能力和工作能力的过程。

阅读提示

习近平总书记在脱贫攻坚工作中的调查研究以及工作方法，对我们对当前社会如何进行调查研究有借鉴作用，我们愈加感兴趣调查研究是什么？可以运用哪些调查方法？在研究过程中，我们会经历什么？这一过程由哪些重要的部分构成？

本章从分析单位到调查方案设计、测量和操作化，深入阐释调查设计过程。第一节将探讨分析单位的类型，区别分析单位与观察单位，以及避免方法论谬误的关键。第二节将详细介绍调查方案设计的具体内容和基本原则，调查方案设计的具体内容包括研究类型、选题意义、调查范围等。第三节将探讨测量的原因、要素、分类和过程，以及专门化的测量工具等。第四节将深入分析操作化的含义、作用和过程。通过这一章的学习，我们将为调查设计构建系统的框架，为调查研究有序推进打好基础。

第一节　分析单位

分析单位是我们理解社会结构和互动的基石，包括个体、群体、组织、社区以及社会产品等。首先，本节将介绍分析单位类型，讨论分析单位与观察单位的区别。其次，本节将深入研究方法论谬误，特别关注区群谬误和简化论，这两者常常影响研究者对社会现象的理解。

一、分析单位类型

我们在社会调查中，一般将被研究的对象称为分析单位（Units of Analysis），它是研究方法论中的基本概念之一。分析单位和研究对象的区别在于：分析单位是研究对象的具体界定；而研究对象是研究关注点的载体，在统计分析中称为案例。分析单位是项目所研究的对象，调查对象是研究者收集资料时所直接询问的对象，研究内容一般是分析单位的某方面属性或特征。

因此，分析单位是可以考察和总结同类事物特征，解释其中差异的单位。分析单位具有两大特点：一是研究所收集的资料直接描述分析单位中的每一个个体；二是将对这些个体的描述聚合起来，以此描述由这些个体所组成的分析单位群体。一般来说，社会科学研究中的分析单位有五种类型：个体、群体、组织、社区和社会产品。

（一）个体

个体是社会调查中最常见的分析单位，任何个体都可以成为分析单位，如失学儿童、单亲家长、失能老人和快递员等。不过我们在对个体进行分析时，最终的目标不是个体，而是由这些个体组成的群体，通过这些个体组成的群体来发现群体运作的社会动力或者社会规律。如从促进提升孩子心理承受力来看，增加有效的户外体育锻炼时间。

（二）群体

群体也是社会调查中常见的分析单位。此群体是指具有某种相似特征的一群人，并不局限于通过一定的社会关系结合起来进行活动的共同体。但把社会群体作为分析单位与研究群体中的个体不同。如我们研究家庭是否和睦对孩子成长的影响，这时分析单位是群体——家庭（成员集合体）；如我们研究孩子成长过程中的影响因素，其中包括家庭是否和睦等因素，这时分析单位就是个人。以群体为分析单位和以个人为分析单位的研究很类似，但描述的对象是不一样的。

以群体作为分析单位时，群体的特征与群体中个人的特征有关，可以从其成员的个人特征中抽象出来，但群体的特征和个人的特征是不同的。以未成年人犯罪团伙作为分析单位时，可以用团体的规模、结构等作为描述团伙的特征，但不能用同样的特征去描述团伙中的个人。分析单位的层次越高，它所能使用的分析单位也越多，在对群体内部的分析中是可以采用“个体”作为分析单位的，但是不能说“凝聚力比较高的团伙领袖要比凝聚力比较低的团伙领袖更具有个人魅力”。因为这样的描述，实际上是把分析单位由“群体”降低为“个人”。

（三）组织

作为科学研究的组织包括正式组织、企业、学校、军队、行政单位等，也包括非正式组织，如俱乐部、兴趣团体等。如论文《社区社会组织孵化培育路径研究——基于山东省H社区的案例分析》① 中的分析单位就是一个社区社会组织。把组织作为分析单位时，我们同样可以通过组织成员来获得组织的特征。组织与群体一样，都是由若干个个人组成的，因而作为分析单位的组织所具有的某些特征，在一定程度上与组织成员的个人特征有关，但是组织的特征和个体的特征是不同的。组织是一个层次更高的分析单位，因而在具体研究时可以采用“个人”“群体”作为分析单位，但是在比较的基础上做结论时，仍然要以“组织”作为分析单位，否则就有可能把分析单位降为“群体”或“个体”。

（四）社区

社区是一定地域中人们的生活共同体。其概念可大可小，一般来说，城市与乡村就是两个不同的社区，但是作为分析单位的社区概念一般不是很大。通常一个街区、小区（里弄、胡同）、小镇、村庄都是典型的社区。如果从社会研究的角度研究两个城市的文化、居民的行为模式等，那么它的分析单位就是城市。社区是一个最高层次的分析单位，因此在具体研究时，可以采用“个人”“群体”“组织”这样一些分析单位。低层次的分析单位一般用于对社区内部特征的描述，对不同社区进行比较和分析时，分析单位就应该是“社区”。

（五）社会产品

社会产品是指人类行为活动或人类行为的产物，或者说是社会事实，比如仪式、互动、日记、文物、制度等。迪尔凯姆在《自杀论》中通过研究，否定了自杀作为个体心理表现的意义，在各种社会因素中寻找结构性因素，通过自杀率对自杀这一现象进行统计分析，使其变成一个“社会事实”。另外，不同时期的口号标语也可以成为研究对象，通过对其标语内涵变化的描述和解释来分析时代变迁。②

二、区别分析单位与观察单位

值得注意的是，分析单位并不等同于观察单位，在调查研究过程中研究者很容易混淆这两种单位。研究中的分析单位和观察单位（或者说调查对象）不一定是同一个单位。如分析家庭关系和离婚之间是否有关联时，观察单位是每一对夫妻，而分析单位则是家庭。而要研究哪些学生的学习成绩会比较好时，这时候的分析单位是每一个学生，观察单位也

---

① 罗家德，梁肖月．社区社会组织孵化培育路径研究：基于山东省H社区的案例分析．贵州师范大学学报（社会科学版），2022（2）．

② 吴艳红，J DAVID KNOTTNERUS．日常仪式化行为的形成：从雷锋日记到知青日记．社会，2007（1）．

是单个的学生。

分析单位的选择和确定是调查设计中的重要内容，分析单位的确定是否得当关系到研究结果是否具有有效性。在研究环节偶尔会碰到分析单位同观察单位的不一致，但若不能够对研究的分析单位进行深入把握就很容易造成方法论谬误，得到错误的推论。

三、方法论谬误

分析单位从个体到社区，从微观逐渐过渡到宏观，往往事物的宏观运行机制和微观运行机制是不一致的。经典的例子就是“谷贱伤农”，如单个农民勤奋劳作，粮食产量增加，则收入增加；但如果所有的农民都很勤奋，农业大丰收，会导致供过于求，农民的收入则会降低。所以，我们在得出分析结果时，就不能只根据一个层次的观察材料简单地推到另一个层次上去，否则很容易犯区群谬误与简化论的错误。

（一）区群谬误

区群谬误（Ecological Fallacy），又称为生态学谬误、层次谬误或体系错误，它是指在社会调查中，“研究者研究的是较大的集群分析单位，而用另一种较小的或非集群分析单位作结论”[①]。它最早正式由赛尔文提出，对迪尔凯姆的自杀研究进行批判。[②]

区群谬误是假定以区位（“区位”指比个体大的群体、集合或体系）为单位得到的结果也可以在区位的个体中获得证实。我们可以将区群谬误总结为以大定小。例如，调查中发现，甲城市人均收入比乙城市低，同时，甲城市犯罪率比乙城市高，由此得出结论，“收入越低的居民越容易犯罪”，就犯了区群谬误。因为我们研究人均收入水平时是以城市作为分析单位，而研究犯罪时是以居民作为分析单位，犯罪的不一定就是经济收入少的居民。

（二）简化论

同区群谬误相对应的是“简化论”（Reductionism），也称为简约论、还原论，是指在研究中部分研究者误将微观单位数据的分析结果推论到宏观单位。简化论在社会研究中经常表现为：第一，研究者仅仅用十分特殊的个体资料来解释宏观层次的现象，或者说用比较低的（或非区群的）的分析单位来进行测量，而在比较高的（或区群的）分析单位上得出结论。第二，用一组特殊的、比较狭窄的概念或变量来解释社会现象或问题。仅仅通过观测微观层次的证据（个人的个性），是很难解释一个宏观层次的过程（社会发展）。

简化论错误尤其在初学者中更容易出现，表现为一种想当然的推论。简化论认为在对整体的研究中，只要取其一部分研究就可以了，最为典型的说法就是“解剖麻雀”，即用低层次单位解释高层次单位。

除此之外，用一组特别的、狭窄的概念来看待和解释所有事物，也是简化论。比如在面对某类问题时，经济学家只考虑经济变量，心理学家只考虑心理学变量。但每个宏大问题并非某一专业学科的专属问题，看待问题的角度不同、研究的方法不同，所得到的解释自然也不同，这要求我们采用多元综合的视角去看待问题。导致简化论发生的一个基本原因，是社

---

① 蒋逸民．社会科学研究中的六种常见错误．中国社会科学报，2019－01－16.

② 陈云松．当代社会学定量研究的宏观转向．中国社会科学，2022（3）．

会研究很容易获得有关个体资料，而宏观层次的单位的运行则往往比较抽象和模糊。

要避免简化论和区群谬误这两种错误，关键一点是要保证你做出结论时所使用的分析单位，就是你运用证据时所使用的分析单位。

第二节 调查方案设计

一项社会调查应该先有一个方案，通过方案来规划调查的进度和实施的内容。任何社会调查都需要有一定的前期规划而不是闷头实施，一般来说，在课题申请时就需要规划设计好调查方案。在此，我们介绍调查方案设计应该包括哪些具体内容，如研究类型、选题目的和意义、研究内容、调查范围、调查对象、抽样方案和分析单位等，以及调查方案设计的基本原则。

一、调查方案设计的具体内容

（一）研究类型

在调查方案中，研究者往往要根据自身的调查主题确定具体的研究类型，并根据研究类型的不同调整自身的方案设计内容。按照不同的划分标准，社会研究可以被分成多种类型，按研究方式可以分为问卷调查、实地研究（或实地调查）、文献研究（或文献调查）和实验研究；按研究目的或作用可以分为探索性研究、描述性研究和解释性研究；按研究的性质可以分为理论性研究和应用性研究；按照研究的时间性可以分为纵向研究与横向研究。

1. 研究的性质：理论性研究与应用性研究

理论性研究从研究目的来说不属于描述性研究，或者至多是以描述性研究为前提，解释社会现象之间的因果关系；从研究方式看，调查研究、实地研究和文献研究都可以进行理论性研究，一般都以演绎的方法，通过资料来验证研究假设。文献研究是在对二手资料分析的基础上，可以对理论假设进行验证，也可以进行归纳研究，关键在于资料的性质是定量的还是定性的。

应用性研究必须在经验研究的基础上提出解决社会问题的建议和对策或提供咨询，应用性研究的实践性往往很强，强调对社会现实的改造，但这并不意味着它就是无理论指导的。面对同一个调查主题，如社区治理，应用性研究就更加注重分析不同治理措施的有效性，为社区治理提供具体方案；而理论性研究则可能更加注重分析社区治理的理念、结构、模式等。应用性研究往往是描述性的，调查研究、实地研究、文献研究均可以成为应用性研究的方式。

2. 研究的时间性：纵向研究与横向研究

研究设计还得考虑时间性因素，即采取纵向的研究方式还是横向的研究方式。

（1）纵向研究。

纵向研究有很多方式，但都有一个共同点，就是测量会穿越时空，通过收集至少两个时间点上的数据来完成研究目标。

根据是否需要追踪同一个个案，可以将纵向研究划分为趋势研究与追踪研究。如果只需要在不同时间收集可以进行比较的样本信息，但是没有必要针对同一群人，则使用趋势研究。一般来说，同趋势研究相比，由于追踪调查需要在不同时间点对同一批人进行持续追踪，该项研究所需要耗费的成本和开展的难度也会比较大。

根据研究的时间方向，又可以将纵向研究划分为回溯性研究与前瞻性研究。所谓回溯性研究即指通过回忆的方式达到纵观时间的效果，如口述史研究就是通过个体对其经历的回溯叙述达到串联个体、集体，超越个体记忆的效果。[①] 而前瞻性研究顾名思义就是面向未来，其研究起点在现在，而研究对象被追踪到未来，大多数的纵向研究都是前瞻性的。纵向研究的价值在于它能够使我们考察变化或稳定的东西，可以解答很多连续性、变化性的问题，以及解释时间效应。

（2）横向研究。

横向研究也称截面研究，相比于纵向研究，它有三个明显的特征：一是无时间维度；二是着眼于既存的差异；三是根据现存差异分组。由此可见，横向研究是相对静态的研究，很多探索性研究与解释性研究都是采用横向研究的形式。

由于截面研究缺乏时间维度，不能明确地确立事件之间的时间顺序，因此常常受到指责。不过这一缺陷，在一定范围内可以通过多次重复截面设计来加以控制——在很多不同的时点收集数据。重复设计同样有两种形式：前瞻式和回溯式。前瞻式设计是以现在为研究起点，在未来的多个时点重复进行研究；回溯式设计是利用既存数据，检验从过去到现在的变迁模式。

（二）选题目的和意义

在进行一项调查之前，应该对该调查主题在理论上和实践上的意义进行阐述，即说明调查的价值。选题的意义分为学术意义和实践意义。学术意义主要是对科学进步的贡献；实践意义主要是对实际生活、生产等领域的现实用处，即产生的一些直接或间接效益。但是在此之外，考虑到项目的功能或作用等，人文社科项目可能还涉及政治、战略、文化、历史、社会等方面的价值，可统称为“社会价值”，即人文社科研究对社会发展所做出的贡献。

在撰写研究目的时，需要注意将研究目的具体化，而且要注意区分调查主题的研究目的与大范围本专业领域的研究任务，需要使用“接地气”的语言而非空泛宏大的设想赋予调查研究更多的真实性与可行性。

前面提到，选题的意义不仅包含实践意义还包含学术意义，对于后者的把握需要研究者进行大量的文献阅读积累，在研读国内外研究状况中得到一些灵感。研究状况的述评并不仅仅是对已有的研究做一个简单的资料汇总，还应对他人已有的研究进行再评判，去思考有哪些地方是别人没有做到的、没有做透的，或者是某个主题还没有涉及，再或者是从其他角度来解释结论可能会不太一样等。调查研究的学术意义与创新之处往往就隐藏在既有研究的细枝末节之处。

（三）研究内容

研究内容是指“调查目的的具体分解和细化”[②]，它是分析单位的属性或特征，是以分

---

① 周晓虹．口述历史与集体记忆的社会建构．天津社会科学，2020（4）．

② 风笑天．现代社会调查方法．4版．武汉：华中科技大学出版社，2009：53．

析单位为“载体”的，是社会研究需要收集的资料[①]。研究内容是整个调查方案的重要环节，它是调查主题的细化，帮助我们进一步明确研究目标、研究策略、研究方向等。不同的调查主题在具体的研究内容上会有很大的差别。但任何主题的研究内容都可以归纳为以下三类：社会特征；行动；态度和意见[②]。

1. 社会特征

社会特征在研究内容中属于比较基础性的背景材料，通常用来描述分析单位的基本情况和特征。不同的分析单位，社会特征类资料的内容是不一样的。如个人属性的基本资料包括反映个人自然属性的资料和反映个人社会属性的资料。以群体为分析单位时，以家庭为例，就需要反映有关家庭特征的资料，如家庭规模、家庭结构、家庭收入等。组织则包括组织的规模、组织的结构等。社区则包括地理环境、气候、土地、人数等。

2. 行动

行动是社会调查研究中的重要内容，它既可以是当前能够直接观察到的个人、群体、社会活动，也可以是指向过去或是将来的活动，是非常重要的客观资料。社会正是由行动着的人所组成的，这种行动涉及人与人、人与环境、人与制度之间的互动博弈，总之体现出社会变动不居的形态。按照分析单位的不同，行动可以分为个人行动、群体行动、组织行动和社区行动。既然行动并非静态的，在对行动进行研究与资料收集时就需要动态地掌握与行动有关的内容、原因、结果、过程、特点、重要节点等，特别强调对行动的链条式梳理。

3. 态度和意见

相比于社会特征与行动，态度和意见则属于主观性资料，它反映了价值取向方面的内容，涉及人们的主观价值判断、信仰、偏好、策略等。同客观性资料相比，这种主观性资料的收集往往更加困难，因为比较难以判断人们向研究者表露的态度想法是不是其内心的真实想法。为此，研究者通常采用间接测量的方式收集人们的价值取向，如设计一组与特定态度和意见有关的指标来进行测量。但值得注意的是，此时研究者也面临着信度与效度的检验问题。这是因为如果问题过于含糊隐晦，可能也会引发调查对象的误解，使得构建的指标难以真实体现态度、意见。

4. 社会特征、行动、态度和意见之间的关系

社会特征、行动属于客观性资料，态度和意见属于主观性资料。一般来说，人们的行动总是和他们的社会特征和价值取向有关，特定的社会特征总是影响到人们的行动和价值取向，人们的价值取向又会受到特定行动的影响。

（四）调查范围、调查对象、抽样方案和分析单位

调查范围往往在选题时就有了一定的限制，比如我们调查“在读高校女生的消费观念”，调查范围就只能是目前在全国高等学校就读的女学生，不能是高校男生，也不能是女性农民工，这是对调查对象总体的一个范围的界定，即调查的总体。我们不太可能也没必要把所有的这些学生全部调查一遍，即普查。我们可以有技巧地在其中挑选一部分有代

---

① 仇立平．社会研究方法．重庆：重庆大学出版社，2008：102.

② 仇立平．社会研究方法．重庆：重庆大学出版社，2008：102-103.

表性的个人作为调查对象，也就是通过合适的抽样方法选取调查对象。

在调查设计中需要对具体的抽样框进行确定，帮助我们明确调查主题。在研究方案设计中，需要说明：(1) 研究的总体是什么和调查的总体是什么，即对研究对象所取自的总体进行界定；(2) 采用什么样的抽样方法和程序抽取调查对象，即是以某一种抽样方法单独进行抽样，还是采用几种方法结合进行，抽样的具体步骤又是如何等；(3) 样本规模的大小及样本准确性程度的要求等。

另外，调查对象和分析单位的区别在前面已经详细阐述过，此处不再赘述。当然值得强调的一点是，研究课题的分析单位可以使研究者有针对性地收集研究所需的资料，同时也可以使研究者避免犯区群谬误和简化论的错误。

（五）调查的理论假设

尽管不是每一类研究都必须有理论假设，但对于那些必须有理论假设的研究来说，则应该在研究计划书中对理论假设进行一番陈述和说明。对于定量研究来说，一般都需要研究假设，因为定量研究的逻辑是先有一个研究假设，再通过调查研究的数据和资料来证实或证伪，而提出的研究假设应当是可证明的且符合调查主题的。

一般来说，探索性研究的主要目的是通过了解情况来发现问题，来建立不同现象之间的联系，直至建立起解释这种联系的理论假设，因此，探索性研究显然是不需要建立理论假设的。

对于描述性研究，由于其主要目的在于描述说明某现象、事物的基本情况、特点与现状，一般不需要设定理论假设，只需做好描述工作即可。

对于解释性研究来说，则需要进行理论假设，只是相比于定量研究中明确提出的原假设与备择假设而言，理论假设的提出可能没有那么程序化。

（六）调查资料的收集方法与分析方法

研究者的任务就是根据调查的具体情况，选择合适的收集方法，以达到最好的调查效果。为此，在调查设计部分，研究者需要综合对本调查项目的分析，确定好合适的资料收集与分析方法。

具体资料收集方法的选择要依据多种因素综合考虑，首先，与调查规模、调查经费、人力和物力的参与有关；其次，与调查需要达到的目标有关。具体问题还不够明朗时不太适合使用标准化的问卷调查，而应该使用结构式访谈法；如果只是为了描述现状，则完全可以使用问卷调查法。

受到调查资料收集方法的影响，针对不同类型结构的资料数据，研究者采用的分析方法也会有所不同，可以区分为定量资料与定性资料的分析。定量资料的分析基于统计学数据分析，定性资料的分析基于文字、语言、图片等资料的分析，具体的分析方法会在之后的章节中展开介绍。

（七）调查人员的组织

不同规模的研究课题，所需调查人员数量不同。学生自己就一个很小的范围做调查时，完全可以独自去做，不需要有调查人员的培训和组织参与。但是在大型的调查研究项目中，就必须有其他调查人员的合作参与，并且其中一些调查人员可能是非专业的“业余”人士。此时项目负责人必须筛选参加调查的成员，并且就该调查的内容对他们进行培训，在调查过程中还应对他们进行监督和管理，尽可能避免人为的因素造成调查中出现问题。因此，在调查计划书中必须对研究课题的组成人员及其在研究中所承担的任务进行说明，明确分工，制定相应的组织管理方法。对调查人员的挑选、培训工作也要进行规划，制定切实可行的培训方案和内容，保证研究工作的顺利进行。

（八）调查的时间进度和经费使用计划

一项调查从定下题目到完成报告，往往有时间上的限定或要求。调查的时间进度不能凭空想象，不同的调查主题有不同的调查时间。另外，对于调查经费的使用，也应有大致的考虑和合适的分配，以保证研究各个阶段的工作都顺利进行。当然，不是每项调查都需要经费使用安排，一般是当项目得到资助须向资助方表明经费的去向时需要制订详细的经费使用计划；有些项目是向社会或某些机构筹措资金的，则还得在调查方案中说明这些资金如何筹措和使用。

二、调查方案设计的基本原则

调查方案的设计需要遵循以下五项原则。

（1）规划性原则。设计方案时，要阐述时间的总体安排，以及每个阶段的任务、方法和目标，还要建立统一的组织，统一指挥和安排项目成员或各研究单位的研究活动，以督促和检查调查方案的实施。

（2）系统性原则。方案设计中，应该以系统论的思想为指导。在设计方案过程中，首先要确定研究所要达到的目标，即该项研究本身将要达到什么水平，是要在理论上有所创新，还是要为解决实际问题提出对策，再分析为达到此目标需要的各种条件或环境因素。

（3）经济原则。在方案设计时，应具体考虑到各种可能性，选择最切实可行又最经济的方法和途径来达到研究的目标。

（4）可行性原则。在设计调查方案时，要充分考虑到方案的可操作性和方案实施的具体条件，要具体分析研究的主观条件和客观条件，考虑研究过程中遇到的困难是否能解决等。

（5）弹性原则。随着实地研究的深入，总会发现很多新问题，产生新的思想，这时就要求对原方案进行修正。所以在设计方案时，一定要保持灵活性，使研究能适应周围环境或条件的变化，从而使研究的构想达到更高的层次。

第三节 测量

测量（Measurement）是根据一定的法则，将某种物体或现象所具有的属性或特征用数字或符号表示出来的过程。差不多每个社会现象都可以测量，只是对不同的对象采用不同的测量方式，如年龄，可以直接测量并得到准确的数值；对于满意度，则必须靠使用替代品或代替物来进行或许还不太精准的测量。在社会调查中，实际上就是研究者通过设计一系列的调查问题达到对调查对象行为、态度等各个方面的测量。为此，在调查设计环节，研究者需要对测量什么、如何测量进行计划准备。

一、测量的四要素

通常测量主要有以下四要素，即测量客体、测量内容、测量法则及数字或符号。

第一，测量客体，即测量对象。指客观世界中存在的事物或现象，是我们要用数字或符号来进行表达、解释和说明的对象，即“测量谁”的问题。在社会调查中，我们测量的客体可以是个体、群体、组织、社区或社会产品。

第二，测量内容，即测量客体的某种属性或特征，即“测量什么”的问题。这种客体的属性可以是个体的行为、态度，群体的结构、规模等。

第三，测量法则，即用数字和符号表达事物各种属性或特性的操作规则。也可以说，它是指某种具体的操作程序和区分不同特征或属性的标准，即“怎么测”的问题。比如在测量一个人的月收入时，我们是直接询问月收入，还是观察工资单或其消费情况，抑或是与周边人的收入进行比较？

第四，数字或符号，即用来表示测量结果的工具，即“如何表示”的问题。还是以测量一个人的月收入为例，我们是想收集到一个精确的收入数字还是一个相对模糊的收入范围？

二、测量的分类：定性测量和定量测量

在社会调查中，定性和定量研究者都使用细致、系统的方法去收集高质量的数据。但是不同的研究方式和数据类型，意味着它们趋向于不同的测量过程：定性是用非定量的手段探索事物的本质，是按照事物本身的性质分析；定量是以数量形式存在着的属性，并因此可以对其进行测量，是有数据支撑的。两种测量取向有三点区别：

第一，测量和分析的关系。定性研究在整个资料收集的过程中都需要有测量。在资料收集过程中发展出的新想法，可以完善或修改测量方法，从而又决定资料的收集方式，定性研究测量与资料收集同步进行。定量研究在计划阶段就要求设计好变量如何测量，然后开展资料的收集和分析，定量研究测量与资料的收集和分析过程完全独立。

第二，研究资料的形式。定性研究的资料很多样化，它不仅包含结构化的数据资料，也包含大量的半结构化、非结构化的数据资料，如符号、视觉图像、非结构化数字、口述文字、行为、声音等。定量研究产生的定量资料，往往以数字的形式出现，是一种结构化的数据形式。

第三，概念测量与资料收集。定性研究者在整个研究过程中都在考察概念的测量，并且在资料收集过程中发展新的想法，给有关新的测量方法以方向和提示，新测量方法又决定研究者如何继续收集资料，想法就是在概念和资料这样的持续相互作用中逐步形成的。定量研究者在收集资料之前就必须考虑测量的问题，用测量技术连接概念和资料。

三、测量的过程

测量过程是一个从抽象到具体的过程，不管是定性研究还是定量研究都适合这两个过

程：概念化和操作化。操作化将在本章第四节中介绍。

（一）概念化的含义

概念，是对现象的抽象，它是一类事物的属性在人们主观上的反映。概念的抽象层次有高有低。抽象层次高的概念往往包含多个抽象层次低的概念，并且它往往是难以直接观察和描述的。概念的提出，来自我们的个人经验，或者是对社会的观察，用于反映事物、现象的特点和特征。

概念化（Conceptualization）是指捕捉一个构想，并通过赋予它一个概念或理论定义的方式来提炼它。概念定义（Conceptual Definition）是以抽象的理论术语所下的定义，为无法直接观察、复杂的社会现象提供一个共同认可的定义（形成某种概念予以表征）。

人们在日常生活交流中使用某个概念时，如爱情观，彼此之间会有一个大致的共识，这是交流能顺利进行的保证。在交流时并不要求我们对这个概念有非常精确的定义，只需要比较模糊的了解，但如果要科学精确地测量我们所需要调查的对象的爱情观，则不能凭主观感受，需要有精确的测量和界定。而这个指出术语具体含义的过程就是概念化。概念化的最终产物是一组具体的指标。

（二）量的概念化与操作化

定量研究的测量序列是：概念化、操作化、应用操作定义测量或收集资料。

图 3－1 显示了在一个理论与假设中，两个牵连在一起的变量的测量过程。需要考虑三个层次：概念层次、操作层次和经验层次。第一个层次最抽象，是两个构想之间的因果或相关关系，称为概念假设（Conceptual Hypothesis）；第二层次是操作性定义，检验经验假设，从而判断指标间的关联程度，这个层次会用到数据、统计分析；第三层次是具体的经验世界，如变量的操作性指标（如问卷）与构想（如种族隔离）存在合乎逻辑的相关性，变量的指标就能将这些事件连接到概念层次。测量过程通过这三个层次，以演绎的方式从抽象进展到了具体。

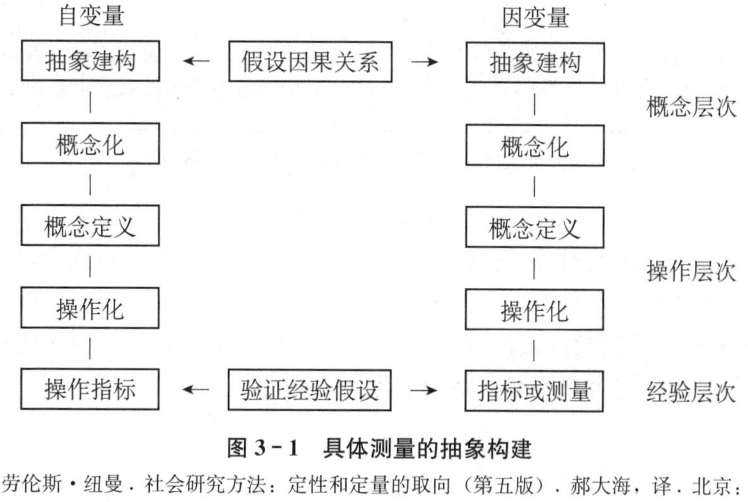

图 3－1　具体测量的抽象构建

资料来源：劳伦斯·纽曼．社会研究方法：定性和定量的取向（第五版）．郝大海，译．北京：中国人民大学出版社，2007：225.

一个假设一般要有两个变量，甚至有些自变量和因变量之间还通过中介因素发生作用，则可能需要多个变量，每个变量都需要加以概念化与操作化。

（三）质的概念化和操作化[①]

定性研究的概念化过程不同于定量研究。定性研究的概念化是寻找感觉、组织资料，努力形成清晰的理论定义的过程。研究者通常在收集和分析定性资料的过程中，发展新概念、形成概念的定义，并考虑概念之间的关系。而且这个概念化的过程在很大程度上取决于资料以及研究者对资料的分析和掌握，最后将概念连接起来形成理论关系。定性研究的操作化与定量研究的操作化也有显著不同，且操作化往往先于概念化，因为概念化的过程很大程度上取决于资料。定性研究的操作化是研究者在观察和收集资料的过程中发展工作想法的描述。

下面通过劳伦斯·纽曼对职业化工作环境可以提高师德水平的研究（见图 3－2）呈现定量研究的操作化，通过范塔莎有关竞争劳动力行动的实地研究来呈现定性研究的操作化（见图 3－3）。

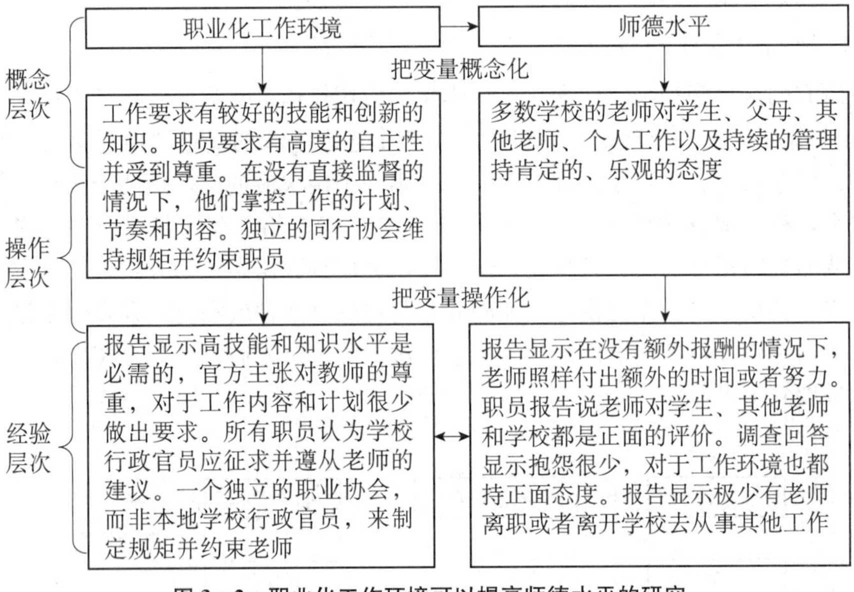

图 3－2　职业化工作环境可以提高师德水平的研究

定性研究中的操作化是研究者如何在观察和收集资料过程中发展工作想法的描述，是一种事后描述。这个描述的过程，包括研究者使用预先存在的技术和概念，它们总是与资料收集的过程中出现的技术和概念混在一起。定性研究中的想法和证据是彼此依赖的，尤其是在个案研究中。个案研究通过分析情况，研究者组织资料的同时应用想法去产生或限定个案，将资料和理论组合在一起，即个案化（Casing）。

① 劳伦斯·纽曼．社会研究方法：定性和定量的取向（第五版）．郝大海，译．北京：中国人民大学出版社，2007：225－227.

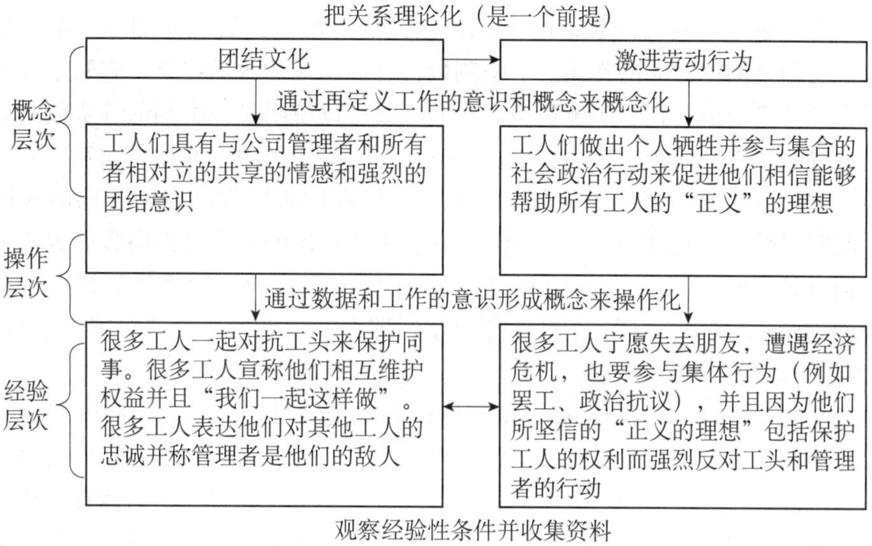

图 3-3　竞争劳动力行动的实地研究

四、测量层次

测量层次（Levels of Measurement）是抽象的，取决于构想被概念化的方式——即这个构想是否具有特定性质的假设。由于社会研究中所涉及的现象具有各种不同的性质和特征，因而对它们的测量也就具有不同的层次和标准。史蒂文斯 1951 年创立了被广泛采用的测量层次分类法，他将测量层次分为四种：定类测量、定序测量、定距测量和定比测量。

（1）定类测量（Nominal Measurement）指变量的值只起到对研究对象分类或是标记的作用。定类测量是对对象类型的鉴别，是测量层次中最低的一种，也是其他各层测量的基础。

由于定类测量实质上是一种分类体系，因而必须注意所分的类别既要具有穷尽性，又要具有互斥性，即所分的类别既要相互排斥，互不交叉重叠，又对各种可能的情况包罗无遗。定类测量具有两种属性：对称性和传递性。由于对任何一门学科来说，分类都是基础，其他几种层次的测量都把分类作为其最低限度的操作。或者说，其他的几种测量层次中，都无一例外地包含着定类测量的分类功能。而在社会现象的测量中，大量的变量又都是定类变量，分类更是基本的目标和最经常性的操作。因此，运用好定类测量，发挥其应有的作用，是社会研究人员的一项重要任务。

（2）定序测量（Ordinal Measurement）也称为等级测量或顺序测量，指变量的值具有能把研究对象排列高低或大小的作用，能够按照某种逻辑顺序将研究对象排列出高低或大小，确定其等级次序。定序测量具有“＞”和“＜”两种数学特质，是对研究对象的特征或属性作次序的鉴别。

实际研究中，许多研究者常常将某种特定的定序测量的结果近似地看作定距层次的运用。但应该注意的是，这种处理方法只有在有充分理由确认测量尺度取值的划分是基本等距的时候才能使用。

(3) 定距测量（Interval Measurement）也称为等距测量或区间测量，指变量的值具有能确定值与值之间的距离的作用。定距测量具有加与减的数学特质，它赋予变量的是具有统计学数理意义的值。在定距测量中，我们不仅可以说明哪一类别的等级较高，而且还能说明这一等级比那一等级高出多少单位。也就是说，定距测量的结果相互之间可以进行加减运算。定距测量的一个例子是公元年代。我们在调查问卷中经常会询问这样一个问题："请问您是哪一年出生的？______年。"回答者所给出的数字可以向我们表明他们各自的年龄，而且越大的数字表示越小的年龄。数字间的间距与年龄间的间距完全相等。比如，对象甲 1966 年出生，对象乙 1944 年出生。那么，二者的年龄差距就等于数字差距：1966－1944＝22 年（岁）。

(4) 定比测量（Ratio Measurement）也称为比例测量，是最高层次的测量，能确立测量对象之间的比率。其数值中的零值是绝对的、固定的，具有实在意义。所以，它测量所得的数据既能进行"＋"和"－"运算，还能进行"×"和"÷"的运算。比如，对人们的收入、年龄、出生率、性别比、离婚率、城市的人口密度等所进行的测量都是定比测量，其测量结果都能进行乘除运算。如智力是定距变量，而非定比变量，因为当一个人的智商为 0，并不代表着这个人完全没有智商，只能说智商很低。因此，是否有实际意义的零点（绝对零点）的存在，是定比测量与定距测量的唯一区别。

上述四种测量的层次由低到高。一般来说，间断变量是定类与定序层次的变量，而连续变量可以有定距或定比层次的测量。如果必须使用定序测量值，至少得使用五个定序类别才能得到区别比较明显的资料，并且要取得很多观察值，因为分解越细的等级造成的偏差，与只有两个极端的偏差相比往往越少。定比层次的测量在社会科学研究中运用得较少，因为不容易测量得到。

五、专门化的测量工具

在社会调查中，研究者经常要依据一系列指标对人们的态度、价值取向或是社会经济地位进行测量，这种测量为了达到足够的效度和信度，通常需要依靠专门化的测量工具。这种专门化的测量工具包括量表与指数，如科层组织的正式化程度、职业声望、人们对婚姻的调试、团体互动的强度、社区社会活动的层次等。创造量表与指数工具是很困难和精细的工作，需要特别谨慎地思考。

（一）指数

在日常生活中，我们可能经常会听到指数这个词，如居民消费价格指数（CPI），它通常被用来反映通货膨胀的程度，是反映居民家庭一般所购买的消费品和服务项目价格水平变动情况的宏观经济指标。在对 CPI 的计算中，涵盖了全国城乡居民生活消费的多个领域、262 个基本分类的商品与服务价格。通过对这一系列价格的采集、汇总、计算得到当年的 CPI 指数，反映当年我国城乡居民消费结构的变化。

1. 建立指数的目的

指数能根据一个人对不同生活领域的适应性测出个人的心理健康状态，根据个人的身体状态、人际关系、家庭交往等测量出个人的幸福感等。通过建立指数，能够帮助研究者建立起对抽象概念的整体认知与现实把握，使得研究者的测量更加全面综合且有效。示范指数的简单方法就是使用它，指数可以相互合并，但要求各分指数的测量都归属于同一个构想。

2. 加权

在建构指数过程中有个重要的议题，就是如何给各个项目加权。所谓加权实际上就是赋予指标内不同项目以不同的比重，这种权重系数实际上就反映了不同项目在指数构建中的不同重要性。一般来说，除非有特殊说明，一般都假设指数并没有做任何的加权。对指数内部不同项目的加权并非一个随意的过程，除非有充分的理由，否则不能随意给不同的指数进行加权。权数的大小需要来自理论假设、某个理论定义或是像因子分析之类的统计技术。

3. 比率和标准化

比率把项目的值加以标准化，以便于进行比较，如犯罪率、失业率、人口负担比等。指数中的项目在可以合并之前，经常要先标准化。标准化过程是先选择一个基数，然后将原始测量分数除以这个基数，这个过程也称为常态化。标准化才能使不同单元可以在共同的基础上作比较。

（二）量表

在社会研究中，研究者常常需要测量一些抽象层次高的概念，以及测量人们的态度、看法、意见、性格等主观性较强的内容。由于这些抽象概念和这些主观性的内容一方面具有潜在性的特征，另一方面其特征也往往比较复杂，它们一般很难用单一的指标进行测量。因此，在许多社会研究所用的问卷中，常常可以看到以量表形式出现的复合测量。由于这种复合测量可以将多项指标概括为一个分数，因而可以有效地缩减资料数量，并有效区分出人们在这些概念或态度上的程度差异。

1. 总加量表

总加量表（Summated Rating Scale）是根据被测试者在一组语句上测得分数相加之后的总得分以反映被测试者对特定事物的态度强弱。总加量表是一个对复杂概念进行多维度测量的结果，但由于它是对被测试者的态度进行加总计分，所以难以反映人们态度结构的差异。总加量表和量表的最初形式是请被测试者对一组语句或问题做出“同意”或“不同意”的选择，赋予“同意”与“不同意”以不同的分值，累计相加的分数就被视为被测试者在这个量表上的态度得分，分值越高，同意度就越高。

2. 李克特量表

李克特量表（Likert Scale）是1932年由美国社会心理学家李克特在总加量表的基础上改进而成，是有关个人态度定序等级的测量工具，也称为加总评定或总和量表。被测试者在量表上的分数是通过将这个人回答的每个答案所具有的分数加总而得的。李克特量表增加了可供被测试者选择的回答类别，将其扩展到了五类，如“非常同意”“比较同意”“无所谓”“比较不同意”“非常不同意”。量表的选项是否越多越好呢？一般建议4～8个最好。这是因为虽然刚开始时随着选项数目的增加，量表的信度也会增加，但当增加到大约7个时，信度就持平了，大约到11个之后，增加选项个数对信度的增加就不会有多少贡献。

如果所有项目都是测量同一个概念，研究者可以将一系列李克特量表的题目合成一个合成指数。为了避免答案定势，要注意答案选项的排列。答案定势也称答案类型或答案偏差，一些人由于懒惰或心理因素，总是倾向于以同样的方式（一般是同意）回答大量的选项。因此，为了准确地测量出人们的态度倾向，规范的李克特量表中还要设计一部分“掩饰题”，即一部分中性题目，以检验量表测试的准确性以及被测试者对于量表测试的认真态度。一般而言，掩饰题的数量不超过总的语句数量的 1/3，掩饰题不计入分数。同时，一个语句比较多的态度量表，实际上可以分为若干个子量表。如人际信任，大致可以分为政治信任、商业信任、教育信任等几个子量表。

3. 累积量表

累积量表也称为戈特曼量表（Guttuman Scale），是戈特曼在 1944 年设计的。累积量表是单维的，在累积量表的语句结构中隐含着非常严格的由强变弱或由弱变强的逻辑关系。被测试者对上一条语句的回答决定了他对下一条语句的选择，即能接受距离较近、较亲密情况，则一定能接受距离较远、较疏离的情况。

累积量表在应用中具有一些缺陷。累积量表由于同时具有单向性和严密的逻辑关系，第一，不能测量概念的多种维度，或者说难以在不同层面上测量同一概念；第二，累积量表语句的回答是按照从最不容易通过到最容易通过的原则设计的，因此，量表语句表现为逐步收敛的特征，量表的语句不会太多，否则可能会影响到测量的信度；第三，利用累积量表进行测试，对于被测试者的受教育水平具有一定的要求，如果被测试者不能理解语句的逻辑关系，就会出现大量的“误答”，最后只能是测量失败。

4. 语义差异量表

语义差异量表（Semantic Differential Scale）也称为语义分化量表，是由美国心理学家 C. 奥斯古德、G. 萨西、P. 坦南鲍姆在 1957 年提出的，主要用来进行文化的比较研究，人们对环境、事物的态度差异研究等。语义差异量表在社会学、社会心理学、心理学，甚至市场研究中得到广泛使用。语义差异量表是由若干对意义相反的形容词组成，一对意义相反的形容词之间可以分为七个等级，分别用 1，2，3，4，5，6，7 或者用＋3，＋2，＋1，0，－1，－2，－3 表示，被测试者只要在其中认为适合自己的地方打钩就行。如表 3－1 可以测量不同地域的族群特征或国民性格。

表 3－1　族群特征或国民性格的量表

主动	1	2	3	4	5	6	7	被动
大胆	1	2	3	4	5	6	7	谨慎
开放	1	2	3	4	5	6	7	封闭
勤劳	1	2	3	4	5	6	7	懒惰
个人取向	1	2	3	4	5	6	7	集体取向
无私	1	2	3	4	5	6	7	自私
纪律	1	2	3	4	5	6	7	自律

六、测量质量的评估

测量可以有很多种途径和方式，不同途径和方式测量的质量也会不一样。因此我们有必要对测量的结果进行判断，判断的标准有两个：信度和效度。

（一）定量研究中的信度和效度

1. 信度

信度（Reliability）即可靠性，指的是采取同样的方法对同一对象重复进行测量时，其所得的一致程度。换句话说，信度是测量结果的一致性或稳定性。缺乏信度，测量的过程就会产生反复无常、不稳定或不一致的结果。信度指标一般用相关系数 r 来表示，有三种主要的具体类型：

（1）再测信度。

再测信度（Test-Retest Reliability）是对同一群对象采用同一种测量，在不同的时间点先后测量两次，根据测量的结果计算出相关系数。这是一种跨越时间的信度。这种方法也被称为前测-后测方法。再测信度的逻辑是，如果预期获得的信息没有变化，则重复测量的结果就应该一致。但问题在于，虽然使用这种方法时，两次测量所使用的工具和方法完全相同，但由于在前后两次测量之间的某些事件、活动的影响，会导致两次测量的结果不一致，使得两次测量结果的相关系数不能很好地反映两次测量的实际情况。

（2）复本信度。

复本信度（Parallel-Forms Reliability）是用两个或以上的复本，对同一群研究对象进行两次或以上测量，根据几次测量得到的分数计算其相关系数。复本信度可以避免再测信度受时间影响的缺点，但问题是它要求所使用的复本必须是真正的复本，二者在形式、内容等方面都应该完全一致，这往往很难实现。比较相似的例子是在考试中经常使用的 A、B 卷。

（3）折半信度。

折半信度（Split-Half Reliability）是将研究对象在一次测量中所得的结果，按测量项目的单双号分成两组，计算这两组分数之间的相关系数。[①] 折半信度相当于在一次测量中，对同一个内容会有两种形式来测量，但在内容上是一致的。至于具体操作，即把两种形式分别置于单号和双号两组，如果调查对象在两组项目上得分之间高度相关，则本次测量是可信的。这种操作方法称为对分法。

2. 效度

测量的效度（Validity），也称作测量的有效性或准确度。它是指测量工具或测量手段能够准确测出所要测量的变量的程度，或者说能够准确、真实地度量事物属性的程度，即测量的有效度或准确度。[②] 效度意味着真实性，指一个有关现实的概念与真的现实之间的“吻合”程度。如果没有了效度，所有的测量都毫无意义。

测量的效度具有四种不同的类型，从不同方面反映测量的准确程度，同时，人们在评

①② 风笑天．现代社会调查方法．4 版．武汉：华中科技大学出版社，2009：100.

价各种测量的效度时，也往往将这四种类型作标准。

（1）表面效度。

表面效度（Face Validity）也称内容效度或逻辑效度，指测量内容或测量指标与测量目标之间的合适性和逻辑相符性。即实证测量的结果与我们的共识或我们头脑中印象的吻合程度，也可以说是指测量所选择的项目是否“看起来”符合测量目的和要求。评价一种测量是否具有表面效度，首先必须知道所测量的概念是如何定义的，其次需要知道这种测量所收集的信息是否和该概念密切相关，最后评价者才能尽其判断能力之所及，做出这一测量是否具有表面效度的结论。

（2）内容效度。

内容效度（Content Validity）指测量在多大程度上包含了概念的含义，是表面效度的特殊类型。如智力的测量就应该包括记忆力、逻辑分析能力、空间想象力等。如果测量女性的地位，就必须从政治地位、法律地位、家庭地位、社会地位等各个方面来测量，而如果只从家庭地位一个层面来测，就只具有相当低的内容效度。

（3）准则效度。

准则效度（Criterion-Related Validity）也称为标准关联效度，指的是用一种不同以往的测量方式或指标对同一事物或变量进行测量时，将原有的一种测量方式或指标作为准则，用新的方式或指标所得到的测量结果与原有准则的测量结果作比较，看二者的相关程度，并用这种特定的相关系数（称为效度系数）来反映测量工具或手段的效度。如果新的测量方式或指标与原有的作为准则的测量方式或指标具有相同的效果，那么，其效度系数就高，我们就说这种新的测量方式或指标具有准则效度。

（4）建构效度。

建构效度（Construct Validity）也称为结构效度，指通过现有的理论或命题来考察当前测量工具或手段的效度。建构效度涉及一个理论的关系结构中其他概念（或变量）的测量。因为有时候很难找到一些行为标准来有效地直接测量效度，所以通常会考虑把研究变量与其他变量在理论上的关系作为大致的标准。建构效度的基础就是变量之间的逻辑关系。

（二）定性研究中的信度和效度

定性研究者认为，不仅定量研究需要强调信度和效度，定性研究也同样需要满足信度和效度的要求，只是使用原则不同。

1. 定性研究中的信度

定性研究使用如访谈、观察、照片等多种技术记录研究者的观察。研究者希望不同的记录技术所记录下的内容所体现出的内容具有一致性，并且自己的观察随着时间的推移是一致的。当然，定性研究者还强调研究者与研究对象之间的互动过程，而且社会行动不可重复，场景的内容要求使用独特的、无法重复的混合测量。于是，不同的研究者使用不同的测量将得到不同的结果，这些结果揭示不同的因素或主观事物的维度。定性研究者质疑定量研究者对标准的、固定的测量的追求。

2. 定性研究中的效度

效度意味着真实性。定性研究者对真实性要比对效度更感兴趣。真实性意味着通过普通人的观点给社会生活一个合适的说明。他们要求对社会生活给出一个无偏见的描述，并且是被研究对象的真实经验，并且通过被研究对象的感觉和理解做细致和详尽的描述。定性研究者关注生态效度或自然历史方法，这些关注向外部人传达出内部人的观点。历史研究者使用内部和外部批判来决定自己已有的证据是不是真实的，他们尝试着在自己对世界的理解、想法和叙述与真实发生的事之间建立起紧密的联系。

（三）内在效度和外在效度

定性研究的效度，分为内在效度和外在效度。其中，内在效度是指如果一项试验的结果表明没有出现明显的误差或这些误差是可以用测量假象进行解释的，这样的实验就具有内在效度；外在效度是指具有内在效度的实验是否具有普遍性，即能否推广到一个更大的范围。

外在效度是指测量的外在有效性，即一组指标对于一个概念的测量在一个群体内具有内在效度的话，那么它对于其他群体的测量是否有效。如社会地位的测量如果在白领群体中是有效的，那么同样的测量在其他阶层是否有效，如果都可行，表明这个对社会地位测量的指标是有外在效度的，反之则表明其外在效度有限。

某种意义上，内在效度比外在效度更为重要，外在效度取决于内在效度的有效性程度。外在效度还与总体的大小以及抽样方法有关，也就是说，要提高测量的外在效度必须在一个更大的总体中测量，测量对象的选取要合乎抽样原则。

（四）信度和效度的关系

测量的信度和效度之间存在着某种既有联系又相互制约的关系。一般来说，缺乏信度的测量肯定是无效度的测量，而具有很高信度的测量并不意味着同时也是高效度的测量，即它也许是有效度的，也许是无效度的。研究者在追求测量的信度时，往往会在一定程度上损害或降低测量的效度；反之，当研究者努力提高测量的效度时，其测量的信度则同样会受到影响。信度和效度之间的关系可以用一个形象的比喻来说明（如图 3－4 所示）：想象测量是靶心，信度是指每一次射点是否比较一致，即是否集中在某一个区域，不管是否射中靶心，只要越集中，信度就越高；效度则是射在靶心周围的概率，如果在靶心周围，越是接近靶心则效度越高。缺乏信度和效度的测量都是没有用的。

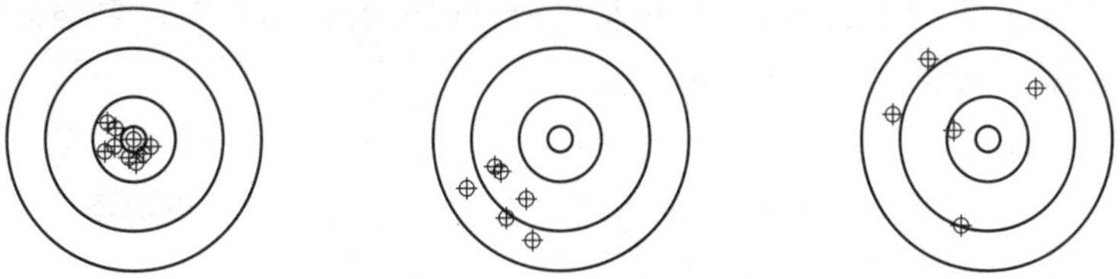

A：高信度高效度　　B：高信度低效度　　C：低信度低效度

图 3－4　信度与效度的关系

如图 3－4 中 A，枪的准星很准——准则一致、有效；而且射击者瞄靶的水平也很高——多次重复动作，结果近似，所以是既有高效度又有高信度。

如图 3－4 中 B，射击者多次重复得到的结果很接近——信度高，但都往一个方向偏离靶心——可能准星有问题，没能打中靶心，信度低，所以是有高信度，但低效度。

对于图3-4中C的结果，我们很容易怀疑这个人不会使枪，都是乱射的。所以每次成绩相差很远——没信度，而且几乎没能瞄准靶心——没效度。

信度和效度之间经常是互补的关系，但在某些特殊情况下也会有矛盾：增加效度时可能会难保信度，或增加信度时难以掌控效度。这是因为要增加信度，必须使测量值相当具体、明确，便于观察。问卷中十分明确的题目可能得出具有信度的测量值，但是也有捕捉不到该概念主观本质的风险。

第四节　操作化

本节我们将审视操作化的定义及在社会学研究中的作用。探寻操作化是帮助我们将抽象的概念转译为可度量的指标，以提高研究问题的精准度和可信度。

一、操作化的含义及作用

“操作化”（Operationalization）一词的首次使用与直接的物理测量有关，后被广泛地运用于定量研究。操作化是指将命题和概念转换成可以依据一定的效度和信度进行经验观察的假设和指标的过程，是将抽象的概念转化为可观察的具体指标的过程。换句话说，它是对那些抽象层次较高的概念进行具体测量时所采用的程序、步骤、方法、手段的详细说明。它是明确和澄清抽象概念的过程，是对复杂的社会现象进行量化的一种方法。概念操作化过程事实上是一个理论概念或抽象概念复归到经验层面的过程。比如，将抽象概念“同情心”转化为“主动帮助盲人过街”“主动给乞讨者帮助”“主动向灾区捐款”，就是操作化的一个例子。

操作化的作用主要体现在以下三个方面：第一使概念或命题具体化，如妇女社会地位可以分解为家庭地位、政治地位、经济地位等；第二使概念或命题量化；第三通过量的分析，使结论建立在科学的基础上，排除了主观臆断的嫌疑。

二、操作化的过程

概念的操作化过程是一个从抽象的概念及其定义演绎到经验层面的过程，即从术语到定义，再到经验的过程。概念的操作化过程同调查研究的目标有关，要根据调查研究的目标来界定概念。操作化定义一般有三种类型：

第一，根据某种现象在某种状态发生时所必须完成的操作程序来定义，适用于说明事物或现象的状态，如：“饥饿”可以定义为“连续××小时未进食的状态”。

第二，从描述事物动态特征的构成来定义，即根据某一特定种类的人所具有的可以观察到的具体行为来描述和定义这类人物。如：“劳动积极分子”可以定义为“集体活动每次都能参加，从不迟到、早退，工作质量完全合格且每月都能超额完成任务的人”。

第三，根据事物或现象的静态特征来加以定义，如：“核心家庭”可以定义为“只有一对夫妇或者一对夫妇与其未婚子女共同生活的家庭”。

具体的操作化的工作主要包括界定概念、列出概念的维度和发展指标三个步骤。

（一）界定概念

起初比较粗糙地定义的概念常常潜在地包含着大量不同的成分，而以这种概念为名组织起来的资料往往具有某些实质性的差异，因此，在研究中需要对主要的概念进行某种澄清和界定的工作。澄清和界定概念的必要性是，如果不同的人用同一个概念（词语）来表达不同的含义，那么，这样的概念也就没有用了。除非人们用同样的词语来表达同样的事物，否则交流就是不可能的。通过精确地指出一个概念包括什么、排斥什么，就可以为我们提供对资料进行分析和组织的指导性框架。同时，它也可以使得各项具体的经验研究中所含的资料更加具有一致性和可比性。

概念是反映对象本质的思维形式，是科学研究必不可少的工具。概念可以分为四类：一是物体概念，包括各种具体的物体、社会实体等；二是事件概念，包括正在进行或发生的现象；三是关系概念，是指物体、事件及属性之间的关系，如同事、友情等；四是反映人的心理取向或价值取向的概念，如同情心、紧张感等。概念因其抽象程度不一而导致操作化难度不同。越是抽象的概念，其操作化难度越大。因为越是具体的概念，人们可以从经验上判断概念的含义，越容易达成共识。如收入概念的操作化主要是针对抽象程度较高的概念，如“权力”。

（二）列出概念的维度

在具体操作上，我们首先要弄清概念定义的范围。在采用或给出某个具体的定义之前，可以先看看其他的研究者对这一概念所下的定义是怎样的。而对于那些并未对该概念下正式的定义的研究者来说，我们就需要从其对概念的运用中来确定他对这一概念的界定。当我们通过收集和查询，了解到有关这一概念的各种不同的定义，从而对这一定义的大概范围有所理解以后，便可以对这些定义进行分类。因此，许多抽象的概念往往具有若干个不同的方面或维度，因此，在界定概念的定义时，就应该先弄清楚概念所该具有的不同维度。如：“社会地位”就具有政治地位、经济地位、法律地位、教育地位和家庭地位等多个维度；将习惯发展出个体性行为秉性与群体性行为秉性两个维度[①]。将维度设计好之后，对于概念的测量指标的选择，综合的理论思考和分析都很有用。

（三）发展指标

指标是量化研究的必要工具，是社会测量中使用的“量器”。发展指标是人们把集中概括和抽象反映社会现象的理论概念转换成在实证研究中可以认知和识别的经验材料的具体方法。它是对一个抽象概念在经验上的具体说明，是用一组可以观察到的经验现象来“指示和标志”一个抽象概念。

在概念维度的基础上，可以对各个维度进行指标确定，而对不同抽象程度的概念发展指标，难易程度也不一样。对比较简单的概念发展指标相对容易，如“性别”“文化程度”等。但对于复杂的概念发展指标就不是件容易的事，如“地位”“幸福”等。通常，我们可以采用下列两种方式来发展概念的指标：

第一种方式是寻找和利用前人已有的指标。尤其是对于一些测量人格、态度方面的量

① 艾斌．老年人健康不平等的发展趋势研究．人口与经济，2022（4）．

表，往往经过多次的运用和修改，常常可以称为我们可用的指标。当然许多前人的指标不一定完全适合我们的概念，需要做一定的修改和补充。利用前人的指标具有可与其他研究所得结果进行比较的优点，同时，这种做法比每个研究者都发展一套自己特定的指标的做法，更有利于社会知识的积累和形成。

第二种方式是研究者先进行一段时间的探索性研究。采用实地观察和无结构式访谈的方式，进行资料收集的初步工作。尤其是与被研究者中的关键人物进行比较深入的交谈，从这些人那里获得符合实际的答案。这样做可以帮助研究者从被研究者的角度、用被研究者的眼光来看待事物，了解被研究者的所思所想，以及他们考虑问题的方式。所有这些都会对研究者发展出测量概念的指标提供极大的帮助。

1. 社会指标的特点

通常我们在社会生活中会接触到诸多指标，如 GDP 等经济指标、恩格尔系数等，这些社会指标具有如下的特点：

一是具体性。社会指标不能是一般化、含糊不清的，必须是具体的、明确的，能帮助我们弥补传统上的仅凭演绎、推理等方式进行研究与决策的缺陷。

二是计量性或数量性。任何社会现象都可以通过社会指标来表现，关键问题是如何用数量来表现。

三是替代性。社会指标并不是社会现象本身，它是某种社会现象、社会状态、社会活动或社会变迁的代表。这种指标具有可替代性。关键是要寻找和创造出与社会事实本身具有更多相似性、具有更多联系的社会指标。

四是易于解释性。社会指标注重向人们解释和说明社会现象。通过指标的变化可以说明社会状态的某种变化。

五是时间性。社会指标一般具有时代性，适用于某一时代的指标，在另一个时代可能会失效。

六是综合性和重要性。社会指标表现的是社会或某一方面的总体现象，只有综合的数据，才可能对较大范围的社会现象做出说明，但不排斥在社会指标中使用个体指标。

七是理论与实际相结合。社会指标本身不是理论，但它往往是人们根据某种理论而设计出来的，如恩格尔系数、社会质量指数等。

2. 社会指标的类型

从不同的目的出发，社会指标可以区分为不同类别，比较重要的有以下几类。

一是描述性指标与评价性指标。描述性指标是对社会客观现象的描述，如家庭收入。评价性指标是指能够反映社会发展、社会效果、社会影响在某些方面的利弊得失的指标。

二是肯定指标、否定指标与中性指标。肯定指标也称为社会进步或发展指标，如国民生产总值增长率。否定指标又称为问题性指标，这些指标的上升是社会不稳定因素上升的标志，如失业率。中性指标指与人们的价值取向、人们的意愿没有直接利害关系的指标，其本身并不能说明社会的进步与否，如人口的民族构成。

三是客观指标与主观指标。客观指标又称非感觉指标，它反映客观社会现象，如社会环境的数字和比例。主观指标指人们对客观社会现象的感受，也称感觉指标，如人们对交通、住房等的满意程度等。主观指标与客观指标存在差异，但主观指标和客观指标二者具有同一性，即一个人的主观评价是不可能完全脱离客观状况的，并且主观指标和客观指标两者的界限是相对的，可以相互转化。如：头痛可以是客观指标，但头痛是人的主观感受，因而又可以视为主观指标。

3. 社会指标的设计

社会指标的设计首先必须有一定的理论、政策或计划做指导，这样才能选择最关键的数据作为指标。其次，要从特殊的角度来观察社会现象，必须有理论做指导。再次，要找到社会现象之间的联系要靠理论指导。最后，指标研究的成果要为社会活动服务，如果没有社会理论的指导，就会失去研究的意义。

从社会理论到社会指标需要一个过程，往往需要经过以下几个步骤：(1) 针对某个现象提出属于某个理论领域的问题。如在研究社会阶级与分层现象时有一个疑问：决定一个人社会地位高低的最重要的因素有哪些？(2) 提出理论假设。如决定一个人社会地位高低的因素包括职业、经济收入、受教育水平、家庭出身等。(3) 提出操作性定义。即把理论假设中那些最主要概念中比较抽象的定义转换为数量化的、可操作的定义。这是由理论转换为指标的关键环节。如受教育水平可以转换为受教育年限，职业可以转换为职业声望，家庭出身可以转换为父亲的职业声望等。(4) 建立社会指标。根据操作性定义确定好可以观测或访问的指标。如职业声望可以转换为职业声望评价分数。

测量指标设计完毕后，将每一个指标具体化为问卷的问题就是问卷设计的工作了。

思考发现

正如社会调查之舟需要准确的航路图，调查设计之中需要测量的精度和操作化的明晰性，确保我们能够成功穿越社会现象的广阔海域。社会调查需要排除主观臆断的想法，研究者需要不断深化对测量与操作化的理解，同时强调正确的思维逻辑，确保在设计调查时具有科学的思考方式。

本章小结

分析单位就是社会调查中被研究的对象。一般社会科学研究中的分析单位包括：个体、群体、组织、社区和社会产品。

社会研究中的分析单位和观察单位不一定是同一个单位。分析单位的确定是否得当关系到研究结果是否具有有效性。我们作研究结论时经常犯两种错误：区群谬误和简化论。

调查方案设计的具体内容包括：(1) 研究类型；(2) 选题目的和意义；(3) 研究内容；(4) 调查范围、调查对象、抽样方案和分析单位；(5) 调查的理论假设；(6) 调查资料的收集方法与分析方法；(7) 调查人员的组织；(8) 调查的时间进度和经费使用计划。调查方案设计的基本原则，包括系统性原则、可行性原则、经济原则、规划性原则和弹性原则。

测量可分为定性测量和定量测量，由两个过程构成：概念化和操作化，根据研究性质的不同可分为量的概念化和操作化与质的概念化和操作化。测量的层次有四种：定类测量、定序测量、定距测量和定比测量。

专门化的测量工具主要有指数和量表。指数是将一些题目结合成一个分数，分别测量一个被测内容的各种不同成分或次部分，然后将它们合并成一个测量工具。量表如同指数的构想一样，在于创造以定序、定距、定比形式测量变量的数字分数，主要包括总加量表、李克特量表、累积量表和语义差异量表。

测量质量的判断标准有：信度和效度。

操作化是指将命题和概念转换成可以依据一定的效度和信度进行经验观察的假设和指标的过程。操作化的作用主要体现在三个方面：(1) 使概念或命题具体化；(2) 使概念或命题量化；(3) 通过量的分析，使结论建立在科学的基础上，排除了主观臆断的嫌疑。

概念的操作化过程是一个从抽象的概念及其定义演绎到经验层面的过程，即从术语到定义，再到经验的过程。具体的操作化的工作主要包括以下几个步骤：界定概念；列出概念的维度；发展指标。

指标是量化研究的必要工具，是社会测量中使用的“量器”。社会指标的特点是：具体性、计量性或数量性、替代性、易于解释性、时间性、综合性和重要性、理论与实际相结合。社会指标的类型有：(1) 描述性指标与评价性指标；(2) 肯定指标、否定指标与中性指标；(3) 客观指标与主观指标。

关键术语

分析单位　区群谬误　简化论　测量　定类测量　定序测量　定比测量
定距测量　指数　量表　信度　效度　操作化　指标

资源链接

视频微课 3-1　视频微课 3-2　视频微课 3-3　视频微课 3-4

复习思考题

1. 在测量居民的收入时，你选择下列哪一种题型？为什么？

题型一：“您平均每月的总收入大约是________元。”

题型二：“请问您平均每月的总收入大约是多少？(请选择一项)”

①500 元及以下　②501 至 1 000 元　③1 001 至 2 000 元
④2 001 至 3 500 元　⑤3 501 至 5 000 元　⑥5 001 至 7 500 元
⑦7 501 至 10 000 元　⑧10 001 至 15 000 元　⑨15 001 元及以上

2. 量表是用来测量什么的？请设计一份用来测量市民对农民工态度的社会距离量表。

3. 指数是用来测量什么的？请设计一个指数来测量我国的现代化水平。

4. 试将“社会地位”“正义感”操作化为一组测量指标。

在线自测

扫一扫 练一练

第四章　问卷设计

案例导入

调查问卷怎么做？

在“社会调查方法”课堂上，初入社会学殿堂的同学们对马上开讲的问卷设计这一章充满期待。在经历了选题、文献综述、研究设计等一系列流程后，黎晓晓和他的组员们对即将进行的问卷设计与发放充满期待，可谓摩拳擦掌，跃跃欲试。黎晓晓所在的学习小组，研究选题围绕外卖骑手的情绪劳动问题展开，该小组关注的问题是：外卖骑手在工作中是否存在情绪劳动？外卖骑手压抑的情感管理是否会造成骑手情感健康的缺失？平台管理和顾客反馈评价对外卖骑手的情绪劳动产生怎样的影响？如何减轻骑手的工作压力？如何提高骑手的工作满意度？如何在注重劳动者的情感体验中进一步推进社会工作职业的现代化？等。

黎晓晓和同学们按照社会调查的一般程序，终于到了设计问卷的环节，小组同学决定通过一次问卷调查来获取数据和资料以推动项目的开展。但大家感到十分头疼，因为他们不知道如何制作调查问卷，更不知道如何获取有效的数据和资料。

黎晓晓和同学们遇到的困惑，在社会研究中非常普遍，几乎每一个初次步入社会调查领域的人，都会遇到和黎晓晓一样的困惑。为什么会出现这种情形呢？这是因为，我们试图编写的是这样一种问卷：它不仅能清楚地表达我们所需的信息是什么，而且还能使调查对象在对它的理解上不存歧义。这样的任务并不如想象得那么简单，我们都知道自己在想什么，知道希望通过问题表达什么，却不知道如何通过最佳的方式达到我们想要的效果。一旦我们开始设计问卷，我们意想不到的难点立即就会出现。那么，调查问卷究竟怎么设计？

阅读提示

通过对黎晓晓所遇到的困惑的理解，想想我们平时所接触到的问卷，同时思考以下几个方面的问题：(1) 什么是调查问卷？调查问卷有哪些构成要素？(2) 设计问卷要坚持什么原则？(3) 如何设计一份高质量的问卷？

作为一种标准化的调查方法，问卷调查法在一定程度上适应了现代信息处理手段的要求。问卷调查法的产生和广泛运用，为社会科学研究尤其是社会学研究提供了基本的途径和工具。本章将系统、全面地阐释问卷设计的过程，试图帮助学生从宏观上建立设计和评估问卷框架，从微观上学习设计问卷的具体内容。

第一节　问卷及其结构

问卷作为社会学者洞察人类行为和观点的主要手段，其设计的巧妙与科学性将直接影响研究的成果。本节将从问卷的概念入手，介绍它是如何在社会学研究中发挥作用的，以及为何成为数据收集的首选方式。透过问卷的结构，我们将深入研究标题、封面信、指导语、问题及选项以及编码等要素，探讨它们如何共同构建一个精准而有效的问卷。

一、问卷的概念

在日常生活中，我们或多或少遇到过大大小小、不同类型的问卷调查。比如：我们在微信朋友圈看到亲朋好友推送的问卷星；我们在路边被调查员拦下来，请我们协助现场填答一份问卷……类似的情形并不少见，现如今，问卷调查已经是现代社会里一种运用十分广泛的社会调查方式。

问卷调查法是研究者通过控制式测量度量所研究的问题，进而收集到可靠资料的一种方法。问卷作为用于测量人的行为、态度和特征或收集其他信息的一种常用工具，已经成为社会调查的根本性手段。从其展现形式上看，问卷则是指以统计和调查为目的导向、采取设问方式表述问题的表格。

根据社会调查中使用问卷的方法，我们把问卷划分为两种不同的类型：一种称为自填式问卷，即由调查者发送给（或邮寄给）调查对象，由调查对象自己阅读和填写的问卷；另一种称为访问式问卷，即由调查者根据结构式的调查问卷，向调查对象逐一提问，并根据调查对象的回答进行填写的问卷。

在社会调查中，问卷作为定量数据资料收集的工具，其质量高低决定着收集方式的合理性、调查资料的真实性，也在很大程度上影响数据收集工作的进度和效果。优良的问卷能给研究人员带来真实、重要且可靠的信息，而劣质的问卷只会给研究人员带来无用的垃圾信息，甚至会误导他人。因此，了解问卷的结构并掌握问卷设计的技巧是问卷调查过程中十分关键的一环。

二、问卷的结构

问卷作为一种收集数据的结构化技术和必备工具，是以书面形式按顺序事先设计好的反映调查目的及内容的一系列问题及答案组成的，从调查对象那里获取信息的表格。虽然现实中的问卷各式各样，但往往“万变不离其宗”，标题、封面信、指导语、问题及选项、编码等是其主要的构成部分。

（一）标题

每份问卷都有一个研究主题。问卷标题是对调查主题的概括说明，目的是使调查对象对将要回答哪方面的题目有一个大致的了解。问卷标题不同于论文、书籍的标题，它最强调主题明确、简洁明了而不必过分追求标题的夺目亮眼。

一般来说，调查对象一拿到问卷，最先看的就是标题部分。标题的拟写要简洁明了，指出调查的主题，以便调查对象了解调查的目的，标题的格式一般为“（关于）××××

的调查问卷”，如“关于小区物业管理与社区治理能力建设的调查问卷”这样的标题往往显得更加正式，更能够获得调查对象的信任。

（二）封面信

封面信，即一封写给调查对象的短信。它常常放在问卷的封面上，所以被称为封面信，有的也称为卷首语。

研究者能否说服每一个陌生的调查对象参加到调查中来，并让他们如实地填写问卷很大程度上取决于封面信的质量。所以，如何通过封面信激起调查对象填写问卷的兴趣，就是问卷调查的“入门”技巧。封面信一般设置在问卷第一页的最上方（问卷标题之下），或者单独作为一页置于整个问卷之前；封面信的文字要简洁清晰、诚恳易懂，篇幅宜小不宜大，字数控制在200字之内为宜，以便于调查对象快速理解问卷调查的基本情况和目的，给调查对象留下良好的第一印象。一般来说，封面信要包含以下内容：

（1）称谓。称谓一般根据具体调查对象而定，语气应该亲切。在称谓后面紧跟“你好”或“您好”。

（2）介绍研究者的身份，即说明“我是谁”。应尽可能介绍得清楚明白，既体现研究者的诚意，又体现调查的正式性和有组织性，得到调查对象的信任。

（3）介绍调查的大致内容，即“调查什么”。一方面，研究者不能为了让调查对象接受调查而在介绍调查内容时欺骗调查对象。另一方面，研究者对于调查内容的说明，要做到篇幅适中，既不能过于简单，也不能冗长繁杂。

（4）说明调查的目的，即“为什么调查”。在介绍调查目的时，要叙述得当，让调查对象认为研究者的调查是正当的、有价值的，并尽可能说明其对于整个社会，尤其是对于包括调查对象在内的人民群众的实际意义，而不能只谈“为了进行科学研究”。

（5）说明调查对象的选取办法及对调查结果的保密措施，消除调查对象的戒心和疑虑。说明调查对象的选取办法，也就是告诉调查对象，研究者是根据什么标准和采取什么方法来选取调查对象的。另外要说明对调查结果保密的措施，不会有损调查对象的利益。在封面信的结尾处，一定要真诚地感谢调查对象的合作和帮助。

除了以上内容外，有时还可以把填表的要求、方法、寄回的时间等内容写进封面信，有的研究者会把该部分内容放入问卷的指导语中。

下面是一份完整的调查问卷封面信：

问卷编号

关于“来华留学生文化适应情况”的调查问卷

亲爱的朋友：

你好！

我们是××大学社会学系的学生。为了了解来华留学生的文化适应情况，更好地帮助留学生适应并且融入当前的学习和生活，我们展开了本次调查。我们随机抽取到你作为来华留学生的代表并邀请你填答此问题。本次调查严格按照《统计法》的要求进行，问卷的填答采取不记名的方式，答案没有对错之分，所有回答只作为统计数据来使用。你的意见没有对错，真实反映你的情况即可。

感谢你能在百忙之中抽出时间参与我们的调查！祝你万事如意！

××大学社会调查中心
2023 年 9 月 9 日

（三）指导语

指导语是用来指导调查对象填答问卷的各种解释和说明，并标有“填表说明”的标题，对填表的方法、要求及注意事项等作总的说明的部分。有些复杂的指导语则集中在封面信之后，并标有“填表说明”的标题。指导语的内容常见于以下几种情况。

1. 限定回答的范围

不同形式问题的填答方法是不同的。研究者必须在问卷中注明不同形式题目的填答要求。如“问卷中题目如果没有特别说明，则只限选一种答案，多项选择题我们会在题目中注明”。

2. 指导回答方法

由于问卷的难易复杂程度以及调查对象的文化水平等情况皆有所差异，研究者必须将所有调查对象纳入考虑范畴，避免发生一部分调查对象拿到问卷后不知所措的情况。当需要给答案排序时，告诉调查对象如何排序是非常必要的。如果没有对某问题的回答进行妥善说明，可能会导致我们收集上来的问卷回答五花八门，使得该问题的数据难以被有效分析。

3. 指导回答过程

有一类特殊的问题形式，比如关联式问题，需要在问卷中以指导语的形式予以特别的说明，告诉调查对象如何回答，如“有随迁子女或孙子女目前在现居住地（长沙）读小学/初中/高中的家庭填写第 10～30 题，没有的直接跳至问卷第 31 题”；“此处可多选”；“请按重要程度排序”等。不过现在随着计算机技术的发展，在网络问卷中有智能化指引，不必调查对象自我识别跳题逻辑。

4. 规定或解释概念的含义

有些题目难免有歧义，研究者需要注明可能引起歧义的概念，比如“计算个人劳动收入时，包括工资、奖金、各种津贴、补贴等工薪收入，但不包括租赁金、保障金、亲友资助收入等”。或者在询问调查对象年龄时也要注意告知调查对象需要依据的是公历还是农历，以免不同调查对象的理解不同。

下面是一份“填表说明”：

①凡符合你的情况和想法的选项，请在答案前面的方框“□”中画“√”。

②如果没有特别注明，每个问题只有一个答案。对于要选出多个答案的问题，我们会在题目后面注出。

③有些选项如无列出，请在“其他（请注明）________”中填写。

④每页右边的一行数字和短横线上的数字是我们编码录入计算机用的，你不必填写。

⑤答题过程中请勿与人交谈，或干扰他人答题。

（四）问题及选项

在一份问卷中，问题和选项（即答案备选项）是问卷的主体，是组成问卷的核心内容，相关内容将在本章第三节进行详细介绍。

（五）编码

所谓编码，简单地说就是给问题和答案编上数码，用这些数码来代替问卷中的问题及其答案。问卷的编码主要是为了便于计算机的量化处理，其目的是将问卷中的信息数字化，转换成统计软件和统计程序能够识别的数字，这项工作是一种信息代换的过程。编码工作既可以在设计问卷时进行，也可在问卷收回后进行，前者称为预编码，后者称为后编码。

在实际调查中，研究者大多采用预编码，本书主要介绍问卷设计时预编码的形式和方法。首先是给答案分配码值，一般来说，一个封闭式问题至少有两个答案类别，每个调查对象都必须适合其中之一且仅适合其中之一，通俗地说，它就是在问题的每一个答案前都标上一个数码，这样我们就把文字的答案转化成了数码，便于将它们输入计算机和进行统计分析。其次是给每一个问题分配栏码，栏码的分配要根据问题的前后顺序挨个进行，但同时还要考虑到答案码值的大小，当答案码值为一位数（即 0～9）时，给该问题一个栏码；当答案码值为两位数（即 10～99）时，就给该问题两个栏码，如此类推。

以表 4－1 中“关于在校中小学生学习适应性及学业压力的调查问卷”所涉及的编码为例，我们进行有关编码的说明（见表 4－2）。

表 4－1　关于在校中小学生学习适应性及学业压力的调查问卷

A1. 你的性别是：①□男　②□女 A2. 你的年龄是：______周岁。 A3. 你目前所处的学习阶段是： ①□小学②□初中③□高中 A4. 你最近一次考试成绩位于班级______， 你希望下次考试位于班级______。（依次在横线处填答案序号） ①后 30%　②50%～70%　③50%左右　④30%～50%　⑤前 30% A5. 你参加了以下哪些类型的课外辅导： ①□语文　②□数学　③□英语 ④□物理/化学　⑤□生物/地理　⑥□政治/历史 ⑦□书法/绘画　⑧□声乐/舞蹈 ⑨□体育健身　⑩□其他	A1 [__] A2 [__] A3 [__] A4a [__] A4b [__] A51 [__]　A52 [__] A53 [__]　A54 [__] A55 [__]　A56 [__] A57 [__]　A58 [__] A59 [__]　A510 [__]

表 4－2　编码的说明

变量代码	变量名称与说明	答案编码与说明
A1	性别	1—男，2—女，9—缺失
A2	年龄	两位数，个位数时高位补零，99—缺失
A3	学习阶段	1—小学，2—初中，3—高中，9—缺失
A4	班级名次	1—后 30%，2—50%～70%，3—50%左右，4—30%～50%，5—前 30%，9—缺失
A5	课外辅导班类别	1—参加，0—没有参加，9—缺失

这里，除了问题 A2 之外，其余 4 道问题备选项的最大值均为个位数，故分别只给出

一栏的宽度，均以9作为缺失值，用来代表错选、漏选和未作答的情况。而问题A2是测量“年龄”变量，由于我们调查对象是中小学生，年龄基本为6～18岁，故把99作为缺省值。

编码过程必须遵循一定的原则和要求：其一，编码必须具有完全包容性，这是指每个答案都应有自己的唯一编码，不能有重复与遗漏；其二，编码必须具有单一性，即一个编码只能替代一个答案，而不能代替不同的答案；其三，编码必须具有直观性、简单性和逻辑性。有些问题答案前面的序号直接可以作为编码，既便于设计，又便于统计处理。有些回答含有数字，如年龄、人数等，可以把这些数字本身视为编码数。编码要符合人们的思维逻辑和计算机处理程序的逻辑，还必须考虑拒绝回答的情况。必须对无答案的情况给予特殊编码，否则处理数据时可能造成计算机无法使程序正常运行等情况。

除了编码之外，有些问卷还会在封面印上问卷编号、调查员编号、审核员编号、调查日期、调查对象住所、调查对象配合情况等有关内容。①

第二节 问卷设计的意义、步骤与原则

在社会学研究中，问卷设计不仅仅是一个技术性的步骤，更是我们构建科学、客观数据的关键一环。本节将介绍问卷设计的意义与步骤，包括探索性摸底工作、设计问卷初稿、试调查以及问卷定稿与印制。

一、问卷设计的意义

问卷设计的好坏不仅直接影响所收集资料的有效性和准确性，还决定了调查结果所匹配的统计分析层次以及问卷回收率。从定量研究的流程来看，必定是“问卷调查在前，数据分析在后”。此外，就问卷的回收率而言，如果在问卷设计时无法充分调动调查对象的积极性甚至招致其厌烦，那么调查对象在填答时很容易出现敷衍式作答、中途弃答、拒答等现象，从而造成废卷过多、问卷回收率不尽如人意，最终将制约抽样规模、降低样本的代表性。由此可见，问卷设计必须先经过一些特定的步骤，最终才能形成正式的问卷。

二、问卷设计的步骤

在不断的研究和应用中，问卷设计形成了较为明确的操作步骤和方法。主流观点认为，探索性研究、设计问卷初稿、问卷的试测或专家讨论是问卷设计之路的三个必经节点。不过，也有学者考虑到概念的操作化和发展测量指标对于问卷设计的关键作用，倾向于将研究假设（或设想）作为问卷设计的第一步，并将测量与操作化纳入问卷设计中。本章中问卷设计的主要步骤，与主流认知保持一致，遵循探索性摸底工作、设计问卷初稿、试调查、问卷定稿与印制而展开。

对在问卷设计方面没有太多经验的人来说，一种行之有效的方法是按照一个系统的步

① 风笑天．社会研究方法．6版．北京：中国人民大学出版社，2022：163.

骤来进行自己的问卷设计工作。

（一）探索性摸底工作

由于每个人的经历、学识、兴趣爱好等各不相同，在某种程度上，我们都生活在自己的信息“茧房”之中，对于某些调研主题，必定存在着认识盲区。因此，探索性研究并不是问卷设计中可有可无的环节，而是发挥着帮助设计者形成初步认识、聚焦主题、预警调研中可能出现的风险等效用的重要步骤。

要设计一份调查问卷，第一步工作并不是马上去进行问卷题目的设计，而是要先做一定的探索性工作以熟悉课题的基本情况。在探索性摸底中逐渐获得有关调查主题、调查对象的详细内容，问卷就会更优，在问题内容、形式设计上更加贴合调查需要。做这种探索性摸底工作的常见方式，是问卷设计者深入到社会生活背景中，进行一段时间的非结构式访谈，自然地、随意地与各种调查对象交谈，并留心观察他们的表情、行为和态度。通过交谈，常常可以避免在设计问卷时出现许多含糊的问题，也可以避免设计出不符合客观实际的答案来。

在实践中，探索性摸底工作通常分为两步走。第一步，查阅相关文献，尽可能多地获取有关信息和资料，做到心中有底。正是在上述资料准备和理论思想准备的双重加持下，充分了解和全面把握所要研究的问题，并提出自己的研究假设。当然，此时的研究假设可能并不是十分完备。第二步，深入基层，投石问路。探索性摸底工作绝不能闭门造车，还需要到现场去听听“风声雨声”、感受“热腾腾的民生”。

（二）设计问卷初稿

在探索性摸底工作的基础上，研究者可以进行问卷初稿的设计工作。但是，把各种问题的具体表述、答案的安排、各种问题的前后顺序、整个问卷的逻辑结构等多方面的因素较好地融合在一份问卷中，需要一种尽可能统筹兼顾的眼光和具体办法。

在纸笔时代的问卷设计中，研究者常采用两种方法来进行：一种是卡片法；另一种是框图法。

卡片法实际上是采用卡片的形式，首先列出一系列具体问题，其次对这些问题进行归类处理，最后调整修改，形成问卷的整体。卡片法的第一步是根据探索性摸底工作所得到的印象和认识，把每一个问题写在一张卡片上；第二步是按照卡片上问题的主题内容把问题卡片分成若干堆，即把询问同一类事物或询问同一方面问题的卡片放在一起；第三步是按照一定的逻辑结构，对每一个卡片堆中的问题进行排序；第四步是根据整个问卷的逻辑结构以及调查对象的接受心理，排出各堆的前后顺序，使全部卡片连接成一份完整的问卷；第五步是对整个问卷调整和排序，即在前面排序的基础上对所有的卡片进行编号处理，然后根据问卷设计的基本原则和基本要求，对每一个具体问题仔细推敲，修改补充，并且对问题前后顺序进行调整，形成一份比较完整的问卷初稿；第六步，当从各方面考虑觉得都比较满意时，再按此结构和顺序将卡片上的问题全部打印出来，并加上封面信、指导语、编码等内容，形成问卷初稿。

框图法则与卡片法不同，框图法实际上是从总体结构出发，采用图解的方式，将总体划分为几个部分，再将各部分细分出若干个具体的问题，从而形成问卷的整体。框图法的第一步是根据研究假设和所需资料的逻辑结构，在一张纸上画出整个问卷的各个组成部分及其前后顺序的草图；第二步是分别从被访者回答问题是否方便、是否会形成心理压力等方面反复考虑各部分间的连接和前后顺序，选择一种最佳方案；第三步是在另外若干张纸上分别写出每一部分的问题及选项，并安排好这些问题在每一部分中的形式和前后顺序；第四步，从总体上对问题及选项的形式、前后顺序等方面进行检查和调整，直到满意后再将其打印出来，并加上封面信等内容，形成问卷初稿。

卡片法即先从设计具体问题开始，然后到部分，再到整个问卷整体，是一个由部分到整体的过程；而框图法则相反，是先从整体框架开始，然后到部分，最后到具体问题，是一个由整体到部分的过程。卡片法与框图法这两种方法各有长短，设计者可以灵活运用。一般来说，采用卡片法，思路自然，修改方便快捷，但有时候显得零散，容易遗漏问题，难于从整体上把握；而采用框图法则逻辑性强，便于通盘考虑，但有时候显得灵活性不够，特别是对设计者的素质要求较高。因此，最好将两种方法相结合，发挥二者的优点，克服二者的不足。在计算机时代进行问卷设计时，这两种传统方式的思维仍具有借鉴意义。我们调整卡片顺序就相当于在电子问卷中直接把部分问题调整顺序，框图法就相当于先规划好问卷的框架结构。

（三）试调查

问卷初稿设计完以后，并不能直接将它用于正式调查，必须经过试调查这一环节的“查缺补漏”，不断改进后才能步入正式调查的阶段。问卷试调查是一组测试程序，它是在态度、行为和研究者感兴趣的特征的量度有效和可信的前提下，确定问卷是否能够以研究者设想的方式运行，这一关在问卷的设计中十分关键和重要。试调查的具体方法有两种：一种为客观检查法；另一种为主观评价法。除此之外，还可以引入中间视角方法。

客观检查法是直接面对可能的调查对象进行小范围的测试。其具体做法是：首先，将设计好的问卷初稿打印若干份，比如 30～50 份（大型调查可适当增加）。其次，采取非随机抽样的方法选取一个小样本，按正式调查的要求和方式发放设计出的问卷初稿。最后，研究者认真检查和分析试调查的结果，从中发现问题并进行修改。检查和分析主要包括以下三个方面：

（1）回收率。回收率包括总回收率和有效回收率两大要素。如果问卷总回收率低，比如说 60％以下，那么说明问卷设计上有较大的问题；即使总回收率比较高，也不能断定问卷初稿不存在问题，还要进行进一步的检验。有效回收率是指扣除各种废卷后的回收率，它比总回收率更能反映问卷初稿的质量，在某种程度上可视作问卷设计的总体评价。因为，收回的废卷越多，说明被访者填答完整的就越少，也就意味着问卷初稿中的问题越多。

（2）填答的完整性。填答不完整的问卷主要表现为：要么，被访者回避问卷中某几个特定的问题，不予作答；要么，被访者从问卷中的某道题目开始出现“卡壳”，后续所有问题都处于“集体失声”的空白状态。此时，就一定要找出被访者弃答的原因，有针对性地调整问卷结构与内容。

(3) 填答的准确性。填答的准确性侧重考察回收的问卷中是否存在被访者在内容方面"答非所问"，以及在形式方面"南辕北辙"的状况。此时就要反思问卷中的指导语是否明确，或问题形式是否过于复杂，集中从这两方面着手重新调整问卷。要有针对性地简化问题形式，简化填答方式，并加强对填答方式的说明和指导。

主观评价法主要是面向专业人士以及一些典型的调查对象并听取他们的评判和意见。其具体做法是：在问卷初稿设计好以后，可复印若干份（如 5～20 份），分别送给该研究领域的专家、学者、研究者的同行、实际调研部门的研究人员以及典型的调查对象等，请他们从各自所处的不同的角度和不同的背景，对问卷的各个方面及整个问卷的设计工作进行评论，研究者从中分析并适当地加以吸收。

中间视角是相对于客观检查法与主观评价法而言的一种中间选择，不同于调查对象的仰视问卷与专家学者的俯视问卷，中间视角通过引入调查员视角以获得对问卷质量的相对中立态度。具体来看，通过调查员这一视角进行试用检验可以采取以下三种方法：

一是表格记录。即研究者事先设计好评价问卷的相关表格，提供给调查员供他们根据自身在调查过程中的实际情况填写、评分。

二是录音编码。即要求调查员在试调查期间进行录音记录，及时记录出现的问题，并对出现的问题进行统一编码汇总，方便后期研究者对问卷进行调整。

三是汇报讨论。即指在试调查后将调查员召集在一起，通过群策群力的形式讨论试调查过程中出现的问题。

此外，在实际社会生活中进行问卷初稿试用时，还需特别注意，抽样方法和资料收集方法尽量与正式调查保持一致，把握好试用检验的时间，综合运用多种试调查方法，条件允许的情况下，研究者最好把这两三种方法都用于试用中。只有当试调查的结果向我们显示出问卷基本上不存在毛病时，我们才能将问卷送去复印，并用于正式的调查。如果在试调查中发现问卷初稿的问题较多，对问卷初稿的改动比较大，那么，对修改后的新问卷还要重新进行试用。因此，认真负责的研究人员往往要反复进行试用和修改的工作。

（四）问卷定稿并印制

问卷的修改主要集中在两个大的方面：一是整体结构和问题顺序；二是删除不必要的问题。问卷整体结构方面，首先要注意在重要内容上有无遗漏，其次要注意每一部分的比重是否合适，尽量使各个部分的问题数目大体相当。要注意不同部分之间问题顺序转换的自然性和流畅性。

在逐一对问卷初稿中的问题进行认真分析和修改后才能定稿。印制的过程同样要十分小心和仔细。无论是版面安排上的不妥，还是文字上、符号上的印刷错误，都将直接影响到最终的调查结果。只有经过了试用和修改，并对校样反复检查后，才能将问卷送去印刷，并用于正式调查中。

三、问卷设计的原则

在问卷设计中，无论是行为类问题，还是主观认知类问题，抑或是个人属性类问题，它们的设计及答案设计都有一些需要共同遵守的基本要求。在设计问卷时，必须按照一定的原则，符合一定的要求，遵循一定的步骤，才能达到以客观求真实、以严密求可信、以准确求有效的目的。

（一）从研究目的着眼确定问卷测量内容

对于任何一项问卷设计工作来说，调查目的就是其灵魂，是调查活动的根本，也是决定问卷选择什么样的内容和采取什么样的形式的关键因素。一份优良的问卷应该能够达到所希望的调查目的，在问卷设计环节首先需要确定包含了内容、技术与方法的调查总路线以指导问卷设计工作。因此，在我们动手设计问卷之前，应该问问自己：这项调查的目的是什么？只有明确了目的，我们才能确定调查总路线，在路线指引下将研究主题与概念进行操作化。

（二）从调查对象出发确定问卷呈现形式

社会调查实质上是调查者通过问卷向调查对象了解情况的过程，这一过程可以简单表示为：调查者—问卷—调查对象。在“问卷—调查对象”这一环节中，问卷的呈现形式则受众多调查对象的影响。不同的语言表达方式、不同载体形式的问卷，对调查对象提出的要求和产生的影响也各不相同，只有一份时刻考虑到调查对象的问卷才能够更受到调查对象的“喜爱”。

1. 考虑调查对象的共性与特殊性

在调查研究中，问卷通常有其针对性的调查对象，调查对象组成的群体有其共性与差异性，要求研究者采取针对性提问方式以提高问卷有效性。在共性方面，主要是包括背景特征、表达习惯、视听思维等方面，只有更好地了解调查对象的背景特征才能更好预设问卷填答语境，相应调整问卷设计策略，减少调查对象在问卷填答时的困难。

2. 满足调查对象的尊重需要

根据马斯洛的需要层次理论，人都有被尊重的需要，在问卷调查中亦是如此，任何调查对象都希望能够得到研究者的尊重和重视。这份尊重体现在问卷设计的质量上，如果调查对象发现自己拿到的是一份表述、内容、格式上都存在诸多问题和瑕疵的问卷，多少都会认为这是不值得花费时间去参与配合的调查。因此要求研究者在问题设计中做到精益求精，让调查对象在参与问卷调查的过程中感觉到自身价值实现与尊重需要满足。

3. 照顾调查对象的填答体验

“己所不欲，勿施于人”是问卷设计中应当时刻秉承的一点，对于研究者来说，自然是希望调查对象提供越详细的数据越好，但是有的问卷长达几十页，问题数目多达几百个，令调查对象感到压力倍增。这往往导致调查对象放弃答卷，或者填答不完整，或者采取应付态度，增加废卷，使问卷的回收率大大减少，同时也使资料的真实性受到影响。因此，在设计问卷时，应尽可能地为调查对象创造方便，减少他们填答问卷时所需要耗费的时间和精力，使问卷的设计在心理上和思想上适应调查对象的需求。

（三）从数据分析需要考量问卷选项设计

在进行调查研究时，问卷的设计不仅仅需要照顾好调查对象的心理感受，还需要考虑到如何更加方便且高质量地应用于统计分析。满足统计分析的需要主要体现在选项设计上。

1. 满足统计分析的测量要求

在调查研究中，并非所有抽象概念都能够采用一个或者两个指标就能够实现测量需要。当面对一些抽象复杂的概念时，单一指标往往难以进行准确测量，这时就需要尽量满足复合型测量要求，采用特定量表进行测量，将多个问题数据处理成为一个综合指标数据，便于之后进行统计分析。

2. 满足统计分析的数据要求

在统计分析中，对数据往往也是有一定要求的，在选项设计中要考虑到取值范围的划分，既不过大也不过小，满足统计分析对数据差异性质量的要求。此外，为了提高统计分析的方便性和有效性，可以在问卷设计部分就对选项进行定距到定序的不等区间设计，减少之后数据转换分析时的工作量。

3. 满足统计分析的目标

在问卷设计选项中，需要研究者具有长远的眼光，事先考虑到所可能采用的研究方法，并根据所利用方法的不同采用与之相对应的选项设计。

第三节　问题和选项的设计

本节详细探讨问题的设计，包括开放式问题和各类封闭式问题，以及问题语言及提问方式的选择。同时，强调了问题的数量和顺序的选择、问卷选项设计的原则，以及问卷设计中需要避免的常见错误。提高问卷质量是我们关注的重点，因此我们也分享了一些如何提高问卷质量的方法。

一、问题的设计

就问卷问题的提出方式和结构来看，问卷中的问题一般有开放式问题和封闭式问题两大类。

（一）开放式问题

开放式问题就是不为调查对象提供具体的备选答案，而由调查对象根据自己的情况自由填答的问题。开放式问题的主要优点是它允许调查对象按自己的方式，充分自由地对问题做出回答，不受任何限制，让调查对象能充分发表自己的看法和意见。开放式问题所得到的资料往往比封闭式问题所得到的资料丰富生动得多，特别是它有时可以得到一些调查者事先未曾料想到的资料。但是，开放式问题的缺点在于回答过程中所提供资料的标准化程度低，资料难以编码和统计分析；对调查对象的知识水平、文字表达能力以及配合调查的程度有一定要求，填答所花费的时间和精力较多，这就很有可能降低问卷的回收率和有效率；而且还可能出现调查对象回答问题时跑题而产生许多与研究无关的资料或无价值的信息的情况。

（二）封闭式问题

封闭式问题就是在提出问题的同时，给出若干个特定的选项，让调查对象根据自己的实际情况选择回答的问题。封闭式问题是问卷中最为常见的问题形式。比如："您目前居住的社区类型是：①□新型商品房社区；②□开放式老旧社区；③□单位改制社区；④□农民安置社区；⑤□保障房社区；⑥□其他"。封闭式问题的选项一定要符合穷尽性和互斥性两个基本要求，以免出现调查对象没得选或者是不知选哪个的问题。封闭式问题的优点首先在于形式规范，填写方便，省时省力。其次，对调查者来说，所得的资料非常便于统计处理和进行定量分析。但是，封闭式问题也限制了调查对象的回答范围和回答方式，故对于一些涉及态度、看法、意见等较为复杂的主观性问题来说，封闭式问题的效果显然远远不及开放式问题；另外，封闭式问题的回答中的各种偏误难以发现。

正是由于开放式问题与封闭式问题各具优缺点，因此人们在社会调查中往往扬长避短，针对不同目的、不同形式、不同规模和不同研究对象的课题选择不同的问题或在设计问卷时有所侧重。就具体问题的形式看，有以下类型。

1. 填空式

填空式问题就是在问题后画一条横线，让调查对象依据自身的实际情况直接在空白处填写答案（见例 4-1）。

例 4-1：

请问你的出生日期是什么？

记录：[____|____|____|____] 年 [____|____] 月 [____|____] 日

如果没有政策限制的话，你希望有几个孩子？

希望有几个孩子 [____|____]

其中，希望有几个儿子 [____|____]

其中，希望有几个女儿 [____|____]

填空式问题一般只用于那些对调查对象来说既容易回答又容易填写，通常只需填写数字的调查问题。比如调查对象的年龄、家庭人口数、子女数目、收入等。这类问题的最大优点是所得结果的测量层次高（定比测量），包含的信息最充分，统计分析十分方便。因而，只要有可能，这类问题应尽量采用填空式设计。

2. 二项选择式

二项选择式问题的选项只有是和不是（或其他肯定形式和否定形式）两种，调查对象根据自己的情况选择其一（见例 4-2）。这种形式的问题有两种不同的情形：一是询问客观问题，且问题所能列举的选项本身就只有两种可能的类别，比如询问人们的性别时，选项只可能有"男""女"两种；二是询问主观问题，主观问题并不适宜采用二项选择式，除非在此类问题的答案设计上再加上诸如"不知道""不清楚""无所谓""没考虑好"之类的折中选项才最为合适（见例 4-3）。

例 4-2：

近一年内，您自己是否有去医院看病的经历：

①□有　　②□没有

例 4-3：

基于您当前在城市的生活状况，您是否会选择在现居城市长期生活：

①□会　　②□不会　　③□很难说

二项选择式这一问题形式在民意测验、市场调查所用的问卷中使用最多。它的特点就是选项十分简单明了，可以将调查对象划分为两类群体，回答此类问题几乎不需要什么难度。但是它得到的信息量不大，因为只有相对极端的两种选项，可能会使调查对象难以选择。由于不少调查对象就问题可能持有中立或是犹豫徘徊的态度，仅有的选项无法贴合其真正想法，因而使得调查对象不得不进行违心选择。

3. 多项单选式

多项单选式就是给出的选项至少有两个，调查对象根据自己的情况选择其中之一作为回答。这是各种社会调查问卷中采用最多的一种问题形式。在设计上，这种问题类型的关键之处是要保证选项的穷尽性和互斥性。在具体表达形式上，多项单选式可有几种不同表达方式，如例 4-4、例 4-5。

例 4-4：

你目前工作的单位或公司的单位类型是：

①□党政机关　②□企业　③□事业单位

④□社会团体、居/村委会　⑤□无单位/自雇（包括个体户）

⑥□军队　⑦□其他

例 4-5：

在过去的一年中，你就医的频率如何？（这里指的是你自己生病或受伤，不包括在医院陪伴或探望病人）

①□一周数次　②□大概一周一次　③□大概一月一次

④□一年几次　⑤□大概一年一次　⑥□从未

4. 多项多选式

与多项单选式有所不同，多项多选式问题要求调查对象在问题所给出的全部选项中，根据自己的情况从中选择若干个。根据是否限选，可分为任选题（见例 4-6）和限选题（见例 4-7）。

例 4-6：

你的孩子参加了哪几门课程的课外辅导（可多选，不限选项）：

①□语文　②□数学　③□英语　④□物理/化学

⑤□生物/地理　⑥□政治/历史　⑦□书法/绘画　⑧□声乐/舞蹈

⑨□体育健身　⑩□其他

例 4-7：

你平时主要是以何种方式了解健康方面知识的（限选 3 项）：

①□专家健康知识讲座　②□社区、宣传单、宣传册等

③□社区、单位、路边宣传栏/电子屏　④□公益健康咨询

⑤□家人朋友聊天　⑥□网络媒介（微博、微信等）

⑦□医学报刊书籍等科普读物　⑧□电视　⑨□其他

对于有些问题来说，多项多选式比多项单选式更能反映调查对象的实际情况，即在很多方面人们实际上是存在着不止一种情况的。比如，人们对生育后代的性别期望往往是多方面因素共同作用的结果，虽然我们可以要求调查对象从中选择一个选项来回答，但那样

可能会使有的调查对象感到没有很好表达自己的真实情况。在这种情况下，多项多选式的形式就给了调查对象更充分表达自己情况的机会。

5. 多项排序式

有时研究者除了希望了解调查对象所选择的答案类别，还希望了解他们对这些类别的看重程度，就可以采用多项排序式。此时，问题收集的就不仅仅是类别变量而是定序变量。这种方式可以说是针对多项多选式的不足而发展出的一种问题类型，它在一定程度上可以看成多项单选式和多项多选式的一种结合。它一方面要求调查对象在所给出的多个答案中，选择一个以上（但有限）的答案；另一方面它又要求调查对象对他所选择的这些答案按某种标准进行排序，如例 4-8。

例 4-8：

下列情况相比较而言，你心里难忍受的前三种情况依次是：__、__、__。

①贫困　　②劳累　　③误解

④欺负　　⑤被人瞧不起　　⑥无安全感

⑦无朋友　　⑧挫折　　⑨其他____

6. 矩阵式

矩阵式问题是指将同一类型的若干个问题集中在一起，构成一个问题的表达方式。它将同一类型的问题集中在一起，既节省了问卷的篇幅又方便了调查对象填答（见例 4-9）。

例 4-9：

过去一年，你是否经常在空闲时间从事以下活动？（请根据你的实际情况，在相应的方框内打“√”）：

项目	每天	一周数次	一月数次	一年数次或更少	从不
a. 看电视或者看碟	□	□	□	□	□
b. 出去看电影	□	□	□	□	□
c. 逛街购物	□	□	□	□	□
d. 看书/报纸/杂志	□	□	□	□	□
e. 听音乐会或看演出（展览）	□	□	□	□	□
f. 与不住在一起的亲戚聚会	□	□	□	□	□
g. 与朋友聚会	□	□	□	□	□
h. 在家听音乐	□	□	□	□	□
i. 参加体育锻炼	□	□	□	□	□
j. 上网	□	□	□	□	□

在对矩阵式问题进行设计时最好能备注说明填写格式要求，以免部分调查对象不会填写此类问题。

7. 表格式

表格式其实是矩阵式的一种变体，其特点和形式都与矩阵式十分相似（见例 4－10）。

例 4－10：

你对自己工作中的下列事项满意吗？（请在符合自己情况的空格处打“√”）

	很满意	比较满意	不太满意	很不满意	说不清
a. 工资福利待遇收入					
b. 进修培训的机会					
c. 工作环境					
d. 职位晋升的空间大小					
e. 职位晋升的公平性					

一些表格式问题在设计时，会兼顾答案选项代表的赋值规律（见例 4－11）。

例 4－11：

你在现居地是否有过以下行为（请根据你的实际情况，在下表相应的空格处打“√”）：

	从未	偶尔	有时	经常	总是
a. 给所在社区/单位提建议	1	2	3	4	5
b. 向政府有关部门反映情况/提出政策建议	1	2	3	4	5
c. 在网上讨论或评论国家、社会事务	1	2	3	4	5
d. 主动参与捐款、无偿献血等志愿者活动	1	2	3	4	5
e. 主动参与社区公益讲座或文体娱乐活动	1	2	3	4	5

表格式除了具有矩阵式的特点外，还显得更为整齐简洁。但是应当注意的是，这两种形式虽然具有简单集中的优点，但也容易有令人厌倦、呆板的感觉，特别是如果表格或矩阵中的问题过多，很容易使调查对象产生消极态度。在一份问卷中这两种形式的问题不宜用得太多。

8. 关联式

一系列相互衔接的问题被称为关联式问题。调查对象对于是否需要回答这一问题，常常要依据他对前面某一问题的回答结果而定，这样的问题被称为相倚问题，而前面的那个问题叫作筛选问题或过滤问题。调查对象是否应该回答相倚问题，要依据他对前面的筛选或过滤问题的回答结果而定。适当地使用关联式问题，可以帮助调查对象迅速地完成问卷，因为他们可以跳过和他们不相干的问题。

关联式问题的格式有很多种，例 4－12 呈现了框图的形式。这种格式有两个要点：第一，关联问题通过方框和其他问题完全隔开；第二，用带有箭头的线条把选项和相关的子问题连接起来。在例 4－12 中，只有回答“是”的调查对象才需要回答子问题，其他人则不需要。

例 4 - 12：

你家孩子是否参加了课程类课外辅导？①□是 ②□否

↓

1. 参加了哪几门课程的课外辅导：

①□语文 ②□数学 ③□英语

④□物理/化学 ⑤□生物/地理 ⑥□政治/历史

⑦□书法/绘画 ⑧□声乐/舞蹈 ⑨□体育健身 □⑩其他

2. 家里孩子平均每个月用在课外培训上的费用大概是：

①□200 元以内 ②□200～600 元 ③□601～1 000 元

④□1 001～1 500 元 ⑤□1 500 元以上

3. 上述费用大概要占据你家庭收入的____%。

4. 你觉得对这笔开支是否有压力？

①□完全没压力 ②□压力较小 ③□一般 ④□压力较大 ⑤□很有压力

如果使用得当，即使是复杂的关联式问题，也能在不使调查对象感到困惑的情况下组织起来。比如：有时候，一组关联式问题会长达数页，如果把长达数页的关联式问题放在同一个框里，就会对调查对象造成一定困扰。因此，合理的方法是在第一个问题的每一个选项后用括弧注释，指示调查对象接下来该跳过或回答哪些问题（见例 4 - 13）。

例 4 - 13：

请问你在务工所在地是否购买了当地的商品房？

①□购买了（请从问卷第 5～6 页的第 35 题开始回答）

②□没有购买（请跳过第 35～50 题，直接回答第 7 页上的第 51 题）

二、问题语言及提问方式的选择

问卷可以视为研究者同调查对象交流的桥梁，其中语言是问卷设计的基本材料，要设计出意思准确、简单易懂的问题，必须注意问题的语言甚至提问的方式。问题措辞的基本原则是简短、明确、通俗、易懂。在关于问卷设计的语言及提问方式方面，通常有以下方面需要注意。

（一）用语力求准确、通俗易懂

在问题与选项设计部分，问卷语言应与调查对象的职业、年龄、性别、文化程度、生活方式以及社会背景相协调，尽可能使用简单明了、通俗易懂的语言，尽量避免使用复杂的、抽象的概念或专业术语，也应避免行话、俚语和简写，使得问卷语言适应调查对象。只有在这样的细节上综合考虑，调查才能够达到预期的效果。

（二）问题陈述应简明扼要

在问卷设计中，反复强调要站在调查对象的立场上进行设计，具体问题语言也要通俗易懂，但是应注意通俗易懂并不等同于长篇大论，在问题陈述中我们要求简明扼要。研究者必须牢记的一条原则是：短一些的问题总比长一些的问题要好，简单一些的问题总比复杂一些的问题要好。

（三）问题设计应避免双重（多重）含义

双重（或多重）含义是说在一个问题中，同时询问了两件甚至是多件不同的事情。或者说，在一个问题中同时询问了多个问题，让调查对象不知道该回答哪一个（见例 4－14）。

例 4－14：

你父母反对你大学期间恋爱吗？

①□反对②□比较反对③□不太反对④□不反对⑤□不知道

例 4－14 中的问题实际上同时询问了“你父亲反对你大学期间恋爱吗？”和“你母亲反对你大学期间恋爱吗？”两个问题，这会导致调查对象难以回答。所以，作为问卷的设计者，我们应记住，每个问题只应涉及一种情形，要避免问题内容的多维性。

（四）问题提问语言不能带有倾向性

这是指研究者不能将自己对这一问题的价值取向隐含在问题的提问中以影响调查对象的选择。这种倾向性可能是无意识之举，但它带来的负面效果却是巨大的。这要求研究者保持中立、客观的提问方式，使用中性的语言，要避免提问方式对调查对象形成诱导，避免使调查对象感到研究者提出这一问题是想得到某种特定的回答，或者说是在鼓励他、暗示他、期待他做出某种回答。

（五）不要用否定形式提问

在日常生活中，除了某些特殊情况外，人们往往习惯于肯定形式的提问，而非否定形式的提问。某种程度上，否定形式的提问相当于在正常填答问卷过程中又加设了一道“阅读理解题”。不仅额外要求调查对象耗费一定的精力完成从否定转为肯定式言语的表达转换，增加了填答的阻力，还可能在惯性思维的主导下，造成调查对象的遗漏或误解，使得调查结果失真。比如说，人们往往习惯于“您是否赞成企业在您所居住小区的楼栋里进行商业性活动？”而不习惯于“您是否赞成企业在您所居住小区的楼栋里不进行商业性活动？”

（六）不要询问超越调查对象回答能力的问题

提的问题不得超出调查对象的能力，包括识别文字和理解问题的能力、知识范围和水平等，否则调查对象很难做出回答。比如，当你询问一个大学生“你上一个月接听了多少个电话？”之类的问题时，调查对象除非去查询通话记录，否则很难给出一个适合的答案，或者说，即便调查对象填答了，这样的答案也是没有实际意义的。

（七）不要直接询问敏感性或威胁性的问题

问卷调查并不总是对一般性问题的了解，有时则可能需要触动大家都比较敏感的或调查对象认为有潜在威胁的问题。所谓敏感性问题是指人们不愿意公开披露的影响到个人利益、前途、声誉以及自尊的问题。如涉及隐私生活的问题、非正式渠道的经济收入以及对直接领导的评价、对国家方针政策的态度等都属于敏感性问题。

敏感性问题的“去敏感化”处理非常重要。一般通过在卷首语中设置保密性措辞，通过间接性提问的方式“去敏感化”或降低敏感程度，以化解这类问题所可能引发的尴尬和不适。

三、问题的数量和顺序的选择

问题的数量和顺序也就是问卷的结构，不但影响到调查对象能否顺利回答问题，影响到问题回答的结果，也影响到问卷的资料处理和分析。在安排问卷问题的数量和问题顺序过程中，一般有以下要求。

（一）问题的数量应避免过多

一份问卷应该包含多少个问题，并没有统一答案，这要具体问题具体分析，即依据调查内容、样本性质、分析方法、调查经费等因素而定。但一般来说，并不鼓励冗长的问卷。以调查对象的填答时间来说，通常以调查对象在 20 分钟以内完成为宜，最好不要超过 30 分钟。这是因为问卷过长就会引起他们心理上的厌倦情绪或畏难情绪等，影响填答的质量和回收率。

当然，这里的填答时间也不是绝对的，一般来说，若是研究经费和人员足够充足，能够为调查对象提供一定的纪念品或是物质激励，问卷可以长一些。但这个的前提是，问卷本身的质量也要够高。反之，问卷不宜过长，要尽可能地简短，因为很少有调查对象愿意牺牲自己大量的时间来无偿帮助你完成问卷。

（二）问题的顺序应难易有序

问卷中问题顺序的设计会影响到我们能否顺利对调查对象完成访问，在对问题顺序进行设计时，应秉承以下几个原则：

（1）把简单易答的问题放在前面，把复杂难答的问题放在后面。先易后难的问题顺序能够提供一个循序渐进的填答逻辑，帮助调查对象适应调查节奏。

（2）把能引起调查对象兴趣的问题放在前面，把容易引起他们紧张和产生顾虑的问题放在后面。如果开头的一些问题能够吸引调查对象的注意力，引起他们对填答问卷的兴趣，那么调查便可能较顺利地进行。

（3）把调查对象熟悉的问题放在前面，把他们感到生疏的问题放在后面。如果以调查对象熟悉的内容开头，就不至于使调查一开始就卡住而无法进行。

（4）一般先问行为方面的问题，再问态度、看法、意见等方面的问题。这是因为行为问题一般只涉及客观具体的事实，而态度、看法、意见等方面的问题则涉及调查对象的价值取向等不易时常表露的主观想法。如果一开始就问态度、看法、意见等方面的问题，常常会引起调查对象的戒备心理和反感情绪。

（5）开放式问题一般放在问卷的结尾。这是因为回答开放式问题要比回答封闭式问题需要更多的思考和书写。如“最近半年，您对学校的行政服务有什么意见或建议?”之类的问题，无论是把开放式问题放在问卷开头还是放在中间，都会影响调查对象填完问卷的信心和情绪，而将它放在问卷的结尾处，由于仅剩下这一个问题了，即使不回答也没多少影响了。

四、问卷选项设计的原则

在一份问卷中，问题和选项共同构成了问卷的核心部分，问题的提问形式、结构、逻辑需要研究者深思熟虑，而选项设计同样需要技巧，它将直接关系到问卷的质量与后续的数据统计分析。具体来看，在选项设计中应秉承如下原则。

（一）遵循穷尽性与互斥性原则

穷尽性是指问题的选项必须包括所有可能的情况，不能有遗漏。这是因为对于任何一个调查对象来说，问题的选项中总有一个是符合他的情况，或者说每个调查对象都一定是有选项可选的，这样的话有利于提高问卷本身的质量以及调查的准确度。互斥性是指答案互相之间不能交叉重叠，也不能相互包含，即对于调查对象不存在两个或两个以上的答案可以同时选择。如果调查对象可同时选择属于某一个问题的两个或更多的答案，那么这一问题的答案就一定不是互斥的。

（二）选项要与所提的问题相互呼应，内容上应协调一致

我们为每一个问题所提供的选项必须属于这一问题所涉及的特定的现象领域，要做到预先设计的“所答”，正是针对着问题的“所问”。在内容与形式上，不要出现“答非所问”的情况，要针对问题涉及的内容和范围恰当地设计出选项。

（三）注意根据研究的需要来确定变量的测量层次

不同测量层次的变量具有不同的性质，在设计问题的回答形式时，先要看问题所测量的变量是哪个层次的变量，即看这个变量是定类层次的、定序层次的还是定比层次的，然后再根据研究的要求来确定回答形式所应具备的特征，并根据这种特征来决定回答的形式。

（四）注意等级选项的明确性

在问卷中经常会有大量的等级选项，比如“经常”“有时”“偶尔”“从不”；“很好”“比较好”“一般”“不太好”“很不好”；“十分赞同”“比较赞同”“不太赞同”“很不赞同”；等等。

但值得注意的是，只要有可能，应该尽量将这些等级类型的选项明确化，以便反映调查对象的实际情况。比如在询问调查对象的就医频率时，把选项设计为“一周数次 ”“大概一月一次”“大概一年一次 ”这样的频率，就更加具体化和明晰化。

第四节　网络问卷设计及其注意事项

随着移动互联网的发展，网络问卷使用得越来越多。本节将介绍什么是网络问卷，并通过比较网络问卷调查与纸笔问卷调查，揭示它们之间的异同，分析网络问卷在当今数字时代展现出的独特优势，探讨在网络问卷设计中的特殊挑战和创新，从而最大限度地发挥网络问卷的潜力。

一、网络问卷及其特点优势

中国互联网络信息中心第 53 次《中国互联网络发展状况统计报告》显示，截至 2023 年 12 月，我国互联网普及率为 77.5%，网民规模已经达到 10.92 亿人，其中，网民使用手机上网的比例高达 99.9%。互联网应用范围和规模的扩展，为利用网络问卷收集数据提供了巨大的便利。由于纸笔问卷调查存在很多缺点，分析与统计结果比较麻烦，成本较高，因此随着时代的发展，作为一种适应信息传播媒体变革的新型调查方式，网络问卷调查应运而生。

网络问卷，是电子问卷（E 问卷）的一种形式，是指"借助移动互联网由调查对象采用移动终端（也可以在台式电脑上）进行填答的网络问卷"①。它是在互联网上针对特定问题进行的调查设计、收集资料和分析等活动，是社会调查方法在网络上的应用与发展，是传统调查方法与互联网相结合的产物。

广义上，网络调查分为两类：一是以互联网为手段的调查；二是关于互联网使用情况的调查。而网络问卷调查，则是基于互联网技术手段，利用网页问卷、电子邮件问卷、手机移动终端等网络媒介通信手段，收集调查资料数据的调查方法，可以划归为第一类。目前，网络问卷调查方法因其价格的低廉性、操作的便捷性、调查的即时性等特点，被越来越多的市场调查公司、民意调研机构、政府调查部门和学术研究机构所采用。现在已经涌现了一些问卷调查的网站，提供设计问卷、发放问卷、分析结果等一系列服务，如腾讯问卷、问卷星、问卷网等调查网站，累计使用人数均突破 1 亿人次。在应用市场中调查类 App 也多达数十款，均可提供网络问卷的制作与发放等功能。

（一）网络问卷调查与纸笔问卷调查的比较

网络问卷调查的使用趋于常态化。我们将从调查的组织实施、问卷呈现、数据收集与分析等环节着手，对网络问卷调查和纸笔问卷调查进行简要的梳理与对比（见表 4-3）。

表 4-3 网络问卷调查与纸笔问卷调查的差异

	网络问卷调查	纸笔问卷调查
成本	低	高
时效性	强	相对滞后，且需按部就班
便捷性	高	受限
匿名性/敏感问题接纳度	高	较高
问卷界面/呈现方式	双向互动式、多媒体智能化	单向维度、纸质
抽样方式	非概率抽样	概率抽样
回收率	高	中等

① 董海军，耿宇．移动互联网+问卷的应用特点与发展．晋阳学刊，2018（3）．

续表

	网络问卷调查	纸笔问卷调查
样本代表性	低，有条件时可修正	高
奖励方式	电子礼券、微信红包	实物礼品居多
资料处理方式	即时性、同步性	一环接一环
数据共享性	较高	有限
数据安全性	取决于身份识别技术、网络信息安全保障技术以及调查者的道德素养	取决于调查者的道德素养

1. 调查组织实施上的差异

纸笔问卷调查，通常在问卷定稿之后要开展大规模的印刷和制作工作，随后由专门的人员进行走访和调查，这不仅要耗费颇多人力、物力、财力和时间等调查成本，还要面临调查广度不足和“入户难”的问题。而网络问卷调查，则主要基于移动互联网，以网络电子会议、电子邮件、网站网页、手机即时通信软件（如微信、QQ）等载体展开调查，因此，实现了调查问卷无纸化、调查时空不受限以及调查人员“极简化”（零派出或少派出）。此外，网络问卷调查还具有匿名性好、隐私保护性强的特点。于被访者而言，一方面可以完全自主地选择填答的时间与空间，没有来自调查员或督导员的“在场压力”，受到的外界干扰少，在面对高敏感度的话题时也就更容易打开心扉、吐露实情；另一方面，网络问卷不会因为笔迹、调查地点或调查员因素而暴露资料，有利于提升信任度和问卷的回收率。

2. 问卷呈现的差异

纸笔问卷，是依靠纸、笔这“两员大将”走天涯，很大程度上依赖于被访者阅读与理解的能力。除了因语言不通或阅读有障碍而必须由调查员亲自来“翻译”辅助填答，纸笔问卷调查整体上是一种“人—纸”单向的沟通模式。若问卷过于冗长或文字晦涩难懂，就很容易引起被访者的厌倦，从而增加拒访或弃答的概率。而网络问卷调查的横空出世，则基于多媒体手段和智能化技术，实现了人机的双向互动。我们可以利用专门的调查网站或调查 App 设计出多媒体问卷，被访者则可以直观地通过文字、图形、影音等多种形式，做出选择和回答。此外，有些问卷的问题，可以通过设计弹窗或设置下拉菜单等填写方式实现“傻瓜式操作”，极大地提升工作效率，从而增强调查的互动性、趣味性和参与度。

3. 抽样与样本代表性的差异

纸笔问卷开展抽样调查往往周期过长，时效方面有一定的滞后性。但是，由于抽样调查根植于现代统计学而采取概率抽样，故其样本具有较高的代表性。目前大多网络问卷调查则表现出调查时效性较强、样本代表性较差等特征，是因为目前大多网络问卷调查主要采用的是诸如偶遇抽样、雪球抽样、判断抽样、配额抽样等非概率抽样方式，无法保证样本的代表性。这也就是为什么大部分网络问卷调查在数据分析时无法由样本的结论推论总体的原因。此外，网络问卷调查中敷衍作答、扩散问卷、恶意填答等状况，也进一步降低数据的准确性与抽样的科学性。因此网络问卷调查者需要认真对待抽样过程，而不是忽视抽样环节。

4. 数据收集与分析的差异

纸笔问卷调查在调查完毕后，对纸质问卷进行整理、筛选、录入和汇总的工作量非常大，需要耗费大量的人力和物力，而且由于需要工作人员长时间进行输入，所以难免会产生人工误差。而网络问卷调查，则可以同时向多个目标调查对象发送大规模的问卷，并且针对部分调查对象未按时填答问卷的情况，调查者可以根据未完成的名单选择群发邮件或微信消息推送等方式提醒对方完成问卷，这样在问卷回收时就不需要调查员人工上门或电话催促。同时，基于相关技术，网络问卷调查能够将调查过程中最繁重也是最关键的信息采集、编码和录入工作，分配到众多网上用户的终端上完成，从而减少了数据录入过程中的遗漏与错误，可以实现数据收集、数据清理及初级统计分析的同步进行和即时完成。

5. 数据共享与数据安全

数据是调查分析的灵魂。纸笔问卷调查收集到的数据，往往只存储于研究者自己的终端之中，学者们的数据共享往往只能私下进行，程序烦琐，速度也较慢。而网络问卷调查的数据资料，则是直接存储于服务器云端。调查者可以在任意位置使用各种终端获取原始问卷数据，充分发挥了云时代数据共联的优势，但与此相关的数据安全问题也日益凸显。在网络问卷调查中，数据安全若未能得到有效保障，重则直接导致调查失败。因此，网络问卷调查得以实施的前提，就是要保证调查数据的安全性。身份识别技术和网络信息安全保障技术的进一步开发，将有效防止黑客盗取密码来干扰调查工作。此外，从事调查工作的人员还应注重提高自身的网络道德修养，以防止个人资料泄密，从而更好地保障用户隐私权。

（二）网络问卷的独特优势

网络问卷之所以能够被市场调查公司、民意调研机构、政府部门以及社会学、教育学等学科采用，主要是由于其具有如下优势。

1. 问卷设计多元便捷

网络问卷以互联网技术为依托，能够将纸质问卷所不能具备的视频、音频等囊括其中，丰富拓展问卷的形式，特别是对于填答有障碍的部分群体（如视力障碍、语言障碍以及文化程度低）来说更加友好。一方面，它可以借助互联网进行模板共享，如社会公平感量表、社会距离量表等都可以找到相应模板，以此极大减少研究者的设计问卷工作量，降低问卷调查的准入门槛；另一方面，在选项设计上，借助网络技术的智能性，能够极大弥补纸质问卷在问题选项设计上的不足。

2. 问卷调查灵活多元

除了在问卷设计方面具有优势外，在调查过程中网络问卷的优势同样强大，极大拓展了问卷调查的边界，还具有智能筛选甄别、保护调查对象隐私、无时空限制的独特优势。

3. 问卷数据存储优化

在纸质问卷中，通常需要研究者对收集汇总后的纸质问卷进行统一编码并录入电脑，这一过程往往要耗费大量的人力物力，且几乎不可避免出现录入错误。而网络问卷则可以自动进行编码转换，最大限度上避免录入错误。同时，相较于数据的存储，网络问卷可以借助服务器云端实现数据的共享共联。

虽然网络问卷具有诸多纸质问卷不可比拟的优势，但这并不意味着它就是完美的调查方式。网络问卷同样具有一系列的挑战和争议。其中在样本代表性上的忧虑最为明显，这是因为在采用网络问卷进行数据采集时，基本上预设了一个假定，那就是不使用网络或者是很少使用电子设备的群体被排除在抽样框之外，那么如何实现概率抽样以进行统计推论和验证性研究就同样成为网络调查不得不面对的问题。

二、网络问卷设计注意事项

目前网络十分发达，制作网页问卷的途径有很多，这里列举其中的一部分制作网页问卷的网站，供大家参考。比如，问卷网、51 调查网、问卷星等。

在设计理念上，网络问卷与纸质问卷极为相似，都是围绕主题设置一系列问题或形成用于定性研究的访谈提纲，也可生成二者的混合体。同时，网络问卷与纸质问卷都需使用恰当的提问方式，确保语义表达清楚准确以消除理解偏误，避免诱导性提问以降低问题敏感度，并保证答案备选项的穷尽性与互斥性等。而网络问卷设计的精髓则在于，如何根据互联网和移动智能终端的设备特点，以及人们在网络平台与移动端的阅读习惯、操作行为等因素，打造以技术兼容性和操作方便性为主要原则的“友好反馈界面”①，尽量为被访者阅读、填答网络问卷提供便利。下面具体介绍网络问卷设计的注意事项。

第一，网络问卷的篇幅不宜过长，以免对被访者施加过多压力，进而降低了问卷反馈率和应答质量。不同于纸质问卷自带的“静心作答”的仪式感，网络铸就了人们“短、快、鲜”的阅读习惯，被访者更偏爱短小精悍的网络问卷。

第二，网络问卷的翻页方式，需要符合被访者的阅读习惯和操作习惯。网络问卷调查中的内容呈现方式一般有两种，即滚动呈现和分页呈现。滚动呈现是将问卷中所有的问题都放在一个页面中显示，被访者为了阅读问题和选择答案需要不时地上下垂直滚动，被访者在页面的末端点击“提交”按钮，将答案发送到与网页链接的系统数据库中，这与邮寄一封纸质问卷的调查行为相似。分页呈现则是将问题分别显示在一个个带有“上一页”“下一页”“提交”按钮的单独页面，在回答下一个问题之前必须点击“下一页”按钮，这类似于采访式问卷调查。一般而言，当问卷中问题的数量较少时，可以采用分页呈现的方式，它将有助于提高被访者的回复率；当采用滚动呈现时，一定要创建垂直滚动的方式，而避免水平滚动的方式。②

第三，受制于移动端设备屏幕的限制，单个或一组问题不宜过长，题干、选项、勾选框最好一并呈现。否则，在有限的移动端屏幕中，无法呈现一个完整的问题及其答案备选项，进而增加了被访者出现记忆偏差的风险。同时，为保证终端屏幕布局的清晰性、易读性和易操作性，尽可能多设计选择题，以方便被访者快速填答问卷，减少需要手动输入的填空题和简答题。

---

① 余富强，胡鹏辉，杜沙沙．网络问卷调查的数据质量控制研究．统计与决策，2019，35（16）．

② MAVLETOVA A，COUPER M P. Mobile web survey design：scrolling versus paging，SMS versus E-mail invitations. Journal of survey statistics&methodology，2014（4）．

第四，优化操作界面布局，提升填答体验。将图文、影音等多媒体手段与文本内容相结合，拓展网络问卷调查的新空间，设计如可视化的多媒体问卷、个性化的邀请函等，积极推动网络问卷调查多元智能，以增加网络问卷的趣味性，提升调查的参与度。

总体来看，当代社会中移动互联网的发展浪潮依旧猛烈，网络问卷对于社会调查领域带来的创新性和进步性是空前的，要求研究者需要具备互联网思维，不断拓展调查的边界，与时代同行。

思考发现

工欲善其事，必先利其器。社会调查研究是检验判断知识的科学手段，问卷是社会调查的重要工具，其设计工作需要以调查对象为出发点，从普通人民群众的特点出发来思考并解决问题。

本章小结

问卷作为用于测量人们的行为、态度和特征或收集其他信息的一种常用工具，已经成为社会调查的根本性手段。

大体说来，一份问卷通常包括以下几个部分：标题、封面信、指导语、问题及选项、编码。

在设计问卷之前应该牢记三个基本原则：从研究目的着眼确定问卷测量内容；从调查对象出发确定问卷呈现形式；从数据分析需要考量问卷选项设计。

就问题的提出方式来看，一般有开放式问题和封闭式问题两大类。就具体问题的形式看，有填空式、二项选择式、多项单选式、多项多选式、多项排序式、矩阵式、表格式、关联式等问题类型。

在问题语言及提问方式的选择上，应注意：用语力求准确且通俗易懂、问题陈述应简明扼要、问题设计应避免双重（多重）含义、问题提问语言不能带有倾向性、不要用否定形式提问、不要询问超越调查对象回答能力的问题、不要直接询问敏感性或威胁性的问题等。

在问题的数量和顺序的选择上，一般有以下要求：问题的数量应避免过多、问题的顺序应难易有序。

在问卷选项设计的选择上，应秉承如下原则：遵循穷尽性与互斥性原则、选项要与所提的问题相互呼应且内容上应协调一致、注意根据研究的需要来确定变量的测量层次、注意等级选项的明确性等。

网络问卷调查具有价格的低廉性、操作的便捷性、调查的即时性等特点，因此，日益得到广泛应用。

关键术语

问卷　封面信　开放式问题　封闭式问题　网络问卷

资源链接

视频微课 4-1　视频微课 4-2　视频微课 4-3　视频微课 4-4　视频微课 4-5

复习思考题

1. 什么是问卷调查？

2. 简要说明问卷的结构。

3. 问卷的封面信中应说明哪些内容？试就第二章练习中你所选定的调查主题设计一份问卷的封面信。

4. 设计问卷时在提问方式上应注意什么？

5. 问卷选项的设计有什么要求？

6. 选择一个自己感兴趣的课题并尝试设计一份网络问卷。

在线自测

扫一扫　练一练

第五章 抽样

案例导入

少数人的意见能否代表民意?

1936 年的美国大选，观察家们普遍认为罗斯福不会连任。美国杂志《文学摘要》(*The Literary Digest*) 进行了当年的“稻草民调”，他们通过邮寄的方式，向 250 万美国选民征集他们的投票意愿，结果显示罗斯福会败选。但盖洛普不这么看，他预测《文学摘要》的结果会出错，因为《文学摘要》的这 250 万张明信片是根据电话和汽车登记名单寄出的，并没有考虑那些支持新政的买不起车的低收入选民。在盖洛普面向由 4 000～5 000 个选民组成的样本进行代表性的民意调查中，结果显示罗斯福会赢得连任。

大选之夜，盖洛普打开收音机，听到罗斯福轻松赢得 46 个州和 63%的选票的消息。盖洛普一炮而红，《文学摘要》杂志社倒闭。

此后，盖洛普跨过大西洋，在英国伦敦创立了英国舆论研究所。最终，盖洛普创建了一个分布在 11 个国家的民调组织。

阅读提示

通过分析案例，思考以下几个问题：(1) 什么是抽样？(2) 民意调查的预测为什么会出现失误？(3) 如何进行科学的抽样？

在社会调查中，抽样是研究设计的核心，如同贝克尔所言：“对于任何类型的研究者来说，抽样都是个问题。”抽样不仅紧密关联研究目的，也直接关系到资料的采集、整理和分析。在实际研究中，全面调查总体往往难以实现，因此选择代表性样本成为社会研究者的关键任务。通过现代统计学和概率论的抽样理论和方法，社会研究者成功地应对了现代社会的高异质性、高流动性和高变动性。本章将深入讨论抽样问题，介绍抽样的基本概念、原理和方法。

第一节 抽样概述

本节首先聚焦抽样的相关概念，涉及总体、元素、样本、抽样等。其次，讨论抽样类型、抽样的作用以及概率抽样的基本原理。最后，介绍抽样的一般程序以及抽样设计的原则。

一、抽样的相关概念

与抽样相关的概念有总体、元素、样本、抽样、抽样单位、抽样框、参数值与统计值等。

（一）总体

总体（Population），通常与构成它的元素共同定义，理论上是指元素的特定集合体，可以分为研究总体与调查总体。在社会调查中，最常见的总体是由社会中的某些个人组成的，这些个人便构成总体的元素。研究总体指明了被抽样的单位在地理位置或时间上的界限。比如，当我们对某社区居民的社区参与意愿进行调查时，该社区所有居民的集合便是我们调查的总体，而社区内每个居民便是构成总体的元素。另外，研究是从研究总体开始的，但在现实中可能并非研究总体中的所有元素都能够有被抽选的机会，因此必须对研究总体做出更加精确的定义。调查总体是基于现实的实际情况抽取样本的元素总体，是对研究总体的进一步界定，即对时间、空间等做更进一步的规定。

（二）元素

元素（Element）是收集信息的单位和进行分析的基础，是构成与确定总体的基本单位。它可以是分析范围或总体中的个案，也可以是任何一个将被测量的个人、群体、组织、社区或是书面文件、符号信息，甚至可以是社会行动。在社会研究中，最常见的元素就是个人了，如对某市“90后”集体身份认同进行调查时，元素即某市每一个“90后”个人。又比如，我们打算研究某城市居民的家庭生活质量，那么，该市所有的居民家庭便构成我们研究的总体，而其中的每一户家庭都是这个总体中的一个元素。在一个既定的研究当中，元素与分析单位有时是相同的，前者用于抽样，后者用于资料分析。

（三）样本

在社会研究中，样本（Sample）是从总体中按照一定方式抽取的一部分元素的集合，是用来得到整个总体的信息的一个子集，即样本是总体的一部分。在这个意义上讲，样本是总体的模型，总体通常用 N 表示，样本量通常用 n 来表示。一个较好的样本能比较好地代表总体，达到以小见大的目的。一般来说，研究者的真正兴趣并不是样本，而是总体，样本仅仅是他们用来了解总体的工具而已。

例如，在对某市居民幸福感的调查中，按照某种方式从该市抽取 1 000 位市民进行调查，这 1 000 位市民就构成了该总体的一个样本，研究者希望通过调查这个 1 000 位市民的样本，来了解该市居民的总体幸福感。

（四）抽样

抽样（Sampling）是一种选择调查对象的程序和方法。它是指从组成总体的所有元素的集合中，按照一定的方式选择或抽取一部分元素的过程。例如，从 3 000 名工人所构成的总体中，按一定方式抽出 200 名工人的过程，或者从 1 000 户家庭构成的总体中，按一定方式抽出一个由 100 户家庭构成的样本的过程。

在研究中样本能否比较好地反映总体同抽样息息相关，抽样不仅与研究的目的及内容密切相关，而且还直接关系到资料的收集、整理与分析，以及整个研究的费用、应用的范围等。

（五）抽样单位

抽样单位（Sampling Unit）就是直接抽样时所使用的基本单位。抽样单位与构成总体的元素有时是相同的，有时是不同的。抽样单位往往是多层次的。在一阶抽样中，抽样单位既可能是元素本身，也可能是分析单位。例如，从某省 20 万人的大学生总体中，按一定方式抽出 1 000 名大学生进行调查。单个大学生既是该省 20 万名大学生这一总体的元素，又是我们从总体中一次直接抽出 1 000 名大学生的样本时所用到的抽样单位；但是当我们从这一总体中一次直接抽出 40 个班级，而以这 40 个班级中的全部学生（假定正好 1 000 名）作为我们的样本时，抽样单位（班级）与构成总体的元素（学生）就不是一样的了。这就涉及抽样过程的初级抽样单位、次级抽样单位和终极抽样单位。

（六）抽样框

抽样框（Sampling Frame）又称抽样范围，它指的是一次直接抽样时总体中所有抽样单位的名单。抽样框的一个通俗说法就是“花名册”。样本或某些阶段的样本从抽样框中选取，在一次抽样中，抽样框与抽样单位的层次相对应，例如，上文中班级、学生作为两个层次的抽样单位，与之相对应的抽样框也有两个：全部班级的名单、班级样本中所有学生的名单。

（七）参数值与统计值

参数值（Parameter），也称为总体值，是关于总体中某一变量的综合描述，或者说是总体中所有元素的某种特征的综合数量表现。在统计中最常见的总体值是某一变量的平均值。比如，某市待业青年的平均年龄、某厂工人的平均收入等，它们分别是关于某市待业青年这一总体在年龄这一变量上的综合描述，以及某厂工人这一总体在收入这一变量上的综合描述。总的来说，总体值只有通过对总体中每一个元素都进行调查或测量才能得到。

统计值（Statistic），也称为样本值，是关于调查样本中某一变量的综合描述。例如“从一个样本中得到的农民平均受教育水平”，就是一个统计值。统计值是从样本的所有元素中计算出来的，它是相应的参数值的估计值。比如，样本的平均值就是通过对样本中的每一个元素进行调查或测量后计算出来的，它是相应的总体平均值的估计值。

虽然参数值和统计值都是有关某个变量的描述，都是一个具体的数值，但是二者有着重要的区别。参数值必须对总体的所有单位或元素进行调查（即普遍调查）以后才能得到，统计值则来自样本的调查结果。例如，从一个样本中得到的农民平均受教育水平，就是一个统计值。对于大总体而言，一般无法准确知道总体的参数，因此研究者必须根据样本来估计它。

抽样的目的之一，就是要通过这些统计值去估计和推断各种参数值。研究者用从样本获得的信息，即统计值来估计和推断总体参数值，从而达到由部分认识总体的目的。抽样设计的目标，就是尽可能使所抽出的样本的估计值接近总体的参数值。

二、抽样类型

根据抽取对象的具体方式，可以将抽样分为不同的类型。一般来说，主要有两大类：一类是非概率抽样，即根据研究任务的要求和对调查对象的分析，主观地、有目的地在研究对象的总体中进行选择，它不考虑抽样中的等概率原则，因而往往产生较大的误差；另一类则是概率抽样，即根据概率理论，按照随机的原则选择样本，不带调查者的主观色彩，因而在很大程度上能避免抽样过程中的人为误差，保证样本的代表性。非概率抽样与概率抽样还可以细分为若干不同的形式。在本章中，将重点对非概率抽样与概率抽样的各种具体形式进行介绍。

三、抽样的作用

与普查方法相比较，抽样法具有以下几个优点：调查费用比较低；速度比较快；应用范围广；可获得内容比较丰富的资料；准确度较高；等等。一般来说，当不可能进行或者没有必要进行总体调查时，就需要运用抽样的方法，由部分认识整体。当对普查资料的正确性进行验证时，为了节省人力、物力、财力，也可以运用抽样的方法。当对研究总体进行更加深入、精密地调查时，就不可能像普查那样只是了解一些表面的情况，需要借助抽样调查或者深度访谈的方法获得更加详细深入的资料。总之，通过抽样调查研究，可以比较经济、迅速、广泛、深入、准确地认识总体的特性。

社会科学中的抽样调查肇始于 1891 年挪威的人口调查。而社会学中最早采用抽样方法的调查，是 A. L. Bowleg 于第一次世界大战前在英格兰和威尔士所做的五城镇调查。[①] 此后，特别是第二次世界大战后，随着电子计算机技术的迅速发展，抽样调查法得到迅速推广，它被越来越广泛地应用于社会的各个领域，目前已经成为社会调查的主流方法。

四、概率抽样的基本原理

要理解概率抽样，可以从两个方面进行把握：一是异质性；二是随机性。

异质性是指构成总体的个体间或群体间应当是有差异的而非完全相同的。如果一个总体中的各元素都是一样的，那么我们只需要随便选择总体中的一个个体就能够获得对总体的全面认识，根本不需要再精心设计抽样程序。然而，“世界上没有两片完全相同的树叶”，在现实生活中也没有两个完全相同的人，现实社会中的绝大多数群体通常存在着不同程度的异质性，也正是因为社会的异质性，才使得抽样具有价值意义。在各种社会总体都普遍存在异质性的现实面前，严格的概率抽样程序与方法就必不可少。而概率样本所要反映的正是总体所具有的那种内在的异质性结构。

所谓随机性，简单理解就是要求总体中的每一个个体都有被抽中的可能，而且这种可能性应当是一致的。抽样的最终目的在于通过对样本的统计值的描述来相对准确地勾画出总体的面貌。概率抽样的方法可以帮助我们实现这一目标，并且可以对这种勾画的准确程

① 袁方．社会研究方法教程．北京：北京大学出版社，1997：200.

度做出估计。随机抽取是这一过程的关键。随机抽取（Random Selection）就是保证总体中的每一个个体都有同等的机会入选样本。或者说，总体中的每一个成员被抽中的概率相等（也即被抽中的机会相等）。而且，任何一个个体的入选与否，与其他个体毫不相关、互不影响。或者说，每一个个体的抽取都是相互独立的，是一种随机事件。

五、抽样设计

（一）抽样的一般程序

从总体中抽取一个样本时，必须尽可能减少抽样误差，使样本具有代表性。那么，如何才能够减少抽样误差，得到一个有代表性的样本呢？虽然不同的抽样方法具有不同的操作要求，但它们通常要经历以下几个步骤：

一是界定总体。在具体抽样前，对研究总体与调查总体进行明确定义，清楚规定研究对象的范围，包括基本构成单位、内容以及空间和时间范围。研究总体的清晰定义取决于抽样目的，对研究总体的准确定义对后续抽样至关重要。

二是编制抽样框。确定总体后，制作抽样框，将总体划分为互不重叠、能合成整体的部分，并对每个抽样单位进行编号。抽样框的质量直接影响抽样的质量，它是概率抽样的基本组成部分。抽样框的建立需根据抽样层次、目标和实际情况进行多层次、有序的排列。

三是设计抽样方案。决定样本的大小与抽样方法，需要综合考虑抽样误差和研究代价之间的平衡。样本大小与抽样误差呈反比关系，但在实际研究中，需要考虑研究资源的有限性。在选择具体方法时，根据研究目的、范围、对象和其他因素，确定概率抽样或非概率抽样的方法。

四是实际抽取样本。严格按照选定的抽样方法，从抽样框中选取抽样单位，构成样本。实际抽样可能在研究者到达实地之前完成，也可能需要在实地进行。这一步需要确保按照事先设定的抽样方案进行抽样，保证样本的代表性。

五是评估样本。完整的抽样过程包括对样本的质量、代表性和偏差进行初步检验和衡量。样本评估旨在检查样本对总体的代表性，去除偏差较大的样本。评估主要基于准确性和精确性两个标准，准确性衡量样本的偏差程度，而精确性主要关注抽样误差的大小，体现在样本的分布状况上。

（二）抽样设计的原则

在抽样方案设计时，美国抽样专家科什提出一个优秀的抽样设计应遵循的基本原则有：（1）目的性原则；（2）可行性原则；（3）经济性原则；（4）可测性原则。[①]

首先，目的性原则要求研究者在设计抽样方案时，应以课题研究的总体方案和研究目标为基础。方案设计应起源于具体研究问题，综合考虑研究资料获取的便利性和符合研究目的的因素。其次，可行性原则强调抽样方案必须在实践中切实可行。研究者需在设计方案时关注实际操作，考虑主观和客观因素对抽样过程的影响。设计的方案应能预测可能遇

① LESLIE KISH. 抽样调查. 倪加勋，译. 北京：中国统计出版社，1997：25-28.

到的问题，并提出相应的解决措施，确保方案的可行性。再次，经济性原则要求抽样方案的设计应与研究的有限资源相适应。研究者需充分考虑人力、物力、时间、经费等资源，并在成本与效益之间取得平衡，设计出经济又有效的抽样方案。最后，可测性原则强调抽样设计要能够从样本自身计算出有效的估计值或抽样变动的近似值。这一原则特别强调概率样本的可测性，即能够通过统计测量来进行评估。非概率抽样由于主观推定与选择较多，通常难以进行有效的测量计算。概率抽样也不自动保证可测性，需根据具体情况进行考虑，以确保抽样的科学性。

第二节　概率抽样

根据总体所有单位被选取的概率是否相同，可将概率抽样分为等概率抽样与非等概率抽样两类，两者区别在于，前者通过随机化的机械程序操作取得样本，故能够尽量避免抽样过程中的人为因素所造成的影响，保证样本的代表性。后者可以采用某些加权的方法对不相等的概率做出调整。

概率抽样是按概率原理进行的，它要求样本的抽取具有随机性。前面已经提到，概率抽样有若干不同的形式，每一种具体的形式有着各自不同的特点。而在研究中对不同抽样方式的选择将涉及研究问题的性质、完善的抽样框的获得、研究经费的多少、样本精确性的要求，以及资料的收集方法等因素。

一、简单随机抽样

简单随机抽样（Simple Random Sampling）又称为纯随机抽样，是最基本的概率抽样，最直观地体现了抽样的基本原理。它要求在选取样本时，调查总体中的每一元素都有一个相等的被选取的概率。如果用“n”代表样本中的单位数，以“N”代表调查总体中的单位数，用“p”代表调查总体中每一个成员被选中的概率，那么，用数学公式表示简单随机样本的这一特性是：

$$p=\frac{n}{N}$$

（一）重复抽样与不重复抽样

简单随机抽样可以分为重复抽样与不重复抽样两类，在重复抽样中，被选中的个体仍被放回到总体中；在不重复抽样中，被选为样本的个体不再放回总体。由此，根据抽样相关理论，重复抽样比较完善，因为个体在总体中被抽到的概率是相同的。不过，当总体足够大的时候，重复抽样与不重复抽样相差是很小的，因此，在大规模的社会调查中，通常采取不重复抽样。

（二）标签法和随机数字表法

标签法和随机数字表法都属于简单随机抽样。标签法的操作步骤包括将总体元素编号、将编号写在纸条上并放入容器，然后从容器中随机抽取纸条，直至完成样本数量的抽取。随机数字表法更为常用，通常要借用随机数表来进行。随机数表亦称乱数表、随机号码表，指包含一系列组别的按随机原则排列的数字表格。在乱数表中，0～9 十个号码及它们的各种组合出现的概率完全相同。使用乱数表进行随机抽样时，可以在表中任意指定一个数作为起点，然后向上下左右任何一个方向，顺次选取总体个案编号中已有的编号，直到抽足样本个案数为止。

（三）简单随机抽样法的优缺点

运用简单随机抽样法进行抽样的优势在于简单易行，并且用抽取到的样本去推论总体时，有比较健全的规则。但其缺点在于，当总体所包含的元素过多时，采用这种方法会花费较多的时间和精力。除此以外，当总体异质性比较强的时候，使用这种方法产生的抽样误差比较大。

二、系统抽样

系统抽样（Systematic Sampling）又称为间隔抽样或者等距抽样。它和简单随机抽样一样，需要有完整的抽样框，样本的抽取也是直接从总体中抽取个体，而无其他中间环节。

（一）具体使用方法

将总体各单位元素按序编上号码后，计算抽样间距，然后从间距以内的任意一个数字开始，按这个间距抽取样本，直到抽满规定的样本为止。具体来说，主要步骤如下：

（1）编制出抽样框，并对总体的元素按序编号；

（2）计算抽样间距，抽样间距是由总体规模和样本规模决定的。假设总体规模为 N，样本规模为 n，样本间距为 K，那么就有如下公式：

$$K\text{（样本间距）}=\frac{N\text{（总体规模）}}{n\text{（样本规模）}}$$

（3）确定第一个样本的号码（假设为 A），这个号码一般按随机方法在抽样间距内获得，而且这个号码必须小于或等于抽样间距值，因为如果大于的话，最后一个样本号码就会超出总体数。

（4）在抽样框中，自 A 开始，每隔 K 个个体抽取一个个体，即所抽取个体的编号分别为 A，$A+K$，$A+2K$，…，$A+(n-1)K$；将这 n 个个体合起来，就构成了该总体的一个样本。

例如，如表 5－1 所示，抽取号码 005，015，025，…，095。（$A=005$，$K=10$）

表 5－1 系统抽样举例表

001	011	021	031	…	091
002	012	022	032	…	092
003	013	023	033	…	093
004	014	024	034	…	094
005√	015√	025√	035√	…	095√
006	016	026	…	…	096

续表

007	017	027	…	…	097
008	018	028	…	…	098
009	019	029	…	…	099
010	020	030	…	…	100

（二）适用条件

从上面的过程中，我们不难看出，系统抽样相对于简单随机抽样在总体和样本较大的情况下显得更为简便易行。社会研究往往更倾向于采用系统抽样而非简单随机抽样，尤其在总体和样本规模较大时。值得注意的是，系统抽样的前提是总体是随机排列的，不存在与研究变量相关的规则分布。若总体排列存在有规律的分布，将导致系统抽样误差增大，降低样本的代表性。在编制抽样框时，应考虑两个问题：

首先，对抽样框的名单编号是否按照一定标准进行？例如，若按收入高低编号，第一个抽取的号码若处于极端位置，如 1 或 40，系统抽样可能导致样本误差较大。事先注意到这种情况，可打乱总体顺序，重新编制名单，或采用其他抽样方法。其次，对抽样框的名单编号时，是否存在元素排列、抽样间距和第一个抽取的号码之间的对应性周期分布？例如，若总体名单按教学班排列，每班 50 个学生，按学习成绩高低排列，若系统抽样起点号较靠前，则样本可能由各班上成绩优秀的学生组成，而靠后则可能由成绩较差的学生组成。这均不符合总体全面情况，应打乱总体排列顺序，如按姓氏或拼音排列。通过注意这些问题，可以提高系统抽样的有效性。

（三）系统抽样的优缺点

当总体的排列是随机的时候，系统抽样与简单随机抽样相比还是有优越性的：它可以不必像简单随机抽样那样排列个体的号码，而且运用系统抽样抽取出的样本其在总体中的分布更加平均，故抽样误差要小于或至多等于简单随机抽样。值得一提的是，既然系统抽样作为简单随机抽样的一个变种，那么，与简单随机抽样相同的是它也仅仅适用于同质性比较强的群体，如果总体中元素的异质性较强，则运用这种方法抽取的样本的代表性就可能较差。

三、分层抽样

分层抽样（Stratified Sampling）又称为类型抽样。它是将总体中的所有元素或单位按照某种属性或特征，如性别、年龄、职业或受教育水平等，分为若干个层次或类型，然后在各层次或类型中按照随机原则抽取子样本，最后将这些子样本加总起来构成总样本。

举例来说，在一个工厂抽取工人样本时，我们可以先把工人分为高级技工、中级技工和初级技工三大类，然后采用简单随机抽样或系统抽样的方法，从这三类工人中抽取三个子样本，最后将这三个子样本合起来构成全体职工的样本。在某高校抽取大学生样本调查时，可以按照年级来划分这一群体：大一学生、大二学生、大三学生、大四学生。然后采用简单随机抽样或系统抽样方法，分别从这四类群体中按一定比例抽取四个子样本。最后，将这四个子样本合起来，构成某高校大学生的总样本。分层抽样示意图如图 5－1 所示。

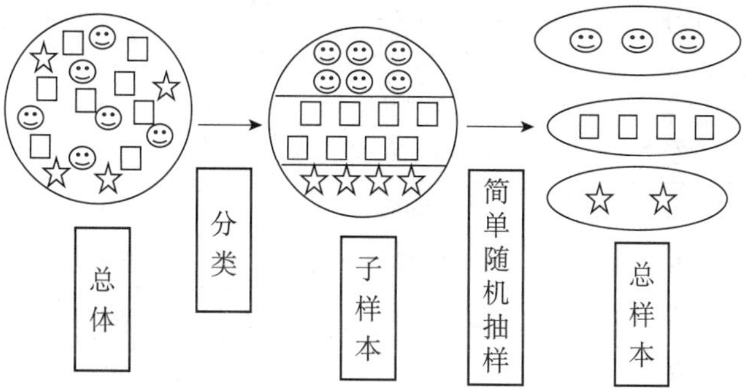

图 5－1 分层抽样示意图

（一）按比例分层和非按比例分层

分层抽样按照各层子样本容量的确定方式，可以分为按比例分层抽样和非按比例分层抽样两种类型。按比例分层抽样是以相同的抽样比例对每一层进行抽样，使得各层的子样本在总体的样本中所占的比例与本层在总体中所占比例相同。例如，将某高校大学生按照年级与性别分层，然后每层中随机抽取 5%（抽样比例）的个案，如表 5－2 所示。

表 5－2 以按比例分层抽样抽取某高校大学生

年级	性别	个案数目	
		总体（人）	样本（人）
大四	男	4 000	200
	女	3 000	150
大三	男	4 500	225
	女	3 000	150
大二	男	4 200	210
	女	4 000	200
大一	男	4 300	215
	女	3 900	195
总数		30 900	1 545

采取按比例分层抽样的方法，可以确保得到一个在某种特征上与总体结构完全一样的样本。但是，在某些情况下，又不宜采用这种办法。例如，有时总体中有的类型或层次的单位数目太少，若以按比例分层的方法抽样，则有的层次在样本中个案太少，不便于了解各个层次的情况，这时往往采取非按比例分层抽样的方法。

非按比例分层抽样就是用不同的比例对每一层进行抽样，它能够有效地获得在总体中所占比例较低的某些特殊层次的样本资料。如果大四学生、大三学生、大二学生、大一学生人数比是 1∶2∶3∶4，并且男女比例均为 2∶1，那么，非按比例分层抽样可以是对每个年级都抽取样本 600 人，且男女各抽 300 人，抽样比例如表 5-3 所示。

表 5-3　以非按比例分层抽样抽取某高校大学生

年级	性别	个案数目		抽样比例
		总体（人）	样本（人）	
大一	男	6 000	300	5%
	女	3 000	300	10%
大二	男	4 500	300	7%
	女	2 250	300	13%
大三	男	3 000	300	10%
	女	1 500	300	20%
大四	男	1 500	300	20%
	女	750	300	40%
总数		22 500	2 400	11%

需要注意的是，我们采用非按比例分层抽样的方法，主要是便于对不同层次的子总体进行专门研究或进行相互比较，但若要用样本资料推断总体时，则需要先对各层的数据资料进行加权处理，即通过调整样本中各层的比例，使数据资料恢复到总体中各层实际的比例结构。例如，某工厂有工人 600 名，按性别分层则有男工 500 人，女工 100 人。总体中两类工人的人数比例为 5∶1，采取非按比例分层抽样的方法，抽取 30 名男工和 30 名女工，要用这 60 人的收入资料去推断全厂工人的平均收入时，就需要在男工的收入后乘以 5/3，而在女工的收入后乘以 1/3，再加总平均，否则就会导致推断的偏误。

（二）分层标准

一般来说，在分层抽样中，不仅分层比例问题值得注意，分层标准问题也同样值得关注，即如何选择比较适合的标准进行分层。这个标准不仅要反映总体最主要的特征、与研究目的和主要内容密切相关，而且要能够比较方便地获得、能够把总体分为若干的层次或类型。分层标准大致有以下几个：

首先，分层标准应与研究的预测变量高度相关。选择与主要变量或相关变量高度相关的标准可提高样本的精确度。这需要研究者在主观观察与分析中判断哪些因素与欲测变量相关，要求研究者具备相关领域的知识与信息。其次，分层标准需保证层次内具有较大同质性，层次间有强异质性。判断同异质性需考虑具体研究目的。例如，在工厂研究中，以工作性质为标准，将职工分为管理层、工人、技术人员等类别进行抽样。再次，选择具有明显层次区分的变量作为分层变量。常用的分层变量包括性别、年龄、受教育水平、职业、收入、地域、民族等。其他如学生按年级、专业、学校类型分类，城市按人口规模分层。最后，需综合考虑分层数目与研究经费。分层越细，样本代表性越好，但需要更多经费。因此，应合理考虑划分数目，以维持经费与样本代表性的平衡。

（三）分层抽样的优缺点

相对于简单随机抽样法，分层抽样的优点主要包括四个。第一，样本代表性相对较高。在总体内部分层较为明显时，分层抽样能够在不同层次获取均衡的样本，使其与总体特征更相似，从而提高样本的代表性而无须增加样本规模。第二，适应性较强。分层抽样适合用于结构较为复杂、个体数量众多且之间存在较大差异的情况。通过分层抽样，可对各层次进行独立研究。第三，灵活性和便利性较好。分层抽样可以在不了解总体的情况下进行，因为它允许根据不同层次的具体情况采用不同的抽样方法，这使得组织和管理都相对方便。由于每一层可视为一个小总体，分层后同质性增强，也有助于有效监控。第四，抽样误差较小。分层抽样的准确性仅依赖于各层内的方差，而不是层间的方差，这意味着如果层内的差异较小，分层抽样的精度会更高，通常优于其他抽样方式。可在不增加样本规模的前提下降低抽样误差，提高抽样的精度。

然而，分层抽样也有一些潜在的缺点。第一，依赖对总体信息的掌握了解。分层抽样需要对总体有一定的了解，特别是各层的大小，这对于在实际操作中难以准确知晓的情况增加了额外的成本和时间。第二，增加了抽样复杂性。如果各层大小未知，可能需要通过收集更多资料来估算，这会增加抽样设计的复杂性并可能引入新误差。第三，分层变量要求较高。按分层变量分类后，若层间同质性高，层内变异较大时，分层抽样可能会失去其优势。

总的来说，分层抽样是一种有效的抽样方法，但它的实施需要在设计和执行阶段考虑到这些优缺点。

四、整群抽样

整群抽样（Cluster Sampling）是将总体划分为若干子群体，把每个子群体视为一个抽样单位对其进行简单随机抽样，再将所抽出的若干子群体中的所有元素加总起来，作为总体的样本进行调查。这种小的群体可以是居民家庭、学校中的班级，也可以是工厂中的车间，还可以是城市中的居委会等。整群抽样中对小群体的抽取可以采用简单随机抽样、系统抽样或分层抽样的方法。

与前面几种抽样最大不同之处在于，整群抽样的抽样单位不是单个个体，而是群体。整群抽样与之前提到的分层抽样不同之处在于，前者是群间异质性低、群内异质性高；后者是层间异质性高、层内异质性低。图 5-2 展示了整群抽样的过程。

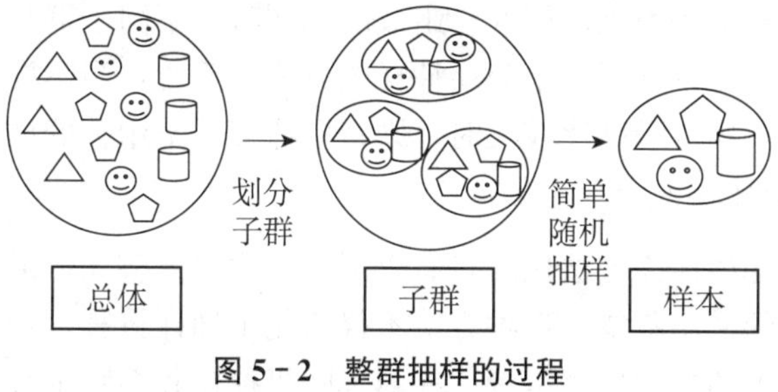

图 5-2 整群抽样的过程

如从 5 000 人中抽取 500 人进行调查，假如这 500 人是某校学生，该校共有 100 个班，每班 50 人。运用整群抽样法，就是要从这 100 个班中随机抽取 10 个班，然后由这 10 个班的全部学生（500 名）作为样本进行调查。

（一）等规模整群抽样和不等规模整群抽样

整群抽样按照子群体大小的不同可以分为等规模整群抽样和不等规模整群抽样两种。

等规模整群抽样总体内的所有子群体规模相等，不等规模整群抽样总体内各子群体大小不等。例如，总体中有四个子群，人数均为100人，从中随机抽取两个群体，这种就是等规模整群抽样。再如，总体中有四个子群，人数分别为100人、200人、300人、400人，从中随机抽取两个群体，这种就是不等规模整群抽样，在这种情况下，可能抽到的样本数目有300人、400人、500人、600人、700人这几种情况，所以，在不等规模整群抽样中样本规模是随机变动的。

整群抽样时除了要考虑子群体规模，还要考虑样本群数问题，即整群抽样时样本群数应该选择多少？如果总体含有的子群体数目较少，则所抽取的样本群数就必然比较少，这样会导致样本过于集中，从而可能降低样本的代表性。而如果扩大子群体数目，减少每个子群体中的元素数目，这样虽然可以抽取较多的子群作为样本，但是，样本群数的增加，使样本分布范围扩大，导致整群抽样的成本上升。那么，应该选择多少样本群数呢？一般来说，样本群数占子群体数目总数的比例应与样本占总体数量的比例大体相当。例如，从某校3 000名大学生中抽取300名进行调查，已知该校有100个班，则按照整群抽样需要从中抽取10个班，对这10个班的所有学生进行调查。

（二）整群抽样和其他抽样方法的比较

为了更好地理解整群抽样的特点，我们可以将整群抽样与前述几种抽样方法做些比较。假如我们的总体是除台湾、香港和澳门特别行政区外所有城市的集合，我们要抽取一个规模为40个城市的样本。若按简单随意抽样或系统抽样的方法，则首先需要弄到一份全国城市的名单，然后根据随机数表或通过计算抽样间距，直接从抽样框中抽取城市；若按分层抽样的方法，则可以先按城市规模将总体分为特大城市、大城市、中等城市和小城市四类，然后分别从每一类中抽取若干城市，并将这些城市合起来构成样本；而如果采用整群抽样的方法，则可以以省（自治区、直辖市）为抽样单位，从31个省（自治区、直辖市）中随机抽取三至五个省（自治区、直辖市），再以所抽中的这些省（自治区、直辖市）中所包含的全部城市的集合作为样本。

整群抽样方法的运用，尤其要与分层抽样的方法相区别。当某个总体是由若干个有着自然界限和区分的子群（或类别、层次）组成的，同时，不同子群相互之间差别很大而每个子群内部的差异不大时，则适合于分层抽样的方法；反之，当不同子群相互之间差别不大而每个子群内部的差异性程度比较大时，则特别适合于采用整群抽样的方法。

（三）整群抽样的优缺点

整群抽样与前面几种抽样方法比较，有以下两个优点：首先，通过将抽样单位转换为整群，能够扩大抽样的适用范围。这种方法不仅简化了抽样过程，而且降低了数据收集成本，同时相对地扩大了抽样的应用范围。在简单随机抽样和系统抽样中，需要总体成员的名单，即抽样框。然而，在实际操作中，这样的名单通常难以获取，甚至即使获取到也难以有效应用。因此，这两种抽样方法的应用范围受到了限制。其次，整群抽样能够节省人力、物力、财力以及时间。一般而言，抽样单位数目越多，抽样代价就越大。

然而，整群抽样的优点是以样本的分布不广、对总体的代表性相对较差等缺点为代价的。整群抽样具有简便易行、节省费用的特点，但样本分布不均匀，代表性较差。因此，为了尽可能弥补这一缺陷，可以考虑采用扩大样本规模的方法。此外，为了降低抽样误差，需要在进行整群抽样前了解个案在群体内与群体间的差异。通常情况下，群体内同质性强、群体间异质性强，整群抽样的抽样误差较大；反之，群体内同质性弱、群体间异质性弱，整群抽样的抽样误差较小。此外，整群抽样很可能采用集中填答的方法，可能会对样本回答情况产生影响。因此，在实施整群抽样时，需综合考虑这些因素，以获得更可靠的研究结果。

五、多段抽样

多段抽样（Multi-Stage Sampling）又称为多级抽样或分段抽样，它是按抽样元素的隶属关系或层次关系，把抽样过程分为几个阶段进行，是多阶段的整群抽样，即从总体中抽取若干子群体，再从子群体中抽取更小的群体，这样一直抽下去，直到抽到最基本的元素为止。在我国目前的信息条件下，那些总体特别大、以个人为抽样单位的抽样框编制起来是很困难的，通常采用多段抽样方法。例如，全国城市居民调查一般抽样方式是：（1）抽有关城市；（2）在所抽城市中抽区；（3）在所抽区中抽街道；（4）在所抽街道中抽居民委员会普查，或抽个别居民户调查。[①] 图 5-3 展示了一个简单的多段抽样过程。

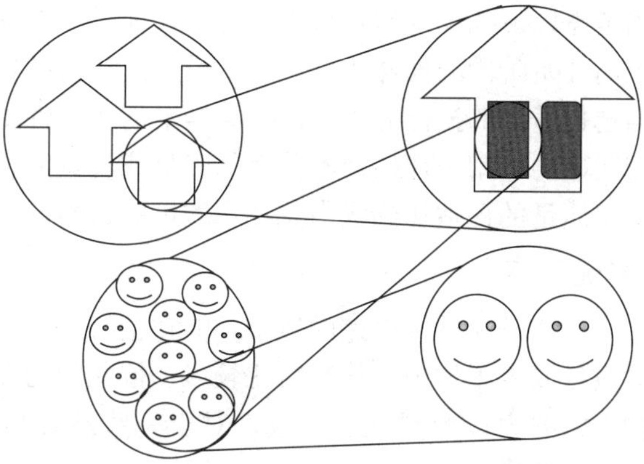

图 5-3 多段抽样的过程

（一）每一阶段抽样的单位数目的确定

多段抽样是将总体中的群体分成多个阶段进行抽取，最终抽取出样本，需要注意的是，多段抽样编制抽样框时，事先要大致了解每个抽样阶段所含有的抽样单位规模和数量。那么，如何才能确定每一阶段抽样的单位数目呢？主要应该考虑以下两个因素：

首先，各个阶段中抽取的子总体的同质性程度。一般来说，同质性程度愈高的子总体，所抽取的单位数目就相应小一些；相反，如果同质性程度比较低的话，抽取的规模就应当大一点。例如，调查某市大学生的择业观，若该市中的大学与大学之间的差别比较大

① 宋林飞．社会调查研究方法．上海：上海人民出版社，1990：161.

的话，就应当加大第一阶段抽样规模；如果该市中的大学之间差别不大，而大学中学院之间的差别较大的话，就要增大第二阶段的抽样规模；以此类推，如图 5－4 所示。

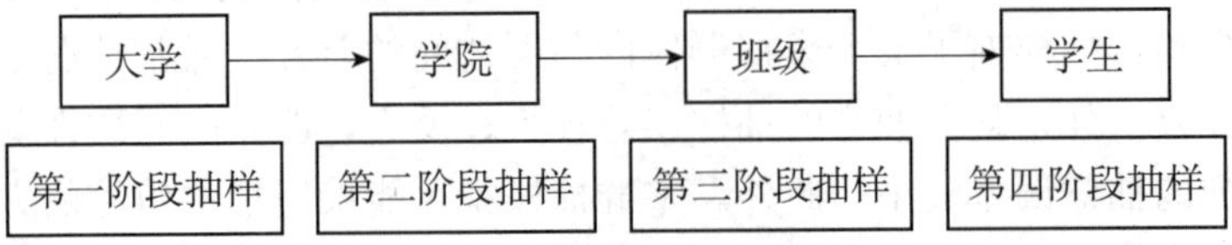

图 5－4　抽样过程举例示意图

其次，要考虑研究成本的问题，包括研究的经费以及人力、时间的花费。一般来说，抽取的子群体数目越多，同时也意味着收集资料时，调查员要奔波的范围越广，所需要的时间、经费越多。例如，上文中抽取的大学越多，学院越多，调查员所要花费的人力、财力以及时间就越多。在这种情况下，“在大类别层次上的抽取相对较少，而每一类中抽取的个体相对较多”的做法效果较好，能够有效减少研究所需经费。相反，如果抽取的子群体数目比较少，样本的覆盖面就较小，得到的样本的代表性就较差。在这种情况下，“大的类别中抽取单元相对较多，而每一单元中抽取个体相对较少”的做法效果较好。[①]

（二）多段抽样中的误差

讨论了每阶段的抽样单位数目后，我们再来思考一下在多段抽样中的误差问题。对于分成几个阶段进行的多段抽样而言，每阶段都会产生抽样误差，那么，如何才能降低这种抽样误差呢？主要应当考虑以下几个因素：首先，为了保证样本能够在总体中得到比较广泛的分布，应当适当提高开始阶段的抽样比例，降低最后阶段的抽样比例。其次，对于多段抽样的每个阶段应当选择适当的抽样方法，以提高样本的代表性。再次，由于多段抽样每个阶段都有一个比较明确的、用于评估样本质量的资料或变量的抽样框，因此，可以通过对每阶段的抽取子样本质量的评估达到提高总样本质量的目的。

（三）多段抽样的优缺点

多段抽样固然存在产生比较大抽样误差的风险，但它也有一定的优势。对于大规模社会研究，特别是当子群数目或者子群中个体数目比较多、彼此间的差异不太大时，用多段抽样可以节省人力、物力、财力以及时间。而且，对于一些不容易得到抽样框的总体来说，多段抽样可以视为一种不错的选择。

以上介绍了几种主要概率抽样方法。除此以外，还有一些抽样方法，如户内抽样、PPS 抽样、地图法抽样，有兴趣的同学可以课外了解学习。

第三节　非概率抽样

在社会研究中，非概率抽样常用于样本选择，该方法不依赖概率均等原则，而是基于主观经验或其他条件。然而，由于非概率抽样样本的代表性通常较差，误差较大且难以估计，因此在大规模正式研究中使用相对较少，主要在探索性研究中应用。尽管非概率抽样

① 风笑天．社会学研究方法．2 版．北京：中国人民大学出版社，2005：138．

在帮助了解总体方面具有便利性和经济性，但在将结果推广到总体时需要谨慎，以免引发以偏概全的错误。常见的非概率抽样方法包括偶遇抽样、配额抽样、立意抽样、雪球抽样等，而一些不太常见的方法如异常个案抽样、连续抽样和理论抽样等也在一些情境下被使用。

一、偶遇抽样

偶遇抽样（Accidental Sampling），又称随意抽样、方便抽样或自然抽样，是一种研究者根据实际情况以便捷的方式抽取在一定时间、一定空间内偶然遇到的人作为样本的方法。这包括从最接近研究者的公共场所，如汽车站、街头路口、图书馆阅览室、商店门口等，选择最容易找到或最近的人进行调查。电视节目中的街头访问和大学生发放调研问卷也是常见的偶遇抽样的例子。

虽然表面上偶遇抽样与简单随机抽样有相似之处，都依赖主观因素和客观机遇，但二者存在根本差异。偶遇抽样未保证总体中每个成员具有相等的被抽中概率，而更容易选择最先遇到或最容易找到的对象。因此，偶遇抽样的样本代表性差，存在较大的偶然性和随意性，不能仅凭其结果推断总体。

一般而言，偶遇抽样适用于总体难以确定、流动性较高的群体。尽管其主要优点在于方便省力，但其缺点在于样本的代表性差，因存在主观偏见和价值观等因素，未能保证每个总体成员被抽中的概率相等。因此，社会研究者在使用偶遇抽样时需要认识到其局限性，避免仅仅依赖该方法获得的样本对总体进行推断。

二、配额抽样

配额抽样（Quota Sampling）又称定额抽样法，是一种比偶遇抽样复杂一些也进步一些的非概率抽样。配额抽样是指根据某些标准将总体分组，然后用偶遇抽样等非概率抽样的方法在每组中选取样本个案。在进行配额抽样时，研究者要尽可能地依据那些有可能影响研究变量的因素对总体分层，并找出具有各种不同特征的成员在总体中所占的比例；然后依据这种划分以及各类成员的比例采取偶遇抽样或立意抽样的方式选择对象，使样本中的成员在上述各种因素、各种特征方面的构成及在样本中的比例都尽量接近总体。

配额抽样既可以作为正式调查前的探索性研究的抽样方法，又可以作为独立的抽样方法运用于质性研究的比较分析中。具体来说，配额抽样就是按照调查对象的某种属性或特征将总体中所有个体分成若干类或层，然后在各层中进行偶遇抽样或者立意抽样。这样，样本中各层或各类所占的比例与它们在总体中所占的比例是大体一致的。例如，2018 年全国人口 139 538 万人，其中城镇人口 83 137 万人，占 59.6%；乡村人口 56 401 万人，占 40.4%。男性 71 351 万人，占 51.1%；女性 68 187 万人，占 48.9%。0～15 岁的人有 24 860 万人，占 17.8%；16～59 岁的人有 89 729 万人，占 64.3%；60 岁及以上的人有 24 949 万人，占 17.9%。① 若要求采用定额抽样法依据性别、年龄、户口所在地等三个变数抽取一个规模为 1 000 人的样本，结果如表 5-4 所示。

① 数据来自 2018 年国民经济与社会发展公报。

表 5-4　1 000 人的定额样本分布表

	城镇（596 人）						农村（404 人）					
	男性（305 人）			女性（291 人）			男性（206 人）			女性（198 人）		
年龄	0～15	16～59	60＋	0～15	16～59	60＋	0～15	16～59	60＋	0～15	16～59	60＋
人数	54	196	55	52	187	52	37	132	37	35	127	36

可以看出，配额抽样是对偶遇抽样的一种改进，它可以确保各层（或类）之间的样本具有总体的某些差异。这需要对总体构成的比例有深入的了解，将各种因素或特征视为不同的变量，如性别、年龄、受教育水平、收入等，并按比例进行抽样。然而，若研究者对总体认识不清，可能导致配额样本的代表性误差。比如，美国盖洛普民意调查机构在 1936 年、1940 年和 1944 年成功使用配额抽样预测了美国总统选举结果。然而，在 1948 年，由于配额类别未正确反映总体性质，未能正确代表各地区和所有实际投票选民，导致盖洛普预测错误。这一例子凸显了对总体情况充分了解并不意味着可以获取具有代表性的样本。

然而，即便对总体有深入认识，从中获得具有代表性的样本仍然具有挑战性。配额抽样的调查对象由调查员选择，往往偏向于选择容易调查或更愿意合作的个体。斯图加特指出，配额抽样存在选择偏倚问题，因为选择程序的定义不明确。此外，配额抽样在处理无回答问题时存在隐瞒问题，调查员往往会选择其他人进行调查，进一步损害了样本的代表性。

配额抽样产生的样本结构是根据总体结构分配的，使得样本在各个方面与总体保持一致。随着基于类型特征的分类增多，样本分类也变得更为细致，但同时抽样变得更为复杂。因此，研究者应根据研究目标来灵活使用配额抽样。

此外，当研究目标不是推断总体状况，而是为了检验理论、解释关系或比较不同性质的群体时，可能不需要严格的随机抽样，也不需要获得对总体具有代表性的样本。在这种情况下，抽样标准可能更注重合适性而非代表性，以满足研究目标、理论检验和群体比较的需要。英克尔斯等写道："我们没有寻找代表性的样本，而是寻找非常适合于目标的配额样本，个体和群体之所以被选入样本，是因为它们同我们要检验的理论相关……"①

配额抽样与概率抽样中的分层抽样十分相似，我们可以把配额抽样称为分层抽样在非概率抽样中的对应词。实际上，二者具有本质上的区别。配额抽样通过主观分析确定和选择模拟物的成员，注重样本与总体在结构比例上的表面一致性，而分层抽样则完全依据概率原则，排除主观因素，客观、等概率地进行抽样。

三、立意抽样

立意抽样（Purposive Sampling）又称为判断抽样或主观抽样，是指研究者依据研究的目标、自己的主观判断选择和确定可以代表总体的对象作为样本，或者研究者以心中特

① 阿列克斯·英克尔斯，戴维·史密斯．从传统人到现代人：六个发展中国家中的个人变化．顾昕，译．北京：中国人民大学出版社，1992：63.

定的目的来选取个案。样本的代表性在很大程度上取决于研究者对总体的了解和判断力。例如，研究者为了深入了解经济因素对大学生择业观的影响，可能选择在经济方面存在较大差异的大学生进行调查。这种抽样方法首先需要确定抽样标准，其结果往往受到研究者理论修养、实际经验以及对对象熟悉程度等因素的影响。

在立意抽样的过程中，研究者通常无法确定被选择的个案是否对总体具有代表性，因此这种方法常用于一些探索性研究或实地调查。具体而言，立意抽样通常应用于三种情况：一是选择能够提供信息的独特个案，如通过从不同地区抽取样本了解中国经济状况；二是选取难以接近的、特殊总体中的成员，如通过与乞丐为友获取对美国乞丐和游民的实地研究样本；三是为深入探究某特殊个案类型而选择样本，如深入访问不同民族的民众。

在立意抽样中，研究者抽取样本的原则包括：一是根据对总体的了解程度直接选择需要的调查对象，并确保被选择的调查对象具有一定的代表性；二是根据研究目的或样本的特殊要求选择调查对象；三是一般情况下避免抽取极端样本，而以“多数型”或“平均值”的样本为调查对象，以期通过对样本的调查反映总体情况。

尽管立意抽样样本的代表性难以判断，但其优势在于能够充分发挥研究者的能动性，特别是在研究者对研究总体较为熟悉、研究者的分析判断能力较强、研究方法和技术熟练、经验丰富的情况下，这种方法往往非常便捷。然而，由于立意抽样属于非概率抽样，因此其样本的代表性难以判断。在实际中，这种抽样方法主要应用于总体规模较小、范围较窄或受限于时间、人力等条件无法进行大规模抽样的情况。

四、雪球抽样

雪球抽样（Snowball Sampling），又称滚雪球抽样、网络抽样、裙带抽样或推荐抽样，是一种在稀疏总体中寻找被访者的抽样方法，特别适用于稀少群体的调查。该方法在面对单位数极小且分布不集中的总体时，如参加过某次会议的人员、从事某一专业的人员、某个少数民族的人员等，具有较强的实用性。

雪球抽样主要用于估计稀有的人物特征，如无家可归者和非法移民等。该方法的优势在于能够大幅提高接触目标调查群体的可能性。例如，研究退休老人的生活时，通过先在公园结识几位散步的老人，再通过他们扩展社交网络，可以相对迅速地获取大批老年朋友。

在雪球抽样中，首先随机选择一组调查单位，进行调查后请他们提供属于研究总体的其他调查对象，根据提供的线索继续选择调查对象，就如同在雪地上滚雪球一样，雪球逐渐变大。这种方法适用于总体无法明确定义的情况，特别是对于“隐藏人口”的调查，如吸毒者等。

雪球抽样是一种为了寻找总体中稀少个体而设计的抽样方法。通过样本特征进行控制，可以显著增加接触目标调查群体的可能性，同时也降低了经费成本。然而，由于个体名单源于最初调查，可能存在相似性，从而导致样本不能完全代表整体，进而引起偏差。在实际操作中，雪球抽样可能迅速接近饱和状况，但仍存在个体无法找到或被提供者故意漏掉的可能性，这可能引起偏误。该方法适用于总体难以定义的情况，如无家可归者、流动劳工和非法移民的调查。然而，雪球抽样的最大缺点在于调查对象局限于相似想法的人群，可能导致代表性不足和选择性偏误。

五、其他非概率抽样方法

（一）异常个案抽样

异常个案抽样法，又称为极端个案抽样法，用于研究者有意调查与主导模式迥异或与其他个案主要特征不同的情况。类似于立意抽样，异常个案抽样选择那些与主流模式显著不同的个案。例如，对高校大学劝退生感兴趣的研究者，可能在已知这些学生大多数来自不稳定家庭，与网络沉迷相关的前提下，通过异常个案抽样选择那些在这些方面与主流模式不符的学生。这一方法在研究者希望深入了解非主导模式的个案，或者包含超越主流世界内涵的个案时，具有较高的适用性。

（二）连续抽样

连续抽样法（Successive Sampling Method），又称为连续性抽查法，是固定样本规模抽样法的一种特殊形式。在连续抽样中，稽查人员根据“连续抽样决策表”进行样本的抽检和判断，直到做出确定的抽查结论。其核心思想是从零开始，根据已检查样本的错误率进行连续抽样，直到满足新的信息或个案差异性的要求。这一方法的实施是通过边抽样检查边评价样本，直至达到饱和点。

例如，对材料领用业务内部控制进行符合性测试的场景，连续抽样法可根据错误率上限和抽样结论可靠程度，在不断抽检的过程中动态调整样本规模。通过“连续抽样决策表”，稽查人员可根据已检查的错误数确定是否需要增加样本规模。这一过程持续进行，直至满足对新信息或个案差异性的要求，以达到抽样的饱和点。

连续抽样法的优势在于通过边检查边调整样本规模，减少抽查工作量和费用，适用于对预计错误率较低的总体进行检查，但在总体错误率较高时可能需要多次增抽样本，从而增加工作难度。

（三）理论抽样

理论抽样是扎根理论方法的核心程序之一。理论抽样程序把资料收集、编码、理论建构三项工作融合成一个持续往返的过程，其含义与量化方法中的概率抽样不同。理论抽样强调的是在对相关资料进行收集的过程中，采用的是基于理论需要所进行的数据采样。受访者的回答和新出现的模式、理论应该塑造调查者随后的问题，并指导对下一个参与者的研究。研究者由于做备忘录、比较数据，保持理论敏感性，因此研究应该根据新建构的理论选择下一个访谈对象。这一数据收集过程有助于进一步细化提出的理论关系以及关系存在的情境因素。

当研究者发展出扎根理论时，他会采用理论抽样，仔细选取样本，根据对个案特点新的理解来选取个案。例如，实地研究者也许会在周末观察某个地点的某群人，进而思考在其他时间、情景的其他方面改变后，人们的行为是否相同。于是，研究者可能会在其他时间段进行抽样以获取更为丰富的关于群体的信息。

（四）空间抽样

空间抽样（Spatial Sampling）是一项针对动态总体的抽样方法，特别适用于非静止、暂时性的空间相邻群体。这种抽样方法常用于涉及游行与集会等没有确定总体的活动，其中参与者在一定范围内流动，不断有人离去有人进来，但这些事件在同一时间内进行。对这样的总体进行同步抽样至关重要，以确保样本组成不受时间上的显著变化。

空间抽样的实施方法包括派遣多名调查员，排成一排分布在群体的一侧。每名调查员以面对的个体为第一个调查对象，然后按照一定步数间隔穿过聚集的群体，每一间隔停顿时，他们将碰到的个体作为调查对象进行访问。美国社会学家卡尔·麦金太尔曾在 1970 年的"反越战"游行集会中采用了这一方法，派遣经过训练的调查员进行空间抽样调查。在实际操作中，调查员沿着演讲台前排成的行列，逐步询问个体，形成了全面的调查结果。

这种方法的实质是通过固定的步数间隔，确保调查员能够有效地覆盖整个总体，防止样本组成在短时间内发生较大变化。空间抽样的优势在于能够在非常动态的环境中实现同步的全面抽样，但同时也面临个体拒绝回答和部分信息缺失的挑战。因此，在适用场景中，空间抽样为社会学调查提供了一种有效的抽样手段。

第四节　样本规模

本节我们要共同思考样本规模的确定对研究的影响。我们是否能够在样本规模的选择上找到平衡，既确保数据的可靠性，又兼顾实际研究的可行性？随后，我们将深入研究影响样本规模的因素，包括总体规模、总体异质性、研究的精确度、抽样方法以及经费、人力及时间等因素。

一、样本规模的确定

样本规模又称为样本容量、样本大小，是指样本中所包含的个案总数。确定样本规模的大小是进行一项社会研究之前必须完成的工作之一。它的大小，取决于研究者计划进行的数据分析类型、目标样本所需的精确度，以及总体的一些特性。样本规模的大小直接影响调查效果，较少的个案数可能导致较大误差，而较多的个案则会增加人力、物力和时间成本。

对样本规模的讨论可以从两个方面入手。第一种方法是经验法则，即一种通常接受的数量标准。通常，统计学将拥有 30 个以上个案的样本定义为大样本，而不足 30 个个案的样本则为小样本。这是因为样本规模大于或等于 30 时，样本平均值的分布趋近正态分布，统计学公式更为适用，从而能够对总体进行推论。然而，在社会调查研究中，对于大多数情况，30 个个案的样本远远不够，如研究大学生的超前消费行为，只调查 30 名大学生远不能全面认知总体。

根据社会研究学者的观点，社会研究中的样本规模至少应不少于 100 个个案，有些学者甚至主张不低于 500 个个案。这是因为在社会研究中，研究者通常需要按照不同指标对样本进行多次分类，以分析不同类别之间的差异和变量关系。例如，在研究大学生超前消费行为时，研究者可能需要分析不同性别、年级、家庭收入层次的大学生之间的差异，这就要求样本规模足够大，以确保每个子类别中都有足够的个案。在一般的社会研究中，如果精确度要求不是很高的话，研究者一般是靠经验来确定样本规模的，如表 5－5 所示。

表 5－5　经验确定样本规模的范围表

总体规模	样本占总体比重
100 人以下	50%以上
100～1 000 人	50%～20%
1 000～5 000 人	30%～10%
5 000～1 万人	15%～3%
1 万～10 万人	5%～1%
10 万人以上	1%以下

资料来源：袁方．社会研究方法教程．北京：北京大学出版社，1997：228.

第二种方法是根据样本规模的统计公式，计算出所需的样本数。一般来说，对于样本规模的计算，不同抽样方法的计算公式是不一样的，但它们的基本原理都是建立在简单随机抽样计算方法上的，这里仅介绍简单随机抽样公式的计算方法。

简单随机抽样中推论总体均值的样本规模计算公式为：

$$n=\frac{t^2\times s^2}{e^2}$$

其中，t 为置信度所对应的临界值；s 为总体的标准差；e 为抽样误差。由于总体标准差反映的是总体元素之间的差异程度，这往往是未知的或不容易得到的。所以这个公式可以改写为：

$$n=\frac{t^2\times p\ (1-p)}{e^2}$$

这个公式中，p 为总体的成数或百分比。t 可从标准正态分布表中查出，e 是研究者根据需要先确定的，但是总体的标准差、成数或百分比却往往是难以得到的。因此，在实际抽样过程中，研究者往往无法直接运用上述公式计算所需的样本规模，而只能采取某种变通的办法。在计算推论总体成数或百分比的样本规模时，可以发现，$p\ (1-p)$ 在 $p=0.5$ 时达到最大值。因此，即使我们对 p 一无所知，也可以采取比较保险的办法，取 $p=0.5$，这样，$p\ (1-p)\ =0.25=1/4$，上式可以简化为：

$$n=\frac{t^2}{4e^2}$$

所以，根据上面的公式，在 95%的置信度（$t=1.96$）的条件下的最小样本规模如表 5－6 所示。

对于实际采用的复杂抽样，要达到同样的精度，需要乘上它的设计效应 Deff（Design Effect，被定义为任意抽样方式下的抽样方差除以简单随机抽样方式下抽样方差的商）。根据一些专家抽样经验，我国的 Deff 一般为 2.5。例如，在表 5－6 中，5%的抽样误差所要求的样本规模是384，乘以2.5后，实际样本规模就成了384×2.5=960。

表5-6 95%置信水平下不同抽样误差所要求的样本规模

抽样误差 e（%）	样本规模 n
1.0	9 604
1.5	4 268
2.0	2 401
2.5	1 537
3.0	1 067
3.5	784
4.0	600
4.5	474
5.0	384
5.5	317
6.0	267
6.5	227
7.0	196
7.5	171
8.0	150
8.5	133
9.0	119
9.5	106
10.0	96

二、影响样本规模的因素

在社会研究中，一般影响样本规模的因素主要有以下几个：总体规模，总体异质性，研究的精确度，抽样方法，经费、人力和时间等。

（一）总体规模

一般而言，总体规模的增大会导致样本规模的增加。这是为了保证在一定精确度下获得可靠的估计。然而，当总体规模达到一定水平时，样本规模的增加并不与之成正比。即使在总体规模较大的情况下，样本规模的改变量也相对较小。这种趋势在研究中需要谨慎考虑。

（二）总体异质性

总体异质性指的是总体中各元素之间的差异程度。总体异质性的增加通常伴随着对样本规模的要求增加。当总体异质性较大时，样本规模需要相应增加，以确保对总体的准确反映。相反，当总体异质性较小时，同样规模的样本对总体的反映就较为准确。

（三）研究的精确度

在研究中，通过样本对总体进行估计，研究者通常需要设定置信度和置信区间来说明抽样的可靠性和精确度。一般而言，置信度越高，需要的样本规模就越大。置信区间越小，样本规模也越需要相应增加，以提高抽样的精确性。

（四）抽样方法

不同的抽样方法会对样本的代表性产生影响。分层抽样通常能够提高总体代表性，而整群抽样和多段抽样的代表性较低。选择不同的抽样方法可能需要调整样本规模，以确保研究的准确性。

（五）经费、人力及时间

实际可投入的经费、人力和时间也是决定样本规模的重要因素。较大的样本规模通常需要更多的资源，包括调查人员、调查设备和调查时间。因此，在研究过程中需要综合考虑可行性、简便性以及投入产出比，找到一个平衡点。

思考发现

抽样类型及其作用的学习不仅仅是技术的传承，更是一种实事求是和严谨治学的科学作风的培养。社会调查者需要有对实际问题深入探讨的勇气，需要有一种对社会负责的态度，更需要始终保持严密的科学思维。在社会调查的征程中，实事求是和严谨治学的旗帜将引领我们持续前行，为揭示社会的奥秘贡献我们的智慧与力量。

本章小结

抽样是从被调查的总体中抽取一部分单位作为样本进行观察，并以这部分样本的特征推算总体的特征值的一种方法。

抽样可以分为非概率抽样和概率抽样。

抽样的一般程序归纳起来主要有：(1) 界定总体；(2) 编制抽样框；(3) 设计抽取方案；(4) 实际抽取样本；(5) 评估样本。

在抽样方案设计时，应遵循以下一些基本原则：(1) 目的性原则；(2) 可行性原则；(3) 经济性原则；(4) 可测性原则。

常用的概率抽样有以下几种：简单随机抽样、系统抽样、分层抽样、整群抽样、多段抽样。除此以外，还有户内抽样、PPS抽样、地图法抽样等。

常用的非概率抽样有以下几种：偶遇抽样、配额抽样、立意抽样、雪球抽样。除此以外，还有一些并不常用的抽样：异常个案抽样、连续抽样、理论抽样以及空间抽样。

确定样本规模的大小可以有两种方法：第一种是经验法则；第二种是根据样本规模的统计公式，计算出所需的样本数。

一般来说，在社会研究中，影响样本规模的因素主要有以下几个：(1) 总体规模；(2) 总体异质性；(3) 研究的精确度；(4) 抽样方法；(5) 经费、人力及时间。

关键术语

抽样　总体　样本　抽样框　抽样单位　参数值　统计值　简单随机抽样
系统抽样　分层抽样　整群抽样　多段抽样　偶遇抽样　立意抽样　配额抽样
雪球抽样　异常个案抽样　理论抽样　连续抽样　空间抽样　样本规模

资源链接

视频微课 5－1　　视频微课 5－2　　视频微课 5－3

视频微课 5－4　　视频微课 5－5　　视频微课 5－6

复习思考题

1. 抽样设计的一般程序与基本原则是什么？
2. 如何制定比较合理的抽样框？
3. 配额抽样与分层抽样有何异同？
4. 在实际社会调查中，有哪些因素会影响到研究者对样本规模的确定？
5. 在社会科学期刊中选择几篇调查研究报告，分析并评估这些研究的抽样质量。

在线自测

扫一扫　练一练

第六章　定量资料的收集

案例导入

问卷调查中的“心理二重区域”现象

黎晓晓所在的学习小组，经过不断打磨，终于设计出大家满意的问卷。现在，大家可以带着问卷，出门开展正式的社会调查了。然而，一些意想不到的情况发生了。当问卷的内容涉及被访者的隐私时，调查对象存在比较普遍的排斥心理，或者通过“说假话”来回避一些比较敏感的问题。比如，当她们问外卖骑手的婚姻满意度时，一些年龄偏大的被访者不愿意回答；在问及外卖骑手对平台派单的处理态度时，一些人会选择强调自己的敬业精神的答案，但在私下里，他们可能会因为时间、路程等原因而敷衍甚至是拒绝接单。

我国学者李强根据自己的研究实践指出，调查对象在回答时所存在的回避心理或是“说假话”的问题，是“心理二重区域”现象的体现。所谓心理二重区域现象指的是人们的心理存在两个区域：一个是可以对外公开的区域；另一个是不对外公开的、保守秘密的区域。这样，就存在两重自我：一重是可以对外公开的自我；另一重是不对外公开的自我。上述例子中所提到的外卖骑手对订单处理的工作态度中，他们的“公开区域”是对外卖订单的认真负责，而“私密区域”则包含他们真实的感受和观点。心理二重区域现象在人类社会是普遍存在的，人们总有个人的秘密要保守。李强认为造成这种心理二重区域现象的原因是中国人的家庭关系以及儿童的成长环境的影响。由于存在严格防范的心理二重区域，对于深埋在心底的意愿，有时候想表达出来，但又不便于直接表达出来，这样就产生了一些人特有的习惯与曲折表达意愿的方式。

资料来源：李强．“心理二重区域”与中国的问卷调查．社会学研究，2000（2）．

阅读提示

在问卷调查的过程中，被访者在回答问题时所说的与其实际行为或态度之间存在差异，我们如何确保资料收集的数据真实性？要想弄明白这个问题，我们就必须弄清楚调查研究的方式和方法，并综合研究目的、样本特征、开展时间和项目经费等各方面因素选择最合适的方案。

在定量资料收集中，自填问卷法和结构访问法是主流方法，需根据调查对象和问题选择。大数据时代，大数据挖掘成为关键手段，互联网、传感器等提供新途径。学习如何准确获取大数据已成为定量资料收集的重要方面，社会调查正迎来更广泛和创新的数据获取方式，这为研究者提供了更丰富的工具，可以更加全面地捕捉社会全景。

第一节　自填问卷法

自填问卷法（Self-Administered Questionnaire）是指调查者将调查问卷通过现有手段传达给调查对象，由调查对象自主阅读与填答，再由调查者通过合适的方式收回的资料收集方法。目前常见的子类型主要有个别发送法、集中填答法、邮寄填答法与媒体问卷法。

一、个别发送法

个别发送法又称分别发送法、逐个发送法，是自填问卷法中最为常见的方法。在该方法下，研究者将问卷印制好后，派调查员依据所抽取的样本，将问卷逐一发送到调查对象手中，同时讲明调查的目的、用途、填写方法以及各项具体要求，并根据实际需要，阐明调查的价值与意义，请调查对象合作填答，与调查对象约定好收取问卷的时间、地点和方式，选择合适的方式将问卷收回。在个别发送法中，比较便捷常见的方式是当面填写，即时收回，但在实际调查过程中，会因问卷的长短、被调查人员的时间安排等原因而无法立即收回。此时就需要同调查对象约定问卷回收日期和方式，例如，约定两天后由调查员上门收取，或是两天后调查对象自行投入设在某处的回收箱（类似于信箱、投票箱等）内。当然，在一些情况下，如当调查内容不涉及敏感问题、上下级关系或是匿名问卷时，可由某种行政组织系统代为发放和回收。

举例来说，假设研究者进行一项有关居民社区文化参与方面的调查研究，如果采用个别发送法，就可以派调查员根据所抽取样本中调查对象所在的地址，按照具体的联系方式，逐一拜访符合要求的调查对象并将问卷发送到其手中，请调查对象当面填写，由调查员当场收回，或是约定好时间、地点等，再由调查员收回。又如，进行一项农民工随迁子女城市生活满意度方面的调查研究，鉴于该群体工作的特殊性，比如小餐馆老板、超市服务员、外卖骑手、物流工人等，正在忙于工作时，时间紧张，显然不适宜现场回收，此时研究者可以将问卷发送到调查对象手中，如果能当场填答更好，不能当场填答的，可请他们方便填答后收回或采取别的合理的方式收回。

个别发送法具备自填问卷法中的基本优点，既不像邮寄填答法那样与调查对象完全不见面，又不像结构访问法那样与每一个调查对象都交谈较长的时间，而是介于两者之间，较好地处理了调查的数量与质量之间的关系。具体来看，个别发送法的优缺点如表 6-1 所示。

综合来看，个别发送法优点相对较多，缺点较少，能够比较好地保证问卷数据的质量，因此，从以上分析以及实际操作结果看，个别发送法是一般的调查研究中最应该选用和推广的资料收集方法，该方法适用范围较广，无论是市场调查、民意调查、社会问题调查、社会生活状况调查，还是学术性研究，皆可加以运用。

表 6-1 个别发送法的优缺点

类型	优点	不足
与邮寄填答法相比	1. 直接将问卷发送到调查对象手中并上门进行回收，一定程度上保证了问卷的质量和回收率 2. 调查员可以向调查对象进行解释说明，减少调查对象阅读和理解问卷的偏差 3. 调查对象有比较充分的时间对问卷进行阅读思考	1. 依赖调查员上门进行问卷发放，工作量较大 2. 应用范围受到时空的限制 3. 受到调查员话语引导的影响，回收质量不能完全保证
与结构访问法相比	1. 较节约时间、经费与人力 2. 可以减少调查员所带来的某种偏差 3. 调查具有一定的匿名性	1. 问卷的回收率难以保证 2. 对调查对象的依赖较大

二、集中填答法

在条件允许的情况下，也可采取集中填答法来收集调查资料。集中填答法的具体做法是：首先通过合适的方式将调查对象集中起来，每人发一份问卷；接着由调查员统一讲解调查的主要目的、要求、问卷的填答方法等事项；然后请调查对象当场填答问卷；填答完毕后再统一将问卷收回。根据问卷内容、集中人数以及现场情况等，收回问卷的方式可以采用投入问卷回收箱、按组别人工回收等办法，以消除集中填答法所带来的某些心理顾虑。

例如，如果研究者以“A 区基层党组织工作满意度调查”为题对 A 区党员与群众进行调查，研究者首先对 A 区街道进行分类，然后按照简单随机抽样选取若干条街道，在每个被选取的街道里对抽中的社区进行调查，研究者可以将所抽取的调查对象集中起来（或分批集中起来），比如集中在社区活动室、办公室等既方便填答问卷，又不受外界干扰的地方。研究者将调查问卷发给每一个调查对象，在研究者对调查的目的、意义、要求等进行简单说明的基础上，由调查对象当场填答问卷。研究者可解答调查对象在填答问卷过程中所遇到的问题和疑问。调查对象填答完问卷后，自行将问卷投入事先放在会议室或活动室门口的问卷箱中，也可将问卷放在桌上，由调查员统一收取。

集中填答法除具备一些与个别发送法和邮寄填答法相似的优点以外，在某些方面的优点似乎比上述两种方法还要明显和突出，但其应用的范围有一定的局限性，具体优缺点如表 6-2 所示。

表 6-2 集中填答法的优缺点

类别	优点	说明
与个别发送法相比	更能节省时间、人力和经费	前提条件：在同一个社区，在 1 天内完成对 30 位党员的调查 个别发送法：所需调查员至少 3 人，需根据已有的样本资料，在社区内逐个登门拜访，受天气、调查对象空闲时间等限制较大，变数多 集中填答法：1 名调查员，根据样本信息，提前找好时间与地点并进行通知，当场发放问卷，并填答回收，可在一个单位时间内完成

续表

类别	优点	说明
与邮寄填答法相比	更能保证问卷填答的质量与回收率	由于有调查员在场进行解释说明，并解答调查对象的疑问，错答、误答现象大大减少，问卷的回收率也会比邮寄填答法更高
局限性	1. 在很多情况下，调查研究的样本根本无法集中，如此，集中填答法的优点便不复存在 2. 当众多调查对象集中在一起时，很容易形成“团体压力”或是“相互作用”，出现从众行为，不利于个人表达特定看法，同时影响问卷的有效性与真实性	

三、邮寄填答法

邮寄填答法是调查研究中比较特殊的一种资料收集方法。根据邮寄途径的不同，邮寄填答法一般有邮政邮寄法和电子邮件邮寄法两种类型。

（一）邮政邮寄法

传统的邮政邮寄法指研究者将印制好的问卷装入信封，通过邮局寄给调查对象，待调查对象填答后再将问卷寄回指定调查机构或是调查者。随着互联网技术的兴起及快速发展，电子邮件逐渐普及，应用邮政邮寄法收集资料的就很少了。邮政邮寄法通常要注意以下几个方面的内容：

首先，调查问卷的封面信件要尽量详细。详细说明的内容应该包括：调查目的、调查的组织者、问卷应由什么人填写、调查的重要性、关于对调查资料保密性的保证和问卷寄回的具体时间地点等，以便确保调查对象对调查问卷有一定的了解，从而提高问卷的质量以及回收率。

其次，邮政邮寄法的问卷必须明白易懂。问卷语言必须清楚、简洁，不可夸大其词，以便各种不同的调查对象对说明和问题的理解最大程度上贴近调查的本意。如果调查对象不明白要做什么，或觉得很困难、太费时间，他们就可能无法或不愿意填写问卷，或虽然填写了，却填得不对，致使问卷质量下降。

最后，问卷回答率的提升要多措并举。封面信应该提供一个电话号码，以便调查对象在对调查的合法性存在疑虑或对问题不太理解时和调查者联系。经验告诉我们，尽管给调查对象提供了电话号码，但在调查的内容颇有争议或涉及个人的某些信息时，真正给调查者打电话的人却不是很多。当调查对象对调查心存疑虑或有顾虑时，他们更可能采取的做法是不填写问卷或跳过那些不清楚的题目，而不是打电话询问。那些为提高回答率而精心设计的调查，都会给没有寄回问卷的调查对象寄去明信片表示感谢，然后再寄去一封封面信和一份问卷。如果还没有回音，最后可能还会通过电话、邮递等方式进行“特别的联系”。而且，在最初的信件中采用物质和非物质的奖励可以在一定程度上提升回答率。①

以前，对于广大的社会研究者来说，通过邮政邮寄法来收集资料，的确是一种新颖的

① 罗纳德·扎加，约翰尼·布莱尔．抽样调查设计导论．沈崇麟，译．重庆：重庆大学出版社，2007：31.

思路，也具有很强的吸引力。若按预期所想，只需把问卷装进信封，然后就可以等着那一份份填好的问卷从邮局寄回了。它的好处在于：

（1）节省时间、人力、物力。可以节省一大笔调查员的报酬和差旅费，且可以不受空间距离的限制。可以说，邮政邮寄法是调查研究中最方便、最便宜、成本最小的资料收集方法。

（2）有利于收集较为敏感的数据。调查对象在回答那些羞于示人的生理卫生方面的问题、因酒后驾驶受处罚或其他令他们感到窘迫的问题时，邮寄式的问卷会让他们感到轻松一些。对于诸如这样类型的问题，数据收集方面的匿名程度越高，回答问题的比例就越高。

如果邮政邮寄法在实践中能充分发挥它所具有的作用，那么，毫无疑问，它将会是使用频率最高的一种调查方法。然而，由于一些不难理解的原因，邮政邮寄法的可行性以及它的实际效果往往很差。邮政邮寄法在具有上述明显的优点和自填问卷法所共有的缺点的同时，还具有两条特别突出的缺点：

（1）需要有调查对象的地址甚至姓名。然而，对于许多调查研究来说，并不存在一份现成的和完整的调查对象的名单（一份包括所有调查对象的姓名、地址及邮政编码的名单），因此，邮政邮寄法的样本往往难以抽取，问卷也不知道该往哪里寄。

（2）问卷的回收率难以保证。这也是邮政邮寄法的一个致命弱点。有很多的主客观因素会导致调查对象放弃回答问卷，并阻碍调查问卷寄回到研究者手中。据美国社会学家介绍，邮寄调查的问卷回收率有时低到10%，达到50%的回收率就被认为是“足够的”（这种比例在一般调查中往往是较难接受的），而达到70%、80%的回收率就会被认为是相对好的了。表6-3是美国社会学家进行的一项邮寄填答调查的回收情况。

表6-3　美国社会学家进行的一项邮寄填答调查的回收情况

批次	占发出问卷总数的比例/%
发出问卷后第一批寄回	46.2
发出第一封跟踪信后寄回	12.2
发出第二封提醒信和问卷后寄回	8.8
电话通话提醒后寄回	10.1
总回答率	77.3

资料来源：贝利．现代社会研究方法．许真，译．上海：上海人民出版社，1986：31.

（二）电子邮件邮寄法

电子邮件是利用电子技术并通过计算机网络收发信息的通信方式。电子邮件邮寄法实际上就是社会调查者借助电子邮件这种通信方式，向调查对象发出提问，并请调查对象作答以收集资料和信息的方法。电子邮件邮寄法是信函调查和问卷调查的延伸，随着电子邮件用户的增多以及现代网络的发展，电子邮件邮寄法已经成为一种极为重要的现代社会调查方法。

电子邮件邮寄法比电话调查法出现得更晚，目前电子邮件邮寄法已经发展到成熟阶段，调查人员利用电子邮件来进行社会调查的方式已不再陌生。在电子邮件邮寄法的实施中，一般应把握以下几个要点：

（1）要明确电子邮件调查的类型。电子邮件邮寄法常见的有两种类型：一是通过电子邮件在网上访谈，必须安排专人进行访谈；二是通过电子邮件进行网上问卷调查，需先设计好电子邮件，按问卷调查法的一般规律来操作。

（2）要制定适于电子邮件调查的调查策略。电子邮件调查不同于一般的访谈调查和问卷调查，因此，必须制定不同的调查策略。例如，样本的选择策略、问卷设计策略、提问发送策略、信息接收策略、信息处理策略等，都应做出与一般访谈调查和问卷调查不同的考虑，以全面适应电子邮件本身的特点。

（3）要时常关注被退回的调查问卷。调查问卷通过邮件发出后，通常都能被调查对象收到。但是，有时也可能出现调查问卷被退回的现象，从而导致某一具体调查不能实施。这主要有三种情况：一是弄错了调查对象的邮箱地址；二是网络本身造成的错误；三是调查对象方面的原因。调查者要时常关注被退回的调查问卷，并查清原因，依据情况再行发送。

（4）要重视电子邮件调查中的安全问题。电子欺骗、黑客攻击、传输垃圾信息等给现代信息网络的发展以及网络用户带来了很大的风险与危害，也给电子邮件调查造成了一定的负面影响。在电子邮件调查中，要特别注意的安全问题主要包括：黑客攻击问题、输入垃圾信息问题和制造虚假信息问题。社会调查者要注意防备，尤其是要做好技术防范。

（5）要注意保存问卷的备份文件。电子邮件就是通过网络，让计算机给调查对象发送问卷。如果一切正常，则所发出的问卷在几分钟甚至几秒钟就可被调查对象收到。但是，电子邮件有时并不十分安全，它也可能会出错，因此，调查者在进行电子邮件问卷调查时，要留好备份文件，以便应对电子邮件出错的情况。

电子邮件邮寄法与访问调查法、问卷调查法、电话调查法等相比，有许多优势：

第一，与访问调查法相比，电子邮件邮寄法能实现高度超时空的网上“交谈”，并且省去了访问调查法必需的记录程序，提高了调查的功效。

第二，与问卷调查法相比，电子邮件邮寄法能实现高速地传递调查问卷，并且能借由计算机的自动控制程序实现对填答问卷的质量监控、回复催促和回答信息的自动处理。

第三，与电话调查法相比，电子邮件邮寄法克服了普通电话传递信息的先天缺陷：首先，电话通信要求送话与受话双方都出现在电话机前，缺一不可，如果不能同步就会导致通信失败，电子邮件则不然；其次，传统电话调查一般要求“一对一”进行，如果要把同一信息传给许多人，即“一对多”通信，传统电话调查很难解决，电子邮件可以解决这个问题；再次，传统电话没有存储功能或存储信息有限，边听边记会造成缺漏，并且事后难以核查，电子邮件邮寄法则可以解决这个问题；最后，更节省费用，电子邮件调查省去的不仅是面对面调查和电话调查的访谈费，而且省去了邮政邮寄问卷的纸张、问卷复制、邮资和数据录入的费用。

当然，电子邮件邮寄法也有自身的缺点，首先，到目前为止，电子邮件调查的最大不足在于，还有一部分人并没有上网的途径与条件，集体体现在农村居民和老年人对象上。其次，电子邮件调查缺乏优质的抽样框，研究者很难收集到所有人的电子邮箱账户，因此借助于电子邮件通信方式只能作有限的社会学课题的调查，其调查结论还很难推论到总体。最后，电子邮件调查的拒答率高，还会产生特有的回答偏倚现象。调查电子邮件面临着被识别为广告、欺诈邮件从而被拦截风险。在调查对象缺乏网络安全信任的情况下，也容易拒绝打开调查电子邮件。尽管这方面的研究有限，但不可否认的事实是，那些文化程度较低、使用计算机经验较少和计算机设备比较陈旧的人，完成问卷调查的可能性明显比条件优越者更小。

（三）邮寄填答法的回收率提升建议

不管是邮政邮寄法还是电子邮件邮寄法，利用这两种方法进行的访问调查都比较省时、省钱，调查对象可以在他方便的时候作答，研究的匿名性比较好，方便调查较远的被访者。但邮寄填答也有缺点，如缺乏弹性，研究者难以实时根据调查对象的回答追问不清楚或者是感兴趣的问题，而且回收率相对比较低。为了尽量提高邮寄填答法调查的回收率和资料的质量，研究者应该注意以下方面：

第一，关于调查主办者身份的说明。邮寄填答法在说明或介绍调查主办者身份时要慎重考虑，尽可能采用比较正式的、非营利性的、给人以信任感和责任感的身份。通过这种身份的影响，使调查对象确信调查的合法性和价值，从而起到使调查对象愿意填答并寄回问卷的作用。

第二，关于调查问卷的封面信。邮寄填答问卷的封面信最好单独打印，并用一个小信封单独装封，再和问卷以及寄回用的空信封一并装入邮寄给调查对象的大信封内。封面信的语气应该是随和的，而不要用命令式的语气，信的内容应该简明、短小。

第三，关于问卷发送的时间。邮寄问卷对寄问卷的时间也应该有所考虑，一般而言，要尽量确保调查对象收到问卷后的一段时期（一周左右）内，应没有比较大的或比较特殊的活动或事件对他们完成问卷和寄回问卷造成影响。比如不要在大的节日如春节、国庆节等节日之前给调查对象寄问卷，也不要在学校复习考试阶段给被调查的学生寄问卷。

第四，关于追踪问卷。邮寄填答法常常要用跟踪信或提醒电话帮助提高回答率。一些学者的研究表明，没有跟踪，一般可望达到的回收率为50%～60%，而通过发跟踪信（提醒或催促），则可望达到70%～80%的回收率。因此，问卷寄出一段时间后，应该写信去追问一下调查对象的问卷填答情况，过几天再打电话催问一下，这样可以提高问卷回收率。追踪多少次没有一个固定标准，需要研究者在调查过程中根据具体情况而定，最多的有人连续追踪了五六次。有时也可补充再发送一份问卷，以引起对方重视。

第五，关于其他细节。邮寄填答法还有一些特别的细节需要注意，比如在邮寄问卷时，研究者应将回邮的地址、信封、邮票都寄给被访者，否则调查对象如果没有时间去买信封邮票，也会影响问卷回收率。信封、邮票、地址都准备好了，他可以随时寄回问卷。尽量减少给调查对象带来的各种麻烦，调查问卷的回收率也会有所提高。

四、媒体问卷法

媒体，源自拉丁语“Medius”，意为两者之间。媒体是传播信息的媒介。它是指人借助用来传递信息与获取信息的工具、载体、中介物或技术手段，也可以把媒体看作为实现信息从信息源传递到受信者的一切技术手段。根据表现形式和交互方式的差异，媒体可以进一步划分为传统媒体和数字媒体，传统媒体是指那些在数字媒体出现之前主要通过印刷、广播和电视等传统方式传播信息的媒体形式。传统媒体在数字媒体兴起之前是主要的信息来源，但随着互联网的发展，数字媒体如新闻网站、虚拟社群和在线视频等逐渐崭露头角，在改变信息传播方式的同时，也创新了问卷调查的方式。我们要适应新形势新情况特别是当今社会信息网络化的特点，进一步拓展调研渠道、丰富调研手段、创新调研方式，学习、掌握和运用现代科学技术的调研方法，并逐步把现代信息技术引入调研领域，提高调研的效率和科学性。在社会调查中，常见的媒体问卷法包括以下三种。

（一）报刊问卷法

报刊问卷法的具体操作过程是：把问卷在报刊上刊登出来，随报刊的发行发送到读者手中，号召报刊读者填答，并要求其按规定的时间将问卷寄回报刊编辑部。报刊问卷法的优点是：以报刊为载体，传递渠道稳定，有一定权威性；以读者为调查对象，调查分布面广；匿名性很强；节省人力物力投入，比较经济。其缺点是：仅限于调查该报刊的读者，而那些从不看报刊的人群，或者没有看到该报刊的人群，便无法进入被调查的范围，从而影响调查样本的代表性；对调查对象的监督较弱，也会不可避免地出现敷衍甚至弄虚作假的现象；问卷的回收率很低。

（二）网站问卷法

网站问卷法的具体操作过程是：将调查问卷直接链接在网站的网页上，任何一个上网者只要点击该网站的网页，调查问卷会自动弹出，供上网者自由填答。当上网者填答完毕后，这份问卷的数据就自动存入网站事先设计好的数据文件中。当调查完毕后，所有填答者的记录就汇总成为该调查的数据库。目前国内使用相对较多的问卷星、问卷网、腾讯问卷和百度问卷等都属于网站问卷调查，这些网站提供了创建问卷、设置参数、分发问卷、收集数据、分析结果等功能，有助于研究人员和组织轻松地进行数据收集和结果分析，以支持其研究决策和策略制定工作。网站问卷法的优点是：首先，省时、省力、省钱。调查对象可以随时随地进行问卷填答，无须大量调研人员参与其中（包括数据收集和数据录入），降低了人力成本。同时，采用“无纸化”问卷，还节省了打印资料的费用。其次，网站问卷法是最不受时空限制的一种调查方式。调查范围十分广泛，调查对象可以来自全球各地。最后，网站问卷法给予调查对象足够私密的空间，较大程度地保护了调查对象的隐私。线上填答问卷，排除了周边其他人员的干扰或压力，更易获得调查对象的真实感受。缺点是：第一，网站调查无法保证质量和回收率，因为调查样本和调查对象的调查方式都不特定，所以调查对象的性质、调查的回收率、调查的质量都得不到很好的保证。第二，网站问卷法中的样本代表性问题，即可能存在抽取的样本无法代表总体的问题。当前，智能手机和计算机等设备并没有实现全覆盖，农村居民或一些老年群体在使用上还有一定的困难，从而导致样本的代表性经常受到质疑。

（三）特定网页问卷法

不同于网站问卷法面向所有上网者，特定网页问卷法也可称为网络问卷法，是一种针对研究者所选定的特定对象和样本进行的调查。它的具体操作过程与电子邮件邮寄法类似：先确定调查总体（成员必须均有电子邮箱或社交账户），然后抽取调查对象样本，收集他们的电子邮箱地址或社交账户，分别给样本中的调查对象发电子邮件或在社交平台上发送消息，说明调查目的、调查要求，告知调查方法，并附上调查问卷链接的网页地址。调查对象点击链接后会自动进入调查问卷页面并直接在网上填答。填答结束后，问卷的数据也自动存入事先设计好的数据库文件中。全部调查完毕后，所有问卷资料自动汇总生成调查的数据库。

五、自填问卷法的优缺点

自填问卷法虽然当前被广泛应用于社会调查研究中，但它并不适用于所有的社会研究课题。利用书面语言进行交谈是问卷调查的重要特征，这种特定的调查者与调查对象之间的间接交流形式，决定了问卷调查法的优点和不足，使它只适用于一定的调查目的、调查范围和调查对象，这要求我们不能将自填问卷法作为调查研究的万应灵丹。

（一）自填问卷法的优点

第一，可以节省人力、财力和时间。自填问卷法较之于参与观察以及访谈等实地研究方法更有效率。它不需大量的调查人员进行逐人逐户的专访，而是用一份问卷代替派人专访，在较短的时间内可以调查很多人，若采用邮寄的方法，还不受地域的限制，这些都大大地节省了调查双方的时间。对于调查方而言，无须利用大量经费培训调查人员。对于调查对象而言，避免了他们因配合调查而造成经济损失的可能。

第二，具有很好的匿名性。对于某些社会现象，或者有关个人隐私、社会禁忌、伦理道德等问题，调查对象往往难以同陌生人交谈。由于自填问卷调查一般不需要调查对象在问卷中署名，调研主体与调查对象不必要直接见面，填写问卷的地点一般由调查对象自己选择，不必在其他人在场的情况下当场填答，不受他人干扰和影响，故可以减轻调查对象的心理压力，具有一定的保护性。这些都方便调查对象无所顾忌地倾吐自己的真实想法，使调查人员收集到客观真实的资料。

第三，可以有效避免主观偏见因素的干扰。问卷调查使用统一设计好的问卷，问题的先后顺序、答案的类型都完全相同，既避免了调查人员对调查对象施加主观影响，也克服了因调查时间过长而引起的调研滞后现象。而在结构访问或是实地研究的人际交往中，调查人员的工作方式或形象极可能使调查对象产生偏见，调查人员也极易对不同的调查对象报以不同的态度。这些情况都会影响调查工作的顺利进行和调查结果的真实可靠性。

第四，得到的调查结果有利于进行定量分析和研究。自填式问卷答案具有高度结构化和数据化的特点，容易进行编码处理，便于调查人员对答案进行定量处理和分析。在利用电子计算机进行统计分析的今天，问卷调查法不失为一种大规模、高效率的定量调查方法。

（二）自填问卷法的缺点

首先，问卷的回收率有时难以保障。由于自填问卷法十分依赖于调查对象的合作，因此，当调查对象对该项研究的兴趣不大、态度不积极、责任心不强，或者调查对象由于时间、精力、能力等方面的限制而无法完成问卷的填答工作时，问卷的回收率常常受到影响。

其次，调查对象自身能力、条件的限制常给自填问卷法的实施造成客观性障碍。因为调查对象起码要能看懂问卷，能够理解问题及答案的含义、填答问卷的正确方式，才能按照要求填答问卷。自填式问卷要求调查对象具有一定的文化知识水平，而在现实生活中，并不是所有的人都具备这种能力或都能够达到这种程度，特别是对于一些文化程度较低的群体，就不宜采用自填问卷的方法。调查对象由于受到自身社会生活环境以及个人条件的影响，在填答中，常会产生阅读能力、理解能力、表达能力及记忆能力等方面的障碍。这样一来，自填问卷法的使用就常常受到一些限制。

最后，调查资料的质量常常得不到保证，面临效度和信度问题的挑战。一方面，从理论与实践上，自填问卷法常常受到效度低的责难。这是因为，首先，自填问卷法不同于一般的实地研究方法，它以问卷为媒介，调查者与调查对象之间是被问卷隔开的间接接触，调查者不能亲身感受调查对象的生活背景，这往往是造成问卷调查低效度的一个重要原因。其次，问卷工具要求形式和程序的高度标准化，而这种对形式的过分注重，常常忽视了内容的真正意义。将问卷形式和内容有机地结合于问卷设计之中，使形式既能恰到好处地反映需要调查的问题，又尽可能地反映出真实的社会现状，是调查者在使用问卷调查法过程中苦苦追求而又难以达到的目标。另一方面，与实地研究的调查方法相比，自填问卷法依靠调查对象的自我报告获得资料，从理论上来说其信度应该是较高的。但是由于采取自填问卷法时，调查对象往往是在没有调查人员在场的情况下进行问卷的填答工作，这也就是说，他们填答问卷的环境是调查人员无法控制的。对于理解不清楚的问题，他们无法及时询问调查人员，各种错答、误答、缺答、乱答的情况时有发生，结果导致问卷调查资料的质量比较差，可信度也存在一定的疑问。

第二节 结构访问法

结构访问法又称标准化访问，是指调查者根据结构式的调查问卷，向调查对象逐一提出问题，并根据调查对象的回答在问卷上选择合适的答案的资料收集方法，它是一种对访问过程高度控制的访问方法。结构访问的访问对象必须按照统一的标准和方法选取。访问的过程也是高度标准化的，即对所有被访者提出的问题、提问的次序和方式，以及对被访者回答的记录方式等都是完全统一的。为使这种统一性得到保证，通常采用事先设计好的统一内容和统一格式的问卷进行访问。依据访问的媒介不同，结构访问常分为当面访问法和电话访问法两大类。

一、当面访问法

当面访问法的基本做法是：研究者先选择和培训一组调查员，由这组调查员携带着调查问卷分赴各个调查地点，按照调查方案和调查计划的要求，与所选择的调查对象进行访问和交谈，并按照问卷的格式和要求记录调查对象的各种回答。在访问中，调查员严格依据调查问卷提出问题，并严格按照问卷中问题的顺序来提问，调查员不能随意改变问题的顺序和提法，也不能随意对问题做出解释。答案的记录也完全按问卷的要求和规定进行。通过以上严格的操作，尽可能让访谈体现出标准化。

（一）当面访问法的主要优点

第一，调查的回答率较高。由于当面访问法通常是在调查员与调查对象当面接触、二者面对面交流的环境中进行的，因此，调查对象拒绝合作或者半途而废的情况比较少，调查的回答率和成功率普遍比自填问卷高。

第二，调查资料的质量较高。在访问过程中，由于调查员在场，因而既可以对访问的环境和调查对象的表情、态度进行观察，又可以对调查对象回答问题的质量加以控制，使得调查资料的真实性和准确性大大提高。这是因为，一方面，由于调查员当面提出问题，当面听取回答，因此可以减少调查对象由于对问题理解不清或误解所造成的误答；另一方面，由于调查员当面提问，调查对象当场回答，避免了自填式问卷调查中常常出现的由他人代填或由几个人共同商量着填答的情况。同时，这种当面提问、当面回答的方式也在一定程度上降低了调查对象出现欺骗性回答的机会，提高了调查结果的真实性，也便于对调查资料的效度与信度进行评估。

第三，调查对象的适用范围广。由于当面访问法主要依赖于口头语言，因此对调查对象在书面语言的阅读、理解和表达能力上没有什么要求。它适用的调查对象范围十分广泛，既可以用于文化水平比较高的调查对象，也可以用于文化水平比较低的调查对象。

第四，能获得自填问卷法中无法获得的有关调查对象的许多非语言信息。例如，调查对象的穿戴有时候能反映个人生活水平或品位，其神态、姿势等身体语言能在一定程度上反映其心理状况等。调查员可以根据这些观察资料，辨别其回答的真实性，对答案的信度和效度进行评估，甚至还可以挖掘答案背后更深层次的信息，这些都是自填问卷法所不能实现的。

（二）当面访问法的主要缺点

第一，调查员与调查对象之间的互动有时会影响调查的结果。由于访问过程的双方都是有知觉、有感情、有思想、有反应的人，因此，双方在访问过程中往往难以做到完全客观，这样就会导致一些访问偏差，影响访问资料的质量和效果。

第二，访问调查的匿名性比较差。对于一些涉及人们的隐私（如个人婚姻、私生活）、社会的禁忌、人与人之间利害关系等敏感性内容的调查研究来说，往往难以采用当面访问的方法来收集资料。有研究指出，当采用不同调查方式对农村同区域的居民进行资料收集时，采用当面访问形式收集的涉及政治或是社会敏感领域的资料时，调查对象更有可能做出偏正向性回答。[①] 因为当有调查员在场，并且是当面提问、当面回答时，很多调查对象的思想压力可能很大，顾虑就可能比较多。一般来说，数据收集方法越个别化，调查对象回答敏感性问题的可能性就越小。所有这些显然会直接影响他们回答问题的态度和所提供的答案的真实性及可靠性。

第三，当面访问调查的费用高、时间长、代价大。由于当面访问法必须派出一批调查员，而调查员事先必须进行培训。调查员的培训费用、工作报酬以及差旅费等，远比个别

① 董海军，梁乃文，周强．调查方式与回答差异：基于湖南G县农村调查数据的分析．广西民族大学学报（哲学社会科学版），2013，35（1）．

发送法、集中填答法、邮寄填答法所花的费用大。这样，在客观上就限制了调查样本的规模和调查的空间范围，在它的具体运用上就造成了一定的局限性。同时，当面访问法所花费的时间也大大长于自填问卷法。由于自填问卷调查可以在很短的时间内对多个调查对象同时进行，而当面访问法则必须一个个地对调查对象进行访问，因此，它所需要的时间显然要多得多。

第四，当面访问法对调查员的要求更高。尽管自填问卷法也会用到调查员，但其作用相对较小。当面访问法完全离不开调查员，或者说完全依赖于调查员。调查员对调查资料的质量、对调查结果的质量影响更大。因此，调查员具有比较高的访问技巧和比较强的应变能力，是成功地完成访问调查的必不可少的条件。

第五，当面访问法易带来某些偏倚答案。调查对象在接受面对面访谈时更可能提供社会所愿的答案。

二、电话访问法

电话访问法是在当面访问法基础上的延伸，是信息技术和电信业务应用于社会调查领域的结果，是一种在电话得以广泛普及的情况下于 20 世纪 80 年代在国外盛行起来的电信调查方法。至 90 年代，由于我国电话普及率不断提高，采用电话进行社会调查的可能性不断增大，在这种情况下，我国电话调查法得以兴起并不断发展。目前，电话调查法已成为社会调查中应用非常广泛的一种方法。

电话访问是指调研人员通过打电话与调查对象取得联系，通过电话对调查对象进行访问的方式。进行电话访问时，需要有一套“计算机辅助电话访问”（Computer Assisted Telephone Interviewing，CATI）系统的支持。随着信息技术的进一步发展，电信业务的进一步开拓，在现代信息社会中，电话访问法必将在社会调查领域取得越来越重要的地位，发挥越来越重要的作用。

（一）电话访问的一般做法

（1）根据调查目的设计并印制好电话访问的问卷表，这种问卷表与一般问卷表的较大不同是要特别便于迅速记录答案，而且这些问卷表已经录入专门用来配合电话调查的计算机。

（2）挑选和培训一组访问员。虽然电话调查中访问员和被访者并没有直接接触，但是，如何在接通电话后的短时间内取得被访者的配合，以及如何在调查过程中把问卷中的信息准确无误地传达给被访者，访问员在此过程中扮演着关键的角色。

（3）随机抽取一组电话号码作为调查样本，注意此时应留有一组预备号码，用以在正式抽中的被访者未接听或拒绝合作时作替补。

（4）在电话中，根据访问问卷的内容进行询问，同时记录下被访者的回答。目前，各个电话调查机构都采用了先进的计算机技术，能够直接在计算机上记录被访者的回答，且十分便于将这些回答结果转换成数据进行统计分析。

（二）电话访问法的实施要点

电话访问法的抽样方法具有独特性，主要分为三类，即电话号簿法、随机拨号法和综合法。首先，电话号簿法通过电话号簿进行机械随机抽样，其中包括随机改变号码、随机抽取栏和号码等步骤。随机拨号法通过完全随机性的拨打号码进行抽样，避免电话号码簿的限制，但可能面临混合住宅和非住宅电话的问题。综合法结合电话号簿法和随机拨号法，采用随机双数法或加一法，减少空号情况，提高抽样效果。

其次，电话访问法在选择被访者的方法上有两种主要方式，即任意法和随机抽选被访者表法。任意法中，任何户内成员都可成为被访者，通常由第一个接话人或第一个传呼的接话人充当。而随机抽选被访者表法则根据帕斯勒的方法进行，考虑了户内抽样的随机性，但可能面临被访者不在家、择定人换人等问题，导致受访率降低。

最后，电话访问法在访谈时间上有一定的限制。由于电话属于短时间交谈的通信工具，因此在语言组织、问题数量和调查时间上需要一定的技巧。问题必须简短，答案供选择的内容不能太多，以避免被访者记不住全部信息。调查时间宜控制在 20 分钟内，最好在 15 分钟内，以避免通信被打扰中断或引致被访者的厌烦。调查的实施时间应考虑和尊重被访者的作息时间和生活习惯，以提高调查电话的受欢迎程度。

（三）电话访问法的优点

电话访问法具有明显的优势。第一，收集信息的速度快，简便易行，省时省力。通过异地访谈，避免了调查员的往返时间，使得每次调查仅需短暂时间，尤其在处理简单内容时，电话访问效果更佳，特别适用于专业人士，他们通常不太愿意被面对面打扰。第二，电话访问能够确保回收问卷的质量。专门的电访工作室进行电话调查方便对调研人员进行监督，相较于当面访问更容易保证调查的质量。第三，电话访问的费用相对较低，无论是短途还是长途，都比传统的派员调查更经济。减少了调查员数量，同时省去了旅途时间和差旅费用，成本更为经济。第四，电话访问保持了较好的匿名性，由于调查员与调查对象不直接见面，调查对象能够保持匿名，更愿意回答一些敏感或具潜在威胁的问题。第五，电话访问可覆盖范围广，不受地理限制，可以分散在整个国家甚至国际范围内进行调查，并能接触到一些不易到达的调查对象，如高收入或地位特殊的阶层。第六，电话访问过程中受外界干扰较小，通过电话线进行沟通，与外界相隔离，使得调查更为专注和高效。

（四）电话访问法的缺点

电话访问法面临多重挑战。第一，调查过程难于控制，调查效果难以把握。在面对面访谈中，调查员不仅能听取调查对象的回答，还能通过观察表情和动作判断调查对象提供资料的真实性。相比之下，电话访问要求调查员更强的仅靠听觉来分辨事物和情况的能力，而调查对象可以随时挂断电话，给调查员劝说和完成访谈带来了困难。第二，电话访问受到电话普及率的制约，在调查对象的选取及代表性方面存在困难。从理论上说，电话访问的结果只能推论到有电话的对象这一总体，实际中，电话访问遇到抽样问题。第三，开放性问题在电话访问中得到的答案有限。虽然电话访问似乎可以深入挖掘调查对象对问题的看法，但实际上调查对象给出的答案通常是简短的，进一步的解释或澄清往往难以获得。第四，电话访问的拒访率较高。由于电信诈骗和电话推销泛滥，人们对陌生号码的警惕性较高，调查对象可以轻松挂断电话，拒绝成本较低。第五，电话访问法对调查员的要求极高。语言辨别能力和科学研判能力是必备的，但不同地区的语言差异增加了难度。第六，电话访问法受时间因素的影响较大。调查时间不能过长，否则会导致调查对象不耐烦，不利于调查的开展。因此，电话访问需要调查员具备更高的沟通和判断能力，同时应当注意避免过长的调查时间。

第三节　定量资料收集的实施要领

定量资料收集是调查研究中实践性、可操作性很强的一个阶段，无论是自填问卷调查还是结构访问调查，在具体的操作过程中，都有一些值得特别注意的细节。数据收集阶段的细节处理对于确保研究的有效性、准确性和可信度至关重要。不仅在问卷设计和分发过程中，而且在面对面访谈、实验、观察等各种数据收集方法中，都需要谨慎处理细节。只有通过精细的数据收集过程，才能确保所获得的数据是可靠、准确且具有代表性的，从而为后续的数据分析和研究结论提供可信的基础。

一、了解和熟悉定量资料收集的基本技巧

社会调查是一种需要调查对象的积极合作才能顺利完成的社会研究方式。在定量资料收集过程中，调查员需要熟悉和掌握一些基本技巧，以顺利地与陌生的调查对象进行沟通，取得调查对象的信任并进行合作。这些环节主要包括以下方面：

一是理解调查对象的心理。在调查资料收集的过程中，调查员应对调查对象的心理和想法有所认识和理解。调查中，调查对象要付出代价，他们希望调查员对他们所付出的代价有所补偿，这是非常正常的心理状态，这一点调查员应当有清醒的认识。

二是给调查对象树立良好的第一印象。社会调查的一个显著特点是要同调查对象接触，要和人打交道。并且，由于调查员通常都是作为“陌生人”出现在调查对象面前，第一印象的好坏在一定程度上决定了调查对象是否愿意接受调查、是否愿意耐心而细致地对调查进行回答。

三是把握好进门和开场白的技巧。在社会调查中，“调查进门难”，能够顺利地进门，调查就完成了一半。因此，调查员应对如何进门给予高度重视。在进门前，调查员应向调查对象出示相关证件，如工作证、学生证等，这些证件如能配合身份证一并出示，更能获得调查对象的信任。

四是接触调查对象之前的准备。进行调查访问前，要对调查对象的选取方式、基本特征、调查访问的程序要求、调查问卷的内容等方面有尽可能明确的认识。特别是要对调查对象总体的有关情况和特征有基本的了解，熟悉调查对象的一些基本情况。所谓“十里不同俗，百里不同音”，对于民风民俗差异较大的地方，应当尽可能熟悉当地的习俗。

五是把握好与调查对象沟通过程中的技巧。调查中，沟通是必不可少的环节，调查是靠沟通来完成的。同时，调查中的沟通与一般的沟通有很大的不同。一方面，调查员与调查对象之间基本上是陌生的，彼此并不认识，调查对象在心理上难以迅速地接纳调查员；另一方面，沟通的内容基本上是特定的，围绕着调查问题而展开。

二、保证调查资料的回收质量

在进行问卷调查时，信度和效度是至关重要的评估指标。信度反映调查结果的稳定性和一致性，而效度则衡量调查的有效性。为了最大限度地确保问卷调查的信度和效度，我们需要在调查实施过程中着重提高问卷回收率和填答质量。

第一，提高问卷回收率的关键在于注意一系列因素，包括调查组织者的社会地位、调查对象的自身状况、调查课题内容以及调查过程的组织严密程度等。争取社会权威组织的支持是有效提高回收率的途径，因为这些组织具有广泛认可度。另外，调查组织的严密管理和调查员的专业素养同样至关重要。调查员应该认真对待调查任务，避免马虎和随意散漫的态度。

第二，保证问卷填答质量需要在问卷设计、发放、回收过程中严格把关。避免简便捷径，确保问卷的广泛传播，以保证样本的多样性。同时，要防范无回答情况，通过合理约定时间和与调查对象沟通，尽量减少这种情况的发生。在问卷回收后，及时检查和纠正漏答、臆答和错误，以确保问卷数据的有效性。这需要调查员具备良好的沟通技巧和专业知识，以有效处理各种填答情况。

三、调查员的挑选和培训

在定量资料收集中，调查员的挑选和培训是至关重要的环节。调查员需要具备举止自然、谦虚礼貌、吃苦耐劳、不怕困难的基本素质，以及知识丰富、善于提问的能力。他们在访谈中必须保持诚实认真、客观公正，避免虚构情况或数据，确保访谈资料的客观性。此外，调查员应具备换位思考、推己及人的能力，以更好地理解调查对象的心理感受。在挑选调查员时，相近原则是关键考量因素，调查员与调查对象在社会地位、生活方式、职业、性格等方面的相似性有助于建立信任关系。调查员的培训包括正式课程、研究大纲或问卷讨论、模拟访问或实习访问、沟通技巧培训以及职业道德培训。这些培训旨在提高调查员的专业素养，使其能够独立完成高质量的访谈工作，同时强调职业道德，确保调查员在访谈中遵循伦理准则，维护调查的可信度和合法性。

第四节　大数据时代的数据获取

大数据（Big Data，Mega Data），或称巨量资料，指的是庞大、高增长率和多样化的信息资产，需要人们采用新的处理模式以提升决策力、洞察力和流程优化能力。相较于传统数据集合，大数据的规模远超出传统数据库和数据处理工具的容量。大数据集合通常包含成千上万甚至更多的数据点，来自多个来源、以不同形式存在，且具有实时性。信息技术的全面融入已经引发了信息爆炸，基于大数据分析和深度学习的人工智能正引领全球创新浪潮，推动新一轮的技术革命。

一、大数据的特点

在学界，关于大数据的特点众说纷纭，暂无定论，本书以被讨论最多的“4V”模型作介绍，即 Volume（规模性）、Variety（多样性）、Value（价值性）、Velocity（高速性）。

（一）规模性

大数据集合包含庞大的数据量，远超过传统数据库系统或数据处理工具的处理范围。这体现在数据呈现爆发性增长，包括各个方面的信息，如网络交互、移动设备、交易记录和社交媒体等。

（二）多样性

多样性强调的是数据的种类。大数据涵盖结构化数据、半结构化数据和非结构化数据，这三种数据类型在处理上具有不同的特点。结构化数据是以清晰、固定的格式存储，半结构化数据具有一定结构但不如结构化数据那样严格，而非结构化数据则是最灵活和难以处理的数据类型。

（三）价值性

理解数据价值性的重要性，首先需要明确使用数据的目的和目标，然后考虑数据在实现这些目标方面的潜在作用。在社会科学研究中，大数据提供更全面、更细致的数据视角，帮助研究人员更好地理解人类行为的多样性和复杂性，当然同时也会引发伦理和隐私方面的问题。

（四）高速性

数据以极快的速度生成、传输和积累。这一特点使得训练更复杂的生成式 AI 模型成为可能，包括深度神经网络和自然语言处理模型。然而，高速性也可能导致数据质量管理上的挑战，需要运用数据清洗和质量控制的方法以确保数据的准确性和可信度。对于社会科学研究而言，传统的调查数据处理方式相比之下更为耗时，而大数据的高速性则提供了实时数据流的可能性，但也需要研究者注意处理可能包含错误、重复或不完整信息等问题。

二、大数据的挖掘

大数据和传统数据相比，其在数据特点上的差异也决定了在数据获取手段上的不同，如果说传统定量资料是一个收集的过程，那么大数据资料则是一个挖掘的过程。在此，有必要对两种数据资料的获得过程进行简要区分。

（一）传统定量资料收集

传统的资料收集方法包括自填问卷法和结构访问法，这些方法具有各自的优点，但也存在一些不可避免的缺点。原始数据的收集复杂且耗费人力、物力和财力，而且无法百分之百保证数据的准确性。即使在后续处理中剔除不符合条件的数据样本，人为因素的干扰仍然存在，可能对最终结果造成影响。传统方式的数据收集由于存在时间间隔，导致数据滞后，一些大型社会调查可能需要数年才能完成，所付出的劳力和心力成本可见一斑。

（二）互联网大数据挖掘

在大数据时代，数据挖掘常通过计算机和互联网工具进行。此过程涵盖基础支撑层大数据采集和智能感知层大数据采集两个主要目标。基础支撑层主要提供技术支持，如物联网和数据库技术，而智能感知层则涉及数据识别、数据传输和数据感知等。数据采集完成后，利用各类数据挖掘技术，探索数据背后的价值与意义，包括大数据预处理技术、大数据实时挖掘技术和海量异构数据管理技术等。

大数据可以分为科学大数据、Web大数据和决策大数据，它们分别涵盖了科学研究、网络数据和用于决策的数据。大数据挖掘在社会科学研究中得以应用，如在舆情分析、犯罪预测和医疗决策等领域。与传统方式相比，互联网的数据获取更为迅捷和高效，大大减少了人力物力成本，并提供更为庞大和全面的数据量。同时，大数据挖掘可识别和发现数据中的隐藏模式、趋势和关联，为决策制定和问题解决提供有价值的信息。

然而，互联网大数据挖掘也面临一些问题，如获取有效标签的难度、大规模敏感数据处理涉及的隐私保护等。在科学研究中，使用大数据需要全面考虑数据质量、伦理、法规、隐私和安全等问题，采取适当的措施以确保研究的可信度和合法性。因此，大数据挖掘为社会科学研究提供了前所未有的工具和机会，深化了对复杂社会系统的认识，有助于应对社会挑战和促进社会进步。

思考发现

在资料的收集中，我们不仅仅是记录者，更是倾听者。定量资料不仅仅是数字的堆砌，更是贴近人心的工具。让我们怀揣着科学的逻辑思维，基于调查对象的特点及自身需要，以更加敏感的心灵贴近群众，收集到有关社会奥秘的资料。在互联网时代，社会调查要学会与时俱进，利用互联网技术有效提升社会调查的效率。

习近平在题为“谈谈调查研究”的讲话中曾说：“调查研究方法也要与时俱进。在运用我们党在长期实践中积累的有效方法的同时，要适应新形势新情况特别是当今社会信息网络化的特点，进一步拓展调研渠道、丰富调研手段、创新调研方式，学习、掌握和运用现代科学技术的调研方法……逐步把现代信息技术引入调研领域，提高调研的效率和科学性。”

本章小结

调查研究中的资料收集方法主要有两种基本类型：自填问卷法和结构访问法。

自填问卷法指调查者将调查问卷通过现有手段传达给调查对象，由调查对象自主阅读与填答，再由调查者通过合适的方式收回的资料收集方法。常见的自填问卷法有个别发送法、集中填答法、邮寄填答法、媒体问卷法几种类型。自填问卷法的优点是节约时间、经费和人力，具有很好的匿名性，可避免主观偏见因素的干扰；其主要缺点是问卷的回收率有时难以保障、对调查对象的自身能力和条件有一定要求、调查资料的质量常常得不到保证等。

结构访问法又称标准化访问，是指调查者根据结构式的调查问卷，向调查对象逐一提出问题，并根据调查对象的回答在问卷上选择合适的答案的资料收集方法。它是一种对访问过程高度控制的访问方法。依据访问的媒介不同，结构访问分当面访问法和电话访问法两大类。

当面访问法的主要优点是调查的回答率较高、调查资料的质量较好、调查对象的适用范围广、能获得自填问卷法中无法获得的有关调查对象的许多非语言信息。当面访问法的主要缺点是调查员与调查对象之间的互动有时会影响调查的结果，访问调查的匿名性比较差，当面访问调查的费用高、时间长、代价大，当面访问法对调查员的要求更高、当面访问法易带来某些偏倚答案。

电话访问法的抽样方法有三类：一是电话号簿法；二是随机拨号法；三是综合法。电话访问法的优点是收集信息的速度快，简便易行，省时省力；能够确保回收问卷的质量；调查费用相对较低；有较好的匿名性；可覆盖范围广；受外界干扰小。电话访问法的缺点是调查过程难于控制，调查效果难以把握；电话访问受电话普及率的制约，在调查对象的选取及代表性方面存在困难；开放性问题在电话访问中得到的答案有限；电话访问的拒访率较高；对调查员的要求极高；受时间因素的影响较大。

影响问卷回收率的主要因素有：调查组织者的社会地位；调查对象的自身状况；调查课题的内容；调查过程的组织严密程度等。提高问卷回收率的主要途径包括：争取社会权威组织的支持；加强调查组织工作的严密管理；提高调查人员的专业素养等。在保证问卷填答质量时应注意的问题有：问卷发放不可走捷径；合理防止和处理无回答情况等；挑选调查员时注意调查员应具备的一些条件。

大数据或称巨量资料，是庞大、高增长率和多样化的信息资产，具有4V特点——Volume（规模性）、Variety（多样性）、Value（价值性）、Velocity（高速性）。一般通过传统的定量资料收集方法或是互联网数据采集进行收集。

关键术语

自填问卷法　结构访问法　个别发送法　集中填答法　邮寄填答法

当面访问法　电话访问法　大数据获取

资源链接

视频微课 6-1　视频微课 6-2　视频微课 6-3　视频微课 6-4

复习思考题

1. 自填问卷法有哪些常用的类型？各自有什么特点？

2. 结构访问法有哪些常用的类型？各自有什么特点？

3. 比较个别发送法和集中填答法的优缺点。

4. 邮寄填答法有哪些注意事项？

5. 定量资料收集过程中有哪些注意事项？

6. 若目前有一项课题为“某街道居民拆迁与安置情况”的调查，你将怎样更好地结合调查方法开展呢？

7. 什么是大数据？大数据时代的数据如何获取？

在线自测

扫一扫　练一练

第七章　定量资料的处理

案例导入

假设你是一所大学文秘专业的教育工作者，你正在研究文秘专业学生的学业成绩与他们在实习中的表现之间是否存在关联。你已经收集了一份包括学生的学号、年级、课程成绩、实习评估分数以及学业成绩排名等信息的数据集。你的研究假设是，学业成绩优秀的学生在实习中也会表现出色。

然而，在开始分析数据之前，你面临了一些挑战。首先，的数据集中可能存在缺失值，因为不是所有学生都能及时提交实习评估分数。其次，你怀疑有一些极端值，这些值可能是录入错误或极少数学生的特殊情况。如果不处理这些问题，你的研究结果可能会受到影响。

现在，让我们看看如何应用定量资料的处理步骤来解决这些问题：

调查资料的审核与编码：首先，需要仔细审核你的调查资料。检查是否有学生的数据丢失或有错误。例如，确保学号和年级信息是正确的。然后，对实习评估分数进行编码，将文本评估转化为数字形式，以便进行后续的统计分析。

数据输入与清理：将已经审核和编码的数据输入统计软件。在数据输入过程中，确保没有遗漏或录入错误。接着，进行数据清理，处理任何缺失值或异常值。这可能包括填充缺失值、删除异常值或与学生核实信息。

数据转化与调整：在这一步，你可以使用数据转化与调整的技巧，如排序数据、转置行列、调整数据格式等，以使数据更容易进行分析。你可能还需要合并其他相关的数据，如学生的课程成绩排名。这有助于建立一个完整的数据集。

通过这些处理步骤，你将能够确保研究数据的质量和可靠性。你可以更自信地探讨文秘专业学生的学业成绩与实习表现之间的关系，为该专业提供更多有关学生培养和课程设计的见解。

阅读提示

阅读上述材料，请思考：(1) 在你的研究中，你如何确定何时可以接受缺失值，并且何时需要进行处理？你认为在文秘专业学生的实习评估中，缺失值可能会对研究结果产生怎样的影响？(2) 当你面临极端值的情况时，你会选择采取怎样的方法来处理这些异常值？你认为这些极端值可能是录入错误还是特殊情况？你会考虑将这些极端值排除在分析之外吗？(3) 在数据转化与调整的步骤中，你认为哪些技巧对于分析文秘专业学生的学业成绩与实习表现之间的关系是最关键的？

当把问卷收集好之后，我们面临的是对收集的定量资料进行处理，包括调查资料的审核与编码、数据输入与清理及数据转化与调整。

第一节　调查资料的审核与编码

本节将介绍调查资料的审核和问卷的编码，前者包括资料审核的内容、资料审核的方式和处理审核结果，后者包括编码的方式、答案代码的确定、编码的具体方法以及编制编码手册。

一、调查资料的审核

调查资料的审核在社会科学研究中扮演着至关重要的角色。它是资料处理的首要步骤，直接影响研究结论的可靠性和科学性，包括审核的内容、方式以及处理审核结果的方法。

（一）资料审核的内容

资料审核包括完整性、准确性以及真实性审核，核心目标是确保资料的完整性、准确性和真实性，这些因素在社会科学研究中至关重要。

1. 完整性审核

完整性审核旨在确认资料的完整性，确保没有遗漏任何应该调查的单位或个体。在这个阶段，需要执行以下关键任务：

（1）核实全部调查对象。要确保所有应该被调查的单位或个体都已经被纳入了研究，没有遗漏。这需要仔细核对样本和实际调查对象的一致性。

（2）检查问卷填写完整性。决定数据质量的关键因素之一是问卷是否填写完整。在这方面，需要检查问卷是否符合质量标准，确保没有遗漏任何问题。

（3）验证调查项目或指标的完整性。要确保所有调查项目或指标都已填写齐全，避免出现错填、误填和乱填的情况。此外，需要及时核实和剔除那些填写错误、误填或空白的问卷。

2. 准确性审核

准确性审核旨在识别潜在的数据错误，包括含混、不具体或相互矛盾的信息。以下是关于准确性审核的要点：

（1）处理笔误和调查对象的记忆误差。在问卷调查中，笔误和调查对象的记忆误差可能会导致数据不准确。因此，需要在数据整理过程中认真审查和核实，确保数据的准确性。

（2）逻辑一致性审核。这包括检查数据是否符合逻辑、内容是否合理，以及各项数据是否相互矛盾。这个审核方法特别适用于分类和顺序变量的审核。

（3）计算检查。对于数值型数据，需要进行计算检查，以确保数据在计算结果和计算方法上没有错误或矛盾。

3. 真实性审核

真实性审核关注数据的来源和本身的真实性，重点体现在如下方面：

（1）客观来源审核。确保调查数据来源的客观性，即确认这些数据是通过实地调查获取的，而不是调查者主观杜撰的内容。

（2）数据本身的真实性。即使是通过实地调查获得的数据，也可能受到各种因素的影响，包括虚假信息。研究者需要依靠自身知识和经验，辨别可能的虚假信息，排除那些明显违背常理或存在前后矛盾的数据。

对于二手数据，也需要进行审核，内容包括：

（1）适用性审核。这涉及确定数据的来源、研究内容以及相关背景信息等基本信息，以确定数据是否适合特定研究需求。

（2）时效性审核。在选择二手数据时，应尽可能选择最新的调查数据，以确保数据的时效性和可用性。

（3）进一步加工整理决策。二手数据通常需要进一步加工整理，以满足研究者的需求。因此，在使用二手数据时，需要选择适合自己研究内容的数据进行分析。

（二）资料审核的方式

资料审核可以采用不同的方式，具体取决于研究性质和资料来源。以下介绍两种主要的审核方式及对审核结果的处理。

1. 实地审核

实地审核是在资料收集过程中进行的，也就是在进行数据采集的同时，及时发现并纠正错误。实地审核通常分为两个阶段。

（1）初步检查。在即将结束访问或回收调查对象自行填写的问卷时，进行初步检查，以确保数据的完整性和逻辑合理性。这包括核查是否有漏记、漏填或逻辑错误的情况。

（2）最终审核。问卷收集后，由调查组织者进行最终审核，核实问题并进行必要的修正或补充，或者通过再次联系调查对象进行核实。实地审核的优点在于审核及时、准确，但要求调查员和监督员具备及时发现和处理问题的能力。

2. 集中审核

集中审核是在将所有资料收回后，集中时间进行的审核。这种方式通常由调查组织者负责，其优点包括统一组织管理、审核标准一致、质量较高。然而，它可能需要更长的时间，不适用于需要及时处理问题的情况。

（三）处理审核结果

在审核过程中，发现的问题需要得到妥善处理，通常有两种方法。

第一，问卷回访。问卷回访是一种常用的方法，研究者可以回访样本中的一部分个案，对问题进行核实和修正。这包括了解错误的原因、及时更正或进行补充调查。问卷回访有助于提高数据的质量和准确性。

第二，筛选和剔除。对于无法修正的错误或不符合要求的数据，可以进行筛选和剔除。这些数据将被从数据集中删除，以确保后续分析的可靠性和准确性。

综上所述，调查数据的审核是社会科学研究中确保数据质量和可信度的关键步骤。通过仔细审核和妥善处理问题，研究者可以确保数据的可用性和准确性，为进一步的研究工作奠定坚实基础。在处理社会科学数据时，认真对待审核过程至关重要，它有助于确保研究的科学性和可靠性。因此，研究者应该充分理解资料审核的内容、方式和处理结果的方法，并在研究过程中严格执行，以确保研究的可信度和准确性。只有通过严格的数据审核，社会科学研究才能够取得可靠的结果，对社会问题提供有力的解决方案。

二、调查问卷的编码

在社会科学研究中，调查问卷是收集信息和数据的关键工具。然而，要将这些问卷中的文字答案转化为数字形式，以便进行计算机处理和数据分析，就需要进行编码。编码是为每个问题及其答案赋予一个独特的数字代码，是数据整理和分析过程中不可或缺的环节。下面详细讨论调查问卷的编码过程，包括编码的方式、答案代码的确定以及编码的具体方法。

（一）编码的方式

在调查问卷的编码中，有三种主要的方式：前编码、边缘编码和后编码。这些方式在不同情境下都有用武之地。

1. 前编码

前编码也称预编码，是在问卷设计阶段，为每个问题和答案事先设置一个代码的方式。在调查过程中，调查员只需记录调查对象选择的选项代码，这种方式常用于封闭式问题，因为选项固定且已知。前编码可以提高数据录入的效率和准确性。

2. 边缘编码

边缘编码是在问卷上预留编码位置的方式，通常位于问卷的最右边，并用竖线与问题部分分隔。这种方式主要用于数据录入之前的表示形式，调查对象的答案值可以直接写在相应调查指标对应的位置上。边缘编码有助于提高数据录入和校对的效率，特别是在前编码不适用的情况下。

3. 后编码

后编码是在调查结束后进行的编码过程，通常用于开放式问题和封闭式问题中的“其他”选项。因为这些问题的答案往往无法预知，只能在问卷回收后，根据实际答案来设定编码。后编码灵活性较高，但需要更多的时间和人力资源。

需要强调的是，前编码、边缘编码和后编码的选择取决于研究的需要和进度，没有固定的顺序和要求。研究者可以根据具体情况来决定采用哪种编码方式。

（二）答案代码的确定

答案代码的确定是编码的核心内容，它包括两个关键步骤：对答案进行分类和建立答案类别与数字代码的对应关系。

1. 对答案进行分类

在问卷设计阶段，每个指标或变量都需要设置几个选项的问题。简单的变量如“性别”只有两个选项：“男性”和“女性”，分类和答案代码的确定相对容易。然而，对于复杂的指标或变量，如“收入”，可能有多种不同的答案，需要将它们编码成数字。分类的数量和方式取决于研究的需要和数据的特点。可以将答案分成多个类别，也可以合并类别，以便于数据处理和分析。

2. 建立答案类别与数字代码的对应关系

建立答案类别与数字代码的对应关系是编码过程的关键一步。每个答案类别都需要分配唯一的数字代码，以便在后续的数据分析中进行识别。例如，问卷中的问题 A1 的答案代码为“1”表示“男”，“2”表示“女”。这种对应关系需要在编码时准确地记录下来，以确保数据的准确性和一致性。

对于开放式问题，编码的过程更具挑战性，因为答案不是固定的。在这种情况下，研究者可以随机抽取一些问卷，记录答案的特征或内容，然后进行分类，并为每个类别分配一个数字代码。采用这种方法需要一定的主观判断和分类技巧，但可以有效地将开放式问题的答案编码成数字。

（三）编码的具体方法

不同类型的问题需要采用不同的编码方法。除开放式的文字型题目直接录入调查对象的回答内容以外，一些常见类型问题的编码方法如下。

1. 开放式问题的编码

对于定距或定比变量的开放式数值填空题，可以直接使用填写的数字进行编码。对于非数值型的答案，需要制作编码本，为每个选项设计一个代码，并根据样本情况进行编码。

在编码开放式问题时，需要根据问题的具体情况制定编码本，为每个选项分配一个代码。这些代码可以根据随机抽取的样本情况进行设定。编码的目的是将非数值型答案转化为计算机可以识别的数据，因此需要确保编码的准确性和一致性。

2. 单项选择题的编码

对于单项选择题，答案的编码通常直接使用在问卷设计中赋予每个答案的数字值（一般为选项序号值）。例如，问题 A1 的两个选项“①□男　②□女”（□为勾选的位置）分别编码为 1、2，问题 A6 的选项“①□非常好　②□较好　③□一般　④□不太好　⑤□很不好”就分别对应着代码 1、2、3、4、5。这种方式通俗地说就是“单选题，选什么编什么”。

3. 多项选择题的编码

在调查问卷设计中，多项选择题是一种常见的问题形式，它允许调查对象从多个选项中选择一个或多个答案。多项选择题可以分为两种主要类型：不确定选择个数的多项选择题和确定选择个数的限选题。这两种类型在编码过程中需要采用不同的策略。

（1）不确定选择个数的多项选择题。

不确定选择个数的多项选择题是指在调查问卷中，没有规定调查对象对某个问题选择答案的个数。例如，调查对象可以选择 1 个、2 个、3 个、4 个甚至 7 个答案。这种情况下的编码策略需要考虑到不确定答案个数的问题。

1）采用“0/1”编码。

这种编码方式允许灵活处理不确定答案个数的情况，每个答案都有一个对应的变量，并为每个变量分配一个编码位置，并用“0/1”来表示是否选择。

如果调查对象选择了某个答案，那么该答案的编码位置上标记“1”，否则标记“0”。

这种方式可以应对不确定答案个数的情况，使得每个答案都有一个相应的编码位置。简单点说，就是“有多少个选项就有多少个变量，选的编码为 1，未选的编码为 0”。举例来说，如果一个调查对象选择了第 1、第 3 和第 5 项答案，那么 7 个变量分别编码为：1、0、1、0、1、0、0。

2）用答案前的选项序号值作为代码。

另一种编码策略是使用答案前的选项序号作为文字型代码，每个选项分配唯一的数字或符号代码，并使用逗号或其他分隔符来表示多个答案的组合，也可以不分隔直接输入序号（当序号为两位数时需要使用字母等单位字符来替代序号），后期再进行转换处理。例如，如果问题涉及多个兴趣爱好，调查对象可以选择多个答案，编码时，将这些答案的代码组合起来，后续再根据截取分隔函数命令转换为 01 编码进行数据分析。

（2）确定选择个数的限选题。

在一些情况下，多项选择题会规定调查对象选择答案的个数，例如，“请选择最重要的三项”。在这种情况下，需要采用特定的编码策略。

1）采用“0/1”编码。

即使在限定选择个数的情况下，仍然可以采用“0/1”编码的方式进行编码。将每个答案仍然视为一个独立的变量，并为每个变量分配一个编码位置。如果调查对象选择了某个答案，则该答案的编码位置上标记“1”，否则标记“0”。这种方式适用于限定了选择个数但允许调查对象选择不满限定数目的情况。

2）用答案前的选项序号值作为代码。

这种编码方式按限选个数设置变量个数，即限选几项就设置几个变量，选什么选项就编什么序号。编码的宽度取决于选择的最大个数。如果一个调查对象选择了 B4 题中的第 2、第 5 和第 6 项答案，如果调查对象最多选择 3 项答案，那么可以设置三个变量，分别编码为：B4 _ 1：2，B4 _ 2：5，B4 _ 3：6。另外，也可以将其按不确定选择个数的多项选择题那样用其选项序号作为代码来编码，那么 B4 题的编码即为文字型的“256”。

编码过程中的一些常用规则包括使用统一的编码表和编码手册，对处理答案完整但有错误的情况，以及答案不明确或不合逻辑的情况进行特殊处理。对于那些不在编码表中的答案，需要咨询编码负责人进行处理。此外，要确保答案的栏码数在问卷设计时已经明确，以便在数据录入时进行设置，以确保数据的准确性和一致性。

总之，多项选择题的编码涉及不同的情景和策略，需要根据具体的问题类型和要求来选择合适的编码方式。在编码过程中，需要遵循一系列规则和原则，以确保数据的质量和可用性。编码是社会科学研究中的关键步骤之一，对研究结果的准确性和可靠性具有重要影响。因此，在进行调查问卷的编码时，需要慎重对待，确保数据的完整性和可分析性。

（四）编制编码手册

在社会调查中，面对复杂的调查问卷和众多的调查问题，单一的编码工作由一个人难以完成，因此需要制定统一的编码表或编码手册，以确保编码者按照一致的标准完成数据转换工作。编码手册是社会学研究中的关键工具，它规范了数据编码的方式和方法，使得不同的研究人员能够在同一标准下对调查数据进行编码和数据录入。

1. 编码手册的重要性

编码手册在社会学研究中具有重要的地位。首先，它确保了数据的一致性。在大规模的社会调查中，可能会有多名编码者参与编码工作，如果没有编码手册的统一规范，不同的编码者可能会使用不同的标准来进行编码，导致数据不一致，降低了数据的质量和可用性。编码手册的制定可以避免这种情况的发生，确保所有编码者都按照相同的规则来进行编码。

其次，编码手册提供了数据的清晰文档。编码手册详细说明了每个变量或问题的代码、宽度、栏码、简要名称、答案赋值方式以及其他特殊情况。这些信息对于数据录入和后续的数据分析非常重要。如果没有编码手册，数据分析员可能会难以理解数据的含义和编码规则，从而影响了数据的准确性和可靠性。

最后，编码手册提高了数据的可管理性。在数据录入和管理过程中，编码手册可以作为一个指南，帮助编码者更容易地完成工作。它提供了一个标准的参考，减少了错误和混淆的可能性。此外，编码手册还有助于节省时间和资源，因为编码者可以根据手册中的规则来进行编码，而无须重复查找和确认编码信息。

2. 编码手册的内容

编码手册的内容应当充分涵盖所有需要编码的项目和问题。以下是编码手册中常见的内容。

（1）指标或变量：列出需要编码的各个指标或变量。这些可以是调查问卷中的不同问题或问题的某一部分。

（2）变量名：每个变量在数据录入时对应的名字。通常使用字母和数字的组合，以便在数据查找时能够迅速对应到问卷中的问题。

（3）变量含义：对每个变量的主要内容进行简要说明，以便编码者理解该变量所反映的信息。

（4）答案赋值：对各个问题答案所对应的代码进行详细的说明。这是编码手册中非常关键的一部分，需要标明每一种答案的赋值结果和赋值方法。

（5）宽度：在数据库建立和数据录入时所需的编码宽度。这通常与编码的位数有关，需要确保足够的宽度以容纳编码后的数据。

（6）栏码：根据编码宽度和前后顺序确定每个变量在整个数据排列中所处的位置。这对于数据管理和后续分析非常重要。

（7）备注：对其他需要特别说明的内容进行说明，特别是对缺省值、跳答等内容的处理方式。

3. 制定编码手册的过程

制定编码手册是一项复杂的任务，需要慎重考虑和计划。以下是制定编码手册的一般步骤：

（1）收集调查问卷。收集所有要进行编码的调查问卷。这些问卷将成为编码手册的基础材料，需要确保收集到所有的问卷副本。

（2）确定编码规则。在收集到问卷后，需要确定编码规则和标准。这包括如何对不同类型的问题进行编码、如何处理特殊情况，以及如何分配代码等。

（3）制定编码表。根据确定的编码规则，制定编码表。编码表应当清晰明了，包括所有需要编码的变量和相关信息。

（4）编写编码手册。将编码规则和编码表整理成编码手册的形式。编码手册应当结构清晰，易于理解和操作。

（5）培训编码者。对参与编码工作的人员进行培训，确保他们了解编码手册中的规则和流程，并能够按照要求进行编码。

（6）实际编码。进行实际的编码工作，确保按照编码手册中的规则进行操作，保持数据的一致性。

（7）审核和验证。对编码后的数据进行审核和验证，确保编码的准确性和可靠性。

（8）更新编码手册。如果在编码过程中发现问题或需要修改编码规则，及时更新编码手册，以便进行后续的编码工作。

制定编码手册是社会学研究中确保数据一致性和分析准确性的关键步骤之一。通过制定统一的编码规则和标准，编码手册帮助编码者更容易地完成数据转换工作，提高了数据的质量和可用性。同时，编码手册也为数据管理和后续数据分析提供了有力支持，确保了研究的科学性和可信度。因此，在进行社会学调查研究时，制定编码手册是不可或缺的工作之一，值得研究人员高度重视和认真执行。

第二节　数据输入与清理

在调查研究中，数据的输入是研究过程中至关重要的环节。本节将探讨数据输入的方法，特别关注问卷资料的数据输入方式以及 Excel 软件在数据输入中的应用。数据输入是将原始问卷中的信息转化为计算机可识别和处理的数字数据的过程，为后续的统计分析和研究提供基础。在数据处理的阶段，数据输入是不可或缺的一步。数据输入的方式通常包括人工输入、计算机辅助输入和光电输入。在社会学研究中，主要采用前两种数据输入方式，下面将对其进行详细讨论。

一、数据输入

（一）人工输入

人工输入数据是目前应用最广泛的数据输入方式之一。在这一过程中，数据输入员通过键盘逐一将编码好的数据输入计算机。人工输入的方式主要有两种：直接从问卷输入和从登录表输入。直接从问卷输入是指数据输入员通过键盘将问卷上编好码的数据直接输入计算机的过程。这种方式的优点在于可以避免再次转录中可能出现的错误，但缺点在于数据输入速度相对较慢，因为需要不断翻阅问卷。从登录表输入是将问卷上编码好的数据先转录到专门的登录表上，然后再从登录表输入计算机。这种方式可以弥补直接输入的不足，但也增加了数据转录的机会，可能会引入错误。因此，在实际数据输入过程中，通常更倾向于直接将数据输入计算机。

（二）其他输入方式

调查中的数据除了采用人工输入的方式外，还有其他的输入方式，比如，计算机辅助数据输入和光电输入等。

1. 计算机辅助数据输入

计算机辅助数据输入方法通常应用于电话调查中，这是一种称为“计算机辅助电话调查系统”（CATI或CAPI）的数据收集方式。CATI系统允许调查员在电话访谈过程中直接将被访者的回答输入计算机，通过相应的转换软件，这些数据可以被直接转换成数据文件。这一方法的优势在于可以大大节省数据输入和整理的时间，提高数据整理的速度，并减少人工成本。此外，它还能避免数据多次转录可能引入的错误。然而，这种数据输入方式主要适用于电话调查，需要专门的电话访谈软件和设备，因此成本相对较高。一些研究机构和学校已经建立了专门的电话调查实验室，以支持这种数据输入方式的应用。

2. 光电输入

光电输入方法包括光电扫描和条形码判读两种方式。光电扫描是将编好码的数据记录在专门的光电扫描纸上，然后使用扫描仪将这些数据扫描到计算机中。这种方法具有准确性高和输入速度快的优点。然而，它也存在一些缺点，包括将数据记录在扫描纸上的过程可能烦琐且容易出错，同时扫描仪对纸质要求较高，不能使用折叠纸张，还对记录笔的质量有一定要求。因此，这种方法主要应用于需要高速输入的情况，如英语四、六级考试的答题卡统计。

与光电扫描类似的是使用条形码判读器将问卷上的答案编码为与问题对应的条形码，然后使用判读器将这些条形码扫描到计算机中。这种方法要求在印刷问卷时将与答案编码相关的条形码一同印刷在问卷上，类似于商品销售中使用的条形码。然后，通过编写相应的数据输入程序，可以将被选中的答案的条形码逐一扫描到计算机中。这一方法兼具光电扫描的高速和准确性，同时省去了数据记录的麻烦，减少了输入错误，提高了数据文件的准确性。但是，这种方法需要专门的条形码判读器，要求在问卷上印刷特定的条形码，以及需要编写专门的输入程序，因此成本相对较高。目前，这种方法在商场、超市等商品销售活动中已经得到广泛应用。

二、数据清理

在数据的采集和整理过程中，往往会出现各种差错和问题。这些问题可能源自原始数据的错误、编码过程中的失误、录入人员的疏忽等。因此，数据清理工作的目的在于确保进入运算过程的数据是准确、可靠、一致的，以保证后续的研究分析不受数据质量的干扰。数据清理是一个系统性的过程，通常依赖计算机来完成。即使研究人员非常认真地组织和安排工作，也难以避免数据错误的发生。因此，数据清理工作是社会科学研究不可或缺的一部分。数据清理通常包括数据有效范围的清理、数据逻辑一致性的清理和数据质量的抽查，下面将对这些方面进行详细的讨论。

（一）数据有效范围清理

数据有效范围清理是数据清理工作的第一步，其核心逻辑在于：每个问卷变量都有其有效编码值的范围，当数据中的数值超出这一范围时，几乎可以确定这个数值是错误的。例如，在一个关于性别的变量中，出现了数字5、7或9等，可以立即判断这些数字是错误的编码值，因为性别通常只有两个有效编码值，如“1＝男性，2＝女性”。出现超出范围的数字表明可能存在数据错误。

这种类型的错误可能有多种原因：原始问卷中的答案存在问题，调查对象可能在填写问卷时犯了笔误。错误可能发生在编码过程中，编码员因粗心或其他原因而将数据编码错误。数据输入人员在输入数据时，由于输错了数字，也可能导致这种错误。对于这类错误的清理，研究者可以使用统计软件如 Excel 中的频数分布命令来识别超出有效范围的值。一旦发现这些异常值，可以通过检查原始问卷并进行必要的修改来纠正数据。如果一份问卷中存在多处错答或混乱答案，这份数据可能需要被标记为废弃。

（二）数据逻辑一致性清理

数据逻辑一致性清理是数据清理工作的复杂部分，它需要研究者检查数据中的逻辑关系，以确保前后数据之间的合理性。这种清理主要针对数据之间的依赖性问题，即数据之间应该存在一定逻辑关系。例如，如果一个调查对象被编码为“独生子女”，但在后续问题中回答有多个兄弟姐妹的问题，就存在逻辑矛盾。

数据逻辑一致性清理的复杂性在于它需要根据问卷中问题之间的逻辑联系来判断数据的合理性。这种清理需要具体问题具体分析，不能一概而论。研究者可以使用统计软件中的条件选择个案命令来找出不符合逻辑的个案并进行修改，或者使用变量值转换命令来进行变量值的转换。

数据逻辑一致性清理的目标是确保数据在逻辑上是一致的，这有助于提高数据的准确性和可靠性，以便后续的分析和解释。

（三）数据质量抽查

即使在进行了数据有效范围清理和逻辑一致性清理之后，仍然可能存在一些错误未被发现。为了进一步提高数据的质量，研究者可以进行数据质量抽查。这一过程涉及从样本中抽取一部分个案，然后逐一核对这些个案的数据与原始问卷的一致性。

数据质量抽查的结果用于估计和评价整体数据的质量。根据抽查的样本大小和总数据量，通常会抽查 2%到 5%的个案。例如，如果一个研究样本包含 1 000 个个案，每份问卷包含 100 个数据点，研究者可以随机抽取 3%的个案（30 份问卷）进行核查。如果发现某个数据点错误，那么可以根据错误率来估计总体数据的错误率，并了解错误对研究结果的潜在影响。

第三节　数据转化与调整

本小节我们将介绍 Excel 中常用的数据调整与转化操作：数据排序、数据筛选、批量转换、分类汇总和合并计算。

一、数据排序

利用数据排序功能，你可以快速查找给定数据组的最大值和最小值，从而了解数据的取值范围。在农村社会调查与统计分析中，通常使用基础性排序，即对某列数据进行升序或降序处理。如果你需要按照两个或多个条件，同时对两列或多列数据进行排序，可以按照以下步骤操作：

（1）选中数据区域内的任意单元格。

（2）在“数据”页的“排序和筛选”中找到并点击“排序”，随即弹出“排序”窗口（见图 7-1）。

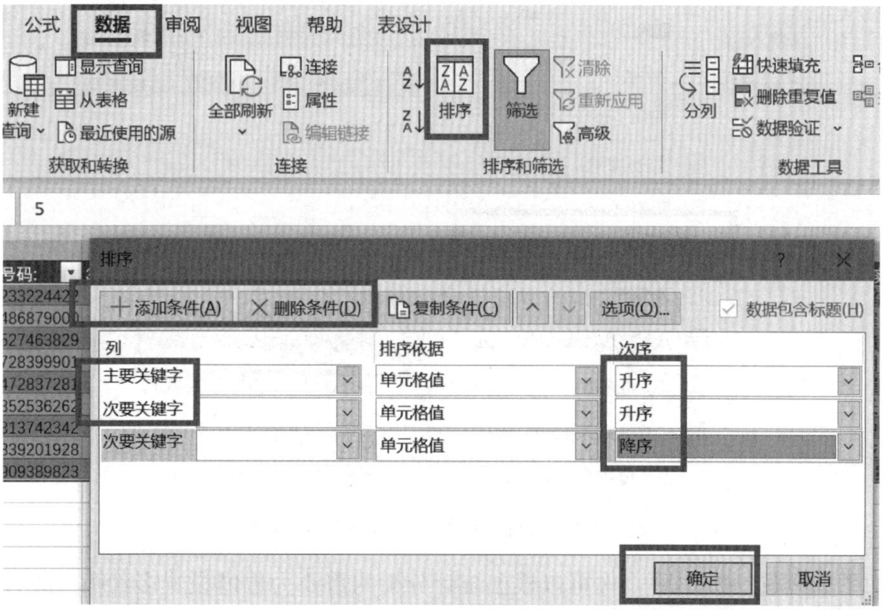

图 7-1 “排序”功能

（3）根据统计分析的需要，点击“添加条件”以增设“次要关键字”，或点击“删除条件”以删除已设置的排序条件。

（4）在“主要关键字”和“次要关键字”中，选择要排序的对象。在“次序”中，根据实际需要选择“升序”或“降序”。

（5）点击“确定”以完成两个或多个条件排序操作。

完成以上操作后，两列或多列数据将根据刚刚设置的主要关键字和次要关键字的主次顺序，按照升序或降序规则同时完成排序。此外，你还可以在“次序”中选择“自定义序列”，以设置符合你需求的排序规则。

二、数据筛选

筛选是一种通过暂时隐藏不必显示的行列，仅按照设定条件显示满足条件的数据记录的操作。对于数值数据的筛选，你可以设置多种条件，如大于或小于某个指定值等。在进行筛选条件的设置之前，你需要在问卷问题单元格（通常位于第一行），添加“筛选”按钮。

操作步骤：

（1）选中没有“筛选”按钮的问题名称单元格。

（2）单击鼠标右键，然后选择“筛选”中的“按所选单元格的值筛选”（见图 7－2）。

图 7－2　设置“按所选单元格的值筛选”

添加了“筛选”按钮后，你可以根据统计分析的需要为数值设置多种筛选条件。

操作步骤：

（1）点击要进行筛选操作的数值数据源的“筛选”按钮。

（2）选择“数据筛选”。

（3）根据需要，在列表中选择要设置的条件，如“大于”“小于”“介于”“前 10 项”等（见图 7－3）。

（4）点击相应的筛选条件，弹出“自定义自动筛选方式”窗口（见图 7－4）。在窗口中设置条件数值。

当处理文本数据时，你同样可以对相应的文本数据进行筛选，如“开头是”“结尾是”等。

操作步骤：

（1）点击要进行筛选操作的文本数据源的“筛选”按钮。

（2）选择“文本筛选”。

（3）根据需要，在列表中选择要设置的条件（见图 7－5）。

（4）点击选择的条件，弹出“自定义自动筛选方式”窗口（见图 7－6）。在窗口中设置条件文本。

巧妙运用筛选功能，你能够根据特定要求从完整的收集数据中挑选出需要的部分数据。筛选功能广泛应用，主要用于支持后续的数据分析，从而提升整体数据分析的效率。

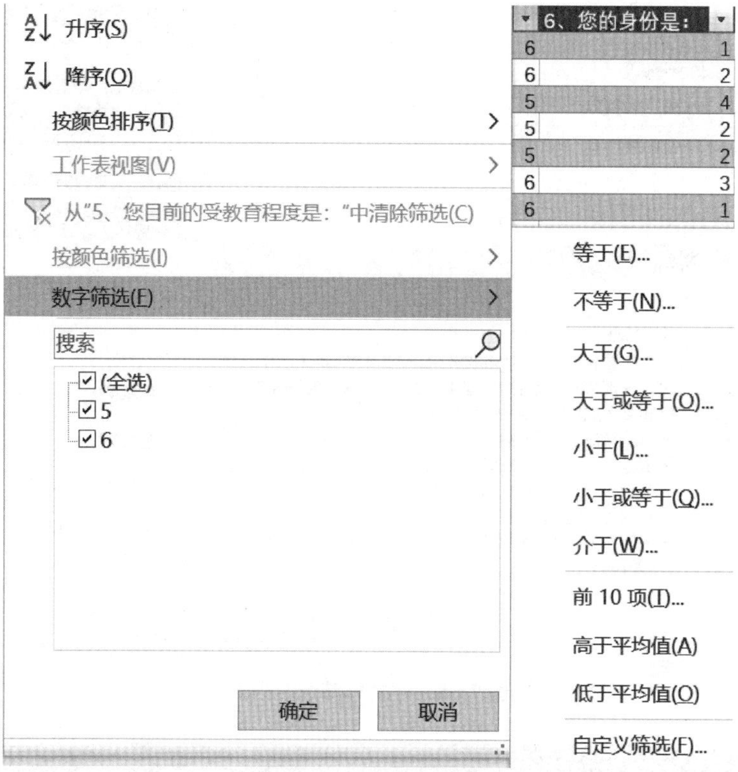

图 7-3　“数据筛选”列表

图 7-4　数值筛选“自定义自动筛选方式”窗口

三、批量转换

你可能会碰到这种情况：明明收到的数据是数值，但在进行统计分析时得到的结果却是 0。这通常是因为这些数据仍然以文本型格式存在。有了这个判断依据，在进行统计分析之前，你需要全面查看和核实所有数据，确保它们是正确的数据类型。如果需要将文本型数据批量转换为数值型数据，可以按照以下步骤进行操作：

(1) 随意复制一个单元格（见图 7-7，G12），被复制单元格的边框此时变为顺时针

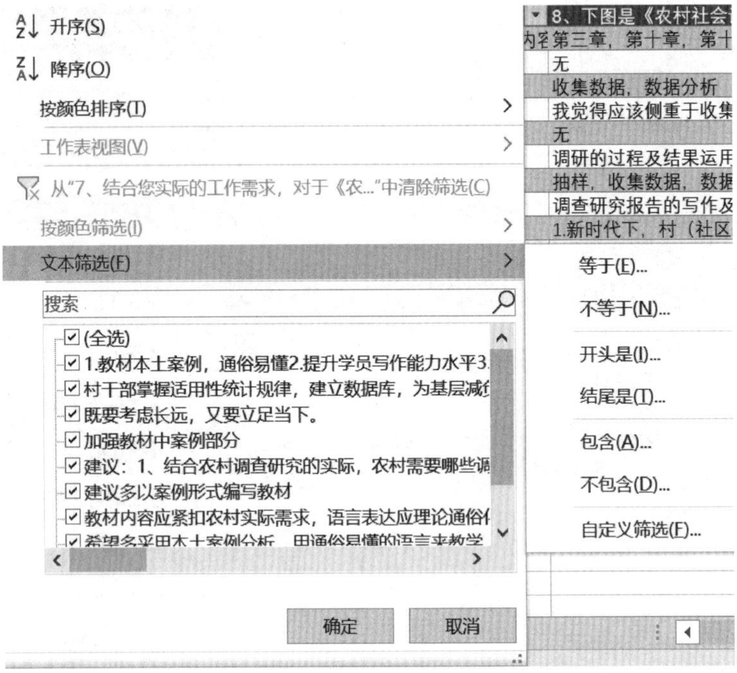

图 7-5 “文本筛选”列表

图 7-6 文本筛选“自定义自动筛选方式”窗口

旋转的虚线。

(2) 选中需要转换格式的单元格区域。

(3) 单击鼠标右键，点击“选择性粘贴”，对应的窗口弹出。

(4) 在弹出窗口的“粘贴”部分勾选“格式”（见图 7-8）。

(5) 点击“确定”，完成文本型数据转换为数值型数据的批量操作。

四、分类汇总

分类汇总是按照分类的类别对数据进行分组，并根据分组分别计算、汇总各类别数据的描述统计量。利用 Excel 的分类汇总功能，可以自动为同一类别的记录添加合计或小

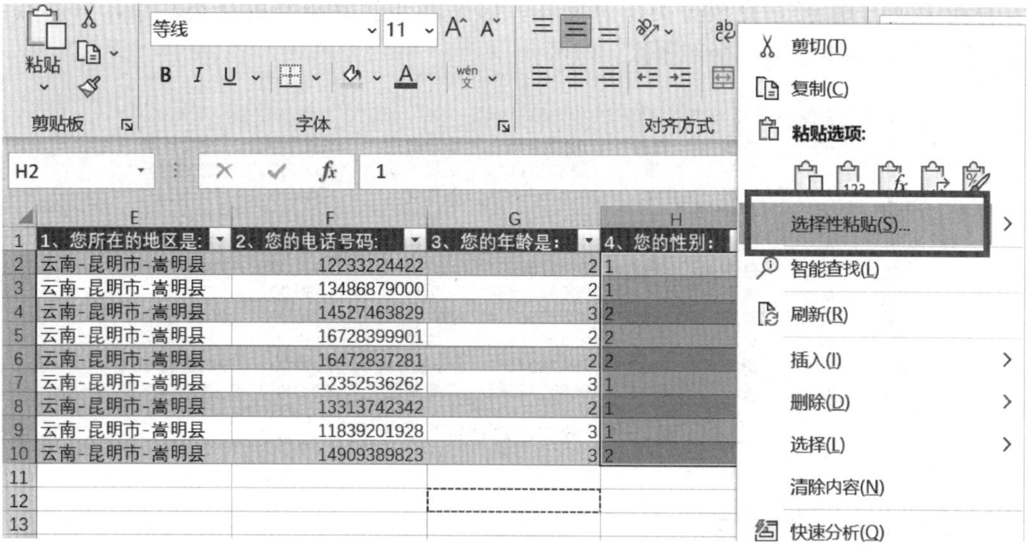

图 7-7　文本型数据转换为数值型数据操作展示

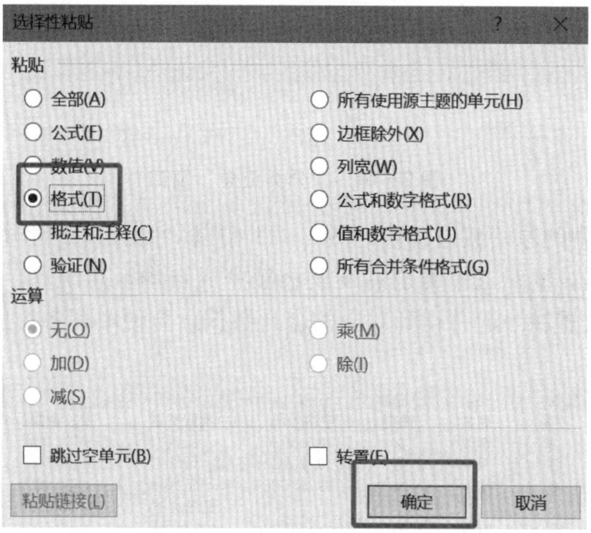

图 7-8　“选择性粘贴”窗口

计，从而得到分散记录的总计数据。在进行分类汇总之前，值得注意的是，需要对数据进行排序，将同一类别的数据放置在一起，然后再对各个类别的数据进行统计。以图 7-9 为例，如果我们需要计算各个“发放类别”的发放总金额，可以按照以下步骤进行操作：

（1）选中 E 列“发放类别”单元格，点击“升序”排序。

（2）选中要进行分类汇总的单元格（如 E 列、F 列）。

（3）在“数据”页“分级显示”组中，找到“分类汇总”并点击，弹出“分类汇总”窗口（见图 7-10）。

（4）在“分类字段”中选择要按类别分组的数据源，本例中即“发放类别”；“汇总方式”默认为“求和”；“选定汇总项”中选择要进行汇总的数据，本例中即“发放金额”。

（5）点击“确定”，完成分类汇总操作。如果需要删除刚刚的分类汇总，只需点击“分类汇总”对话框下方“全部删除”即可。

	A	B	C	D	E	F	G
1	序号	姓名	性别	电话号码	发放类别	发放金额	分发日期
2	1	张三	男	15230221111	三农补助	¥350.00	2018/8/5
3	2	李四	女	14287659301	低保	¥550.00	2018/11/1
4	3	王甲	男	19382759367	低保	¥550.00	2018/11/1
5	4	周乙	男	19285738592	三农补助	¥350.00	2018/8/5
6	5	赵丙	男	16475758900	合作社分红	¥880.00	2018/12/30
7	6	陈丁	女	10998576654	低保	¥550.00	2018/11/1
8	7	刘戊	男	14232353754	合作社分红	¥880.00	2018/12/30
9	8	杨己	女	13342567466	三农补助	¥350.00	2018/8/5
10	9	胡庚	女	17847894645	合作社分红	¥880.00	2018/12/30
11	10	吴辛	女	16586749582	三农补助	¥350.00	2018/8/5

图 7－9　分类汇总功能操作示例

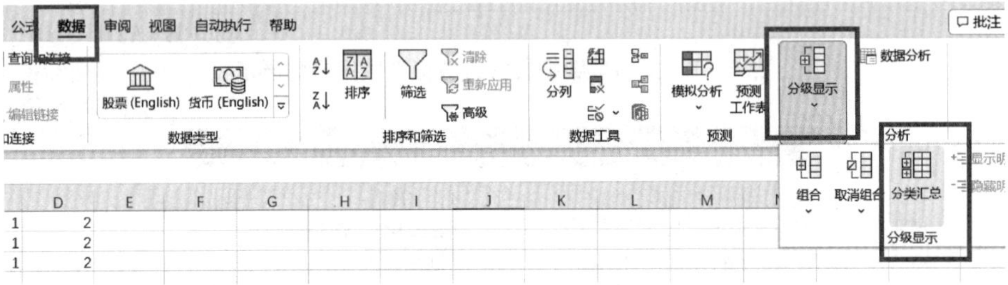

图 7－10　“分类汇总”窗口

此时，图 7－9 中的原始数据调整为图 7－11 中以“低保”“合作社分红”“三农补助”三个类别的分类数据，同时三个类别的发放金额完成自动汇总统计。通过分类汇总功能，你能将各类别数据放置在一起并得到对应的合计数据，方便掌握各类别数据的动态。

	A	B	C	D	E	F	G
1	序号	姓名	性别	电话号码	发放类别	发放金额	分发日期
2	2	李四	女	14287659301	低保	¥550.00	2018/11/1
3	3	王甲	男	19382759367	低保	¥550.00	2018/11/1
4	6	陈丁	女	10998576654	低保	¥550.00	2018/11/1
5					低保 汇总	¥1,650.00	
6	5	赵丙	男	16475758900	合作社分红	¥880.00	2018/12/30
7	7	刘戊	男	14232353754	合作社分红	¥880.00	2018/12/30
8	9	胡庚	女	17847894645	合作社分红	¥880.00	2018/12/30
9					合作社分红 汇总	¥2,640.00	
10	1	张三	男	15230221111	三农补助	¥350.00	2018/8/5
11	4	周乙	男	19285738592	三农补助	¥350.00	2018/8/5
12	8	杨己	女	13342567466	三农补助	¥350.00	2018/8/5
13	10	吴辛	女	16586749582	三农补助	¥350.00	2018/8/5
14					三农补助 汇总	¥1,400.00	
15					总计	¥5,690.00	

图 7－11　经分类汇总处理后的分类数据

五、合并计算

在统计分析中，你可能会面临导出的数据分散在不同区域或表格中的情况。当需要将这些数据合并以进行综合分析时，可以使用合并计算功能。合并计算允许将多个区域中的值合并到一个新区域，通过这一功能，你可以将散落在多张表格中的数据合并，形成一个汇总表。合并计算分为多表行合并和多表列合并两种形式。

在多表行合并中，多个表格的行将合并到一个表格中，其中每一行代表一条数据，如图 7－12 所示。若需将三个分表的问卷数据合并到同一个表格中，可按以下六步操作：

(1) 选中要放置汇总表的位置（如图 7－12 中的 D1）。

(2) 在“数据”页的“数据工具”组中找到“合并计算”图标并点击，弹出“合并计算”窗口。

(3) 在窗口中，“函数”默认为“求和”，在“引用位置”处，用鼠标选中第一个分表单元格区域（A1 至 B4），点击“添加”，导入第一个分表区域。

(4) 重复上述步骤，逐次将第二和第三分表区域（A7 至 B10、A13 至 B16）添加进去。

(5) 在“标签位置”处勾选“首行”和“最左列”（见图 7－13）。

(6) 点击“确定”，完成多表行合并操作。合并后的结果见图 7－14，此时只需在 D1 单元格输入“1. 您的电话号码：”作为问卷题目，多表行合并操作即正式完成。

	A	B	C	D	E
1	1. 您的电话号码:	2. 您的年龄是:			
2	12233224422	2			
3	13486879000	2			
4	16728399901	2			
5					
6					
7	1. 您的电话号码:	2. 您的年龄是:			
8	16472837281	2			
9	13313742342	2			
10	14527463829	3			
11					
12					
13	1. 您的电话号码:	2. 您的年龄是:			
14	12352536262	3			
15	11839201928	3			
16	14909389823	3			
17					

图 7－12　多表行合并操作示例

多表列合并的操作方法与多表行合并相类似，在经过多表列合并处理后，生成的数据汇总表如图 7－15 所示。两者的具体操作步骤相同，区别主要在于在正式进行合并计算操作前需要判断是进行多表行合并还是多表列合并。通过对比两个示例，可以发现它们的区别在于分散区域的问卷题名是否完全相同：如果完全相同，则属于多表行合并；如果不完全相同，则属于多表列合并。两者的共同点在于都需要具有一个相同的问卷题名作为合并的关键名。在本例中，两个示例的合并关键名均为“1. 您的电话号码：”。

好的数据预处理是统计分析成功的关键之一。在实际的统计分析工作中，若你能根据研究目标、需求以及数据的特点等因素，明智地选择适当的数据预处理方法，将为后续的正式统计分析工作奠定坚实的基础。

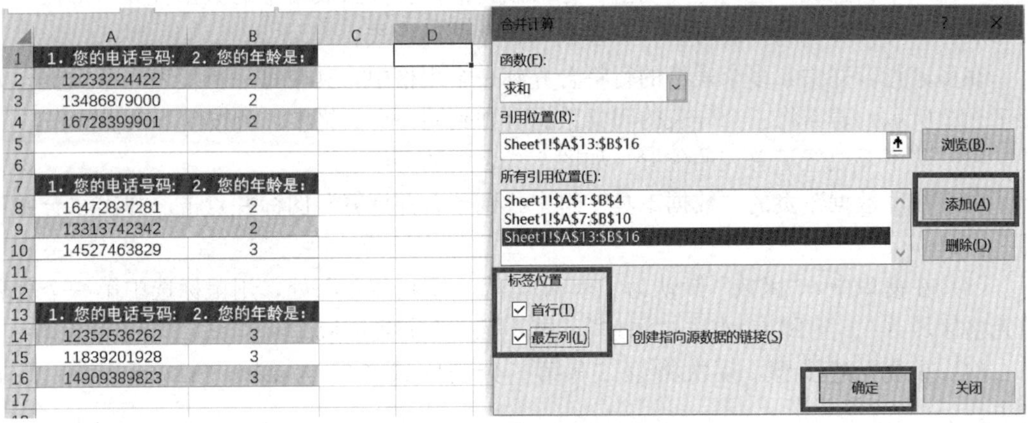

	A	B	C	D
1	1. 您的电话号码:	2. 您的年龄是:		
2	12233224422	2		
3	13486879000	2		
4	16728399901	2		
5				
6				
7	1. 您的电话号码:	2. 您的年龄是:		
8	16472837281	2		
9	13313742342	2		
10	14527463829	3		
11				
12				
13	1. 您的电话号码:	2. 您的年龄是:		
14	12352536262	3		
15	11839201928	3		
16	14909389823	3		
17				

图 7－13　“合并计算”对话框

	A	B	C	D	E
1	1. 您的电话号码:	2. 您的年龄是:			2. 您的年龄是:
2	12233224422	2		12233224422	2
3	13486879000	2		13486879000	2
4	16728399901	2		16728399901	2
5				16472837281	2
6				13313742342	2
7	1. 您的电话号码:	2. 您的年龄是:		14527463829	3
8	16472837281	2		12352536262	3
9	13313742342	2		11839201928	3
10	14527463829	3		14909389823	3
11					
12					
13	1. 您的电话号码:	2. 您的年龄是:			
14	12352536262	3			
15	11839201928	3			
16	14909389823	3			
17					

图 7－14　多表行合并操作处理后的示例

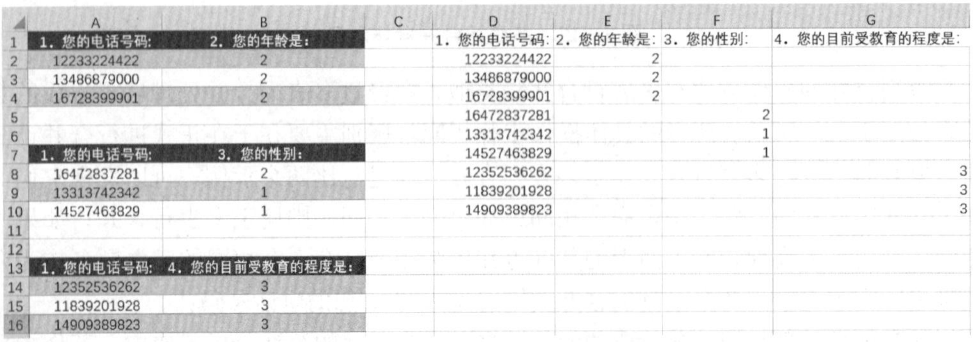

	A	B	C	D	E	F	G
1	1. 您的电话号码:	2. 您的年龄是:		1. 您的电话号码:	2. 您的年龄是:	3. 您的性别:	4. 您的目前受教育的程度是:
2	12233224422	2		12233224422	2		
3	13486879000	2		13486879000	2		
4	16728399901	2		16728399901	2		
5				16472837281		2	
6				13313742342		1	
7	1. 您的电话号码:	3. 您的性别:		14527463829		1	
8	16472837281	2		12352536262			3
9	13313742342	1		11839201928			3
10	14527463829	1		14909389823			3
11							
12							
13	1. 您的电话号码:	4. 您的目前受教育的程度是:					
14	12352536262	3					
15	11839201928	3					
16	14909389823	3					

图 7－15　多表列合并操作处理后的示例

思考发现

在这个定量资料的探索之旅中，我们如同科学的航海者，航行在数据的海洋中，寻找着现象的规律，摸索着社会的脉搏。每一个数据点都是一个社会中普通人的声音，他们的期望、矛盾、需求都在这些数字中得以体现。定量资料的数据处理的最高境界是对社会真实的尊重，是对科学严谨的追求，更是对社会责任感的担当。

本章小结

数据资料的审核是数据处理的首要步骤。这一过程指的是研究者对所收回的原始数据（主要是问卷调查数据）进行初步的审查和核实，以校正填写错误，清除混乱填写、留白以及缺失答案的废弃数据，从而确保数据具备较高的准确性、完整性和真实性。

经过数据审核之后，紧接着需要对数据进行编码。编码是为每个问题及其答案赋予一个独特的数字代码，是数据整理和分析过程中不可或缺的环节。

问卷审核和编码完成，接下来的步骤就是数据输入与清理。在社会学研究中，Excel 软件通常是最常用的工具。在打开 Excel 软件后，需要将已经编码的数据输入计算机。数据输入方式通常包括人工输入、计算机辅助数据输入和光电输入。

数据清理的目标是确保无误的数据进入分析过程，这一过程通常依赖计算机的帮助。数据清理主要包括数据有效范围的清理、数据逻辑一致性的清理。然而，有些错误数据可能无法通过这两种方式检测出来，因此需要对数据的质量进行抽查。

数据的转化与调整是数据处理过程中的关键步骤，旨在使数据更适于进行统计分析。这包括数据排序、数据筛选、批量转换、分类汇总和合并计算。

关键术语

数据输入　数据清理　数据编码　数据转化　数据调整

资源链接

视频微课 7-1　视频微课 7-2　视频微课 7-3　视频微课 7-4

复习思考题

1. 调查资料的审核与编码对于定量研究的重要性体现在哪里？
2. 数据清理的主要目标是什么？
3. 数据转化与调整的过程中，研究者可以执行哪些操作？
4. 数据输入有哪两种主要方式？

5. 为什么在研究中对调查资料进行审核和编码是至关重要的?

6. 数据清理在定量研究中的作用是什么?举例说明数据清理的一个常见情景。

7. 数据转化与调整在定量分析中有什么作用?提供一个使用数据转化的实际案例进行说明。

8. 列举两种数据录入的主要方式,并讨论它们各自的优缺点。

9. 如果你正在进行一项社会学研究,需要将不同年龄组的被访者分成三个类别:青少年、成年人和老年人。你会如何使用数据转化的方法来实现这个目标?

在线自测

扫一扫　练一练

第八章　实地调查

案例导入

行行重行行：费孝通先生的江村情怀与实地调查

开弦弓村位于江苏省苏州市吴江区七都镇。著名社会学家费孝通先生1936年来这里调查，写成《江村经济》。马林诺夫斯基在《江村经济序言》中认为这本著作“有一些杰出的优点，每一点都标志着一个新的发展”。因此“被认为是人类学实地调查和理论工作发展中的一个里程碑”。开弦弓村也因此以“江村”而闻名于世。

实地调查对人类学、社会学而言，存在的一大难题，就是“陌生化”和“他者化”的问题。一个外乡人，对调研对象的一切都很陌生，不容易走进具体的环境氛围，“进得去”成为难题。用第三者的眼光调研，得出的调查结果未必真实正确。“进得去”，费孝通有优势。他是本地人，又有姐姐费达生的引介，有诸多良好的关系，村民都很支持费孝通的调查，为他提供多种材料。费家是当地的累世望族，费孝通的父亲费璞安是清末最后一批生员，曾留学日本，当选过县议会议长、江苏省教育厅视学。母亲杨纫兰，毕业于上海务本女学，创办了吴江的第一个蒙学院。费孝通本质上不是农民，社会属性是士绅阶级，文化属性是新学熏陶出来的知识分子，要“进得去”是不容易的事。费孝通的志向就是把自己放到农民里边去，成为中国农民的代言人。他真心扎进村子，细心调查村情，热心研究农民，实践证明，他是实实在在走进去了。“进得去”不简单，“出得来”更艰难。费孝通自己曾说过，人类学者在本土文化中容易犯“出不来”的毛病，认为本土人类学者往往无法从自己所处的社会地位和文化偏见中超脱出来而做出“客观的观察和判断”。费孝通利用自身深厚的学养功力和专业特长，融合两者，把经济体系与特定地理环境及社会结构中的关系阐述得很清晰，使人能够从中看到一个村屯代表着的乡村经济发展的问题和动力。

《江村经济》写的只是一个只有359户 、1 458人的小村庄，户均4人，小规模家庭。尽管费孝通的调研是全景式的，具体解剖消费、生产、分配、贸易、土地、生活、婚姻、习俗等多方面，这种选点和方式依然是“微型”的。

费孝通到江村开展调研时，不到27岁，虽然后来国内学术界认为，《江村经济》是老一代社会学家对中国农村社会变迁的尝试性调查，有开创性之功，但这个“尝试”也是偶然性的，是费孝通的“无心插柳”。他进到村后，发现这个村子可以作为中国工业变迁过程中有代表性的例子，于是他着手开展调查，写出这部能留存传承的经典作品。

费孝通把生命和乡土融合于身，秉承“志在富民”的崇高追求，始终关注“三农”，倾情土地和民族。从江村研究开始，他一生所思考关注的大部分都是乡村发展、乡土工业、城乡关系、绅士作用、人伦秩序以及文化自觉等内容，写出许多融合社会学和人类学的历史篇章。

对于家乡，费孝通有着很深的眷恋，他对江村的关注始终如一。他一生中共去过江村28次，2003年最后一次去时，已是93岁高龄。对人类学而言，重访研究是一种调查方法。这种调查，可以对比式地揭示一个地方不同时间上的阶段特征和变化性质，从而发现改变的规律性、趋势性、生动性。江村幸运地成为这样的历史代表，成为现代中国社会学和人类学发展历史上的重要时空节点，在费孝通"行行重行行"的坚持下，驰名世界，永载史册。

阅读提示

费孝通先生在开弦弓村的实地调查研究以及工作方法，对我们今天开展实地调查有着极为重要的借鉴作用，"研究问题从哪里来""如何选择研究问题""如何像人类学家那样做研究"是常常困扰许多年轻社会学研究者的一些现实问题。费孝通先生第一次进行江村调查时，只是一名硕士毕业生。他在江村的实地调查，时间也不太长，只有"一个多月"，并且还不是事先计划好的。所有这些因素在现在看来，似乎都不能构成其完成一项著名研究的基础和条件。那么，究竟有哪些条件可以看成费老这项研究得以成功的因素呢？

可阅读论文《〈江村经济〉教我们如何做研究：重读费孝通先生〈江村经济〉一书的几点启示》[风笑天．中国地质大学学报（社会科学版），2016，16（5）]。

你是否想过在社会调查中如何深入实地了解真实情况？你知道观察法如何揭示社会规律本质？无结构式访谈法又如何进行，以获取更丰富的信息？在实地调查的各个阶段，你是否清晰了解每个环节的原则和技巧？本章深入剖析了实地调查的含义、特征、过程，以及观察法、无结构式访谈法的实施原则和技巧。

第一节　实地调查的含义、特征与过程

实地调查的价值体现在提供第一手、直接细致的数据和资料信息，使研究者得以深入现场进行观察和理解，获取更精确、全面和深层次的数据。同时，实地调查还允许研究者依据实际需求灵活调整研究手段，提高研究效率和质量。更重要的是，实地调查有助于深入理解研究对象的文化、环境和社会背景，增强研究的深度和广度。因此，掌握实地调查的研究方法对于许多研究领域都至关重要。

一、实地调查的含义

实地调查（Field Study）也被称为"实地研究"或"田野调查"，是一种质性研究方式，在社会学和文化人类学研究中得到广泛的应用，这种调查方式往往不带有理论假设而直接深入社会生活、调查现场中，采用观察、访问、座谈等方法去收集基本信息或原始资料，以便对调查对象或某一社会问题作深入的解析。实地调查不仅是收集资料的活动，也

是研究者将经验材料上升到理性认识的活动。

实地调查作为一种研究方法，起源于考古学和人类学。在考古学中，实地调查通常用于获取地表的物理证据，以便对过去的人类行为进行解释。在人类学中，尤其是文化人类学，实地调查则更加注重通过与人类社群进行直接交互，收集关于人类行为、信仰、社会结构和文化的第一手信息。

实地调查在现代意义上，最初由英国人类学家马林诺夫斯基在20世纪初的工作中推广。他在研究特罗布里恩德群岛的社会和文化时，采用了长期的实地调查方法。他直接与群岛居民生活在一起，学习他们的语言，参与他们的日常活动，详细记录他们的习俗、信仰和社会结构。他的工作开创了现代实地调查的方法和理念，并对人类学和社会科学产生了深远影响。

就人文社会科学而言，我们可以把实地调查看作研究者直接到研究现象或问题所在的现场，进行具体的观察、调查和收集数据的过程。实地调查是获取原始资料的最直接方法，通过亲自观察、记录和分析现场情况，研究者可以获得独一无二且无法复制的第一手资料。这种资料更为详细、深入和全面，包含了人们的行为、互动和情绪等细节信息。

实地调查是一种非常灵活且适应性强的研究方法，适用于多种不同的研究领域和场景。社会学和人类学领域常常使用实地调查来深入了解特定的社群或文化，研究人类的社会行为和文化现象。

文化研究者可能会去不同的社区和文化背景进行研究，以了解文化习俗和价值观。历史学家可能会去历史遗址进行实地调查，以了解过去的事件和人物。教育研究者可能会在学校或教育机构进行实地调查，探索教育实践和策略的有效性。心理学家可能会在实验室或野外进行实地调查，以了解人类的行为和思想。公共政策制定者和社会服务提供者可以通过实地调查来了解医疗机构的运作、患者的治疗体验、公共卫生问题以及社区的需求等，以便制定更适用的政策和提供更好的服务。医学和公共卫生研究者可以通过实地调查来了解疾病的传播情况，或者了解特定群体的健康状况和需求。环境科学家可以通过实地调查来了解特定环境的状况，以便更好地保护和管理环境。

以上只是实地调查的部分适用范围，实际上，只要是需要深入了解现象、探索问题、发现新知的研究领域，都可以使用实地调查方法。需要注意的是，实地调查由于需要依靠研究者本人对现象本质和行为意义的“深层描述”，最适用于对少数有代表性的、独特的个案或社会事件进行详细、深入的考察，特别是那些只有在现场——自然的情境中才能更好解释的群体事件、社会过程、态度和行为。

二、实地调查的基本特征

实地调查作为一种以定性为特征的研究方法，与统计调查等以实证主义方法论为基础的研究方法不同。实地调查的基本特征可以概括为以下几点。

（一）直接性与典型性

研究者直接进入研究现场，观察、体验和了解研究对象的实际情况。实地调查选择具有代表性或典型性的个案或现象，强调对个案的深入观察，收集详尽的资料，以便研究结果具有一定的普遍性。

（二）实证性与灵活性

实地调查是实证研究的一种重要方法，它依赖于对真实情况的详细观察和记录，以从实际经验中提炼出理论洞见，而非仅依赖抽象的理论推断或假设。实地调查的方法和策略可以灵活调整以适应现场实际，包括调查工具、数据采集方式、观察视角等。

（三）多元交互性

实地调查通常涉及与研究对象及相关人员的沟通和交流，包括面对面访谈、问卷调查等，都是研究者和研究对象之间一种特殊的交流互动方式，有助于更深入地理解研究对象。一方面，实地调查通常会涉及多种资料收集方法的结合，这种多元性可以提高资料的全面性和准确性；另一方面，实地调查不可避免地会面对多种文化和价值观之间的碰撞与融合，这种多元性有利有弊，需要研究者对研究对象的深入理解和包容。

（四）主观性与客观性

实地调查既关注客观现象的观察和记录，也强调研究者对自身感受和体验的反思与分析，以便更全面理解研究现象。研究者不是作为一个纯局外的主体，而是要设法成为被研究对象中的一员，融入其中，尽量去共享他们的认知，直到与他们达成共识。研究者不应干涉他们的日常生活，而是让他们尽可能以“原汁原味”的状态活动。

（五）系统迭代性

实地调查关注现象间的关联性和整体情况，需要全面、深入、系统地观察和思考。这是一个反复的过程，研究者需多次到现场进行观察和数据收集，以深入理解研究问题并逐步完善结果。这种迭代性既可以丰富细化研究结果，也有助于反思修正研究方法和过程。

实地调查以定性资料为主，通过深度描述分析实现对具体对象的理解和认识，旨在从具体分析中抽象出一般模式。实地调查的目的多种多样，取决于研究主题和目标。在人文社会科学研究中，其目的在于获取真实数据和信息，更好地研究社会现象。研究者借助观察、访谈、问卷调查等方式获取数据和信息，帮助研究者深入了解研究对象，更好地分析问题并提出解决方案。

实地调查的成果不仅能验证或挑战现有的理论，也为新理论的发展提供了实证支持。例如，社会研究可揭示社会问题，为政策制定者提供重要信息；市场调研能反映消费者需求，为产品设计师提供关键指引。从更广阔和长远的视角来看，实地调查能够揭示社会短板和问题，并通过提出建设性建议和解决方案，推动社会的改良和进步。实地调查的结果有助于丰富和拓展我们对自然、社会和人类自身的认知，从而增加人类的知识储备。

三、实地调查的过程

尽管实地调查着重于对事物的解释性理解，但其实施过程也同样严谨和科学。实地调查的开展必须遵循一定的科学程序。这不仅涵盖了实地调查活动本身，还包括与实地调查相关的整个研究过程，从前期、中期到后期的所有相关活动。实地调查的过程通常可以分为以下三个主要阶段。

（一）第一阶段：实地调查的前期

实地调查的前期主要包括以下步骤。

1. 设定研究目标

明确实地调查的目标和研究主题。

从调查研究的一般程序上看，选择和确定调研主题是一项实地调查活动的起点，起点的高低良莠直接决定了后续工作的难易、得失和成败。因此，设定研究目标是开展实地调研工作的定轨步骤，它为整个调查过程提供了明确的指导和目标，是整个调查研究中最重要的部分之一。在设定研究目标时，主要需要明确以下两个方面：

（1）明确研究目标：研究者希望通过实地调查达到什么目标？了解某个社会现象、揭示某个社会问题、验证某个理论假设、发现新的知识等。

（2）明确研究主题：研究者希望通过实地调查回答哪些问题？这些问题通常与研究者的研究目标紧密相关，可以帮助研究者更具体地定义和理解研究目标。

在选择从事某项调查研究活动时，我们一般会先确定一个调查研究的领域，也就是主题，如青年人择偶观念、失业和就业、生态环境治理、弱势群体帮扶等问题领域。这些研究主题的内容通常比较宽泛，包含更多更小的研究问题。确定研究主题，意味着我们对某个领域的调查研究比较感兴趣，打算在这个领域深入进行调研活动。

对于研究主题的确定，研究者一般会经历“理解→识别→选择→调整→聚焦”这五个环节，每个环节都是完成确定研究主题任务的不断具体化和明确化。

2. 确定研究方法

为了达到研究目标和聚焦已确定的研究主题，可以采用观察、访谈、问卷调查、抽样等方法进行实地调查。

确定研究方法是进行科学研究的关键步骤之一，它直接影响研究的有效性和结果的准确性。在确定研究方法时，需要考虑研究目的、研究对象和研究资源及能力等因素。

首先，研究目的是研究的核心，最重要的是明确研究的性质，它决定了研究的范围和深度。其次，需要考虑研究对象。研究对象是研究的客体，它决定了研究的对象范围和特征。最后，还需考虑研究的可行性和有效性。研究的可行性一方面是指资源的可行性；另一方面主要是研究者需要评估自己是否有能力完成所选的研究方法，并决定是否需要寻求外部资源的支持。研究的有效性包括结果的可靠性和推广性，研究者需要根据研究目的选择能够回答研究问题的有效方法。

当然，在研究过程中，可能需要根据实际情况检查和调整研究方法。当原定的方法无法有效地回答研究问题，或研究组发现所选方法在实践中难以操作时，都需要尽快调整研究方法，或者寻找新的方法。数据的收集方法应与确定的研究方法相一致。数据分析则需要根据研究问题和研究设计选择合适的统计方法进行。在完成调查研究后，反思研究方法的有效性和适用性，评估其在解决研究问题中的作用，以及可能存在的局限性，以便于在未来的研究中做出改进。

总之，确定研究方法是科学研究的基础工作，研究者需要根据研究目的、研究对象和研究资源等因素综合考虑，选择合适的研究方法，并确保其科学性、可行性和有效性。

3. 提出研究假设

在实地调查前，研究者需要提出研究假设，即预期结果。这些假设是基于研究目标和主题，根据前期的文献综述和理论分析而得出的。研究者期望从实地调查中得到什么样的结果？可能是某种模式、趋势、关系或差异等。

总之，研究假设是根据研究目标和主题在实地调查前提出的预期结果。研究者希望通过实地调查来验证或发现这些假设是否存在，并进一步分析和解释所得数据，从而获得对研究主题的深入理解。

4. 设计研究方案

确定调查的具体方法和策略，包括所需的工具、设备和数据收集技术等。研究方案设计是科学研究中一个重要的步骤，详见第三章调查设计中的内容。

5. 选择研究地点和对象

根据研究问题和目标，选择最适合的实地调查地点和研究对象。

在研究地点和对象的选择方面，研究者经常会面对一个经典问题："研究者是应该选择自己熟悉的地区和任务还是应该选择他不熟悉的?""实地"的选择是进行实地调查的第一步，因此在客观条件许可时，我们应尽量选择那些既与所研究的问题或现象密切相关，又容易进入、观察的背景。

下面我们以《江村经济》中，费孝通先生选择其家乡江苏吴江开弦弓村为调查点的研究为例，看看如何根据研究问题和目标，选择最适合的实地调查地点和研究对象。

（1）实地调查地点的选择。在选择实地调查地点时，需要考虑以下因素：

1）典型性：实地调查地点应该在该地区具有典型性，能够代表整个研究主题或问题的特征和情况。开弦弓村是我国重要的蚕丝业养殖中心之一，可以提供丰富的案例和数据，所以选择开弦弓村研究我国的工业变迁。[①]

2）方便性：选择实地调查地点时，应考虑研究者的便利性和资源的可获得性。费孝通先生选择开弦弓村作为调查点的一个重要原因是他是当地人，熟悉当地语言、文化和社会背景，能够更轻松地与当地居民进行交流和观察。

3）安全性：实地调查地点应该选择在安全的场所，避免对当地居民造成不必要的安全隐患。这包括考虑政治稳定性、社会安全环境和自然灾害等因素。

（2）研究对象的选择。在选择研究对象时，需要考虑以下因素：

1）代表性：研究对象应该能够代表一定的总体情况，以便获取到具有普适性的调查结果。开弦弓村是一个典型的农村社区，能够代表一部分中国农民的生活和经济活动。

2）多样性：开弦弓村的村民包括不同的年龄、性别、职业等人群，也拥有不同生活习惯和生产经营方式，选择他们作为研究对象，可以便于观察不同生活习惯对人们经济行为的影响，以及他们如何适应和应对外部环境的变化。

3）异质性：在开弦弓村周围，蕴藏着大量的地产资源，当地的农业发展水平较高，这里的土地占有制度也不同于其他村落。这些异质性便于研究者展开对比研究，可以更全面地了解一些资源或制度中存在的差异和共性。

① 费孝通．江村经济．上海：上海人民出版社，2006.

6. 获取必要的许可和批准

实地调查想要深入，就不可避免地涉及个体、群体或地域的某些敏感领域，所以在调查前必须提前获取伦理审查批准或相关许可，或是来自单位或组织的介绍信，也就是拥有正式和合法的身份。为了真正融入并参与研究对象的社会生活，通常需要依靠某些“关键人物”或“中间人”的帮助，将研究者引入研究对象的生活世界中，使得研究能够顺利进行。

费孝通的经典作品《乡土中国》是在20世纪40年代创作的，那个时期的研究环境与现代社会有着显著的差异，对于研究的许可和批准并没有现在这样严格的规定。然而，即使在这样的环境下，费孝通先生在开展实地调查时，仍然坚持了科学研究的严谨性。他尊重当地的文化习俗，尊重研究对象的尊严和隐私，这种尊重赢得了当地人的理解和接纳。[①]进行实地调查的过程中，无论是实地考察、访谈还是记录，他都始终以维护研究对象的利益，遵循研究伦理作为首要任务，这也是他能够顺利进行实地调查的重要原因。他的研究态度和方法对社会学实地调查的发展产生了深远影响。

7. 前期培训和准备

实地调查的前期培训和准备是至关重要的步骤，可以确保和提高调查的有效性和准确性。

首先，对参与调查者的培训，内容包括研究目标、研究方法、数据收集工具、数据分析方法等。这些内容应该以简洁明了的方式呈现，便于参与人员快速掌握。这个过程涵盖对研究目标的详细介绍，确保每个人都明白研究的目的以及他们的角色。培训还应包括研究方法的讲解，如使用哪些工具收集数据、收集到的数据要用哪些软件进行处理和分析、如何进行观察、如何记录数据、如何进行访谈等。在这个阶段，还需要强调研究者必要的研究伦理，如尊重参与者的隐私、获取他们的知情同意等。对于可能会遇到的问题，也需要进行预设并进行应急培训，包括如何处理突发情况等。

其次，准备好所有必要的设备和物资。这可能包括但不限于记录工具（如录音笔等设备），以及可能需要的特殊设备（取决于研究的内容）。同时，也要准备好可能需要的资料，如调查问卷、同意书等。如果实地调查的地点存在特殊的气候或温度变化，在前期准备中就必须考虑这些因素，提醒研究者带上适合的服装和装备，以便应对可能的天气变化。此外，还要考虑可能的突发天气，研究者需要准备相应的应急设备，并在必要时知道在何处寻找避难所。

以上两个步骤能够确保实地调查的安全顺利进行，也可以最大限度上保证研究结果的准确性和有效性。

8. 制定时间表和行程

根据研究地点和对象，制定详细的实地调查时间表和行程。

以上步骤能够为实地调查提供明确的指导和准备，为后续的数据收集和分析工作打下坚实的基础。

（二）第二阶段：实地调查的中期

1. 与调查对象建立友善关系

费孝通先生在进行实地调查时，对于研究的许可和批准并没有像现今这样的严格要

---

① 费孝通．乡土中国．天津：天津人民出版社，2022.

求，但他依然严守科学研究的准则。实际上，当研究者被允许进入调查地点时，只能说他们已经完成了表面上的实地调查程序，或者说只是在被研究的群体或社区中获得了“公开身份”。然而，真正融入研究对象的生活，深入了解被研究的群体，还需要跨越一段较大的距离。因此，研究者首要的任务是尽快赢得当地人的信任，并与他们建立友好的关系。只有在共同生活一段时间后，人们才会逐渐适应并接纳研究者成为“自己人”。费孝通先生就是通过与当地社区建立良好的关系，赢得他们的信任和支持，从而成功深入农村社区进行实地调查。

在这个过程中，常常会出现一些自然的契机，这些契机会成为转折点，使研究者逐渐从当地人视为“他者”的角色转变并被接纳为“我们”的一部分。这些契机可能是一次深入的交流，当研究者与当地人进行真诚的对话时，他们可能会发现彼此之间存在着共同的价值观、兴趣或经历。这种共鸣可以促使当地人对研究者产生更多的认同感和信任感。也可能是一次共同面对挑战或困难的经历。当研究者与当地人一起合作解决问题时，他们可能会发现彼此之间的互补性，并意识到只有通过团结合作才能克服困难。这种共同努力的经历会加强双方之间的联系，使他们感到更加亲近和融洽。还有可能是共同参与的一次文化交流。当研究者参与当地的文化活动、庆祝活动或传统习俗时，他们可以通过了解和体验当地文化来加深与当地人的联系。这种文化交流不仅有助于建立相互理解和尊重的关系，还可以促进文化的传承和发展。

总之，通过这些自然契机，研究者可以逐渐融入当地社区，成为被接纳为“我们”的一部分。这种转变不仅能够促进研究工作的顺利进行，还能够增进双方之间的互动和理解，实现真正的跨文化合作。

2. 收集资料

获准进入之后，就需要开展收集资料的工作。收集资料的方式主要有访谈和观察两大类。在实地调查过程中，研究者需要注意身边的事情，做到多看多听多想多记录，不放过任何一个细节。收集资料时，要求尽可能客观、详细、具体，在实地调查中收集的资料类型是丰富多样的，并不限于文字资料，还可以是影音、图片等资料。同时，在实地调查的过程中，资料的收集并不像定量研究那样具有较强的阶段性，而是持续贯穿于研究始终。

3. 整理资料

在实地调查中，资料的整理是一个非常重要的步骤。整理资料的目的是能够更好地理解和分析数据，从而得出有效的研究结论。以下是一些常见的资料整理方法：

（1）分类归档：对收集到的所有资料进行分类。可以按照资料的类型（如访谈记录、观察记录、文献资料等）进行分类，也可以按照资料的主题或内容进行分类。

（2）信息提取：对每个类别的资料进行归纳总结，提取出共性信息和关键数据信息，便于后续的分析和总结。可以提取访谈中的关键观点，或者从观察记录中提取重要的行为模式。

（3）数据编码：将文字、图片、音频等非数字化资料转化为数字形式，对于量化的数据，需要进行编码，便于后续的统计分析。

（4）数据录入：将所有的数据录入电脑中，可以使用图表等方式将数据进行初步可视化展示，便于后续的分析。在录入数据时，需要确保数据的准确性，并且需要备份数据，防止丢失。

（5）制作笔记：在整理资料的过程中，可能会发现一些新的观点或想法，可以使用笔记本、电子笔记等工具将这些观点或想法记下来，记录关键信息和思路，便于后续的回顾、修改、分析和写作。

（三）第三阶段：实地调查的后期

在收集资料的过程中，随着研究的推进，需要整理并分析所收集到的资料，这是研究中最为关键的过程。

1. 分析资料

对收集到的数据进行整理和分析，以回答研究的问题。一项研究报告的写作，依据就在于对资料的整理与分析。资料分析包括定量分析（统计分析）和/或定性分析（内容分析）。资料的整理与分析的相关内容详见本章第四节。

2. 撰写报告

在完成资料的收集与分析工作之后，根据数据分析的结果，需要对所研究的问题进行阐述，这一阐述工作一般通过撰写调查报告来体现。调查报告的撰写详见第十二章。

3. 审核反馈

让其他人（如导师、同事、审稿人等）对报告进行审核和反馈，根据他们的建议进行修改和改进。

以上是实地调查的一般过程，但具体的步骤和顺序可能会根据研究的领域、主题和方法的不同而有所不同。

四、实地调查的优势与局限性

实地调查在资料收集和理论构建的过程中，与调查研究、实验研究和文献研究有着显著的差异。这种研究方式的特征在于，研究者作为社会成员和行动者，深入到研究对象的实际社会生活中进行研究，通过全面且直接的观察和访谈，收集具体且详细的定性资料，然后，根据研究者的主观感受和体验，在对这些资料进行归纳和概括的基础上，建立起理论解释。

（一）实地调查的优势

1. 身临其境的“全景视角”

实地调查者亲身参与研究现场，能够全方位、多角度地观察研究对象。他们可以在没有人为干预的情况下观察研究对象的态度和行为，获得更具情感性和人文主义特点的资料，与研究对象之间的关系也更亲近。

2. 设身处地的“真实情境”

实地调查采用深入观察和设身处地的理解方法，具有较高效度。这种方法通过生动详细的实例阐释概念，能够使人更真实地理解概念或现象。实地调查还能发掘新的视角和解释，因为研究者直接参与，可能揭示之前未曾注意到的现象或理论。

3. 丰富有效的“一手资料”

实地调查中，研究者直接与研究对象接触，无须其他中间环节，因此，所得到的结果是直接、具体和生动的第一手资料。实地调查可以收集定性数据，包括对话、观察记录和个案研究等，这些数据能更深入地揭示问题的复杂性和多维度特性。

4. 灵活应变的“操作系统”

实地调查的操作程序并不像实验研究那么严格，在研究过程中，可以根据具体情况对研究目标和设计进行修正。实地调查的具体操作也具有较大的灵活性，可以适应不同的研究背景和对象。对于研究社会现象的发展变化过程来说，实地调查是一种较好的方式，特别在个体或小群体研究中更为明显。

5. 深刻详细的“个案解剖”

实地调查对单个个案或多个个案进行长期深入的探究，能够获得全面、细致、深刻的认识，揭示现象背后的本质和规律，并获得对事物的解释性理解。相较于定量研究、文献研究与实验研究，实地调查能够回答更深层次的问题。

（二）实地调查的局限性

1. 难以忽视的“资源限制”

实地调查需要耗费大量的时间、人力、物力、财力等资源，可能无法完全覆盖大样本的调查对象或长时间进行观察和数据收集。

2. 不可避免的“观察者效应”

“霍桑效应”就是当人们在意识到自己正在被关注或者观察的时候，会刻意去改变一些行为或者是言语表达的效应。[①] 在实地调查中，这种现象也被称为“观察者效应”，即研究者的存在或观察行为可能改变被研究者的行为。这可能是因为被研究者意识到他们正在被观察，从而改变他们的行为或表态，使得研究者难以获取到真实、客观的数据和结论。

3. 缺乏控制的“实地情境”

在实地调查中，研究者对观察场景的控制力是有限的，同时，实地调查的环境和条件无法完全控制，如社会文化背景、经济环境等因素都可能对研究结果产生影响。此外，实地调查强调研究者的主观参与和对所观察对象的深度理解，这使得难以对研究结果的信度进行反复检验。

4. 可能存在的“伦理两难”

在实地调查中，研究者可能会遇到一些“伦理两难”的问题。需要研究团队在进行研究前认真考虑和商议解决方案。

（1）隐私权和信息透明度之间的冲突。在收集数据和信息的过程中，研究人员可能面临是否揭示被研究者身份和个人信息的问题。即使在某些情况下，揭示被研究者的身份和信息可能对研究的效度和信度有重要影响，研究者也需要尊重被研究者的隐私权。

思考：

如何在收集必要的信息与保护隐私之间找到平衡？

① 唐坚．定律研究．北京：中国原子能出版社，2020.

（2）诚实与尊重。研究者需要尊重被研究者的感受和尊严。实地调查的过程很可能会引起被研究者的不适和担忧，需要研究者诚实告知研究结果的使用范围，尊重被研究者的意愿。

> **思考：**
>
> 研究者为了达到调查研究的目的隐瞒身份或欺骗被研究者是否合适？

（3）观察与干预。为了获得准确的调查结果，研究者可能需要对被研究者的行为进行干预。然而，这种干预可能会引起被研究者的反感和抵制，甚至可能导致他们拒绝参与调查。

> **思考：**
>
> 在一些情况下，研究者可能会看到一些不公平或者不道德的行为。他们是应该保持中立并记录下来，还是应该干预并尝试改变这些情况？

（4）利益冲突和真实性之间的冲突。在一些实地调查中，研究者涉及各种利益相关方。在这种情况下，研究者可能面临是否披露调查目的和研究结果的问题。尽管透明度是科学研究的重要原则，但揭示研究结果可能导致调查参与者或利益相关方受到负面的影响。这种情况下，研究者可能会感到困惑。

在实地调查中，研究者需要在遵守伦理准则和保护被研究者权益的同时，权衡不同利益之间的冲突，以确保研究的真实性和有效性。这不仅需要研究者具有高尚的职业道德，同时也需要他们具备良好的伦理思维和决策能力，以便在面对伦理两难情况时做出明智的决策。

第二节　观察法

观察是通过视觉或其他感官感知和理解事物或现象的行为。在我们的日常生活中，观察是我们获取信息和理解世界的主要方式之一。在科学研究中，观察是获得观察数据的关键方法之一。科学家们通过精细观察自然现象和实验现象，可以收集到关于事物性质、变化规律、相互关系等方面的信息，并通过观察来形成理论假设或为现有理论提供实证依据。社会学家、心理学家和人类学家等通过观察人的行为和社会现象来研究社会规律、心理过程和文化差异等问题。

一、观察的概念及意义

观察的意义在于：获取客观数据、探索真实状态、揭示规律本质、验证理论假设以及提供启示思路。观察是收集资料和信息的基本方式，可以直接从研究对象那里获取第一手的原始数据，作为研究的基础和依据；可以帮助人们了解事物的真实状态，避免干扰，从而更好地理解和解释事物；可以发现事物之间的规律、相互作用、因果关系等，从而揭示事物背后的规律性；可用于验证或检验理论，提供初步的数据和信息，帮助形成新的研究假设。观察是一种相对可靠且可重复的研究方法，可以通过精准记录和描述来验证研究的可靠性，使我们能够直接接触和理解研究的现象或问题，从中发现新的特征、关系或规律，引导我们思考新的问题或者从新的角度理解和解决问题。

总的来说，在科学研究中，观察是人们认识世界、获取知识的一个重要途径，也是科学研究的重要方法。一切科学实验，科学的新发现、新规律，都是建立在周密、精确、系统地观察基础之上的。观察包括对事物特性的识别、对事物变化的跟踪以及对事物之间相互关系的理解。观察作为一种基础的研究方法，对于理解事物背后的规律和原因具有重要的意义。

二、观察法的特点及类型

（一）观察法的特点

在科学研究中，许多科研人员都采用观察法收集资料。观察法作为一种科学研究方法，具有以下特点。

1. 目的性和计划性

观察法是研究者根据自己的研究需要，有目的地选择研究对象、确定研究内容和方法、制订研究计划并按照计划进行观察和记录。

2. 直接性和适用范围广

观察法是在现实环境中进行观察，能够直接收集到现象或行为各个方面的原始数据。观察法适用于各种不同领域的研究，可以观察和记录各种类型的现象，如行为、动作、外貌等。

3. 系统性和可重复性

观察法是一种系统化的研究方法，它要求研究者在观察过程中保持系统思维，全面、准确地获取与研究对象相关的各种信息，并且在系统化方法指导下可以重复观察同一对象，增加数据的准确性和可信度，以保证所得结果的可靠性。

4. 灵活性和互动性

观察法可以应用于各种环境和情境中，可以根据不同的研究需要进行适当调整和改变。在观察过程中，观察者和被观察者往往会产生一定的互动，帮助观察者更好地理解被观察者的行为或情境。

5. 客观性和主观性统一

虽然观察法强调在自然环境下进行，不允许掺杂个人的偏见和情感因素，以保证所得结果是客观真实的。但在观察过程中，观察的结果往往受到观察者的主观因素的影响，观察者的知识、经验以及观察目标等都可能影响观察的过程和结果。

观察法也存在一些限制，如观察者的主观偏见、观察者的能力和经验、环境因素等可能对数据产生影响。因此，在设计观察研究时需要充分考虑这些因素，并采取措施以提高数据的准确度和可信度。

（二）观察法的类型

在不同的研究目标下，所采用的观察形式也会有所不同。通常，我们可以根据不同的特征和方式将观察法分为这几种类型：根据观察行为是否有前期预设，观察法可以被分为结构观察和非结构观察；依据观察的视角，观察法可以被分为直接观察和间接观察；依据观察对象的样本数量，观察法可以被分为个体观察和群体观察；依据观察的环境，观察法可以被分为实验室观察和实地观察。在实验室观察中，我们又可以根据观察者是否干预观察过程将其划分为控制实验室观察和非控制实验室观察。在实地观察中，按照观察者在观察中的位置或角色，观察法可以被区分为非参与观察和参与观察。参与观察又可以依据观察者的身份信息公开与否分为明观察和暗观察。

1. 结构观察与非结构观察

（1）结构观察：指的是按照一定的程序、框架和标准，采用明确的观察提纲或观察记录表格对现象进行的观察。它与结构访谈的形式有点相似，观察的内容是固定的，观察记录表也类似于问卷，观察者根据统一的要求，对每个观察对象进行统一的观察和记录，因而其结果可以用来进行定量分析。

（2）非结构观察：没有明确的观察框架和标准，观察者会以开放的态度接触和观察社会现象，根据观察过程中现象发生、发展和变化的过程来调整和深化自己的观察。非结构观察多采用参与观察的方式进行，其观察的结果也不具有统一的形式，观察所得资料通常只能用于定性分析。这种非结构观察是实地调查中最主要的观察方式。

2. 直接观察与间接观察

（1）直接观察：是指观察者对正在发生的事物进行观察，不对被观察者的行为或状态进行干涉影响，而是观察者直接运用自己的感官感知外部事物的行为或状态。

（2）间接观察：是指观察者通过某种间接的方式或工具来观察和记录被观察者的行为，进而推测所发生的事件。这种观察方法需要观察者具备一定的推理和分析能力，能够从细节中发现问题并做出合理的推断。

3. 个体观察和群体观察

（1）个体观察：是指观察者对单个研究对象进行深入观察和分析，了解其行为、态度、信仰等方面的特点。

（2）群体观察：是指观察者对一个群体或组织进行整体性的观察和研究，了解其内部结构、文化特点、社会关系等方面的情况。

4. 实验室观察与实地观察

（1）实验室观察。

实验室观察是在备有各种观察设施的实验室内进行的观察，其优点是能够控制影响结果的潜在变量，从而更准确地确定因果关系。

实验室观察又可以根据观察者是否进行干预和控制分为：

1）控制实验室观察：观察者会对实验环境和条件进行严格控制，以减少可能影响实验结果的干扰因素，在观察过程中观察者会主动干预被观察者的行为，且有专门的人员对被观察者的行为或特征进行指导和记录。

2）非控制实验室观察：观察者对实验环境和条件的控制较少，观察者只是静态观察被观察者的行为，不进行干预，在观察过程中没有专门的人员进行指导和记录，被观察者的行为或特征完全由观察者自行记录。

实验室观察最大的缺点是可能缺乏生态效度，即实验室的环境可能与现实生活的环境有所不同，实验结果可能无法完全推广到现实生活中，所以社会研究较少采用此法。

（2）实地观察。

实地观察是指在现实生活场景中进行的观察，是实地调查者主要采用的观察类型。与实验室观察不同，实地观察通常不需要借助其他工具或仪器进行直接观察。大部分实地观察是非结构观察，能够直接观察到现实生活中的行为，具有较高的生态效度。实地观察可能受到许多无法控制的因素的影响，因此确定因果关系较为困难。

实地观察可以根据观察者的参与角色不同划分为以下两种：

1）非参与观察：即观察者处在被观察的群体或现象之外，完全不参与其活动，尽可能地不对群体或环境产生影响。最理想的局外观察是观察者隐蔽起来观察，使被观察者一点也意识不到有观察者在场正在观察他们。

2）参与观察：研究者既是观察者，又是参与者。他们会参与正在研究的社区或群体的日常活动，以便更深入地理解和解释这个群体的行为、动态和文化。在进行参与观察时，研究者通常会身临其境地参与到被研究群体的活动中，在他们正在研究的社区中生活一段时间，参与他们的日常活动，更好地观察、理解和记录他们的生活方式、价值观念、行为模式、互动环境等。参与观察的优点是能够从内部视角深入理解被研究群体的生活。参与观察也存在一些挑战，包括如何保持研究的客观性、如何处理可能出现的道德和伦理问题等。

参与观察根据观察者是否向被观察者表明自己的身份可以划分为以下两种：

明观察：观察者的角色是公开的，被观察者知道有人在观察他们，观察者可能会与被观察者进行交流或互动。

暗观察：观察者的角色是隐秘的，被观察者不知道有人在观察他们，观察者通常不会与被观察者进行直接交流或互动。

三、实地观察法的原则

为了保证实地观察的顺利实施和取得良好的观察结果，在实地观察过程中，观察者要把握实地观察的一些基本原则。

（一）全面客观原则

从多方面、多角度、不同层次进行观察，保持客观态度观察事物的现象和规律，尽量排除个人情感和主观臆断，不受个人情感或偏见的影响，准确记录被观察者的行为，得出真实可靠的结论。

（二）系统科学原则

有条理、有计划地进行观察，明确观察目的和内容，确保观察的全面性和连续性，遵循科学的方法和程序，对观察结果进行科学的分析和解释。

（三）精确具体原则

保证基本观察条件相同，观察视角和方法相同，记录和处理分析方法相同，尽可能具体、详细地记录观察结果，确保观察结果的准确性和可靠性。

（四）持续深入原则

进行连续性观察，在一段时间内多次观察同一事物，了解其变化和发展趋向，揭示事物的内在规律。深入细致地察看细节，发现隐性问题，找出关键原因。

（五）遵守规范原则

尊重被观察者的隐私和人权，不能私自进入他人住所、偷看信件，或强迫观察他们不愿意展示的事物；遵守社会道德和法律；做好充分的准备，深入了解当地的风俗和民俗。

以上这些原则对于保证观察法的有效性和可靠性至关重要。只有遵循这些原则，才能进行高质量的观察，获取真实可靠的数据，为后续的研究和应用提供有力的支持。

四、实地观察法实施的技巧

科学地观察是一种有着很强的技巧性的调查研究方法。掌握一定的观察技巧，有利于调研人员尽快进入调研角色，创造宽松的调研环境，并顺利开展调研工作。

（一）顺利进入观察现场的技巧

如何顺利进入观察，是调查取得成功的先决条件。在我国，农村地域广阔，进行任何实地调查实际上都是非常困难的。在我们选定观察点后，为了保证调查的顺利，有必要做好以下几方面的准备工作。

1. 提前联系，获得许可

在调查前必须提前获取伦理审查批准或相关许可，或是来自单位或组织的介绍信，也就是拥有正式和合法的身份。为了真正融入并参与研究对象的社会生活，通常需要依靠某些“关键人物”或“中间人”的帮助，将观察者引入被观察者的生活世界中，使得研究能够顺利进行。同时，尊重被观察者的隐私和人权，获得同意。

2. 身份验证，明确角色

在进行观察时，可能需要提供身份证明或其他相关证件以证明自己的身份和资格。因此，在前往观察现场之前，应准备好相关的证件，并在需要时及时出示。同时需要明确是参与观察还是非参与观察，是明观察还是暗观察。

3. 充分准备，强调学术

在前往观察现场之前，应提前做好充分的准备工作。这包括了解观察地点的环境、设施和规定，以及可能涉及的问题和挑战。强调调查的学术性，促进与当地主管部门或社区展开讨论交流，促成双赢。

4. 礼貌待人，尊重风俗

在与被观察者或相关人员交流时，应保持礼貌和尊重。尽量使用正式的语言和态度，避免使用不当的言辞或行为。尊重被观察者的权利、隐私和当地的风俗习惯，不要在未经许可的情况下拍照或录像，不要打扰他们的日常生活。

5. 适应环境，灵活应变

在进入观察现场后，尽量融入被观察的环境，学习并适应他们的生活方式和行为规范。当出现一些意外情况或变化的情况下，应保持冷静和灵活，根据实际情况做出相应的调整和应对措施。

（二）与被观察者建立友好关系的技巧

观察者与被观察者之间建立友好的关系，是保障调查活动顺利进行的条件之一，也是实地观察中最困难、最关键的一步。为了做好这项工作，要注意以下几点。

1. 尊重友善，打消疑虑

观察者要向被观察者解释和说明调查的目的、意义，解除他们的顾虑，展示对对方的尊重和关注，避免侮辱、指责或嘲笑对方。选择当地有威信、有影响、有能力的被观察者作为突破口，取得支持并通过他们向其他被观察者做必要的解释和说明。

2. 尊重规范，接纳理解

熟悉当地风俗习惯和道德规范，顺应生活方式。尊重当地社区和居民的生活习惯，接纳对方的不同之处并试着理解他们的观点和情感，避免批评、指责或否定对方的想法。如果在语言上遇到障碍，最好在实地观察之前找到一名当地语言能力和翻译能力较好的人陪同。

3. 参与活动，合作共鸣

参加被观察者的各种活动，帮助他们解决一些困难问题。尊重对方观点，并展示合作的意愿，促进双方合作关系。适当寻找共同的兴趣和话题，以建立共鸣和联系。

4. 倾听反馈，包容支持

积极倾听被观察者的观点和需求，表达真诚的认同和理解。保持开放式沟通，给予建设性的反馈和支持鼓励，赞美他们的努力和成就。通过这种积极的反馈和鼓励，表达对他们的认可和尊重。展示友善和包容的态度，尽量避免争吵和冲突。

（三）做好观察记录的技巧

做好观察记录是研究过程中非常重要的一步，它可以帮助观察者收集和整理数据、发现规律和问题，并为后续的分析和解释提供依据。以下技巧可以帮助观察者做好观察记录。

1. 实时记录，注意细节

“好记性不如烂笔头。”在观察现场尽可能细致地记录观察到的现象和情况，包括时间、地点、人物、行为、事件等具体信息，以及可能与研究主题相关的任何细节。

2. 详细全面，标注重点

尽可能详细地记录观察到的情况，可以用标记或注释的方式突出重点信息。例如，可以用颜色、符号或关键词对重要数据或发现进行标注，以便于后续的查阅和理解。

3. 多种方式，分类整理

除文字描述外，可以运用图表、照片等方式记录观察结果，可以使用录音、录像等手段，也可以根据时间、地点、人物、行为等不同的维度进行分类，将观察到的信息进行分类整理，有助于更好地发现问题和规律。

4. 标准格式，客观准确

使用标准化的格式可以帮助研究者更好地组织和理解观察到的数据。尽量客观地呈现事实，确保记录的数据和信息是真实可靠的。

5. 查漏补缺，分享讨论

及时整理和回顾，避免遗漏一些具体的、关键的资料。可以将所观察到的事件，根据记忆，依照先后次序或依照事件的分类记录下来，也可以将记录的信息整理成文档或报告的形式，以便后续的分析和总结。观察记录不仅仅是个人的工作，也可以与他人分享和讨论，获得更多的反馈和建议，进一步完善观察记录的内容和方法。

不同的记录方法，记录下来的内容各不相同。观察者不管采用何种记录方法和记下何种内容，都需要细心、客观、准确，并且要注重分类整理和及时回顾。这样才有利于以后进行综合分析，为研究工作提供更多有价值的信息和支持。

五、实地观察法的误差和误差控制

任何研究方法都会发生一定的误差，实地观察法作为人们观察社会经济现象的一种方式，也不例外。

（一）产生观察误差的原因

产生观察误差的原因有多种，下面我们着重从观察主体和观察客体两方面来寻找产生误差的可能原因。

1. 观察主体方面

（1）思想观念。观察者的立场、观点、思想、认识水平、思维方式等都会影响观察结果。不同观察者之间的差异会造成同一情境、同一对象、同一问题的感知不同。例如选择性注意可能导致观察者只关注他们认为重要或相关的信息，而忽略其他可能重要的信息，导致观察结果的片面性。

（2）知识经验。观察者的知识结构、认知水平、技能经验不同，对同一对象的观察重点、观察结果都会有很大的差异。缺乏专业训练的观察者可能无法准确地观察到社会现象的细节或出现记录失误，影响观察结果的准确性，无法科学地推理出现象背后隐藏的本质原因。

（3）心理情绪。观察者的情绪、态度、动机、性格等心理因素也会影响观察结果。情绪状态会影响观察者的注意力和记忆力。疲惫或烦躁的观察者可能会忽视或忘记一些重要的细节；紧张、焦虑或恐惧的情绪状态可能导致无法客观地观察到事物的真实情况；内向、沉默寡言的观察者可能难以与被观察者建立良好的沟通和互动，无法深入理解被观察者的行为和想法。

（4）生理感官。观察者的身体状况、年龄、性别等生理因素也会影响观察结果。观察者各种感觉器官的感受能力，在生理上都是有一定限度的，超过一定的限度，就会发生观察误差。一个疲劳过度的人可能无法集中精力进行有效观察，一个视力不好的人可能无法清楚地观察到远处的物体。

2. 观察客体方面

观察客体无论是人还是事，都会存在表象和内在本质上的差异。

（1）本质尚未充分暴露：有些事物的某些特征需要在一定的条件下才能显现出来，如果这些条件没有达到，那么观察者就无法观察到这些特征，从而导致观察误差。

（2）观察者效应：被观察者知道自己被观察时可能改变行为，导致观察结果无法真实反映常态行为。当观察者对被观察者进行某种形式的刺激时，被观察者可能会产生各种心理和行为反应，这些反应可能会干扰观察者对被观察者的观察，从而导致观察误差。

（3）人为制造的假象：被观察者为达到目的可能故意制造误导，如心理学实验中操纵被试反应。

（4）环境资源和时间限制：由于环境资源和时间限制，观察者可能无法对所有被观察者的行为和事件进行观察，导致观察结果的不完整性。

（二）减少观察误差的途径

在实地调查中，来自观察主体、客体和环境方面的复杂性，致使观察误差是不可能完全被消除的。为了避免或者降低观察误差，观察者需要进行充分的准备，包括设计详细的观察计划，进行反复观察和记录，以及进行批判性的思考和反思等。同时，也可以利用多种研究方法，如访谈和调查问卷等，以便从不同的角度获取和验证信息。常见的减少观察误差的途径有以下几种。

1. 选择具有较高素质的观察者

一个好的观察者，应当具有良好的感知力、敏锐的注意力、优良的记忆力、正确的识别力和快速的记录能力等。在此，观察者应具备认真负责的态度，对实地观察具有浓厚的兴趣。同时，一个合格的观察者应该掌握与观察课题有关的各专门学科的科学理论知识，应该了解关于被观察者的历史和现状。观察前的知识准备越充分，发生观察误差的可能性就越小。

2. 充分利用现代化的观察工具

为了避免观察者自身感官可能带来的观察局限性，在观察工具的使用上，我们可以采用一些现代化的记录手段，如摄像机、录音机、照相机等现代设备，尽可能地提高观察的客观性和准确性。

3. 采用多人或多组同时观察

对同一现象进行多人或多组的同时观察，可以互相印证观察结果，纠正偏差，但观察成本可能较高。

4. 消除观察中的偏见

观察者应以实事求是的科学态度对待观察中的社会现象，应该不抱偏见，对具体问题要具体分析，避免掺杂个人情感。

第三节　无结构式访谈法

访谈是与观察同样重要的资料收集方法。无结构式访谈中存在一种有效的情境，使被访者感到自由而没有压力，访问者则可以自由地提出问题和试探被访者的叙述。无结构式访谈有利于深入探讨问题，并在自由的交谈中涉及某些敏感的问题。实地调查中的访谈通常是一种无结构式访谈，有时只是随意地闲聊，在融洽、轻松的氛围中获得访谈材料。

一、无结构式访谈的含义和特点

（一）无结构式访谈的含义

访谈法是社会调查研究中常使用的方法，按照访谈进程的标准化程度，可以分为结构式访谈、半结构式访谈和无结构式访谈。与结构式访谈不同，无结构式访谈又称作深度访谈或者自由访谈，没有事先设计的问卷和固定的程序，只有一个访谈的主题或范围，由访谈员与被访者自由交谈。无结构式访谈完全去除了标准化流程和固定的问题顺序，让被访者表达自己的观点，过程受到访谈员和被访者的社会互动的影响。主要应用于实地调查，通过深入细致的访谈获得丰富生动的定性资料，并通过研究者主观分析归纳出结论。无结构式访谈与结构式访谈相互补充，分别适用于不同的情况，都是社会研究中的有用工具。

（二）无结构式访谈的特点

无结构式访谈的最大优点就是弹性大、灵活性强，有利于充分发挥访谈员和被访者的主动性和创造性，拓展和加深访谈问题的研究。

缺点是访谈结果难以科学量化和对不同被访者的问题进行对比分析。由访谈员与被访者在这一范围内自由交谈，具体问题可在访谈过程中边谈边形成边提出，对于提问的方式和顺序、回答的记录、访谈时的外部环境等，也没有统一要求，只根据访谈过程中的实际情况做各种安排，因此其结果难以量化并难以整理对比分析。

无结构式访谈法的实施，必须选择具备一定条件的人担任访谈员。访谈员的训练程度会直接影响访谈的效果。在无结构式访谈中，关键在于访谈员能否在访谈过程中敏锐地发现“事件”，并详细了解事件的细节和过程，从而将其塑造成一个生动的“故事”。对于同一主题和同一被访者的访谈，不同的访谈员可能会获得不同程度的信息丰富性，甚至在获得相同信息的情况下，他们对信息的敏感度也会有所不同。

二、无结构式访谈的类型

（一）正式访谈和非正式访谈

根据访谈的正式程度不同，可以将无结构式访谈分为正式访谈和非正式访谈。

1. 正式访谈

正式访谈通常在预定的时间和地点进行，有明确的目标和内容。访谈员会提前准备一系列的开放式问题，以引导被访者分享他们的想法和经验。正式的访谈通常需要按事先拟好的提纲，列出一些根据研究文献和研究者个人经验认为应该了解的各方面问题。但提纲通常只起到某种提示作用，访谈的实际进程仍有相当大的灵活性和可变性。正式访谈通常需要被访者提前同意，并可能需要录音或录像。

2. 非正式访谈

非正式访谈更加自由和随机，通常在日常生活或工作场所中进行，没有固定的话题和问题。非正式访谈更像是一种自然的对话，访谈员会根据情况提出问题，或者聆听被访者自由地谈论他们的观点和经验。非正式访谈的优点是可以收集到更真实、更自然的数据，但也可能因为缺乏结构而导致数据的收集和分析更加困难。

（二）个别访谈与集体访谈

根据被访者的数量，无结构式访谈又可分为个别访谈与集体访谈。

1. 个别访谈

个别访谈是指访谈员对每一个被访者逐一进行的单独访谈的一种调查方法，其优点主要表现为：方式灵活，伸缩性强，因人而异，随机应变；访谈员与被访者之间比较容易沟通，得到的材料比较真实可靠。

2. 集体访谈

集体访谈是由一名或几名访谈员召集一些被访者就需要了解的主题征求意见的一种调查方法，也称为“座谈会”或“调查会”。详见本节第四部分内容。

（三）集中访谈、深度访谈与客观陈述法

根据访谈实施方式的不同，无结构式访谈可以分成集中访谈、深度访谈与客观陈述法三种类型。

1. 集中访谈

集中访谈，又称重点访谈，指的是对某一经验或者事件及其影响的集中访问。它的具体做法是：把被访者安排到选择好的某一情境之中，然后对被访者进行访问，询问他们在情境中的主观经验。

2. 深度访谈

深度访谈，指的是为了收集个案的资料所进行的访谈，它要求访谈员针对个案的各个方面开展全面的调查，尽可能多地收集相关资料，借以分析所研究的问题。在实地调查中，具有代表性的深度访谈是个人生活史研究。

3. 客观陈述法

客观陈述法是一种非引导式访谈法，由被访者将自己的信仰、价值观念、行为以及他的生活状况客观地描述出来。在这种访谈中，访谈员基本上扮演一个纯粹的听众角色，偶尔插一些中立性的话语，如“为什么”“怎么样”等。

三、访谈技术

访谈并不等同于日常谈话，即使是非正式访谈中访谈员根据当时的情况“随意”同被访者展开交谈，也不等同于日常邻居间的随意交谈。访谈是一项技术活，它既要求访谈员具有一定的“天分”，也需要访谈员掌握访谈技术。访谈技术主要包括访问前的准备工作、在访问过程中的谈话技巧以及访问记录技巧等。

（一）充分的准备

在进行无结构式访谈之前，访谈员需要做好一些预先准备，确保访谈的顺利进行。第一，访谈员应明确并熟悉研究目标和主题，以便提出有针对性的问题。第二，确定合适的访谈对象，考虑其年龄、性别、职业等因素，保证访谈结果的代表性。第三，预约访谈时间和地点，选择安静、舒适、私密的环境。第四，制定访谈提纲，列出可能会提到的主题和问题，引导对话，确保内容的全面性和系统性。第五，准备相关的访谈材料和设备，如录音录像设备、笔记本等，以记录关键信息。第六，训练基本的谈话技术，如倾听、回

应、提问、追问和观察非语言信息等。

（二）巧用谈话技巧

1. 学会倾听——高效访谈的基本要求

在某种程度上，倾听比提问更为关键，因为只有通过有效倾听，我们才能获取更为详尽和深入的信息。一个出色的访谈员，更多的是倾听，而非不停地提问。在访谈过程中，访谈员需要将自己置于一个“渴望聆听”的状态，全心倾听。

以下是访谈中的一些倾听技巧：

(1) 保持专注，眼神接触：在访谈过程中，要时刻保持专注，确保全神贯注地倾听对方说话，注意他们的情绪反应。可以通过眼神接触、点头示意等方式表达自己的关注、尊重和理解。良好的眼神接触可以建立信任并增加访谈员和被访者之间的联结。

(2) 肢体语言，及时反馈：使用肢体语言，通过微笑、点头、注视或鼓励性的手势等方式表达对被访者的兴趣和认同感。积极和开放的肢体语言可以帮助访谈双方建立良好的访谈关系。

(3) 正向回应，谨慎批判：使用短语和词汇，如“是的”“明白了”等来展示正在倾听并理解对方的观点，并以肯定和积极的态度回应对方的观点和想法。正向回应，谨慎批判可以帮助建立良好的沟通氛围，使对方感到被尊重和理解，更愿意分享他们的观点。

(4) 把握分寸，避免偏见：确保不陷入偏见和评判的陷阱，尽量保持客观、中立的态度。尽量避免自己的主观偏见影响对被访者的理解和判断，以开放公正的态度去听取被访者的观点，而非用自己的观点和标准去评价他们。

(5) 重复确认，概括记录：当被访者提出一个观点、回答了问题或者分享了一个信息后，可以重复他们的话来确认自己是否真正理解了他们的意思。在访谈过程中，倾听是主要任务，所以概括记录非常重要。

总而言之，倾听技巧是一种帮助我们更好地理解对方观点和意见的重要方法。通过保持专注、眼神接触、肢体语言、重复确认、概括记录和总结以及及时反馈等，访谈双方能够建立良好的沟通和理解，从而更好地进行访谈。

2. 适当回应——创造性地引导访谈

在访谈过程中，访谈员要适当地回应被访者，包括语言和非语言反应。要尊重和理解被访者的观点和情感，避免贬低或否定他们；要以积极和亲和的态度进行回应，建立良好的访谈关系；可以适当地使用幽默缓和气氛，以免让被访者感到不舒服。通过提出开放性问题引导被访者深入思考和分享观点及经历，也可以通过分享自己的观点和经验引发被访者的思考和反馈。恰当的回应和创造性地引导访谈需要访谈员具备良好的沟通技巧和情绪管理能力。常用的回应技巧有：

(1) 亲和幽默，迂回委婉：表现出友好和亲切的态度，让被访者感到轻松和舒适。使用积极的表达方式增加对话的和谐性。如需对被访者的观点或行为提出批评或建议，应采用迂回委婉的方式，避免使用攻击性、批评性或过度情绪化的语言。例如：“我很理解你对此问题的关注，但是我想从另一个角度来看待这个问题。事实上，我们还可以考虑其他因素，如……”。

（2）真诚认同，避免说教：通过真诚地表示认同来建立信任和理解。例如，可以说："我理解你的观点，这是一个非常好的见解。"或者"我赞同你的看法，你的经历让我有了新的思考。"避免以教师或者专家的角度去"说教"，以一种开放和好奇的态度去倾听被访者的观点和经历，而不是试图去改变他们。

（3）允许沉默，耐心同理：访谈中的沟通允许沉默，沉默并不总是尴尬的。适时地沉默可以让被访者有时间思考，访谈员不需要在每一个停顿后立刻跳入提问，尤其是涉及敏感或复杂话题时，同理心和耐心是十分重要的。访谈员的回应一定要注意时机，要以谈话的流畅为原则。过多的回应会打断谈话，扰乱被访者的思维。

（4）澄清对焦，自我披露：在遇到被访者的回答不清晰或者跑题的情况时，可以恰当地进行澄清或者对焦，帮助他们更清楚地表达自己的观点。澄清侧重于对模糊不清的经验和感受进行整理。如"你刚说的意思是……对吗？""我想我可能没有完全理解你的意思，你能否再详细一点？"对焦侧重于对偏离话题或宽泛话题进行收窄，集中讨论。如"您有很多话题，最想谈的话题是什么？"或者"我们刚才的话题是……你能否再详细地谈谈你的看法？"除此之外，适当的自我披露可以帮助建立信任和亲近感，同时需要避免过度地谈论自己，或者让对方感到访谈员在抢夺讲话机会。

3. 学会提问——做好访谈的掌舵人

无结构式访谈是一种相对自由的访谈形式，没有固定的提问顺序和主题。在这种访谈中，访谈员需要灵活运用各种提问技巧来引导被访者进行深入的探讨和思考。以下是一些应该掌握的提问技巧。

（1）开放式问题：这类问题无法用简单的"是"或"否"回答，需要被访者提供更多的信息和解释。例如："您是如何解决这个问题的？""您是怎么看待这个问题的？""您能详细地描述一下您的经历吗？""请您详细描述一下……"等。

（2）探索式问题：帮助被访者更深入地思考某个话题或问题，并从不同的角度进行分析和探讨。例如："您认为这个问题的根本原因是什么？"或者"您觉得有哪些解决方法可以尝试？"等。

（3）反思式问题：促使被访者思考并表达其内心感受和态度。这些问题可以是"您是如何感受到……的？"或者"您是否认为……是正确的做法？"这样的问题可以揭示被访者的观点和思考过程。

（4）引导式问题：在被访者回答问题之后或回答不够清晰或详细时，进一步追问的问题。这种问题可以帮助访谈员获取更多的信息和细节。例如："你能具体说明一下你的步骤吗？""你是否有其他相关的经验或观点？""你为什么认为这个方法可行？"等。

（5）比较式问题：将两个或多个事物进行比较的问题。这种问题可以帮助被访者更好地理解某个概念或现象，并从不同的角度进行分析和比较。例如："你认为这种方法和之前的有什么区别？"或者"你觉得这种方法有哪些优点和缺点？"等。

（6）总结式问题：要求被访者对某个话题或问题进行总结和归纳的问题。这种问题可以帮助访谈员更好地理解被访者的观点和意见，并获取重要的信息和结论。例如："你能否简单概括一下你的想法？"或者"你认为这个问题的解决方案是什么？"等。

总之，在无结构式访谈中，访谈员需要灵活运用各种提问技巧，引导被访者进行深入的探讨和思考。同时，还需要注意提问的顺序和逻辑性，以确保整个访谈过程有条不紊。

（三）做好访谈记录

在进行无结构式访谈时，记录是非常关键的一部分，因为它可以帮助研究者回顾和分析访谈的内容。

1. 记录技巧

（1）记录方式可合并使用：可以同时使用文字记录、语音记录和视频记录等多种方式，以全面、准确地记录访谈的内容。使用录音或录像的方式可以更好地记录被访者的语言和表情，但需要注意隐私问题。

（2）记录内容需详细准确：记录应该包括被访者的观点、意见、感受等信息，并注意记录个人信息如姓名、年龄、职业等，还应记录具体回答、语气、表情、身体语言、行为举止、环境背景等。这些信息有助于更深入地理解被访者的观点和感受。

（3）记录顺序要先主后次：记录时应按主题的逻辑顺序进行，将同一主题的问题和回答放在一起，以便后续分析和归纳。也可以先记录观点和意见，再记录个人信息和背景。

（4）记录时间分前中后期：访谈前期可能更多的是充分了解被访者的背景；中期是深入探讨具体问题，访谈员要专心听，对访谈中的重点、关键点进行及时记录；后期是补充总结和回顾整理。通过记录时间分段，也可以更好地理解访谈者的思维变化和观点演变。

（5）记录信息须简洁具体：为方便后续的整理、分析和引用，记录的信息应该保持简洁和具体。尽量使用简短的语句记录要点，避免冗长的表述。要确保记录的信息准确无误，避免出现歧义或误解的情况。可以使用标点符号、关键词等方式来突出关键信息，提高记录的可读性和可理解性。

2. 注意事项

（1）获取许可，保护隐私：在进行录音或视频记录时，必须先得到被访者的许可。在记录和使用访谈内容时，必须尊重并保护被访者的隐私。

（2）保持客观，避免主观解读：作为记录者，访谈员要尽量保持客观，并将个人偏见和评价与记录分开。确保记录内容准确地反映被访者的观点和意见。在记录访谈内容时，应该尽可能地避免加入自己的主观解读，保持客观和公正。

（3）保留备份和存档：为了防止意外丢失或损坏记录，建议保存多个备份，并存档记录的副本。这样可以方便后续的审查、整理和使用。

四、集体访谈

在无结构式访谈中，除研究者或是访谈员同被访者进行一对一的交流沟通外，往往还需要进行一对多甚至是多对多的访谈。

（一）集体访谈及其特点

集体访谈，也被称为焦点小组访谈或团体访谈，是将若干个访谈对象集中起来，同时进行访谈的方法，最典型的集体访谈形式是“焦点团体访谈”或者“座谈会”。集体访谈主要包括四个特点。

1. 交互性

参与者可以互相交流，访谈员要掌握好自身与被访者之间的互动，并组织和引导好被访者之间的互动。

2. 群体性

集体访谈可以激发群体的思考，但会受到集体心理的影响，需要访谈员在组织过程中及时地掌控与引导，避免出现访谈被某一个或者是几个人所领导的场面。

3. 异质性

集体访谈的参与者可能在性别、年龄、职业、教育等方面具有很大差别，这要求访谈员有更熟练的访谈技巧及组织会议的能力。

4. 高效性

由于多个参与者参与，集体访谈可以收集到关于特定主题的丰富信息，帮助访谈员在相对短的时间内高效率地收集到更多的数据，更为经济有效。

（二）集体访谈的准备与实施

1. 集体访谈前的准备工作

在正式进行集体访谈前，研究者需要做一些准备工作以确保访谈的有效进行，如制定访谈指南、探究研究者自己的角色、挑选参与者、安排访谈地点和时间、集体访谈设计、集体访谈抽样、设备准备、训练主持人等。因前文对访谈的基本准备工作已做阐述，这里我们着重讨论研究者自己的角色和集体访谈抽样。

（1）研究者自己的角色。

集体访谈中的研究者不只是一个提问者，更是一个中介人、主持人或协调人。研究者需要促使参与者积极参与讨论，密切关注参与者的行为表现、言语表达、互动交往等，并在需要的时候继续适当地干预、引导，以促使集体访谈得以顺利进行，避免将集体访谈变成对单个人的深度访谈。

具体来说，研究者需要扮演“主持人”“协调者”“倾听者”的角色，鼓励参与者表达观点并参与讨论，激发彼此之间的思想碰撞；避免争吵、辩论或气氛沉默的情况，保证每个人都有发言的机会；认真倾听参与者的发言并根据关键节点进行引导。

（2）集体访谈抽样。

在集体访谈中，所有成员能面对面地交流，并拥有充分的发言机会。因此，集体的样本不宜过大，一般为 6～10 人。若研究涉及多个团体，一般来说 3～4 人比较适宜，如研究需要，尽可能获得对有关议题的不同看法，对资料进行更为细致的内容分析，则可以适当地增加人数，如 6～8 个。除此之外，在挑选参与者时应该注意其同质性与异质性兼具。虽然我们要求参与者在个人背景和生活经历上有一定的不同，但这种不同的程度是需要把控的，如果彼此之间的差异过于强烈，可能会导致参与者彼此之间的排斥、戒备心理。因此一般的抽样原则是：一是有代表性；二是十分了解情况；三是敢于发言；四是相互之间应有共同语言。

2. 集体访谈的实施

（1）布置访谈空间。

集体访谈的空间布置直接影响访谈氛围和效果。

1）选择安静舒适的环境：为了避免外部的打扰，访谈地点应选在安静、私密的环境中，如会议室或者安静的办公室。为了让参与者能够在访谈过程中保持舒适，应该选择柔和、舒适的灯光，提供足够舒适和可调整的座椅。

2）圆桌布置：一般来说，将座椅围成一个圆形或者椭圆形是最佳的选择，让所有人都看到彼此，有助于增强交流和互动，营造平等开放的氛围。

3）设备检查，提供饮料和小吃：如果使用录音或录像设备，应该将它们放在不会干扰访谈的地方，并确保所有的声音都能被捕捉到。提供饮料和小吃可以营造轻松的氛围。

（2）开始阶段。

1）营造氛围：研究者应该营造一个轻松、愉快的氛围。可以先讲一个幽默故事或者分享有趣的研究经历，让参与者放松心情，减轻戒备心理。同时，可以让所有的参与者相互介绍，让大家互相了解，调整心态。

2）访谈简介：访谈开始时，研究者需要简要介绍自己进行的研究项目，包括研究问题、目的、处理结果的方式、自愿原则和保密原则等。需要注意的是，集体访谈中不仅要承诺对参与者的信息保密，还要要求参与者对彼此之间的信息保密。

3）宣布规则：介绍完项目和相关事宜后，研究者需要向参与者交代团体访谈的基本规则，如一次只允许一个人说话，其他人要认真倾听；给予所有人发言的机会；讨论的问题应该集中，前后发言要有联系；尽量使用日常语言，避免使用术语或者口号性语言；所有人的看法和经历同样重要，没有好坏之分等。

（3）讨论阶段。

访谈正式开始后，主持人提出第一个主题或问题，引导参与者进行讨论。主持人的任务是确保每个人都有机会发言，同时保持讨论的焦点。在转换话题和进行追问时，研究者应顺着参与者提供的思路进行提问，做到自然流畅。

（4）深入阶段。

随着讨论的深入，主持人可以提出更具挑战性的问题，以引导参与者进行更深入的讨论。在这个阶段，主持人应该鼓励参与者分享他们的经验和观点，同时也注意处理可能出现的冲突。为了了解参与者内心的感受，研究者可以鼓励参与者重述事件的细节，并细心捕捉线索，帮助对方不断接近具体细节。在了解参与者的价值观念的时候，研究者可以适当使用控制式投射法，如问参与者："有人认为……不知道你们怎么看?"当参与者对问题形成对抗性的答案时，研究者可以记录下参与者不同的态度和神情，从而了解他们面对冲突时的处理方式。

（5）结束阶段。

访谈结束时，研究者应允许每一位参与者总结自己的看法或者补充自己想说却没能说的话。这样可以让参与者重新反思自己的观点，也为讨论的内容提供补充。主持人应总结讨论的主要观点，并再一次向参与者强调保密原则，同时向参与者表示感谢。此外，如果有后续的活动或者研究，也应该在这个阶段进行说明。

3. 后期处理

访谈结束后，主持人和研究团队应该尽快对访谈内容进行整理和分析。如果在访谈中使用了录音或录像，应该进行转写。同时，也需要对访谈结果进行评估，以便改进未来的访谈。

第四节　实地资料及其整理分析

实地资料是研究者从研究对象直接获取的信息，也被称为原始研究数据或第一手资料。这种数据收集方式在社会学、人类学、地理学和生物学等领域广泛应用。在实地调查的过程中，通过各种手段收集的资料常常错综复杂。因此，我们需要及时整理和分析这些资料，运用技巧将原始、混乱且无法直接分析的资料整理成系统、完整和直观的形式，以便在此基础上进行深入的分析。

一、实地资料及其特点

实地资料是指通过观察、访谈、实验等方式获得的原始数据，具有直接性、原始性、多样性和动态性的特点。

（一）直接性

实地资料直接来源于研究现场的观察或亲身体验，包括具体的事实、数字、具体情况等，具有实证价值，有助于深入理解和揭示研究对象的内在规律，其直接性可以避免因使用二手信息或理论推测产生的偏见和误解。

（二）原始性

实地资料是研究的原始数据，通过直接观察或参与观察获得，未经修改或解释，保留和反映了研究对象最真实、最直接的状态。

（三）多样性

实时资料可以包括各种类型的数据，如文字、图片、音频、视频等，可以从多个方面和角度展现研究对象，其多样性和丰富性为研究者提供了广阔的研究领域和无限的研究可能。

（四）动态性

实地资料的收集和记录是在事件发生的同时进行的，能够反映研究对象在特定环境、条件和时间段的动态发展过程，可以用于时间序列分析或对比不同时间点的情况。

二、实地资料的整理与分析

实地资料的整理是一个采用科学和系统化的方法，对原始资料进行深入审查、检验、分类和初步处理的过程。目标是将现场收集的数据资料进行组织和优化，以满足统计分析的标准，并通过此类分析反映整体状况。实际上，实地资料的整理在几个重要方面具有深远的意义。

（一）整理实地资料的意义

整理实地资料的意义在于确保资料转化为数据时的准确性，在调研项目的执行过程中，研究者需要及时把握资料转换为数据的每一步骤，领会整理资料的意义和原则。

1. 删繁就简，去伪存真

整理资料的过程是将分散凌乱的原始资料梳理并归纳的过程。因为调研过程中的误差难免会使原始资料出现虚假、差错、短缺等现象，这些现象都会使调查资料质量和使用价值大打折扣。因此，为了避免这类问题的出现，就要求调研人员在研究阶段开始之前有针对性地进行资料的整理，消除资料中的假、错、缺、杂等现象，以保证资料的真实、准确和完整。因此，整理资料的首要意义是删繁就简，去伪取真。

2. 思维加工，奠定基石

整理资料是后续研究的必备条件。通过整理资料将资料收集与数据分析相结合，使调研人员对数据的认识从感性阶段上升到理性阶段，从阶段性的研究进入实质性的研究。资料收集、整理资料、分析资料三个过程一脉相承，成为调查研究必不可少的系统环节。其中，整理资料作为承上启下的重要环节，为下一步对资料进行更透彻的分析奠定了坚实的基础。通过对数据的分析得出正确的结论，这是调查的中心任务。而正确的结论来源于科学的统计分析和思维加工，科学的统计分析和思维加工又有赖于调查资料的真实、准确、完整和统一。因此，必须把各种错误，特别是数据上的错误消灭在统计分析和思维加工之前。所以说整理资料是为日后研究奠定基础。

（二）实地资料处理的原则

进行实地调查和资料处理时，需要遵循一系列的规范和准则，这些原则包括明确定位、突出重点，系统梳理、减少重复，确保准确、归类整理，统筹衔接、强化协同，保护隐私、客观中立，资料可溯、合理利用等。

1. 明确定位、突出重点

进行实地调查和资料处理时，首先需要明确研究的目标和重点，确定研究对象和服务对象，并重点研究其关键问题和难点。这意味着在计划和执行调查的过程中，应该明确知道需要寻找什么，以及哪些信息是重要的。这有助于提高调查研究的针对性和有效性，避免浪费时间和精力，确保所有的工作都是为了实现研究目标。

2. 系统梳理、减少重复

通过系统的整理和分类数据，可以避免信息的重复和冗余以及重复的工作，提高效率。这也可以帮助研究者更好地理解数据，并从中找出模式和趋势。对于大量数据的处理，可以通过建立科学的调查方法和管理体系来实现。例如：可以使用数据管理和分析软件，以提高处理速度和准确性。

3. 确保准确、归类整理

在处理实地资料时，必须确保所收集到的信息是准确、可靠的。可以通过多次访谈、观察和验证来获取更多的有效资料，以确保资料的准确性。在处理实地资料时，可以根据不同的主题或类别对资料进行整理和归类，方便后续的分析和使用。整理时需及时保存和备份实地资料，可以采用多种形式进行保存，如纸质档案、电子文档等，以防止资料丢失或损坏。

4. 统筹衔接、强化协同

在实地调查和资料处理过程中，需要加强各部门之间的协作和配合，确保各个阶段和环节的衔接和协调。可以通过建立有效的沟通机制和工作流程来实现，包括调查设计、数据收集、数据分析等环节。依靠良好的项目管理和团队协作，可以确保整个过程的顺利进行。

5. 保护隐私、客观中立

在收集和处理数据时，应该尊重参与者的隐私，并保证数据的保密性。不得泄露他人的个人信息，并在处理实时资料时采取必要的保密措施，以保护被调查对象的隐私。同时，也需要保持客观和中立，不受偏见和个人喜好的影响，不歪曲或隐瞒事实，避免个人的偏见影响研究结果，真实呈现所观察到的情况。这可能需要在设计和实施调查时，采取一些措施，如匿名化、数据加密等。

6. 资料可溯、合理利用

在处理实地资料时，应该记录资料的来源、采集日期、地点等信息，确保所有的数据和资料都应该是可以追溯和验证的。也就是说，研究者应该能够明确知道数据的来源，以及如何得到这些数据。对于某些复杂的现象或问题，可能需要进行长期的实地观察和研究，以获取更全面、更准确的数据。同时，也需要定期对研究结果进行评估和修订，以确保研究的有效性和可靠性。除此之外，也需要确保在使用数据和共享资料时，尊重知识产权和个人隐私，遵循相关的法律和规定，以及研究伦理。

总的来说，实地资料是一种庞杂的研究基石，需要研究者具备一定的专业知识和技能才能有效地利用。熟知实时资料的特点和应用策略，可帮助研究者更好地利用这些宝贵资源，推动科学的发展和社会的进步。

（三）实地资料的审核、复查

实地资料的审核、复查是一个系统性的过程，需要运用科学和严谨的方式来进行。这包括对收集到的原始数据进行严格的审查，确保数据的真实性和准确性；复查是对已经审查过的数据再次进行核对和审核，以消除可能存在的错误。这个过程旨在从实地收集的大量数据中，找出最有价值、最能反映实际情况的信息，为后续的研究和决策提供准确的依据。

1. 资料审核

资料审核是指在整理资料之前，对原始资料进行审查和核实的过程。通过这个过程，可以发现并纠正原始资料中可能存在的错误，确保调查资料的真实性和准确性。资料审核主要包括两个方面的内容：文字资料审核和数据资料审核。

（1）文字资料审核：主要是对文字资料的真实性和合格性进行检验，确保文字资料符合客观事实，没有夸张和虚浮的成分。文字资料审核主要包括信度审核和质量审核。

1）信度审核：主要检验文字资料的可信任程度，判断资料是否真实。可以通过研究人员的经验、生活常识和逻辑来判断资料的真实性。

2）质量审核：主要是检查文字资料的内容质量，确保其符合研究的效度。质量审核需要确定效度检验指标，并通过指标审核原始资料，得出结论以检验原始资料是否符合规范。

（2）数据资料审核：主要是检查各种数据资料是否完整和正确。数据资料审核包括经验审核、逻辑审核和计算审核。

1）经验审核：根据已有的经验或已知的情况判断数据资料的真实性。例如，如果某个指标的数字明显超过实际情况，就需要进一步审查核实。

2）逻辑审核：从数据资料的逻辑关系中检验数据的真实性。例如，年龄和工龄之间的矛盾需要进行逻辑审核。

3）计算审核：通过各种数字运算检验数据资料的真实性。例如，各分组数字之和是否等于总数、各部分的百分比相加是否等于 1 等。

2. 资料复查

为了确保调查资料的真实性和准确性，除对原始资料进行审核外，还需要进行复查工作。复查是指研究者在收回调查资料后，重新对样本中的个案进行调查，以检查和核实第一次调查的质量。复查的基本做法是：由研究者自己或重新选择另外的调查员，从原来的调查员所调查过的样本中随机抽取一定数量的个案重新进行调查。通过对比两次调查的结果，可以检查第一次调查的质量。在社会调查中，这种复查工作更是必不可少的。

（四）实地资料的分析

实地调查主要是一种定性调查研究，收集的文献资料或者通过观察与访谈收集的资料一般是定性资料，对于这些定性资料主要是进行审读理解与把握阐释，或者进行内容分析，具体内容将在第九章中详述。若采用问卷收集少量定量资料则采用统计分析方法分析数据。

思考发现

行之力则知愈进，知之深则行愈达。作为社会调查工作中的一员，我们应深入实地，深入基层，深入群众，待人以诚，以开放的心态倾听基层群众的声音，与群众打成一片，从他人角度思考问题，见微知著，理解群众的喜怒哀乐。

本章小结

实地调查是一种质性研究方式，在社会学和文化人类学研究中得到广泛的应用，这种调查方式往往不带有理论假设而直接深入社会生活、调查现场中，采用观察、访问、座谈等方法去收集基本信息或原始资料，以便对调查对象或某一社会问题作深入的解析。

实地调查具有直接性与典型性、实证性与灵活性、多元交互性、主观性与客观性、系统迭代性的基本特征。

实地调查的过程通常可以分为以下几个主要阶段：第一阶段为实地调查的前期。主要包括设定研究目标（明确研究目标、确定研究主题）→确定研究方法→提出研究假设→设计研究方案→选择研究地点和对象→获取必要的许可和批准→前期培训和准备→制定时间表和行程。第二阶段为实地调查的中期。主要包括与调查对象建立友善关系→收集资料→整理资料。第三阶段为实地调查的后期。主要包括分析资料→撰写报告→审核反馈。

实地调查的优势有：身临其境的“全景视角”、设身处地的“真实情境”、丰富有效的“一手资料”、灵活应变的“操作系统”、深刻详细的“个案解剖”。实地调查的局限性体现在：难以忽视的“资源限制”、不可避免的“观察者效应”、缺乏控制的“实地情境”、可能存在的“伦理两难”。

观察是科学研究、社会调查、心理分析等领域中最基础、最常用的研究方法之一，观察的意义包括获取客观数据、探索真实状态、揭示规律本质、验证理论假设、提供启示思路五个方面。

观察法作为一种科学研究方法，具有以下几个特点：(1) 目的性和计划性；(2) 直接性和适用范围广；(3) 系统性和可重复性；(4) 灵活性和互动性；(5) 客观性和主观性统一。

根据观察行为是否有前期预设，观察法可以被划分为结构观察和非结构观察；依据观察的视角，观察法可以被分为直接观察和间接观察；依据观察对象的样本数量，观察法可以被划分为个体观察和群体观察；依据观察的环境，观察法可以被分为实验室观察和实地观察。在实验室观察中，可以根据观察者是否干预观察过程将其划分为控制实验室观察和非控制实验室观察。在实地观察中，按照观察者在观察中的位置或角色，观察法可以被区分为非参与观察和参与观察。参与观察可以依据观察者的身份信息公开与否分为明观察和暗观察。

为了保证实地观察的顺利实施和取得良好的观察结果，在实地观察过程中，观察者要把握实地观察全面客观、系统科学、精确具体、持续深入、遵守规范的基本原则。

无结构式访谈与结构式访谈相反，并不依据事先设计的问卷和固定的程序，而是只有一个访谈的主题或范围，由访谈员与被访者围绕这个主题或范围进行比较自由的交谈。

无结构式访谈最大优点就是弹性大、灵活性强，有利于充分发挥访谈员和被访者的主动性和创造性，拓展和加深访谈问题的研究。与结构式访谈相比，无结构式访谈还具有深入、细致的特点，缺点是访谈结果难以科学量化和对不同被访者的问题进行对比分析。

根据访谈的正式程度不同，可以将无结构式访谈分为正式访谈和非正式访谈；根据被访者的数量，无结构式访谈又可分为个别访谈与集体访谈；根据访谈实施方式的不同，无结构式访谈可以分成集中访谈、深度访谈、客观陈述法三种类型。

访谈技术主要包括：访问前做好充分的准备，包括明确并熟悉研究目标和主题、确定并了解访谈对象、预约访谈时间和地点、制定访谈提纲、准备相关的访谈材料和设备、训练基本的谈话技术；在访问过程中巧用谈话技巧，学会倾听，适当回应，学会提问。

集体访谈，也被称为焦点小组访谈或团体访谈，是将若干个访谈对象集中起来，同时进行访谈的方法，最典型的集体访谈形式就是"焦点团体访谈"或者"座谈会"。集体访谈具有交互性、群体性、异质性、高效性的特点。

实地资料是指通过观察、访谈、实验等方式获得的原始数据。它具有直接性、原始性、多样性和动态性的特点。

整理实地资料具有删繁就简、去伪存真，思维加工、奠定基石的意义。

实地资料处理时，需要遵循明确定位、突出重点，系统梳理、减少重复，确保准确、归类整理，统筹衔接、强化协同，保护隐私、客观中立，资料可溯、合理利用等一系列规范和准则。

实地资料的审核、复查是一个系统性的过程，需要运用科学和严谨的方式来进行。

关键术语

实地调查 第一手资料 观察者效应 非结构观察 实地观察 参与观察 无结构式访谈 集体访谈 客观陈述法 实地资料

资源链接

视频微课 8-1 视频微课 8-2 视频微课 8-3 视频微课 8-4

视频微课 8-5 视频微课 8-6 视频微课 8-7

复习思考题

1. 什么是实地调查？实地调查的应用范围有哪些？
2. 实地调查具有哪些基本特征？
3. 实地调查有哪些优势和局限性？在此基础上调查者需要注意哪些伦理问题？
4. 实地调查过程中每一个阶段研究者的任务是什么？
5. 举例分析观察法的不同类型。
6. 什么是无结构式访谈？使用无结构式访谈时需要掌握哪些技巧？
7. 怎样理解与处理实地调查过程中遇到的伦理两难问题？

在线自测

扫一扫 练一练

第九章　文献调查

案例导入

史论结合：中国特色社会主义宗教理论文献研究

《中国特色社会主义宗教理论文献研究》是毛胜于2020年5月出版的文献调查研究的经典代表作。全书通过对大量文献和资料的梳理、钩沉，以时间为线索，以各时间段内国家主要领导人的宗教观点和重要的宗教理论文献为依据，围绕着中国共产党在社会主义革命和建设、改革开放和社会主义现代化建设中关于宗教问题的理论和实践探索，以解读一篇或一组核心文献为切入点和中心点，梳理中国特色社会主义宗教理论的发展脉络，分析中国特色社会主义宗教理论的基本内容，阐述中国特色社会主义宗教理论的重大意义。

《中国特色社会主义宗教理论文献研究》每一章都以一篇或一组重要文献为切入点，探讨这一时期中国共产党认识和处理宗教问题的理论成果和实践成就，以及其在中国特色社会主义宗教理论形成和发展中的地位和作用。与此同时，作者还充分吸收借鉴已有研究成果，从马克思主义宗教观发展史和马克思主义宗教观中国化的视角，对中共中央1982年19号文件、1991年6号文件、2002年3号文件及《中华人民共和国宪法》中关于宗教的法条等重要文献进行了系统深入的研究。

阅读提示

通过阅读案例材料，我们可以思考一下，为何能够通过文献资料来认识社会、了解社会呢？

文献调查是社会学研究中不可或缺的一环。你是否好奇文献是如何定义的，又有哪些功能和类型？在研究中，你是否思考过采用文献调查的利与弊？内容分析、二次分析、现存统计资料分析，你是否了解它们的概念、程序和优劣势？在这一章中，我们将带你深入了解文献调查的世界，探讨其独特之处及在社会研究中的应用。

第一节　文献调查的含义及相关辨析

与问卷调查、参与式方法和实地研究通过接触研究对象，直接从调查对象那里收集第一手资料不同，本章所要介绍的文献调查不用接触研究对象，也不直接从调查对象那里获取所需研究资料，而是去收集分析现存的，以文字、数字、图片、符号以及其他形式存在的文献资料。由于这些文献资料反映了文献创作者的思想观念或所见所闻，同时也影响着文献接受者的思想观念，因此研究者可以通过文献来间接认识和了解文献所反映的社会现象或社会问题。本章主要介绍三种文献调查方法：内容分析、二次分析、现存统计资料分析。其中每一种方法都可以使研究者无须身处实地来研究社会生活，而且不会在研究过程中影响研究对象。

一、文献及其特点和类型

（一）文献的概念

所谓文献（Literature），原指典籍和人才，出自朱熹："文，典籍也；献，贤也。"后该词演化偏重于"文"。随着社会的发展，文献的具体概念也有所变化，例如，国家标准《文献著录　第1部分：总则》（GB1T 3792.1—2009）（已废止）对文献的定义是：文献是记录有知识的一切载体。《文献情报术语国际标准（草案）》中对文献的解释是：为了把人类知识传播开来和继承下去，人们用文字、图形、符号、声频和视频等手段将其记录下来，或写在纸上，或晒在蓝图上，或摄制在感光片上，或录在唱片上，或存储在磁盘上，这种附着在各种载体上的记录统称为文献。另外，风笑天教授将文献定义为"包含我们希望加以研究的现象的任何信息形式"。

总的来说，虽然现有对文献的具体定义并不完全一致，但能够明确的是，文献是一种知识载体，并且具有一定的历史文化价值和学术研究价值。文献就是以一定方法和手段记录、积累、传播和继承知识以用于历史和学术研究的载体，发挥着储存知识以及传递、交流信息的功能。文献主要由以下四种要素构成：

（1）文献的内容：各种信息知识。

（2）记录的方式和手段：书写、录音、印刷、录像等。

（3）记录的符号：文字、公式、图表、图像、声音、电磁信息等。

（4）记录的载体：竹帛、书籍、期刊、报纸、胶卷、光盘等。

（二）文献的特点

尽管文献类型多样、内容各异，但从其概念中可以发现所有文献都具备以下四个特点。

1. 知识性

知识是文献产生的先决条件，知识内容是文献的功能价值所在。从古至今，文献记录了诗词、法律、经文、医学、天文等各领域的知识，满足广大受众求知的需求。

2. 时效性

任何信息都是特定时代的产物，在不同时间点上具有很大的性质差异，因此记录研究成果、技术进展和社会变革等各类信息的文献都具有一定的时间限度。

3. 物质性

文献记录方式多样，我国最早在商朝时期出现用龟甲和兽骨记录文字，从商周到汉朝，在纸被发明出来之前，还陆续出现了青铜器铸刻铭文、石头刻字、竹简刻字等文献记录方式，这些都借助了物质载体，发展到现在，存储介质除了最重要的纸，还有胶片、磁带和光盘等。

4. 传播性

文献既是精神产品也是物质产品，继承了前人的知识成果，具备知识积累和知识传播的作用，为后人学习研究提供有效参考。

（三）文献的类型

随着时代变迁与技术更迭，信息传播的介质载体趋向多样化，作为有形载体的文献也处于不断的演化之中。根据不同的分类标准，目前已知的文献可分为不同的类型，如表 9－1所示。

表 9－1　按不同标准划分的文献类型

分类标准	具体类型
按文献级次分	零次文献、一次文献、二次文献、三次文献
按文献载体形式分	纸质型文献、声像型文献、缩微型文献、数字型文献
按文献来源分	个人文献、官方文献、大众传播媒介文献
按内容的公开程度分	白色文献、灰色文献、黑色文献
按文献出版形式分	图书、期刊、报纸、会议文献、学位论文、科技报告、专利文献、政府出版物、标准文献等

值得注意的是，以上列举出的文献类型是按照目前社会研究较为普遍认同的标准划分的，但并不意味着只限于上述五种分类标准，由于第五种分类标准下的文献类型已经较为细化，因此以下不再具体说明。

1. 零次文献、一次文献、二次文献与三次文献

按文献级次可将文献分为零次文献、一次文献、二次文献与三次文献。

零次文献一般是指未经正式发表或传播的文献，主要包括两大类：一类是未公开发表的原始文件，或者未正式出版的书籍资料，如手稿、笔记、发言稿、会议记录、实验记录、内部档案、草图等不能通过公开途径购买或查阅获得的资料；另一类是未经记录，甚至还未形成文字资料的信息知识，主要是人们口口相传的内容，是直接经由人们的听、说得以记录传播的。记录在零次文献上的信息被称为零次信息，此类信息零散且无规则，但同时又具有新颖性、针对性和直观性。因此，零次文献的优点在于其内容能够弥补因公开传播所带来的时间和信息上的损耗，缺点则是零次文献存于私人或固定团体，很难通过检索工具获得。

一次文献，即原始文献、一级文献，是直接以自身生产活动、社会实践、科研实验的经验和结果为依据生产出的文献，主要包括期刊论文、研究报告、学位论文、专利说明书、会议论文、科技报告、技术标准等。一次文献有两大特点：一是数量庞大、种类众多，内容具体详尽，记录许多原始的信息；二是新颖先进，是最新的经验成果，能够为社会研究提供创新性参考。

二次文献又称为二级文献，是指人们把大量零散、无规则的一次文献按照一定的学科或专业化方法进行加工整理，形成的有序、系统化的检索文献。二次文献记录的不是直接

生产出的新信息，而是经过整理、浓缩、提炼后的信息，是一种检索性工具，主要包括文摘、目录、索引和数据库等。二次文献最大的优势在于它提高了信息检索的效率，能够帮助研究者在短时间内获得密集、全面的信息，由于记录的是二次加工过的信息，因此还具有系统化和专业化的特征。

三次文献又称为三级文献、参考性文献，是指围绕某个专题，在充分利用二次文献的基础上，对一次文献进行综合分析、系统整理、高度浓缩和深度评述等加工而形成的文献。其包括综述、专题述评、学科年度总结、参考工具书、年鉴、数据手册、百科全书、进展报告、文献指南等，具有概括性、参考性、指引性和针对性等特点，通常用于传授知识，有利于为读者提供更高质量的可靠信息，对其实践和学术研究提供有益的参考和指导。

2. 纸质型文献、声像型文献、缩微型文献与数字型文献

按文献载体形式可将文献分为纸质型文献、声像型文献、微缩型文献与数字型文献。

纸质型文献又称为印刷型文献，是以纸质材料为存储载体，以书写或印刷为记录手段，将信息文字固化在纸张上所形成的文献。自唐朝雕版印刷术发明至今，逐渐发展出油印、铅印、胶印、静电复印等多种印刷方式，这是纸质型文献传播保存依赖的重要技术。纸质型文献是所有文献中历史最悠久的文献形式，其优点在于传递和阅读便利，查阅无须依赖任何机械设备，存储方式简单，只要适度的温度、湿度和光照即可长时间保存。缺点则是文献实体体积大，文献存储的信息量有限，此外，以树木为存储载体的原材料会对自然生态环境造成一定的破坏。各类报纸、图书、期刊、草图、信件、会议记录、日记、笔记等都属于此类型。

声像型文献又称为视听型文献、直感资料，它是以磁性和感光材料为载体，借助录音机、录像机、相机等机械设备，通过录音、录像、摄影等手段记录声音、视频、图像等信息而形成的文献，例如唱片、网络视频、幻灯片、录音带、录像带、电影胶片等。声像型文献的优点在于其形意结合，能够给予读者最形象直观的感受，使之身临其境，同时还能够弥补纸质型文献中可能存在的文字传达不清的情况，其存储的密度也非常高。缺点是需要借助机械设备，对存储和使用技术有一定要求，制作的成本偏高。

缩微型文献是指以感光材料为载体，通过缩微摄影技术将印刷品或手稿等文献按比例浓缩而形成的文献，较为典型的有缩微卡片、缩微印刷品、缩微平片、缩微胶卷等。其优势众多，一是体积小，节省大量存储空间；二是易储存，便于收藏，在温度10℃、相对湿度25%的情况下，可保存长达500年；三是价格低廉。美中不足的是，缩微型文献需要借助较复杂的阅读设备才能成功阅读，因此使用不便。

数字型文献是伴随着计算机和网络技术的发展而出现的，又被称为机读型文献、电子型文献，是以磁光电为载体，通过数字代码的方式记录图像、声音、文字、影像等信息的文献。如光盘数据、电子图书、电子期刊、电子报纸、网络新闻等都属于此类文献。数字型文献的优点：一是检索迅速，使用灵活，依靠计算机强大的运算能力和逻辑判断能力，此类文献能够快捷地复制和分享，为使用者提供大量准确信息；二是存储容量庞大且不易损坏，电子信息能够被大量储存于设备之中，扩容空间便利。缺点在于需要在一定的网络

环境下，借助计算机设备进行阅读，费用较高，缺少价格优势，并且由于信息量巨大，信息的可信度有待考究。

3. 个人文献、官方文献和大众传播媒介文献

按文献来源将文献分为个人文献、官方文献和大众传播媒介文献。个人文献主要指由个人产生并记录的信息，如日记、自传、回忆录及信件等。官方文献主要指由政府部门以及有关组织记录或发布的信息，如会议记录、政府工作报告、统计年鉴、发展计划、信函等。大众传播媒介文献主要指大众传播媒介中的各种文字、文献画面、音像等信息，如报纸、杂志、广播、电视、电影等。

4. 白色文献、灰色文献与黑色文献

按内容的公开程度将文献分为白色文献、灰色文献与黑色文献。白色文献是指正式出版并在社会中公开流通的文献，可以从常规渠道获得，多通过出版社、书店、邮局等正规渠道发行，如图书、报纸、期刊等，是利用率最高的文献类型。灰色文献是介于白色文献和黑色文献之间的一种文献，一般是指从非公开或者流通渠道难以获得的文献。其信息内容未经大众考证，可能并不成熟，但具有一定的新颖性，存在特殊的参考价值，如非公开出版的政府机关报告、未发表的稿件、实验数据、企业内部文件等。黑色文献是指非公开发行且内容保密的文献，特点在于保密程度高、隐私性强，如军事情报资料、技术机密资料、个人隐私材料等。

二、文献调查的内涵与优缺点

（一）文献调查的内涵

文献调查，又称为历史文献法、文献研究（Literature Research），是社会研究方法中的一种，是指通过调查文献来获得特定目的和主题所需的资料。这种方法常常被误认为是“简单地收集、评价现存文献资料”或者是“直接堆砌文献资料观点用作研究结论”，影响研究成果的客观性、全面性和科学性。实际上，文献调查是通过系统收集和分析文字、数字、符号、画面等信息形式的现存文献资料，对社会事实、社会关系及其他社会现象进行探讨与分析的研究方式。

（二）文献调查的优点

古今中外，关于社会经济发展状况的文献非常丰富、内容广泛。通过文献调查，研究者可以了解过去、思考当下、展望未来，进而在继承中发展。因此，在社会经济研究中，文献调查具有重要的价值。

1. 超越时空条件的限制

采用文献调查，可以超越时空限制。文献一般集中存放在档案馆、图书馆、研究中心等地方，随时可以去查阅、摘录。文献调查超越了时间、空间限制，通过对古今中外文献进行调查可以研究极其广泛的社会情况。就时间跨度而言，可以调查了解几十年、上百年，甚至上千年的社会现象；就空间跨度而言，不仅可以了解国内各个地区的社会状况，还可以跨越国界，了解其他国家或地区的社会政治、经济、文化等的发展状况。这一优点

是其他任何一种社会调查方法所不可比拟的。

2. 避免反应性误差等问题

相较于访谈法、观察法，文献调查是一种间接的、非介入性调查，不需要与人打交道，只对各种文献进行调查和研究，而不与被调查者接触，不介入被调查者的任何反应，具有调查对象无反应的特点。因此，文献调查避免了直接调查中经常发生的、调查者与被调查者互动过程中可能产生的种种反应性误差。

3. 方便易行，花费较少

文献调查比实地观察、口头访问等直接调查的方法更加方便易行，只要找到文献，就可随时随地查阅，较少受外界因素的干扰。相对于其他调查法而言，文献调查更具有省钱、省时、省力的优点，并可获得比其他调查法更多的历史资料。

4. 克服个人局限性

对于特定的研究者来说，个人获得第一手资料的范围总是很有限的，而文献是许多人形成的资料，可能涉及广泛的范围。因此，使用文献调查可以克服研究者亲身调查的局限性，扩大视野，进行更加全面的分析与概括。

（三）文献调查的缺点

文献调查的调查对象是文献，是一种不完全的调查资料，其所反映的内容和调查者试图了解的内容不可能完全一致。因此，在使用文献调查的时候必须注意其局限性。

1. 缺乏现实性

使用文献调查取得的资料往往缺乏现实性。文献资料都是历史性的，不是即时的，而现实社会无时无刻不在发生变化，新事物、新现象、新问题总是不断地出现，其中总有一些来不及记录的社会现象，所以，通过文献调查所获得的资料往往与现实情况存在一定的差距，缺乏现实性，这是文献调查最大的不足之处。当然，随着社会科学技术的进步，文献承载体的形式出现了多样性，文献资料从形式到内容也都出现了多种变化，特别是音像制品的出现，使文献资料的生动性得以进一步体现，某种程度上弥补了某些类型的历史资料缺乏生动性的不足，使人们对历史长河中的事实有了较为清楚的认识。但是即使如此，也无法改变文献资料具有历史性的特点和缺乏现实性的不足。

2. 文献资料受到时代和个人素质的限制

任何文献都是一定时代、一定社会条件的产物，是由具有个人素质的撰写者完成的。因此，任何文献的内容，都会受到时代背景、社会条件的限制，也受到文献撰写者的个人理论水平、文化背景、价值观念等多方面素质条件的影响。研究者在进行文献资料的收集、整理和使用时，必须考虑这一约束条件。

3. 文献调查的方向和最终结果有时难以控制

作为既有的文献资料，调查者在收集资料的过程中虽然大致可以确定调查的范围和种类，但是是否能够从既有的资料中找寻并挖掘出研究需要的资料，往往难以把握。有时，研究者可以轻而易举地查找到所需要的资料；有时，研究者经过长期艰苦的搜寻，最终的结果可能还是很难发现比较有参考价值的资料。

4. 具有不完全性，并难以排除非真实成分

文献对于社会调查研究来说，是一种不完全的资料，因为文献的各个作者并不都按照同一个主题与要求记录社会现象。往往出现这样的情况：研究者需要的材料太简单，不需要的材料却很详细。有时，某些文献夹带着个人偏见与虚假成分，这可能是某些文献的作者为了一定的个人私利而有意地掩盖或歪曲事实真相，也可能是其他人为了一定的目的而掩盖或修改有关信息。

考虑到文献调查的优点和缺点，在研究工作中，它可以作为一种初步的调查方法。通过熟悉先前的研究成果，我们可以对与研究课题相关的主题有更深的理解，从而为当前的社会经济调查工作提供参考。然而，我们不能过度依赖文献资料作为调查结果的实证依据。在信息爆炸的现代社会，单凭个人的资源和能力很难收集到所有的资料；对于知识储备有限的研究者来说，更难以充分利用文献调查。因此，为了真正理解社会的发展和变化，我们必须深入基层和田野，进行直接的实地调查。

定性的文献调查主要依靠研究者对文献的审读理解与把握阐释，暂无定法，而定量的文献研究均有些程序。因此后续内容介绍内容分析、二次分析和现存统计资料分析这三种文献调查方法。

第二节　内容分析

内容分析的出现最早可以追溯到20世纪初期，在二战时期得到完善并日益成熟。现在，内容分析已经被广泛应用到新闻传播、社会学、心理学等社会科学领域中。它通过考察人们所写的文章、书籍、日记、信件，所拍的电影、电视及照片，所创作的歌曲、图画等，来了解人们的行为、态度和特征，进而了解和说明社会结构及文化变迁。内容分析假定：在这些传播的材料中所发现的行为模式、价值观念和态度，反映出并影响着创造和接受这些材料的人们的行为、态度和价值观。因此，除了信息本身的内容，内容分析还被用来研究信息发出者的动机，以及信息传播的效果或影响。

一、内容分析的概念

美国学者贝雷尔森所下定义：“内容分析，是一种对明示的传播内容进行客观、系统和定量的描述的一种研究方法。”作为一种定量研究方法，内容分析对各种传播形式的显性内容进行客观的、系统的、定量的描述与分析。它通过对文本材料进行分类，将其还原为更合适和更容易处理的数据单位，并分析数据中发现的行为模式、价值观念和态度，进而研究某一时期社会结构及文化的变迁。[①] 内容分析的内涵包括四方面的要素。

（一）多样形式

内容分析的文献包括多种传播形式，如书籍、杂志、报纸、诗歌、信件、政府政策等文字材料，绘画、照片、广告等图像材料，以及歌曲、电视节目、演讲、新闻报道等视听

① 邱均平，邹菲．关于内容分析法的研究．中国图书馆学报，2004（2）．

材料。

（二）显性内容

内容分析者所要分析的是外在的、表面的、形式上的内容，如文字、颜色、实物本身，而非其所体现的深层意义。这意味所要计量的内容必须是明白的、显而易见的，而不能是隐晦的、含糊不清或没有明确表达出来的意思。如果对传播内容的理解在研究者之间、研究者与受众之间很难达成共识，则不宜作为内容分析的对象，因为对这类内容进行计量非常困难。

（三）客观系统

客观是指分析必须基于明确制定的规则进行，以确保不同的人可以从相同的文献中得出同样的结果。系统是指内容或类目的取舍应依据一致的标准，以避免只有支持研究者假设前提的资料才被纳入研究对象，整个研究的过程只有一套程序或方针。

（四）定量方法

内容分析不排斥定性解读，但以定量分析为主。这意味着，对于定性材料而言，内容分析更关注的是材料中某一词语出现的频数，或某一部分在整体中所占的比例等。换句话说，定量方法是指研究中运用统计学方法对类目和分析单元出现的频数进行计量，用数字或图表的方式表述内容分析的结果。

简言之，内容分析是一种系统的、客观的、能够定量描述传播内容的研究方法。内容分析的目的是弄清或测度样本中本质性的事实或趋势。内容分析的实质是对传播内容所含信息量及变化的分析，即由表征有意义的词句推断出准确意义的过程。内容分析的产生与随着现代社会发展而日益增加的信息传播工具和急剧扩大的信息内容密切相关，它被许多研究者用来对各种媒介所承载的信息进行系统的分析，以发现社会和文化变化的历史趋势。

二、内容分析的类型

（一）解读式内容分析

解读式内容分析（Hermeneutic Content Analysis）是一种通过精读、理解并阐释文本内容来传达意图的方法，是一种基于主观解释的内容分析方法。“解读”的含义不只停留在对事实进行简单解说的层面上，而是从整体和更高的层次上把握文本内容的复杂背景和思想结构，从而发掘文本内容的真正意义。它主要依赖于研究者的个人见解和理解来解析文本或其他形式的内容。研究者会深入阅读和分析文本，将其理解为一个整体，并从中提取出关键概念、主题和意义。这种高层次的理解不是线性的，而是具有循环结构：单项内容只有在整体的背景环境下才能被理解，反过来，对整体内容的理解是对各个单项内容理解的综合结果。

这种方法强调真实、客观、全面地反映文本内容的本来意义，具有一定的深度，适用于以描述事实为目的的个案研究。但因其解读过程中不可避免的主观性和研究对象的单一性，其分析结果往往被认为是随机的、难以证实的，因而缺乏普遍性。因此当研究者个人解读文献时，往往不强调使用内容分析。

（二）实验式内容分析

实验式内容分析（Empirical Content Analysis）是定量内容分析和定性内容分析相结合的方法，是一种基于客观观察和计量的内容分析方法。它通过对内容进行系统的分类、计数和量化，揭示其中的模式和趋势。这种方法通常用于研究大规模的文本或媒体数据。

20 世纪 20 年代末，新闻界首次运用了定量内容分析法，将文本内容划分为特定类目，计算每类内容元素出现的频率，描述明显的内容特征。该方法具有三个基本要素，即客观、系统、定量。用来作为计数单元的文本内容可以是单词、符号、主题、句子、段落或其他语法单元，也可以是一个笼统的“项目”或“时空”的概念。

这些计数单元在文本中客观存在，其出现频率是明显可查的，但这并不能保证分析结果的有效性和可靠性。一方面，是因为统计变量的制定和对内容的评价分类仍由分析人员主观判定，难以制定标准，操作难度较大；另一方面，计数单元仅限于文本中明显的内容特征，而不能从潜在含义、写作动机、背景环境、对读者的影响等方面展开来进行推导，这无疑限制了该方法的应用。定性内容分析主要是对文本中各概念要素之间的联系及组织结构进行描述和推理性分析。

举例来说，有一种常用于课本分析的“完形填空式”方法，即将同样的文本提供给不同的读者，或将不同的文本提供给同一个人，文本中删掉了某些词，由受测者进行完形填空。通过这种方法来衡量文本的可读性和读者的理解情况，由于考虑到了各种可能性，其分析结果可以提供一些关于读者理解层次和能力的有用信息。与定量方法直观的数据化不同的是，定性方法强调通过全面深刻的理解和严密的逻辑推理来传达文本内容。

（三）计算机辅助内容分析

计算机技术的应用极大地推进了内容分析的发展。计算机辅助内容分析（Computer-aided Content Analysis）是一种利用计算机技术来加速和提高内容分析效率的方法。计算机可以用来处理大量的文本或媒体数据，并自动提取其中的有用信息。这种方法通常使用自然语言处理和机器学习技术来帮助分析和理解内容。正是计算机技术将各种定性、定量研究方法有效地结合起来，博采众长，才使内容分析得到了迅速推广和飞跃发展。互联网上也已出现了众多内容分析的专门研究网站，还提供了不少可免费下载的内容分析软件，相关论坛在这方面的讨论也是热火朝天，甚至出现了“网络内容分析”一词。例如，研究者可以使用计算机辅助内容分析来研究社交媒体上的用户评论。他可以使用计算机程序自动提取评论中的情感、观点和主题，并对其进行分析和归纳。利用计算机的高速处理能力和算法的准确性，研究者可以更快地辨别和理解大量的评论数据，并获取有用的洞察力。

三、内容分析的程序

社会学家费希尔曾做过一项关于不同年代下家庭关系演变的研究，对 30 户美国家庭在1729年到1871年之间的全家合影照片进行了内容分析。他发现，1775年之前，几乎所有的家庭照片都是父亲的位置位于其他家庭成员之上（即在后排站着），子女在父母的下方；1775年后，照片中家庭成员基本处于同一高度。这表明此前父母高于子女的垂直等级安排被一种新的水平安排所取代。

内容分析的基本目的在于将非数量表示的定性材料转化为量化表示的定量材料，其结果常以频数、百分比等统计形式来呈现。总的来看，内容分析的许多程序和调查研究的程序是相同的，如同样需要抽取有代表性的样本。内容分析的具体操作步骤如下。

（一）确定分析单位与界定目标总体的范围

内容分析同调查研究在程序上具有较高的相似性，同样需要确定研究的分析单位并界定目标总体的范围。比如，美国社会学家凯里曾通过对20世纪60年代的流行歌曲进行内容分析发掘其中所体现的年轻人的交往方式。在此研究中，分析单位是流行歌曲，目标总体的范围是美国20世纪60年代的所有流行歌曲。

（二）抽取样本

内容分析以文献为对象，往往不可能直接研究整个总体，因而同样需要通过抽样来选择有代表性的样本。内容分析的抽样可以在杂志、报纸的期号和电视节目的时间段中进行，也可以在作者、书籍、章节、段落的层次上进行，此前介绍的各种抽样方法都可以在内容分析中应用。例如要分析中国报刊的社论，可先把报刊按级别、地区等分层，然后从中抽取一定数量的报刊作为样本。

内容分析的抽样通常包括三个阶段，每个阶段所采用的抽样方式一般不同。

（1）名称抽样。名称抽样常采取分层抽样的方法，常以地域分布、受众类型等为分层标准。如从所有报纸中抽取若干种报纸，从所有杂志中抽取若干种杂志。

（2）期号抽样。从期刊、报纸的所有期号中抽取若干期号，或从电视的所有播放时间段中抽取若干时间段。

（3）内容抽样。在抽取期号的相应杂志中，或抽取时间段的电视节目中继续抽取所要分析的内容。

（三）确定编码体系

内容分析的基本做法是对样本中的信息进行编码，即根据特定的概念框架，对定性信息做分类记录。与编码工作有关的问题有两个，一是要选择编码的单位，二是要制定一份编码单。

（1）编码单位。选择具体的观察和点算单位。编码单位既可以是分析单位，也可以不是。如要研究电视广告对男女角色的刻画是否有所不同，那么单个广告就既是分析单位，又是编码单位；但是，若想了解中央台广告和地方台广告在刻画男女角色上的差异，此时编码单位仍是单个广告，但分析单位变为了电视台，即不同的电视台才是研究所要描述和解释的对象。

常用的分析单位有词汇、主题等。例如，了解不同历史阶段中报纸上重要词汇（如“社会稳定”）及其出现的频率，研究社会的中心价值。又如，以小说的主题为分析单位对有关小说所反映的爱国主义、理想主义、爱情或人际矛盾等主题进行统计，研究当代中国小说反映社会实际的程度。

（2）编码单。作为对文献资料进行观察和记录的工具，编码单的作用相当于调查研究中的问卷。编码单的形成和结构依赖于编码单位的选择，例如，若编码单位是小说中的人物，研究者就必须为每个人物准备一个统一制定的编码单。

一旦选定了编码单位，研究者就要为它们制定分类或赋予数值。分类的基本要求同问卷中的答案编制要求一样，有两条原则：一是每一事实或材料都必须只能归于某一类，即所制定的各种类别要满足互斥性，如一个被归为男性的人，就不能再被归为女性；二是每一事实或材料都能够归到某一类中，即类别设置要满足穷尽性，如一份在性别一栏仅设置了“男性”和“女性”两类的针对小说人物的编码单中，材料中出现了一个没有指示性别的角色，此时该人物就无法归类，解决办法可以是在性别栏再设置一个“其他”或是“未知”类别。

（四）编码与相应统计分析

按编码体系对样本材料进行编码与相应统计分析包括多种类型，下面介绍三种主要类型：计词法、概念组分析、语义强度分析。

1. 计词法

计词法（Lexical Analysis）又称为词频分析，是内容分析中最简单、最常用的方法。这种方法是，首先确定与研究问题有关的关键词，然后统计这些关键词在样本中出现的频数和百分比，最后进行分析。例如，通过计算一篇文章中“环保”“可持续”等词汇的出现频率，可以了解这篇文章是否关注环保主题。除此之外，在部分执行分析软件中还能够根据词频分析生成词云图，帮助研究者更加直观地看到材料的关键词。

2. 概念组分析

在有些研究工作中，以单个词语为记录单位过于简单化，而使用主题作为记录单位又不易划定主题的界限，此时就可以使用概念组分析（Conceptual Component Analysis）。概念组分析是指将与研究内容有关的关键词划分为不同的小组，每个小组代表一个概念，同时也是理论假设中的一个变量。采用这种方法，记录时的单位仍是词语，但分析时的变量是概念组。例如，研究者可以通过识别和分析新闻报道中关于“民主”“自由”“公平”等概念的使用，来理解新闻的政治立场。

3. 语义强度分析

上述两种方法主要关注量的方面，接下来要介绍的语义强度分析（Semantic Intensity Analysis）则从质的方面给予解释。语义强度分析，首先要给出词汇的强度权，以显示它们在使用时的程度差别。强度权是由词汇的语义所决定的，如“爱”比“喜欢”的加权数更高。某事物态度的词汇强度权表是一种对语言词汇进行排序的方式，以反映其描绘某种特定态度或情感的强度。

例如，研究者可以通过分析评论中的积极词汇（如“好”“优秀”等）和消极词汇（如“差”“糟糕”等）的使用，来理解用户对于某个产品或服务的态度。这种方法在舆情等领域广泛使用。这种表格可用于情感分析、用户评论分析、舆情监测分析、心理学研究等领域。表 9-2 是一组例子。

表 9-2 态度词汇强度权表

强度权	态度词汇	举例
+5	极度积极	热爱、激动
+4	非常积极	喜爱、高兴
+3	积极	满意、开心
+2	稍微积极	欣慰、满足
+1	微积极	平静、安逸
0	中立	平淡、无聊
-1	微消极	烦闷、不高兴
-2	稍微消极	生气、不满
-3	消极	厌恶、悲伤
-4	非常消极	愤怒、失望
-5	极度消极	憎恶、绝望

这只是一些简单的示例，实际的词汇强度权表可能包含更多的词汇和更细致的级别。同时，词汇的强度可能受到文化、个体差异等多种因素的影响，因此在使用词汇强度权表时需要考虑这些因素的可能影响。

假设想要判断人们对某事物的态度如何，可以通过表 9-3 进行语义强度分析，这样既能发现持肯定态度者和持否定态度者之间的数量对比关系，也能了解肯定态度与否定态度各自的程度如何。对定性材料进行语义强度分析，只需根据设定好的词汇强度，对样本材料中出现的同研究主题相关的语义词汇进行相应编码并通过统计分析得出相关结论。如要了解某地群众对一项政府政策的支持程度，就可以通过对该地群众有关此政策的来信进行语义强度分析来进行。

表 9-3 对某事物态度的词汇强度权表

词汇	崇拜	爱	喜欢	无所谓	不喜欢	厌恶	藐视
加权数	+3	+2	+1	0	-1	-2	-3

四、内容分析的优点和缺点

（一）内容分析的优点

1. 客观性较强

内容分析是一种基于系统性、标准化和客观性的研究方法。它通过对文本、图像或其他非结构化数据进行系统性的编码和分类，揭示数据中的规律和模式。这种方法避免了研究者主观意识的影响，使得研究结果更加客观、可靠。例如，在社会科学研究中，内容分析可以用来分析新闻报道、政府文件、社交媒体等公共信息资源，为研究者提供大量的实证数据，从而更好地理解社会现象和社会问题。

2. 经济简便易行

相较于其他研究方法，如调查法和实验法，内容分析具有较低的人力和成本投入。内容分析通常不需要专门的研究者进行实地调查或实验操作，只需要对已有的据进行系统化、标准化的分析。内容分析并不需要大量的研究者，也不需要特别的设备。只要能够接触到资料并加以编码，内容分析就是可能的。这使得内容分析成为一种非常经济、高效的研究方法。例如，在市场调查中，企业可以通过对消费者购买记录的内容分析，迅速了解市场上的产品需求和消费者行为特点，从而制定更有效的市场策略。

3. 信度较高

调查法和实验法虽然可以获取一手数据，但它们的局限性在于依赖于研究者与研究对象的互动，而内容分析通过系统化的编码和分类过程、非介入性的研究消除了研究对象的主观因素，使得研究结果具有较高的信度。做内容分析时，研究者不需要与研究对象直接接触，故不会因为研究者与调查对象之间的非适当互动而导致信息失真。此外，内容分析还可以通过对多个样本进行比较，进一步提高研究的可靠性。例如，在教育研究领域，研究者可以通过对不同年级、不同学科的学生作业本进行内容分析，来了解学生的学习水平和学习习惯，从而为教育改革提供有力的依据。

4. 突破时空限制

内容分析可以帮助研究者间接了解一段时间内发生了什么。通过分析大量的文本、图像或其他非结构化数据，研究者可以发现一些趋势、模式和主题。例如，在新闻报道中，研究者可以通过内容分析来了解某个国家或地区在过去一段时间内的经济发展情况、政治事件、社会问题等。在社交媒体上，研究者可以通过分析用户的发帖内容来了解当前某个时间段内用户的兴趣、关注点和情感倾向。此外，内容分析还可以帮助研究者预测未来的趋势。通过对历史数据的分析，研究者可以发现一些潜在的规律和趋势，从而对未来的发展做出预测。这对于政策制定者、企业决策者和研究人员来说都是非常重要的信息来源。例如，在股票市场中，投资者可以通过对历史股票价格和交易量的内容分析来预测未来的股价走势。

（二）内容分析的缺点

1. 解读难度有限

内容分析只适合研究那些明确的、显在的媒介内容，对于深层次的、抽象的概念，如意识形态、观念、价值观、意义等可能解读不准确。例如，一篇文章中可能包含讽刺、暗示或隐喻等文学手法，简单的内容分析可能无法准确把握作者的真正意图。

2. 数据范围限制

内容分析只能够研究那些被记录和流传下来的媒介内容，以及那些已经被记录和公开的信息。例如，如果研究者想要研究某一群体的私密对话，或者是过去的、没有被记录下来的事件，那么内容分析就无法进行。

3. 内在效度问题

内容分析过程涉及人为的编码，研究者需要根据自己的理解将文本内容转化为可以量化的数据，这个过程中可能会引入偏误。例如，在对新闻报道的情感色彩进行编码时，不同的研究者可能会有不同的判断，这就可能影响研究的结果。

4. 不能确定因果关系

内容分析可以找出文本内容中各种元素之间的相关关系，但不能确定因果关系。例如，研究者可能发现某个时期的新闻报道中负面情绪增多与社会不满情绪增高有关，但是不能确定是新闻报道导致了社会不满情绪的增高，还是社会不满情绪的增高导致了新闻报道中负面情绪的增多。

第三节　二次分析

研究者整理由他人为不同目的所收集的原始数据，以创新且富有洞察力的方式，将原来分散的、孤立的资料联系起来，进行再分析和再解释。这种方法可以让一位社会学家为解释某个问题而收集的资料被其他社会学家用来解释和回答不同问题。

一、二次分析概述

（一）二次分析的概念

二次分析也称为次级分析（元分析，再分析），即对二手资料的分析，它是对他人收集的文献或资料进行再分析。广义的二次分析或许包括内容分析，但是二次分析的资料一般是统计资料，因此，严格意义上的二次分析主要是指对他人收集的统计资料进行再分析。二手资料可以分为原始数据和经过整理后的数据。原始数据是指他人收集的没有经过统计整理的数据，如各种向公众开放的数据库。例如美国的“综合社会调查”（General Social Survey，GSS）数据库就向社会开放，研究者可以无偿使用相关数据进行研究。中国人民大学和香港科技大学建立的“中国综合社会调查”（CGSS）数据库于 2005 年向社会开放。经过整理的数据一般以频数统计或分组统计的形式出现，例如由政府公布的各种统计资料。

二次分析适用的主要场合有两种：一是原有研究分析不到位或存在分析错误时；二是现有研究有着与原有研究不同的角度与方法时。二次分析最成功的例子是人口统计学，它已经作为一门科学学科确立了自己的地位。人口统计学利用政府机构为了管理而收集的统计资料，通常是人口普查资料，通过对它们的分析，得出关于人口的出生率、死亡率、迁移率、职业变化以及其他过程的概括结论，这些结论通常超出了政府部门收集这些资料所关心的范围。

（二）二次分析的主要功能

1. 验证原有研究，提高研究的广度和深度

二次分析可以用来检验原始研究的结果，验证原始研究的可靠性和有效性以及其结论的相关性。二次分析利用广泛的资料来源，包括已经分析过的调查资料和研究过的原始文献。通过结合多方研究的数据，可以进行更广泛或更深入的分析，有助于深入理解问题，提供更多的证据支持，甚至揭示潜在的因果关系。

2. 提供新的视角，填补研究空白

通过对已有数据或者对同一资料的再分析，二次分析可以发现新的关联、模式或趋势，从不同角度对原始研究问题进行深入探讨。一些特定的研究主题可能在原始研究中并未得到充分关注，二次分析可以对这些主题进行更深入的探讨，填补研究的空白。

3. 节省资源，进行长期或横向研究

收集新的数据需要大量的时间和金钱，而二次分析采用现有的研究资料，无须花费太多的时间和金钱，无须进行复杂的原始文献收集工作，使研究者有更多时间和精力可以跨越时间、空间进行历史比较研究或横向研究，节省了时间和资源。

二、二次分析的步骤

二次分析是一种特殊的文献研究方法，它既可以在发现某种特殊的研究资料后再确定研究的主题，也可以先确定研究的主题再收集合适的资料。二次分析不管是利用原始数据还是利用经过初步整理的统计资料，按照一般的文献研究运作程序，其研究步骤基本上是一致的。

（一）选择研究的主题

二次分析适用于规模庞大的主题，有时只能使用国家层面的数据资料。在提出假设或研究问题后，必须仔细考虑操作化工作，确定关键控制变量和测量因变量的方式。研究设计应留有一定的灵活性，以便在发现资料不符合期望特征时进行适当修改，保持与可用资料的一致性。

在二次分析中，需要将注意力准确集中在研究主题上，以便选择合适的数据资料。与传统的资料适应研究主题不同，二次分析更强调研究主题适应资料，因为现有数据资料是固定且无法变动的。研究者只能在处理和分析资料的方法和技术上下功夫。

（二）寻找合适的资料

由于二次分析所用的都是原始调查或统计得到的数据资料，因此研究者应该对这种资料的主要来源有所了解。在美国等西方国家，有许多专门从事调查研究的机构，有各种不同规模的数据库，因而，资料来源较广。比如，由“全国民意研究中心”（NORC）根据其每年对美国的调查所形成的“综合社会调查”（GSS），还有其他一些大学和科研机构、政府机构的调查研究中心所收集的数据资料等。在我国，这样的数据资料库目前也在逐步发展中。从目前情况看，可利用的有中国人民大学和香洪科技大学的“中国综合社会调查”（CGSS）、中国社会科学院的“中国社会状况综合调查”（CSS）、北京大学的“中国家庭动态跟踪调查”（CFPS）等。

对于二次分析来说，明确所寻求的资料十分重要。也许一个研究者寻找和发现潜在的、具有吸引力的资料来源的最好途径，是去阅读一份相关的研究，因为有很多公开发表的研究都来源于大规模调查分析，可以通过查阅过去一段时期的研究期刊得到有关大型调查数据资料的情况。当发现一组似乎十分有吸引力的数据资料时，可以仔细地阅读论文的资料部分对资料的内容、收集方法等的描述。如果是在一本著作中发现这组资料的，那么书中一般都有介绍资料的收集方法和过程的专门章节。此外，在书后的附录中，还可以找到诸如问卷等详细的信息。当研究者认为这组数据对研究确实有用时，可与原始资料的收集者联系，尝试向他索取原始数据和了解具体细节。根据这些原始资料，就可以从中选择所需要的数据，进行研究和分析。

（三）对资料进行再创造

得到所需要的数据资料后，往往要对这些资料进行一些加工才能更好地为自己的研究服务。首先，必须从资料中寻找或重新定义所要研究的变量。其次，应该仔细地研究这些变量。先整理出一份每一变量的频率统计，就可以帮助研究者加深对资料的了解。比如说，若有很大一部分被调查者对于某一项目的回答是“不知道”，那么，就必须决定是否利用这一项目的资料，以及如何去利用它。最后，可以只取样本中的一个部分作为分析的对象。比如说，只取男性样本的资料，或只取20岁以上的对象等。但是，这样做的时候，必须重新考虑抽样设计，看看这种抽取部分样本的做法对样本本身的性质有什么影响，这一子样本的代表性又如何等。

（四）分析资料

二次分析的最主要同时也是最多的工作，就是对资料的重新分析。在这种分析中，各种统计分析方法和技术都适用。如果把二次分析的方法与调查研究的方法进行比较，可以更清楚地认识这种方法的实质。调查研究往往是研究者根据自己的研究目的去实地收集第一手资料，也可以说他们是先“创造”出资料，然后再对这些资料进行分析。而二次分析是研究者自己不去进行实地调查，不去“创造”第一手资料，只是根据自己的研究目标在别人已“创造”出的各种原始资料堆中去“寻找”合适的资料进行分析，即只是把别人已“创造”好的资料拿来为自己所用。

三、二次分析的优点和缺点

二次分析首先具有省时、省钱、省力的优点。它可以使研究者从复杂、辛苦地收集原始数据的工作中，以及单调、枯燥的数据登录、输入等工作中解脱出来，以便能集中更多的时间和精力来分析他的资料。二次分析的另一个突出优点是特别适合于比较研究和趋势分析。比如，我们可以通过对不同的研究者在不同的地区分别收集的资料进行二次分析，来对比不同地区的情况；或者把不同的研究者对不同的群体进行调查所取得的资料进行二次分析，来对比不同群体的情况；还可以把其他研究者在不同时期对于同一问题所做的若干次研究的资料聚集在一起进行二次分析，以便研究事物发展的趋势；等等。

二次分析的主要缺点在于其所用资料的准确性或适用性不足。这就是说，一方面，某个研究者为其特殊的目的所收集的数据资料，不一定正好与另一个研究者的研究旨趣相符；另一方面，二次分析研究者所需要的数据资料有可能在现有研究数据中完全找不到。最常见的情形是，二次分析研究者往往发现原始研究中的某个问题“基本上”是在测量他所感兴趣的某个变量。但他更希望这个问题的提法稍微有点不同，或者再问一个相关联的问题，那样就能更准确地测量他想测量的东西。实际上，这样的资料对于二次分析研究者来说，效度是较低的，即原始问题所测量的并不正好是二次分析研究者所希望测量的变量。在对现存统计资料的分析中，也存在着这样的问题。

第四节 现存统计资料分析

现存统计资料分析到底是什么？为什么我们要学习它？我们将一同探讨它的含义、资料来源、类型以及在实际研究中的注意事项。我们将了解如何从现有的统计资料中获取有效信息，以支持社会学研究。同时，本节将讲解选择合适的资料有哪些技巧，如何比较与分析资料，以及为何要清晰地说明资料的来源。这些问题的回答将有助于我们在实际研究中更好地运用这一分析方法。

一、现存统计资料分析的含义、资料来源及类型

（一）现存统计资料分析的含义

现存统计资料分析，是指社会科学研究者使用各种现有的统计数据来进行自己的研究。这些现有的统计数据，为研究提供了历史背景，同时也是研究本身的数据和资料的来源。现存统计资料分析，是常利用官方或准官方的统计资料来进行研究的一种方式，它所用的资料是经过统计汇总的资料。

（二）现存统计资料分析的资料来源

现存统计资料分析的资料来源，主要有官方统计资料、民间统计资料及民意调查等。随着互联网技术的发展和普及，网站数据有成为次级资料主要来源的趋势。还有一些行业、部门和专业网站，也为次级资料的查阅提供了丰富的二手资料。现存统计资料是指已经收集并整理好的统计数据，这些数据通常可用于研究和分析。这些资料可以有各种来源。

1. 官方数据

政府部门和机构通常会发布大量的统计数据，涵盖了诸如人口、教育、健康、经济、环境等各个领域，如人口普查数据、国家统计局发布的经济指标、教育部发布的学校数据等。数据获取网站如国家统计局网站、国家发展改革委员会主办的中国经济信息网、国务院发展研究中心信息网等，都有大量的各种年鉴数据和即时数据。最具代表性的有《中国统计年鉴》《中国社会统计年鉴》《中国人口统计年鉴》《中国城市统计年鉴》《中国教育统计年鉴》等分支统计资料，它们包括不同年份各省份和各主要城市的资料。

2. 学术研究文献

许多学术研究会产生大量的统计数据，这些数据经过整理后，往往会以研究报告或论文的形式发布，有时也会公开原始数据供其他研究者使用，如中国知网、万方数据知识服务平台、维普网等。

3. 商业报告

很多公司和咨询机构会定期发布行业报告和市场调查结果，这些报告通常包含了大量的统计数据。例如，全国市场调查行业协会网站、中国营销信息网、中国医药信息网、中国企业信息化专业网等。

4. 社交媒体和互联网

现在的社交媒体和互联网是大量数据的来源，例如用户的点击行为数据、用户发布的

文本数据等。

5. 国际范围内的统计资料

这方面的资料主要由联合国提供。一些国际组织的网站是收集世界各国统计数据的重要渠道，如联合国统计司、联合国粮农组织、国际货币基金组织、世界银行网站和经济合作发展组织网站，其中有代表性的有《人口年鉴》，它每年都提供各国各种分类的重要统计资料，如出生率、死亡率、人口自然增长率等有关人口的统计资料。国际上还有一些专门的研究机构和民意调查机构，可以提供大量的统计资料。

（三）现存统计资料分析的类型

1. 内部资料和外部资料

按照现存统计资料获取方式可以分为内部资料和外部资料。

（1）内部资料。

这些通常是机构或组织内部收集并保存的数据或档案，包括但不限于业务资料、运营数据、客户情报档案、销售报表、财务报表，以及其他资料（如简报、总结）等。例如，一家公司可能会收集和保存其产品的销售数据，或者一家医院可能会保存其病人的医疗记录。这些数据通常只能由该组织的成员使用，不对外公开。

（2）外部资料。

外部资料指通过统计部门、信息咨询机构、电台和电视台、图书和报刊、互联网等渠道公布的有关资料，这些是由组织或机构之外的其他实体收集的数据。这些数据可以通过公开的数据库、研究报告、政府公布的统计数据等获取。例如，世界卫生组织的全球健康数据、美国国家统计局的经济数据等；再如行业研究报告、市场调查报告、上市公司财务报告或公告、政府统计部门发布的统计公报、政府统计部门编辑的各种统计年鉴、政府网站的数据库，以及咨询机构出售的资料等。

2. 数量性状资料、质量性状资料和半定量（等级）资料

按统计资料性质的不同，可以分为数量性状资料、质量性状资料和半定量（等级）资料三大类。

（1）数量性状资料。

数量性状（Quantitative Character）是指能够以测量、计量或计数的方式表示其特征的性状。例如，人的身高、体重、年龄等都是数量性状资料，这些数据可以进行加减乘除等数学运算，也可以进行平均数、中位数、方差等统计分析。观察测定数量性状而获得的数据就是数量性状资料，它的获得有测量和计数两种方式，因而数量性状资料又分为计量资料和计数资料两种。

1）计量资料：用测量方式获得的数量性状资料，即用度、量、衡等计量工具直接测定获得的数量性状资料。其数据用长度、容积、重量等来表示。这种资料的各个观测值不一定是整数，两个相邻的整数间可以有带小数的任何数值出现，其小数位数的多少由度量工具的精度而定，它们之间的变异是连续性的。因此，计量资料也称为连续性变异资料。

2）计数资料：指用计数方式获得的数量性状资料。在这类资料中，它的各个观察值只能以整数表示，在两个相邻整数间不得有任何带小数的数值出现。这些观察值只能以整

数来表示，各观察值是不连续的，因此该类资料也称为不连续性变异资料或间断性变异资料。

（2）质量性状资料。

质量性状（Qualitative Character）是指能观察到而不能直接测量的，只能用文字来描述其特征的性状，如食品颜色（蓝、黄、橙、红等）、风味（酸、甜、苦、辣等）、人的性别（男、女）、血型（A、B、AB、O）、民族（汉、藏、满、回等）等。这些数据不能进行数学运算，但可以进行频数、百分比等统计分析。

需要注意的是，研究者获取的质量性状资料一般是经过前期研究人员或统计工作者对其观察结果作数量化处理后的结果。数量化处理方法有以下两种：一是统计次数法，在一定的总体或样本中，根据某一质量性状的类别统计其次数，以次数作为质量性状的数据。例如，假设某公司想要研究员工的加班情况，可以采用统计次数法来了解每个员工加班的频率和时长。公司可以记录每个员工每月加班的次数，并将这些次数进行统计和分析。通过统计次数法，公司可以得知每个员工加班的频率、加班时长的分布等信息，从而有针对性地制定相关政策和措施。由质量性状数量化而得来的资料又叫次数资料。二是评分法，对某一质量性状，因其类别不同，分别给予评分。例如，某篮球比赛中，评委需要对参赛选手的表现进行评分，以确定最终的获胜者。评委们会根据参赛选手的技术、动作、配合、创新等方面进行评价，并根据设定的评分标准给予相应的分数。通过评分法，可以对各个选手的表现进行客观地评价，并最终确定比赛的结果。

（3）半定量（等级）资料。

半定量（等级）资料（Semi-Quantitative or Ranked Data）是指将观察单位按所考察的性状或指标的等级顺序分组，然后清点各组观察单位的次数而得的资料。这类资料既有次数资料的特点，又有程度或量的不同。如某种果实的褐变程度是根据果实变色面积进行分组的，然后统计各级别果实数。

三种不同类型的资料相互间是有区别的，但有时可根据研究的目的和统计方法的要求将一种类型资料转化成另一种类型的资料。

假设我们在进行一项关于学生学习状况的调查，可以收集到以下三类数据：

数量性状资料：例如学生的学习时间，每天学习多少小时是一个具体的数值，它是可以度量的，可以进行加减乘除等数学运算，也可以进行平均数、中位数、标准差等统计分析。

质量性状资料：例如学生的性别，这是一个分类变量，通常分为男生和女生两类，这类数据不能进行数学运算，但我们可以统计出男生和女生各自所占的比例。

半定量（等级）资料：例如学生的学习满意度，可能设有"非常满意""满意""一般""不满意""非常不满意"等等级。虽然这些数据不能进行数学运算，但它们之间存在一种顺序关系，我们可以根据这种顺序关系进行排序和比较。

这些现存统计资料为研究者提供了丰富的资源，可以用于进行各种定量研究和数据分析。现存统计资料分析类似于二次分析，因为它利用了其他人已经收集的资料。但是，二次分析使用的是原始数据，而现存统计资料分析使用的是以频数、百分比等统计形式出现的聚集资料。

（四）现存统计资料分析的注意事项

在使用现存的统计资料时，应注意以下三点：

第一，正确运用现存统计资料进行研究的前提是，必须清楚了解统计资料的内容、对象、范围和特点等。

第二，各种统计指标、比率和数据的实际含义及计算方法，必须非常清楚和明确。否则，就会出现错用资料的情况。在阅读或使用某些统计数据时，应该始终询问数据的实际内容代表什么。

第三，现存统计资料通常是聚集资料，描述的对象通常是群体而不是个人。在使用现存统计数据时，要注意避免犯层次性错误。

二、现存统计资料分析的步骤

（一）选择合适的资料

许多研究，往往需要大量的聚集资料来配合研究。例如，在全国范围内研究社会现象趋势就需要这种聚集资料。如果研究的问题有可能与某种类型的聚集资料相匹配，那么，需要仔细考虑可用于回答该问题的统计证据的类型，必须从各种调查统计部门所编制的现存统计资料中选择最合适的研究问题，以及有代表性和有说服力的证据。

假设需要研究某城市居民的健康状况。首先，需要明确研究的目的和问题，然后根据研究目的和问题确定需要收集哪些数据。其次到相关的调查统计部门或网站查找相关数据，比如到国家统计局查询相关数据，或者向医院和卫生部门索取数据。最后及时对收集到的数据进行筛选和整理，确保其与研究目的和问题相关且可靠。

（二）比较与分析资料

比较与分析是将两个或两个以上具有可比性的数据进行比较，分析其中差异，以揭示事物发展规律。

由于现存资料都是基于一定的现实基础形成的，所以通常很难对其进行分解。根据上述例子，如果我们已经掌握某地区某城市居民的健康状况资料，该资料本身没有区分职业，那么，通常不可能将该资料分解为某行业的健康状况。通常可以做的是，从多种角度、多种层次上比较各种统计数据，特别是基于年龄、性别等进行分类，并计算每个分类下的平均寿命、慢性病患病率等指标。例如，我们可以采用 t 检验或方差分析等统计方法，比较不同分类下的数据指标是否存在显著性差异。根据比较和分析的结果，我们可以得出一些结论，比如哪个年龄段的人群更容易患上某些疾病，或者哪些性别的人更健康等。同时，我们还需要对比较和分析的结果进行解释和总结，并提出进一步的研究建议。

（三）说明资料来源

在分析现存统计资料时，一项非常重要的任务是，描述所使用的现有统计数据的来源，并使这些资料易于理解。研究者应该清楚地了解所用资料的注释、总体基础、所测量指标的确切类型，并记下资料的确切来源。这是因为现存统计资料分析人员使用的是他人已整理过的资料，如果无法明确这些信息的收集方式、指标含义、总体范围和某些注意事项，就不能很好地使用这些资料。如果没有准确指出信息的来源，其他人可能会质疑证据的可靠性和准确性。此外，还需要注明数据的截止时间以及可能存在的局限性和误差等信息。

三、现存统计资料分析资料的效度与信度

只要我们的研究依赖于对现存统计资料的分析，就不可避免地受到现存统计资料内容的限制。现存资料分析的效度问题，是指所研究的变量在现存统计资料中的准确程度。如果从现存统计资料中得到的测量结果与我们所希望测量的变量有很大差异，那么这种分析的有效性就会降低。因此，在确保现存统计资料分析的效度方面，有两个科学原则非常重要，一是逻辑推理，二是可重复验证。在分析现存统计资料时，只要稍加思考和推理，往往就能发现不少有关假设的独立检验标准，如果这些检验都显示出一致的结果，证据就会有力地支持结论。

基于现存统计资料的分析质量，在很大程度上取决于统计资料本身的质量，如果统计资料本身不准确，便会导致严重的问题。为了减少和预防此类问题，提高现存统计资料的分析质量，就有必要了解此类问题发生的可能性。这通常需要对数据和报表的性质进行考察和了解，对数据失真的程度做出估计，从而加以修正。

例如，如果是有关犯罪率的现存统计资料，就不可能在不分析和不了解的情况下一概认为这个统计资料就是现实。这是因为这类统计数据往往只包括已立案的或已发现、已报告的犯罪案件，而不包括未发现、未报告或未通知的犯罪案件。当然，如果将逻辑推理和可重复验证方法都应用于所用的现存统计资料分析，就可以更好地解决这个问题。

四、现存统计资料分析的优势和缺陷

（一）现存统计资料分析的优势

1. 提供客观的数据支持

现存统计资料分析可以基于大量的样本和现有数据进行，以提供客观的数据支持。这些数据通常经过科学采集和处理，具有一定的可靠性和代表性，可以用于对问题进行客观评估和决策支持。

2. 揭示规律和趋势

通过对现存统计资料的分析，可以发现数据背后的规律和趋势。这可以帮助我们了解现象的发展变化过程，及时发现问题和风险，为决策提供依据和参考。

3. 成本和时间效益

现存统计资料已经存在，不需要额外进行数据收集，可以节省大量的时间和资源。

4. 比较分析和对比研究

现存统计资料分析可以通过对数据的比较和对比研究，揭示不同时间、地区、群体之间的差异和关联。这有助于我们了解问题的多维度特征，从而制定相应的对策和措施。现存统计资料可以覆盖很长的时间跨度，这对于进行趋势分析或者追踪研究非常有用。

5. 数据挖掘和发现新知识

统计数据分析可以借助数据挖掘和机器学习的方法，从大量数据中发现新的知识和信

息。这有助于发现问题的深层次原因和影响因素，提供创新的思路和解决方案。

（二）现存统计资料分析的缺陷

1. 数据质量和可靠性问题

现存统计资料的质量可能会受到各种因素的影响，统计资料分析的基础是数据，如果数据质量不高或者存在偏差，可能会导致分析结果的错误和失真。统计资料的质量还会影响文献研究的信度，即已有的统计资料是否准确，还需要研究者进行调查了解、估计数据的失真程度，以便加以修正。因此，在进行统计分析时，需要对数据来源和质量进行充分的认知和评估。

2. 数据局限性和适用性问题

统计资料往往只能提供有限的信息和数据量，不能涵盖所有情况和细节，也可能并不完全符合研究的需求，其有限性会影响文献研究的效度。这种局限性还可能导致在分析过程中遗漏一些重要的因素和影响，限制对问题的全面理解和解决方案的制定。通常，已有的统计资料并不能非常全面准确地包含研究者真正感兴趣的内容，或者对于想要获得的结论并不具有全面的支撑作用，因而需要运用逻辑推理和重复验证的方法来检验现存统计资料分析的效度。

3. 统计结果的解释性问题

现存统计资料分析结果通常是以数值形式呈现的，而数值本身可能存在多种解释和理解方式。这可能导致分析结果的主观性和不确定性，需要研究者综合其他信息和背景知识进行细致的解读和判断。

4. 缺乏因果关系的证明

现存统计资料分析通常只能表明某些变量之间的相关性，而不能直接证明其间的因果关系。因此，在使用现存统计资料进行分析时，需要综合其他证据和研究方法，以确定因果关系的存在与否。

5. 数据可得性

虽然很多统计资料是公开的，但也有一些资料可能受到访问限制，例如，一些数据可能因为隐私问题或权限问题而难以获取。

因此，在使用现存统计资料进行分析时，研究者需要对其潜在的优势和缺陷进行权衡，以确保研究的有效性和可靠性。在利用现存统计资料进行文献研究时，不仅要对统计资料的内容、对象、范围和特点，以及各种统计指标、比率、数字的实际含义和计算方法有明确清楚的认识，而且要通过多种途径比较与核实相关数据，确保研究的有效性和准确性。

思考发现

文献综述可以使用文献调查法来进行，其是科研工作的重中之重。“千里之行，始于足下”，这第一步必须迈得扎实有效。一般而言，通过文献调查可以基本上了解某个具体科学问题的历史沿革、重要研究节点及相关文献、主要的研究手段和研究观点等。但我们要注意，文献综述仅仅是在某项研究中回答某个研究问题的研究现状的一个环节，即是开展研究工作中的一个过程；而文献调查是一种研究方法，其可以回答某个研究问题的研究现状如何的问题，还可以用来解释某些社会现象或间接回答某些社会问题。

本章小结

文献是以一定的方法和手段记录、积累、传播和继承知识以用于历史和学术研究的载体，发挥着储存知识以及传递、交流信息的功能。文献资料的种类很多，按照不同的分类标准，可以分为不同的类型。按文献的载体形式可将文献分为纸质型文献、声像型文献、缩微型文献、数字型文献等。按照文献级次可将文献分为零次文献、一次文献、二次文献、三次文献等。

文献调查是通过系统收集和分析文字、数字、符号、画面等信息形式的现存文献资料，对社会事实、社会关系及其他社会现象进行探讨与分析的研究方式。文献调查的优点：超越时空条件的限制；避免反应性误差等问题；方便易行，花费较少；克服个人局限性。文献调查的缺点：缺乏现实性；文献资料受到时代和个人素质的限制；文献调查的方向和最终结果有时难以控制；具有不完全性，并难以排除非真实成分。文献调查方法，主要有内容分析、二次分析、现存统计资料分析三种基本类型。

内容分析是一种客观的、系统的、能够定量描述传播内容的研究方法。内容分析的目的是弄清或测度样本中本质性的事实或趋势。内容分析可以分为解读式内容分析、实验式内容分析、计算机辅助内容分析三大类。内容分析主要包括四个程序，即确定分析单位与界定目标总体的范围、抽取样本、确定编码体系、编码与相应统计分析。内容分析的优点：客观性较强，经济简便易行，信度较高，突破时空限制。内容分析的缺点：解读难度有限，数据范围限制，内在效度问题，不能确定因果关系。

二次分析也称为次级分析（元分析，再分析），即对二手资料的分析，它是指对他人收集的文献或资料进行再分析。通过二次分析，研究者可以挖掘现有数据中的新信息，发现新的关联和趋势，从而得出对社会现象的深入理解和新的研究结论。二次分析的主要功能：验证原有研究，提高研究的广度和深度；提供新的视角，填补研究空白；节省资源，进行长期或横向研究。二次分析的步骤：选择研究的主题，寻找合适的资料，对资料进行再创造，分析资料。二次分析的优势是省时、省钱、省力，特别适合于比较研究和趋势分析。然而，二次分析也存在弊端，如其所用资料缺乏准确性和适用性不足。

现存统计资料分析，是指对现有的统计数据进行分析和解释，通过统计方法和技巧来揭示其中的规律、趋势和关联，用以支持调查研究的方法。现存统计资料是指已经收集并整理好的统计数据，这些数据通常可用于研究和分析。这些资料包括官方数据、学术研究文献、商业报告、社交媒体和互联网、国际范围内的统计资料等多种来源。现存统计资料按照获取方式可以分为内部资料和外部资料；按其性质的不同，可以分为数量性状资料、质量性状资料和半定量（等级）资料三大类。现存统计资料分析的步骤包括选择合适的资料、比较与分析资料、说明资料来源。现存统计资料分析的效度取决于逻辑推理和可重复验证，信度则依赖于数据质量和准确性。

关键术语

文献　文献调查　二次文献　文献综述　内容分析　二次分析　现存统计资料分析　数量性状资料　质量性状资料　半定量（等级）资料

资源链接

视频微课 9-1　　视频微课 9-2　　视频微课 9-3

视频微课 9-4　　视频微课 9-5

复习思考题

1. 什么是文献？文献的类型有哪些？

2. 结合实例谈谈文献调查方法的优点和缺点。

3. 内容分析可分为哪些类型？

4. 什么是内容分析？该方法有哪些优缺点？

5. 什么是二次分析？二次分析的具体步骤是什么？

6. 如何区分内部资料和外部资料，数量性状资料、质量性状资料和半定量（等级）资料？

7. 请选择感兴趣的新闻话题尝试分析应该如何选择合适的资料，如何比较与分析资料。

在线自测

扫一扫　练一练

第十章　统计基础知识

案例导入

如何应用统计基础知识提高工作效率

小王是一家律师事务所的文秘，他的日常工作包括管理和处理大量的法律文件和文书。然而，随着工作负荷的增加，小王逐渐发现一些问题：一些文件需要更多的时间来处理，而他想要提高工作效率，以便更好地满足客户需求，减轻工作压力。在一次内部培训会议上，他听说了统计基础知识可以用来分析数据并做出改进。于是，他决定尝试使用统计知识来提高他的工作效率。

首先，小王开始了解单变量描述分析的基本概念。他决定分析他处理不同类型文件所用的时间。他收集了一段时间内的数据，包括处理合同、诉讼文书、法律备忘录等不同类型文件的时间。然后，他计算了每种类型文件处理时间的平均数、中位数和众数。这使他能够识别出哪些类型文件需要更多的时间来处理，以及哪些类型文件处理较快。

其次，小王进一步学习多变量描述分析的方法。他意识到，文件处理时间可能受多种因素的影响，如文件类型、员工技能水平、文件数量等。他决定使用相关分析来确定这些因素之间的关系。他将不同因素与文件处理时间进行了关联分析，以查看它们之间的相关性。这有助于他理解哪些因素对工作效率的影响最大。

再次，小王还学习参数估计的知识，并开始使用它来估计不同因素对文件处理时间的影响。例如，他估计了不同类型文件的平均处理时间，并使用区间估计来确定估计结果的可信度。这帮助他确定哪些类型文件需要更多的处理时间，以及他可以在多大程度上信任这些估计结果。

最后，小王学习了如何使用详析模式分析方法，以及如何使用统计控制来监测工作效率。他应用偏相关分析和协方差分析来深入了解文件处理时间的模式，并查看是否存在季节性或周期性变化。此外，他开始使用统计控制图来跟踪他的工作效率，以及在何时需要采取纠正措施。

通过应用这些统计基础知识，小王能够更好地了解他的工作情况，识别影响工作效率的因素，找到改进的方法，并最终提高文件处理工作效率。这不仅使他能够更好地满足客户需求，还减轻了工作压力，提高了工作满意度。

阅读提示

在这个案例中，小王作为一名繁忙的律师事务所文秘，为了提高工作效率，他学习了统计基础知识。通过对不同类型文件处理时间的分析，他找到了影响因素，并利用参数估计确定了优化策略。他还通过数据模式分析和统计控制方法实现了工作效率的持续提升。请思考：(1) 小王通过单变量描述分析识别了哪些文件类型需要更多时间来处理？你认为这对他提高工作效率有何帮助？如何在实际工作中应用这样的分析结果来提高处理速度？(2) 小王使用了相关分析来确定影响文件处理时间的因素，你认为在律师事务所中，哪些因素可能会对文件处理速度产生最显著的影响？如何在工作中处理这些因素以提高工作效率？(3) 小王使用了参数估计来评估不同因素对文件处理时间的影响，你认为以他的情况，这种方法是否有效？有没有其他可能的方法来评估这些影响因素的重要性？

在调查研究中，你是否曾对统计学的应用感到困扰？在统计基础知识这一章中，我们将探讨集中趋势和离中趋势分析的各种方法，如平均数、中位数、众数、方差、标准差等，你是否对这些概念感到陌生？多变量描述分析中的列联表、相关分析、方差分析和回归分析，你是否知道如何将其应用于实际研究？而参数估计、相关关系与因果关系、详析模式与统计控制等概念，是否让你感到迷茫？通过本章学习，我们将拨开统计学的迷雾，助你更深入地理解社会学研究中的数字背后的意义。

第一节　单变量描述分析

单变量描述分析一次只检验一个变量的分布。变量的层次不同，使用的特征值也不同，如对于定类变量和定距变量，平均值的意义价值就不一样，最常见的特征值有集中值和离中值。集中值又称为集中趋势，反映变量值的集中程度；离中值又称为离中趋势，反映变量值的分散程度或波动范围。

一、集中趋势分析（位置分析）

在社会调查中，我们通常会得到大量的统计数据，这些数据的获得可能来自成百上千个个案，我们总希望找到一个统计指标来对样本或总体进行反映，代表该组数据的一般水平，这个用一个指标表明一组数据的典型情况和平均水平的方法就是集中趋势分析法，这个指标或者代表值就叫作集中趋势统计量或集中量数。常见的集中趋势统计量有平均数、中位数、众数、分位数等。

（一）平均数

平均数（Mean），又称为算术平均数、均数、均值，是表示一组数据集中趋势的量数，是指在一组数据中所有数据之和再除以这组数据的个数。它是反映数据集中趋势的一项指标，可以衡量数据的中心位置，常用字母 M 或 $\overline{X}$ 表示。

1. 简单算术平均数

统计原始资料时，如果资料是未分组资料，则计算简单算术平均数。

计算简单算术平均数的公式为：

$$A_n=\frac{a_1+a_2+a_3+\cdots+a_n}{n}$$

式中：a_1，a_2，…，a_n为个案数据；n 为样本个数。

例 10-1：

五个同学的数学得分分别为 77 分、85 分、93 分、78 分和 86 分，求他们的平均分数。

由简单算术平均数公式得：五位同学的平均分为 83.8 分，这说明，在这五位同学中，随机抽取一名同学，他（她）的分数大概在 83.8 分。

2. 加权算术平均数

加权算术平均数是具有不同比重的数据（或平均数）的算术平均数。研究者常常将数据分为若干类，此时数据是以次数分布表的形式出现的。

当资料以单值分组时，其平均数的计算公式为：

$$\overline{X}=\frac{\sum(f\times x)}{n}$$

式中：f 为各组的次数。

例 10-2：

在某次举办的知识问答比赛中，各组得分见表 10-1，求平均分数。

表 10-1　得分统计表

分数	40	50	60	70	80
组数	5	4	8	9	4

根据公式可得：

$$\overline{X}=\frac{200+200+480+630+320}{30}=61\text{（分）}$$

而当资料以组距分组时，一般地，其平均数的计算公式为：

$$\overline{X}=\frac{\sum(f\cdot x_c)}{\sum f}=\frac{\sum(f\cdot x_c)}{n}$$

式中：x_c 为各组的组中值（组中上限与组中下限的平均值）。

但是当分组的区间为开区间时，就无法再对组中值进行计算，比如对于“10 000 元以上”这一区间我们就无法确定哪一个值是该区间的中间值。

例 10-3：

表 10-2 是某单位员工收入的调查结果，请计算此单位员工的平均收入。

表 10-2　收入的调查结果表

收入（χ）	人数（f）	组中值（x_c）	$f\times x_c$
4 000～5 000	4	4 500	18 000
3 000～4 000	5	3 500	17 500
2 000～3 000	11	2 500	27 500
1 000～2 000	12	1 500	18 000
0～1 000	8	500	4 000
合计	$\sum f=40$		$\sum(f\times x_c)=85\ 000$

根据分组资料计算平均数公式可得：

$$\overline{X}=\frac{\sum(f\times x_c)}{\sum f}=\frac{\sum(f\times x_c)}{n}=\frac{85\ 000}{40}=2\ 125(\text{元}/\text{人})$$

在具体计算平均数的过程中，本质上都是全部“数值”之和除以全部“次数”之和。

（二）中位数

中位数（Median），又称为中值、中数、中点数，它是一组数据在按大小顺序排列的情况下，在一个序列的中央位置之值，即高于此值的有50%的研究个案，低于此值的也有50%。如果观察值有偶数个，通常取最中间的两个数值的平均数作为中位数；如果是奇数个，中间那个数就为中位数。值得注意的是，计算中位数的条件是：只有定序、定距、定比数据才能求中位数，定类数据无中位数。因为定类变量中的数据没有多少、大小之分，所以无法按大小顺序排列。

1. 对原始资料求中位数

一般地，首先对一组数据进行排序，由小到大，最小的数据序号为1，最大的数据序号为n。当n为奇数时，中位数的位置就是第$\frac{n+1}{2}$个数；当n为偶数时，中位数为序号为$\frac{n}{2}$和$\frac{n}{2}+1$的这两个数值的平均值。即：

$$M_d=\begin{cases}x_{\frac{n+1}{2}} & (n\text{ 为奇数})\\ \dfrac{x_{\frac{n}{2}}+x_{\frac{n}{2}+1}}{2} & (n\text{ 为偶数})\end{cases}$$

例10-4：

求43、58、36、75、48、82的中位数。

首先将这组数据由小到大排序得到：36、43、48、58、75、82。由于这组数据的总数是偶数，因此，第三个和第四个数据48和58的平均值便为这组数据的中位数。其值为(48+58)/2=53。

从例10-4中我们可以看出，中位数仅仅和数据的排列有关，而和极大值与极小值关系不大，这就使得中位数受到极值的影响不大；中位数可以在数据中真实存在，也可以不是数据里面真实的数。

2. 对分组资料求中位数

对分组资料求中位数，首先按排序的方法找出中位数组，再按公式近似求得中位数：

$$M_d=L+\frac{\frac{N}{2}-F_{m-1}}{f_m}\times h$$

式中：L代表中位数组的下限；N代表总体单位数；F_{m-1}代表低于中位数组下限的累积频数；f_m代表中位数组的频数；h代表中位数组的组距。

例10-5：

求表10-2中收入的中位数。

因为是分组的数据资料，可以得到中位数组为2 000～3 000，中位数组下限$L=$

2 000，总体单位数 $N=40$，中位数组下限的累积频数F_{m-1}为 0～1 000 和 1 000～2 000 的累积频数，即 8+12=20，中位数组的频数f_m为 11，中位数组的组距为 1 000，即 3 000−2 000。运用公式得：

$$M_d=L+\frac{\frac{N}{2}-F_{m-1}}{f_m}\times h=2\,000+\frac{\frac{40}{2}-20}{11}\times 1\,000=2\,000\text{（元）}$$

当然，若按次序由大到小排列，则计算的方向恰好相反，计算结果完全一样（读者可以自己验证），其计算公式为：

$$M_d=U-\frac{\frac{N}{2}-F_{m+1}}{f_m}\times h$$

式中：U 代表中位数组上限；F_{m+1}代表高于中位数组上限的累积频数；其余与上述公式一致。

（三）众数

众数（Mode），也称为范数、密集数或通常数，是一组数据中出现次数最多的数值，通常表示为 M_0，用于代表数据的一般水平。众数可以不存在，也可以有多个，取决于数据的分布情况。众数的应用不仅限于定距数据，还适用于定类和定序数据。

1. 对原始资料求众数

首先我们观察一组数据，再找出出现次数最多的那个数据，那个数据就是这组数据的众数。

例 10－6：

求 3、5、4、10、3、6、3 的众数。

首先我们来观察，3 出现了 3 次，5，4，10，6 各出现了 1 次，因此，这组数据的众数为 3。

2. 对分组资料求众数

在很多情况下，我们还会面临对分组资料求众数的情况，比如根据某公司的员工收入区间求月工资众数，这种情况下，众数数值不再简单等同于频数最高的那组的组中值，而是要先找出数据出现的最高频数的众分组，再按照如下公式近似求得众数：

$$M_0=L_0+\frac{\Delta_1}{\Delta_1+\Delta_2}\times h_0$$

式中，L_0 为众分组的下限，Δ_1 为众分数频数与前一组频数之差，Δ_2 为众分组频数与后一组频数之差，h_0 为众分组的组距。

例 10－7：

表 10－3 是某次测验的得分统计表，求其众数。

表 10－3　得分统计表

分数	40～50	50～60	60～70	70～80	80～90
组数	3	3	12	10	5

由表 10－3 可知，最高频数的组为 60～70 分的组，因此此组为众分组，且 $L_0=60$，

$\Delta_1=9$，$\Delta_2=2$，$h_0=10$，因此众数近似为：

$$M_0=60+[9/(9+2)]\times 10\approx 68.18$$

（四）分位数

分位数（Quartile）对于详细研究总体时用处较大。将一组数据从小到大按顺序排列，并计算相应的累计百分位后，某一百分位所对应的数据值定义为这组数据的某一百分位数。分位数具体包括百分位数、十分位数、四分位数，是中位数的推广。最小值$x_{(0)}$是第0百分位数，最大值$x_{(n)}$是第100分位数，中位数是第50百分位数。第25百分位数和第75百分位数称为四分位数，很显然，中间的四分位数就是中位数，因此通常所说的四分位数是指处在25%位置上的数值（称为下四分位数）和处在75%位置上的数值（称为上四分位数）。

例如，已知某市一周日最高气温数值分别为25、28、30、28、31、32、30，那么，将数据由小到大排列后，处在第25%位置上的四分位数的位置是$(n+1)/4=2$，即第二个数据，是28；处在第75%的四分位数是$3(n+1)/4=6$，是31。

二、离中趋势分析

在统计学中，我们经常需要描述一组数据或整体数据的性质，仅仅依靠集中趋势（例如均值）是不够的，因为数据的分散程度同样具有重要意义。离中趋势，也叫作差异量数或离散趋势，是指一组数据中各个数值之间的差距和离散程度。离中趋势分析也就叫作变异分析。为了更全面地了解数据，我们需要考虑数据的分散特征，而不仅仅是数据的中心趋势。

离中趋势又称为“差异量数”“标志变动度”等，指在数列中各个数值之间的差距和离散程度。表10-4是2021年前三季度两区域常规燃煤机组利用小时数统计对比表。

表10-4　两区域常规燃煤机组利用小时数统计对比表

省份	100万千瓦级利用小时数	60万千瓦级利用小时数	30万千瓦级利用小时数
华北区域	4 781	4 279	4 077
西北区域	4 283	3 671	3 780

资料来源：中华人民共和国中央政府网.

如果用集中趋势分析表10-4中两区域的燃煤机组利用小时平均数，会发现两省的利用小时平均数不相上下，但是两区域各类型燃煤机组利用小时数之间却有很大的差别。华北区域的三种千瓦级燃煤机组利用小时数波动不大，数据集中；而西北区域的三种千瓦级燃煤机组利用小时数相差较大，数据分散。因此，只用集中趋势分析资料是远远不够的，还要考虑数据的分散特征，即离中趋势。

离中趋势用于测量数据的相对离散程度，通常用于比较多组数据的离散程度。它使我们能够在消除数据水平高低的情况下描述各个数据之间的差距和离散程度。离中趋势可以用不同的统计量来描述，这些统计量的大小反映了数据分布的不同特征。离中趋势统计量越大，数据分布越分散，越不稳定；反之，离中趋势统计量越小，数据分布越集中，越稳定。

（一）方差和标准差

方差（Variance）是用来描述一组数据的波动大小，是反映离中趋势的一个重要指标。方差的计算公式是：

$$S^2=\frac{\sum_{i=1}^{n}(x_i-\overline{x})^2}{n}$$

式中：n 为样本总量；$\overline{x}$为平均值。

为使离中趋势统计量的单位和原始数据一致，需要开平方，就产生了标准差（Standard Deviation）。标准差即为方差计算结果的算术平方根，反映组内个体间的离散程度。

例 10－8：

表 10－5 为三名运动员射箭比赛的成绩，请计算方差，并说明谁的成绩更稳定。

表 10－5　运动员射箭比赛成绩表

姓名	环数	环数	环数
甲	9.7	9.2	10.0
乙	9.9	9.8	9.7
丙	9.9	8.9	9.8

先计算三人成绩的平均数：甲的平均成绩$\overline{x}_{甲}=\frac{9.7+9.2+10.0}{3}\approx 9.6$，乙的平均成绩$\overline{x}_{乙}=\frac{9.9+9.8+9.7}{3}=9.8$，丙的平均成绩$\overline{x}_{丙}=\frac{9.9+8.9+9.8}{3}\approx 9.5$

再按照公式 $S^2=\frac{\sum_{i=1}^{n}(x_i-\overline{x})^2}{n}$ 算出三人的方差，甲的方差为 0.11，乙的方差约为 0.007，丙的方差为 0.20。方差越小越稳定，因此乙的成绩更稳定。

（二）离散系数

离散系数（Coefficient of Variance），又称为变异系数，是衡量数据资料中各观测值变异程度的一个统计量，是一种相对的离中趋势统计量。为了对比不同观测值之间的变异程度，当度量单位和平均数相同时，可以直接用标准差比较；当度量单位和平均数不同时，就要计算变异系数，它是标准差与平均数的百分比值[①]，通常用 CV 表示，计算公式为：

$$CV=\frac{S}{\overline{x}}\times 100\%$$

式中，S 表示样本标准差；$\overline{x}$表示样本平均数。

离散系数没有单位，是一个相对值，其大小受平均数和标准差的影响，不受数据绝对值大小的限制。离散系数越大，表明数据波动越大。

---

① 王超．离散系数的一种改进方法．统计与咨询，2010（3）．

例 10－9：

通过对一家公司的调查可知，该公司职工的人均月收入为 8 400 元，标准差为 200 元，人均负债为 25 000 元，标准差为 500 元，请比较该公司人均月收入与人均负债哪一个差异比较大。

$$CV_1=\frac{200}{8\ 400}\times100\%=2.38\%$$

$$CV_2=\frac{500}{25\ 000}\times100\%=2\%$$

可见，人均月收入的差异要比人均负债的差异要大。

（三）全距

全距（Range）又称极差，是样本中最大值和最小值的差值，是表示资料中各个观测值变异程度大小最简便的统计量，反映总体标志值的差异范围。当资料很多且需要迅速对变异程度做出判断时，可以利用全距这个统计量，但是它只能粗略地反映变异程度。由于它相当于只依靠两个极端值进行总体数据的离散程度推论，因此其可描述的精度较低。其公式为：

$$R=x_{\max}-x_{\min}$$

（四）异众比率

异众比率（Variation Ratio）是指一组数据总体中非众数次数与总体全部次数之比，是研究现象离中趋势的指标之一，用 VR 表示。它可以用于定距资料，也可以用于定类、定序资料。其计算公式为：

$$VR=\frac{n-f}{n}$$

式中：n 为样本数量；f 为众数的样本个数。

可以看到，当异众比率越大时，就代表该数据中众数在总体中所占的比例越小，说明众数的代表性越小；异众比率越小，则众数的代表性越大。可见，异众比率是反面检验众数的一项指标，能够直观地说明众数的数据有效性。

例 10－10：

求 4、5、3、6、4、5、9、5、6 的异众比率。

观察这组数据可知，样本数量一共 9 个，众数为 5，其样本个数为 3。因此 $VR=\frac{n-f}{n}=\frac{9-3}{9}=0.667$。

（五）四分位差

四分位差（Inter-Quartile Range）又称为内距或四分间距，它是上四分位数（Q_U，即位于 75%）与下四分位数（Q_L，即位于 25%）的差。它主要用于对定序及以上变量的分析，可以克服极值对资料分散程度的干扰。其数值越小，说明中间的数据越集中；数值越大，说明中间的数据越分散。四分位差用 IQR 表示，其计算公式为：

$$IQR=Q_U-Q_L$$

三、形状分析

在统计分析中，通常要假设样本的分布属于正态分布，因此要用偏度和峰度两个指标来检查样本是否属于正态分布。偏度（Skewness）是反映随机变量分布形状的一个量，它度量了分布的偏斜程度及偏向。峰度（Kurtosis）是另一个反映随机变量分布形状的量，它度量了分布尾部的厚度。

其中，偏度是考察数据对称性的指标，它有三种形态：右偏态，又称为正偏态，其偏态值大于0；左偏态，又称为负偏态，其偏态值小于0；正态，偏态值等于0，如图10-1所示。在这里要区分一下，偏态是基于尾部的单侧拉长来说的，因此右偏态是向左偏的，左偏态或者说负偏态是向右偏的。在正态数据中，中位数、众数和平均数应当是相同的，在正偏态数据中，数据状态应该是众数＜中位数＜平均数，在负偏态数据中，数据状态应该是平均数＜中位数＜众数。

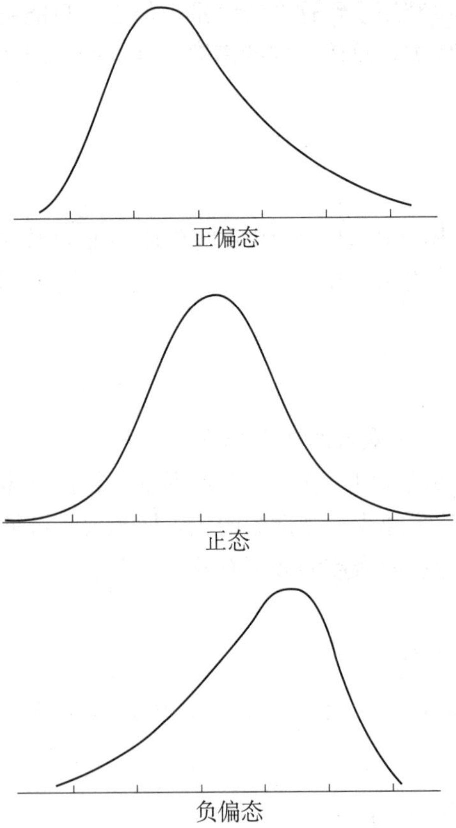

图10-1　正偏态、正态、负偏态示意图

峰度在统计学中是用来衡量实数随机变量概率分布的峰态，用 bk 表示。一般而言，峰度越大，峰值处图像越尖，就说明数据越集中（集中在众数值附近）；相反，若峰度比较小，就说明该数据比较分散，极端数据可能比较多。峰度同时也能用来体现分布尾部的厚度，考察了分布尾部的拉长趋势。通过图10-2就能比较直观地看到峰度与图像形状的关系。当峰度大于0时，图像相对正态分布，就会出现尖峰、肥尾的变化，峰度小于0的时候正好相反。

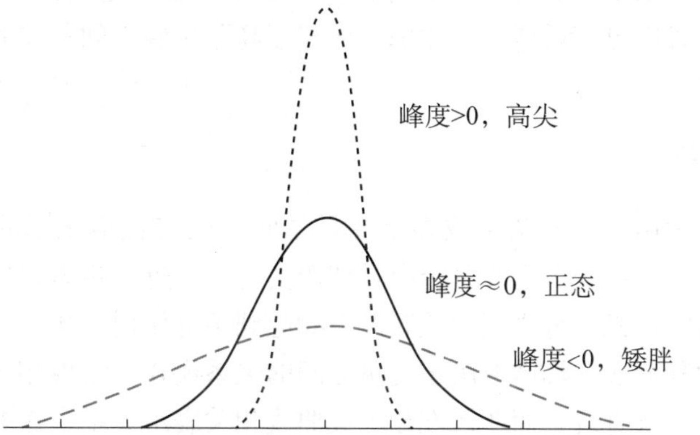

图 10－2　峰度与图像的关系

理论上正态分布偏度和峰度都为 0。当两者太大时，需要做进一步检验和分析。以上单变量描述统计都可以利用 Excel 软件完成，读者无须手动计算。

第二节　多变量描述分析

多变量描述分析是用于处理多个相互影响的变量的统计方法。传统的单变量描述分析方法忽视了多个变量之间的相互关系，因此在面对具有多个影响因素的数据时，简单的单变量描述分析方法显然是不足够的。多变量描述分析源于医学和心理学领域，起初因为计算复杂而在实际应用中并不广泛，但随着计算机技术的飞速发展和普及，多变量描述分析逐渐渗透到几乎所有学科领域。本节将介绍多变量描述分析的一些常用方法，包括列联表、相关分析、方差分析和回归分析。

一、列联表

列联表，也称为交互分类表，是一种用于分析两个或两个以上变量关系的工具。通过将数据根据两个变量的不同取值进行分类，列联表可以帮助我们比较不同组别之间的分布情况，从而揭示变量之间的关系。列联表常用于记录社会科学研究中获得的数据，并通过统计检验方法来分析这些数据。下面以一个例子来说明列联表的应用：

假设我们要研究性别与患有“三高”（高血压、高血糖、高血脂）疾病之间的关系。我们可以按照性别和是否患病两个定类变量对调查数据进行分类，得到表 10－6 所示的列联表。

表 10－6　性别与患有“三高”疾病的关系

是否患病	男性	女性
患疾病	25	9
未患疾病	8	15

从这个表格可以看出，性别对患“三高”疾病的情况有一定影响，男性患病的可能性似乎高于女性。这个结论可能与男性特有的生活习惯，如高盐饮食、饮酒和吸烟等有关。因此，列联表帮助我们更直观地了解性别与患“三高”疾病之间的关系，并提供了一种初步的数据分析方法。

二、相关分析

相关分析是一种用于研究两个或多个变量之间不确定且不规则的关联关系的统计方法。它的目标是探讨这些变量之间是否存在依赖关系，并进一步研究依赖关系的方向和程度。相关分析在研究随机变量之间的关联关系时起到关键作用。相关关系可以分为线性相关和非线性相关两种形式，具体取决于变量之间的关系模式。线性相关表示变量之间的关系可以近似表示为一条直线，而非线性相关或曲线相关表示关系模式更接近一条曲线。

（一）消减误差比例

消减误差比例表示当两个变量之间存在相关关系时，使用一个变量 x 的数据来预测另一个变量 y 的数据的误差 $E2$ 会比不使用前者 x 的数据、直接使用后者 y 的数据来预测产生的误差 $E1$ 更小。简而言之，如果两个变量之间存在相关性，那么我们可以使用一个变量来估计另一个变量，估计的准确程度可以作为衡量两个变量之间相关程度的指标。

（二）相关系数

相关系数通常用 r 表示，数值范围是 $[-1, 1]$。相关系数用于反映两个变量之间的相互变化方向和密切程度。相关关系根据变量相关方向的不同，分为正相关和负相关。正相关（$r>0$）表示两个变量的变化方向一致，即同时增加或同时减小。负相关（$r<0$）表示两个变量的变化方向相反，即一个增加时另一个减小。不同相关系数适用于不同类型的变量：

Tau - y 系数：用于测量两个定序变量之间的非对称关系，反映了两变量之间的不对称性。

斯皮尔曼等级相关系数：基于秩次数据，适用于定序变量，不要求数据满足正态性要求。

皮尔逊相关系数：适用于定距变量，要求样本容量较大且数据分布近似正态分布。

相关比率：用于分析一个定类变量和一个定距变量之间的相关关系，基于方差分析。

G 系数、d 系数、肯氏 Tau - a 系数：适用于定序变量，考虑同序对数和异序对数的处理，反映了两变量之间的关系。

三、方差分析

方差分析（ANOVA）是一种用于检验两个或多个样本均值之间的显著性差异，从而推断这些样本的均值是否依据相同的统计方法。它是由英国统计学家罗纳德·费希尔（R. A. Fisher）发明的，因此在统计学中常称为费希尔检验（F 检验），根据 Fisher 命名其统计量。方差分析的主要目的是研究不同因素对观测变量的均值是否存在显著影响。它适用于研究一个或多个定类变量（也称为自变量）与一个或多个定距变量（也称为因变量）

之间的关系。当只涉及一个定类变量时，称为单因素方差分析；当涉及两个或更多定类变量时，就是多因素方差分析（MANOVA）。

在方差分析中，核心思想是通过分析观测变量的方差来确定哪些因素对观测变量的均值产生显著影响。每个因素按照不同的类别分为多个水平，然后分析和检验各水平下的均值是否相同。以单因素方差分析为例，通过计算总方差 V、组内方差和组间方差 VB，我们可以得到组间均方差和组内均方差。

在方差相等的假定下，进行均值是否相等的检验，使用 F 统计量进行方差检验。原假设 H_0 是均值相等，备择假设 H_1 是均值不完全相等。F 统计量的计算涉及分子自由度 $a-l$ 和分母自由度 $ab-a$，根据 F 分布进行显著性检验。

总体而言，在进行 ANOVA 或 MANOVA 时需要样本独立、正态性和方差齐性等假设。如果不满足这些假设，可能需要进行数据处理以满足要求。此外，方差分析结果提供了各组均值间差异的总体信息，但未提供具体差异的细节。为深入了解差异，可以进行多个样本组之间的两两比较。

四、回归分析

回归分析，最早由 19 世纪末期的生物统计学家高尔顿（Francis Galton）提出，他是生物统计学派的奠基人之一。高尔顿的研究灵感来自他对人类身高遗传的兴趣，以及他对统计方法的创新运用。这个方法的名字中包含了“回归”和“相关”的概念，最初的含义是指身高超过或低于父母身高的子代趋向于“回归”平均值。这个观察为回归分析奠定了最初的基础，也是现代回归模型的前身。高尔顿在研究人类身高的遗传时，发现下列关系：高个子父母的子女，其身高有低于其父母身高的趋势；矮个子父母的子女，其身高有高于其父母的趋势，即有“回归”平均数的趋势。

回归分析是一种旨在确定两个或多个变量之间定量关系的统计分析方法。通过建立数学模型来近似描述这些变量之间的关系，回归分析用于估计和预测未知情况。根据不同的分类方法，回归分析可分为一元回归和多元回归、简单回归和多重回归、线性回归和非线性回归等。在一元线性回归中，模型表达为：

$$y=a+bx$$

式中：a 和 b 是待估参数，利用最小二乘法可计算。

为了衡量估计值的代表性，引入了估计标准误。估计标准误越大，说明估计值的误差越大。

在多元线性回归中，可采用逐步回归法，通过逐个引入或排除变量，选择显著自变量，并确保最终模型中的自变量对因变量的影响具有统计显著性。回归分析的主要内容包括建立数学模型、检验模型可信度、选择显著自变量、预测与控制社会过程和现象。最小二乘法是估计参数的一种常用方法。统计软件的广泛应用，如 Excel、SAS 等，使得各种回归方法的计算变得便捷。

在应用回归分析时，重点在于掌握其操作过程和结果分析，逐步回归法是常用的方法之一。多元线性回归分析的应用范围广泛，通过 Excel 等工具，可方便地进行各种回归方法的计算，为深入理解和应对社会问题提供有力支持。

第三节　参数估计

在前面的学习中，我们已经探讨了单变量描述分析和多变量描述分析，在本节中，我们将深入研究参数估计。参数估计是一项关键的统计工作，通过对随机抽样的总体数据进行分析，我们可以获得有关总体特征的估计值，这些特征通常被称为参数。

一、参数估计的基本概念

参数估计是根据从总体中抽取的样本的统计值来估计总体分布中未知参数的过程，是统计推断的一种。从估计形式看，参数估计主要包括点估计和区间估计两类方法。点估计通过样本数据计算一个具体数值，例如通过样本均值估计总体均值，提供了单一的估计值。区间估计则构建一个区间，用来估计总体参数的真实范围，更全面地反映了不确定性。

二、参数的点估计与区间估计

（一）点估计

点估计是一种将某一具体数值用作参数的近似值的方法。例如，我们可以使用样本均值作为总体均值的估计值，或者使用样本比例作为总体比例的估计值。点估计是一种直观和简单的估计方法，但它并不提供有关估计精度的详细信息，无法告诉我们估计的可靠性和误差程度。举例来说，假设我们想估计某公司的平均月工资，我们从公司的员工中随机抽取了一个样本，并计算出样本的平均月工资为 8 000 元。在这种情况下，我们将 8 000 元视为该公司全体员工平均月工资的点估计值。

（二）区间估计

点估计使用方便，比较直观，但是没有提供关于任何估计精度的准确信息，无法知道估计的可信程度以及误差，因此统计学提出了区间估计。区间估计是一种在点估计的基础上，通过计算一个范围来估计未知参数的方法。这个范围称为置信区间或可信区间，用于表示参数的真实值可能存在的范围。区间估计提供了更多的信息，包括估计的可信度和估计的误差范围。

对于区间估计，我们通常需要考虑置信度，或者称为置信水平（Confidence Level），它表示我们对估计的可信程度。通常情况下，我们会选择一定的置信水平来构建置信区间，例如 95%或 99%。置信度越高，估计的范围就越宽，但可信度也越高，反之可信度越低。换句话说，在区间估计中，我们需要考虑两个关键因素：置信度，通常选择 95%或 99%的置信水平；标准误差（Standard Error）是衡量估计精度的指标，与样本大小和估计方法有关。这两者共同决定了估计的范围和精度。

以总体平均数的区间估计为例，我们使用样本均值和样本标准差构建置信区间。对于总体比例的区间估计，我们考虑样本比例和样本大小。在总体相关系数的估计中，我们使用样本相关系数，并将其转换为 Fisher Z 值来计算置信区间。

值得注意的是，参数估计的区间大小与置信水平和样本量之间存在紧密关系。较高的置信水平通常伴随着更宽的估计范围，但也意味着更高的可信度。随着样本量的增加，估计的区间通常变得更窄，估计的精确度提高。

第四节 相关关系与因果关系

本节将深入研究多变量数据的相关关系及度量方法，这是社会学研究中一个重要的主题。相较于单一变量的描述，多变量数据研究涉及两个或多个变量之间的相互关系，有助于我们更好地理解社会现象的复杂性。

一、相关关系

我们需要了解相关关系的内涵以及积差相关、等级相关、质与量相关、品质相关等各种相关系数的适用条件和计算方法。

（一）相关关系概述

1. 相关关系的含义

相关关系是指两个或多个变量之间存在某种联系或关联，但并不必然表示它们之间存在因果关系，也不能确定它们之间存在共变关系。相关关系可能包含因果关系和共变关系，但也可能是纯粹的统计关联。在社会研究中，我们常常关心不同变量之间是否存在相关性，以便更好地理解社会现象和变量之间的相互影响。变量之间若存在关系，主要可以分为三种主要关系类型。

（1）因果关系。这种关系意味着一个变量的变化直接导致另一个变量的变化。例如，提高教育水平可能导致收入水平增加。

（2）共变关系。共变关系表示两个变量之间存在某种联系，但这种联系可能是由于它们都受到相同或相似的第三个变量的影响而产生的。例如，季节和冰激凌销量之间存在共变关系，因为它们都受到天气和温度的影响。

（3）相关关系。相关关系是一种更一般的关系，表示两个变量之间存在某种关联，但我们不能确定其中一个是因果关系的结果。

2. 相关系数的概念

相关系数是用来度量两个变量之间相关程度的统计指标。在社会研究中，我们经常使用相关系数来量化不同变量之间的关联程度。相关系数通常用 r 表示，其取值范围在－1和1之间。以下是相关系数的一些关键概念：

（1）正相关。当两个变量的数值随着彼此的增加而增加时，我们称它们之间存在正相关关系。相关系数 r 的值在 0 到 1 之间，越接近 1 表示正相关关系越强。

（2）负相关。当两个变量的数值随着彼此的增加而减少时，我们称它们之间存在负相关关系。相关系数 r 的值在－1 到 0 之间，越接近－1 表示负相关关系越强。

（3）零相关。当两个变量之间没有明显的关联时，我们称它们之间存在零相关关系。相关系数 r 的值接近 0，表示变量之间关联不明显。

（4）完全相关和完全负相关。当相关系数 r 的值为 1 时，表示存在完全正相关关系，即两个变量的变化完全一致。当相关系数 r 的值为－1 时，表示存在完全负相关关系，即两个变量的变化完全相反。

(5) 相关系数的强度。相关系数的绝对值越接近 1，表示相关关系越强。相关系数的强度可以用来衡量两个变量之间的关联程度。

3. 散点图的应用

在研究相关关系时，散点图是一种非常有用的可视化工具。散点图以图形方式展示了两个变量之间的关系。通常，散点图的横轴表示一个变量，纵轴表示另一个变量。每个数据点在图上以点的形式表示，横纵坐标分别对应两个变量的值。通过观察散点图，我们可以直观地了解两个变量之间的关系类型，包括正相关、负相关或零相关。散点图的优点在于它能够直观地展示数据的分布情况，帮助研究人员初步了解变量之间的关系类型。然后，可以使用相关系数来量化这种关系的强度。

例如，假设我们想研究身高和体重之间的关系。我们可以绘制一个散点图，横轴表示身高，纵轴表示体重，每个数据点代表一个人的身高和体重。如果散点图显示大多数数据点呈现上升趋势，那么这表明身高和体重之间存在正相关关系，即身高较高的人体重也较重。如果散点图呈下降趋势，那么这表示负相关关系，即身高较高的人体重较轻。如果散点图显示数据点分散在图中，没有明显的趋势，那么这表示零相关关系，即身高和体重之间关联不明显。

4. 判定相关关系的注意事项

在判定两个变量之间是否存在相关关系时，需要考虑以下四个因素：

(1) 样本量大小。较小的样本容易受到偶然因素的影响，因此计算出的相关系数可能不够准确。通常，需要使用统计检验来确定相关关系是否显著。

(2) 相关系数的大小。相关系数的绝对值越接近 1，表示相关关系越强。然而，即使相关系数很小，也不能排除变量之间存在相关关系，特别是在大样本情况下。

(3) 线性关系。相关系数通常用于衡量线性关系，如果两个变量之间的关系是非线性的，相关系数可能不适用。在这种情况下，需要考虑其他统计方法。

(4) 因果关系和共变关系。相关系数不能确定因果关系，只能衡量变量之间的关联程度。同时，相关关系可能是由于共同受到第三个变量的影响而产生的，这需要通过进一步的研究来确定。

(二) 积差相关

1. 积差相关的概念

积差相关，又被称为皮尔逊积差相关或积矩相关 (Product-Moment Coefficient of Correlation)，是由英国统计学家卡尔·皮尔逊于 20 世纪初提出的一种计算相关性的方法。它是一种用于衡量两个变量之间线性相关性的基本方法。在社会研究中，积差相关通常被用来分析成对的数据，这些数据包括每个个体都有的两种不同的观测值，如学生的数学和语文成绩、个体的智力得分和学习成绩等。

要应用积差相关，需要满足以下几个条件：

(1) 成对数据：积差相关要求每个个体都有两种不同的观测值，这些观测值可以成对地匹配。这意味着我们需要成对的数据，例如每个学生的数学和语文成绩。

(2) 正态分布：两列变量的总体分布应接近正态分布。虽然不要求每个变量的样本数据都必须是正态分布的，但两个相关的变量应该服从接近正态分布的单峰分布。对于数据是否符合正态分布的要求，可以通过正态性检验来确定。此外，相关性分析通常需要进行相关散布图的初步分析，以判断变量之间是否存在线性关系。

（3）连续变量：积差相关适用于连续变量，这意味着两列数据都应该是测量数据。

（4）线性关系：积差相关衡量的是线性关系，因此如果两个变量之间的关系是非线性的，那么积差相关可能不适用。在这种情况下，需要考虑其他统计方法。

（5）样本量：一般来说，为了得到可靠的结果，成对数据的样本量应不少于 30 对。样本量太小可能导致结果不够具有代表性。

2. 积差相关系数

积差相关系数 r 的取值范围在 -1 到 1 之间，它可以用来衡量两个变量之间的线性相关程度。以下是对积差相关系数的解读：

当 $r=1$ 时，表示存在完全正相关关系，即两个变量的变化完全一致，呈现出完全的正向线性关系。

当 $r=-1$ 时，表示存在完全负相关关系，即两个变量的变化完全相反，呈现出完全的负向线性关系。

当 $r=0$ 时，表示两个变量之间不存在线性相关关系，它们是独立的随机变量。

此外，相关系数的绝对值越接近 1，表示相关关系越强。如果相关系数的绝对值在 1 和 0 之间，表示不同程度的相关性。绝对值越接近 1，相关性越强；绝对值越接近 0，相关性越弱。

相关系数不能确定因果关系，只能衡量变量之间的关联程度。同时，相关系数只能衡量线性关系，如果两个变量之间的关系是非线性的，相关系数可能不适用。

（三）等级相关

在心理学和教育领域的研究中，研究者通常需要处理各种类型的数据。有时，这些数据不是等距或等比的测量数据，而是具有等级顺序的测量数据。另外，即使数据是等距或等比的，但其总体分布可能不符合正态分布的要求，这不满足使用积差相关的要求。在这些情况下，研究者需要使用等级相关方法，这种方法不要求数据满足特定的分布假设，因此被称为非参数相关方法。本节将深入探讨等级相关的概念、方法以及应用领域。

1. 斯皮尔曼等级相关

斯皮尔曼等级相关（Spearman's Correlation Coefficient for Ranked Data）是等级相关方法的一种，有时也被称为斯皮尔曼系数（Spearman's rho）。它是对皮尔逊相关系数的一种延伸，适用于两列具有等级性质的变量，主要用于处理名义数据和顺序数据之间的相关问题。斯皮尔曼等级相关是一种线性相关方法，不涵盖非线性关系。

斯皮尔曼等级相关适用于以下情况：只有两列等级变量数据；这些数据表现名义或顺序属性，并且具有线性关系；数据分布不需要满足正态分布假设；即使原始数据是等距或等比的连续变量数据，如果将其转换为等级顺序数据，也可以应用斯皮尔曼等级相关，而无须考虑数据是否满足正态分布的要求。

2. 肯德尔 W 系数

肯德尔 W 系数，也称为肯德尔和谐系数（Kendall Coefficient of Concordance），用于表示多列等级变量之间的相关程度，它适用于两列以上的等级变量。肯德尔和谐系数通常用符号 W 表示。肯德尔和谐系数的计算涉及多列等级变量数据的相关性。这些数据通常使用等级评定法获得。例如，对一组评价对象进行等级评定，每个评价者都为每个对象排出一个等级顺序。每个对象获得的等级总和的变异性是肯德尔 W 系数的计算基础。这种方法适用于名义和顺序数据，并且不需要数据满足正态分布的要求。

3. 肯德尔 U 系数

肯德尔 U 系数，又称为一致性系数，用于统计分析多个评价者之间的一致性。与肯德尔 W 系数相似，它处理多列等级变量数据，但数据的获取方式不同，计算结果也不同。

肯德尔 U 系数适用于以下情况：有 N 个事物，由 K 个评价者对其进行单一维度属性的评价，评价者使用等级评定法进行评价。如果评价者采用对偶比较方法，即将 N 个事物两两进行比较，然后对每对事物进行优劣选择，以 1 表示优势者，0 表示非优势者，难以判断则以 0.5 表示。最终整理评价者的评价结果，得到 K 个评价者的评价数据。这种情况下，可以计算肯德尔 U 系数。

（四）质与量相关

在科学研究中，经常需要分析两列变量之间的关系，其中一列是等距或等比的测量数据，而另一列是按性质划分的类别变量。这种情况下，我们关心的是它们之间是否存在一种质与量相关性。这里将讨论点二列相关、二列相关和多列相关，这些方法用于处理不同类型的质与量相关性问题。

1. 点二列相关

当一个变量的测量结果只有两种类别时，通常称为二分变量（Dichotomous Variable)。这些二分变量可以是真正的二分变量，也可以是人为划分的二分变量。真正的二分变量是指具有离散性的二分变量，例如男性与女性、成功与失败等。人为划分的二分变量是将一个连续型的测量数据按照某种标准划分为两个类别，例如成绩高于某一标准的为及格，低于标准的为不及格。点二列相关常用于评估二分类测验题的区分度，其中每题的得分只有两种结果，即答对或答错，每个题目的“对”和“错”被看作是二分变量，整个测验的总分则是一个连续测量变量。

2. 二列相关

当两列数据都符合正态分布的要求时，其中一列变量是等距或等比的测量数据，而另一列变量是人为划分的二分变量。典型的例子包括测验成绩划分为及格和不及格，健康状态划分为健康和不健康，学习成绩划分为好、差等。这些变量都属于正态分布的连续测量数据，但被划分为两个类别。

3. 多列相关

多列相关适用于处理两列正态变量数据，其中一列是等距或等比的测量数据，而另一列被划分为多个类别，通常称为名义变量。典型的例子包括学生成绩被划分为优、良、中、差四类，或者被划分为好、差两类。这些名义变量是人为划分的，等距或等比的测量数据属于正态分布。

（五）品质相关

品质相关是一种用于衡量 $R \times C$（行×列）表中两个变量之间关联程度的方法。在心理测验编制和项目分析中，它经常被用于分析数据。这种相关性由两个变量（或因素）都被分成不同的品质类别而得名。品质相关通常处理计数数据，而不是连续测量数据。根据两个因素的性质和不同的分类项目，品质相关可以有不同的名称和计算方法，主要包括四分相关、φ相关和列联表相关等。

1. 四分相关

四分相关（Tetrachoric Correlation）适用于计算两个连续变量之间的相关性，但每个变量的变化都被人为地分成两种类型的测量数据。通常，计算四分相关的数据会被整理成四格表。四格表由两个因素组成，每个因素都有两个分类，形成 $R\times C$ 表。因为只有四个格子，所以被称为四格表。

2. φ相关

φ相关适用于处理三个相互关联的二分变量的分布数据，它是真正的二分数据，并且每个分布中都有一个真正的缺口。这种方法常用于列联表数据，因此也称为列联表相关系数。

φ相关适用于不同于四分相关的四格表数据。这种数据表示三个分布，每个分布只有两个取值或表示某些属性的状态，例如工作状态（有工作与无工作）、吸烟状况（吸烟者与非吸烟者）、婚姻状况、智商水平等。φ相关常用于表示三个分布都只有两个取值或仅表示某种属性的情况。

3. 列联表相关

列联表相关也称为均方相依系数、接触系数等，通常用 C 表示。它是从二因素的 $R\times C$ 列联表数据中得出的相关系数，因此被称为列联表相关。当数据是来自 $R\times C$ 表的计数数据，且需要分析两个研究的因素之间的相关程度时，通常会应用列联表相关。

二、因果关系

（一）因果关系概述

1. 因果关系的定义

因果关系是指两个或多个事件之间的一种关联，其中一个事件（原因）导致了另一个事件（结果）的发生。简而言之，因果关系描述了事件之间的因果联系，即一个事件的发生会引起另一个事件的发生或变化。这个概念在科学、哲学和日常生活中都有广泛应用。举例而言，吸烟有可能导致肺癌，吸烟是原因，肺癌是结果，表明二者存在直接因果联系。然而，不是所有关联都代表因果关系，有时只是巧合或同时发生。只有当这些状态之间存在差异时，我们才能说是因为某个因素的作用[①]。

在因果关系中，通常有一个原因和一个结果，原因是导致结果发生的触发器或因素。因此，确定真正的因果关系需要进行仔细的研究和分析，通常需要采用科学方法来验证[②]。

2. 因果关系的要素

因果关系的要素共同构成了因果关系的基本结构，它们有助于我们理解和研究事件之间的因果联系。然而，确定真正的因果关系可能需要更复杂的研究方法和数据分析，特别

① 胡安宁．应用统计因果推论．上海：复旦大学出版社，2020.

② 姚阿道．因果关系阐述．合作经济与科技，2022（17）.

是在复杂的现实世界情境中。因此，因果关系的确定可能涉及统计分析、实验设计、观察研究和领域专业知识的综合运用。因果关系包括以下八大要素。

（1）原因（Cause）。原因是事件或条件，它引起或导致另一个事件发生。原因是因果关系的起始点，它可以是单个事件、行为、条件或多个因素的组合。

（2）结果（Effect）。结果是由原因引起的事件或条件，它是因果关系中的响应或反应。结果通常是与原因相关的事件，它发生在原因之后。

（3）时间顺序（Temporal Sequence）。因果关系要求原因在时间上发生在结果之前。这意味着原因必须在导致结果的时间点之前存在或发生。

（4）相关性（Correlation）。原因和结果之间存在相关性，也就是它们之间的关系不是偶然的。相关性表示原因的存在或发生与结果之间存在一种统计上的关联。

（5）排除其他解释（Exclusion of Alternative Explanations）。为了建立因果关系，需要排除其他可能的解释或因素，以确保原因是导致结果的唯一或主要因素。

（6）可重复性（Reproducibility）。通过重复实验或观察，应该能够在不同情境下验证因果关系。如果在多次实验或不同环境中都能观察到相同的结果，那么就增强了因果关系的可信度。

（7）机制（Mechanism）。了解原因和结果之间的中间步骤或机制有助于更深入地理解因果关系。机制是描述原因如何导致结果的中间过程。

（8）剂量响应（Dose-Response）。剂量响应关系是指原因的强度或数量与结果的程度之间的关系。通常情况下，随着原因的强度或数量增加，结果的程度也会相应增加。

3. 因果关系的分类

因果关系是描述事物之间相互影响的一种普遍联系，它反映了事件或条件之间的因果联系。这一关系包括两个主要部分：原因主体和结果主体①。

（1）根据因果数量分类。

根据原因与结果的数量和关联性，我们可以将因果关系进一步分为四种基本类型：一因一果、多因一果、一因多果和多因多果。

1）一因一果。这种类型的因果关系中，文本中仅包含一个明确的原因和一个相应的结果。简而言之，一个原因导致了一个结果。例如，台风导致了死亡。在这个例子中，台风是唯一的原因，导致了一个明确的结果，即死亡。

2）多因一果。在多因一果的因果关系中，文本中包含多个原因，但它们都导致了同一个结果。例如，小强生病了，可能是因为他昨晚过劳而且着凉了。在这个情况下，生病是结果，过劳和着凉是导致这一结果的多个原因。

3）一因多果。这种类型的因果关系中，一个单一的原因导致了多个不同的结果。例如，小丽化妆之后，变得更加自信了，也收获了爱情。在这里，化妆是原因，但它导致了两个不同的结果，即自信和爱情。

4）多因多果。在多因多果的因果关系中，文本中包含多个原因，同时也导致了多个不同的结果。例如，食物残渣和幽门螺旋杆菌造成了小明的胃溃疡和胃穿孔。在这个例子

---

① 冉紫涵，张仰森，向尕，等．因果关系抽取研究综述．北京信息科技大学学报（自然科学版），2023，38（3）．

中，食物残渣和幽门螺旋杆菌是多种原因，它们导致了胃溃疡和胃穿孔这两个不同的结果。

（2）根据因果结构分类。

因果关系还可以根据因果结构或因果表达的明确性分为两种类型：显式因果关系和隐式因果关系。

1）显式因果关系。显式因果关系是指在文本中，原因和结果之间有明确的连接词或词语，如“导致”“引起”“是因为”等，并且原因和结果通常同时出现在同一句话或同一段落中。

2）隐式因果关系。隐式因果关系是指原因和结果没有在同一句话或同一段落中出现，或者在文本中缺乏明确的连接词。这种类型的因果关系需要读者通过上下文和逻辑推断来理解。例如，文本中提到“木材是一种多孔性材料，具有吸湿性”，这里没有明确的连接词，但我们可以理解为木材的多孔性是它具有吸湿性的原因。

（3）根据直接性与间接性分类。

这种分类根据原因和结果之间的直接性或间接性，可分为两种类型：一是直接因果关系，原因和结果之间没有中间步骤或中介；二是间接因果关系，原因和结果之间存在中间步骤或中介因素，需要经过一系列过程才能实现。

（二）因果关系的原理

因果关系有助于我们理解事物之间的相互作用，揭示事件和现象之间的因果联系。这里将探讨因果关系的原理，包括 A/B 实验的原理和鱼骨图分析的原理。

1. A/B 实验的原理

A/B 实验，也称为随机对照实验，是一种科学研究中常用的实验设计方法，用于确定原因和结果之间的因果关系。该实验的原理基于对两个或多个组别的比较，其中一个组别（A 组）接受了某种处理，而另一个组别（B 组，对照组）不接受处理。通过比较这两组的结果，研究人员可以推断处理是否对结果产生了影响，从而确定因果关系。

A/B 实验的核心原理包括以下几个关键要素：

（1）随机分配。

在 A/B 实验中，随机分配是一项关键原则。研究人员必须确保将参与实验的个体或单位随机分配到不同的组别，以消除潜在的偏倚和混杂变量的影响。随机分配可以保证两组别在实验前具有相似的特征和特性，从而使得后续的比较更具可靠性和有效性。

（2）对照组。

A/B 实验中的对照组是没有接受处理的组别，其目的在于提供一个参照点，用于与接受处理的组别进行比较。通过与对照组的比较，研究人员可以确定任何观察到的效应是否是由处理引起的，而不是其他潜在因素导致的。

（3）处理变量。

处理变量是 A/B 实验的关键组成部分。它代表了研究人员想要测试的因素或处理。处理可以是一项政策、一种药物、一个广告策略，或任何其他可能影响结果的干预措施。处理变量的选择和实施必须精心设计，以确保实验的准确性和可信度。

（4）结果测量。

为了确定因果关系，必须对结果进行准确的测量和记录。这些结果可以是定量的，如数值数据，也可以是定性的，如观察或调查数据。关键在于确保测量结果的可重复性和可比性，以便进行有效的比较和分析。

（5）统计分析。

A/B 实验的最终步骤是进行统计分析。通过比较实验组和对照组的结果，研究人员可以使用统计工具来确定处理是否对结果产生了显著影响。常用的统计方法包括 t 检验、方差分析、回归分析等，它们有助于确定观察到的差异是否具有统计学意义。

2. 鱼骨图分析的原理

鱼骨图，又称为因果图或石川图，是一种用于问题分析和因果关系可视化的工具。它最初由日本质量管理专家石川馨（Kaoru Ishikawa）于 20 世纪 60 年代提出，并被广泛用于质量管理和问题解决领域。鱼骨图分析的原理在于帮助团队识别问题的根本原因，并找出解决问题的方法。

（1）鱼骨图的结构。

鱼骨图的结构类似于一条鱼的骨架，因此得名。它通常包括以下主要部分：一是鱼头，即鱼骨图的头部，代表要解决的问题或结果，这是问题的描述或主题；二是鱼鳍，即鱼骨图的鳍部，表示问题的主要类别或影响因素，这些因素通常是导致问题的不同方面；三是鱼骨，即鱼骨图的骨架，是连接鱼鳍和鱼头的主要部分，它们用于表示因果关系。每个鱼鳍与鱼头之间的连接线上，可以列出具体的原因或因素。

（2）制定鱼骨图的步骤。

制定鱼骨图通常包括以下步骤：一是确定问题，明确定义要解决的问题或主题，这将成为鱼头的标签；二是识别主要因素，研究团队一起列出可能导致问题的主要因素或类别，这些因素或类别将成为鱼鳍的标签；三是建立鱼骨结构，绘制鱼骨图的骨架，将鱼头、鱼鳍和鱼骨连接起来；四是识别原因，在鱼骨图上，团队成员列出导致问题的具体原因或因素，并将它们与相应的鱼鳍连接；五是分析因果关系，团队通过讨论和分析原因与问题之间的因果关系，确定哪些原因可能对问题有重要影响；六是提出解决方案，针对确定的原因或因素，提出可能的解决方案和改进措施；七是确定优先级排序，团队可以根据影响程度和可行性对解决方案进行排序，以确定优先级。

（三）因果关系的应用

前面我们讨论了因果关系的基本原理，在此将进一步探讨因果关系的应用，特别是在数据科学和决策支持领域。我们将深入研究 A/B 实验在这些领域的具体应用。

A/B 实验通常包括以下基本步骤。

1. 定义目标和指标

首先，需要明确定义实验的目标，例如提高用户点击率、增加销售额或改善用户体验。然后，选择适当的指标来衡量这些目标。

2. 随机分组

参与实验的用户或样本必须被随机分配到 A 组和 B 组，以确保实验组和对照组之间的初始差异最小化。

3. 实施变化

在实验组（A组）中实施所关注的变化，例如推出新功能或修改广告策略，而对照组（B组）保持不变。

4. 数据收集

收集来自两组的数据，包括所选指标的测量结果。

5. 分析结果

使用统计方法分析数据，确定两组之间是否存在显著差异，并且这种差异是否可以归因于所实施的变化。

6. 做出决策

基于分析的结果，决定是否采用新策略，或者是否需要进一步地优化和测试。

第五节　详析模式与统计控制

统计控制是通过控制某一个或多个变量的影响来研究另外自变量和因变量之间关系的方法，有助于深入研究复杂社会现象并提供更全面的理解。首先，本节将介绍详析模式（也称为详析模型），包含详析模式的起源、详析模式的分析方法和详析模式的类型，其次，将简述偏相关分析与协方差分析。

一、详析模式

（一）详析模式的起源

详析模式的兴起与社会科学家塞缪·斯托（Samuel Stouffer）在第二次世界大战期间的研究密切相关。他深入研究了影响美国军队士气的因素，首次对一些公认的模式进行了检验。例如，之前认为军阶晋升可提高士气，受教育程度高的人不愿从军等。然而，研究结果却揭示了这些公认模式的错误性。实际上，晋升率最低的是军事警察部门，而空军的士气最高；受教育程度较低的人更不愿从军。这表明社会现象的复杂性，一个现象可能受到多种因素的影响，并在不同条件下呈现不同关系。详析模式的引入成为深入了解社会现象的必要手段。

（二）详析模式的分析方法

详析模式分析方法是一种用于深入探讨两个变量之间关系的研究方法。它通过引入第三个变量作为控制变量来更全面地理解两个变量之间的关联，揭示这种关系的条件和原因，以及可能存在的内在联系，从而深化对社会现象的理解。该方法主要采用“分表法”技巧，特别适用于处理定性或定序变量。该方法包括以下步骤：首先，考察原有两个变量 X 和 Y 之间的关系，通常以列联表形式描述，确定初始关系；其次，选择一个检验因素，即第三个变量，通过引入这个因素深入了解 X 和 Y 的关系；再次，将检验因素分成不同层次或类别，创建每个类别下 X 和 Y 的列联表，显示部分关系；最后，分析各部分关系，可能得出不同结论。详析模式分析方法的优势在于允许在考虑控制变量的影响下更深入地研究两个变量之间的关系。通过分析不同类别下的部分关系，研究人员可以识别原有关系的条件和原因，发现其他潜在联系。

（三）详析模式的类型

在详析模式中，根据引入的控制变量与研究的两个变量之间的位置关系，我们可以将详析模式分析方法分为三种主要类型。

1. 因果分析

在因果分析中，控制变量位于自变量和因变量之前，也就是在变量 X 和 Y 之间引入控制变量 Z。这时，如果控制变量 Z 位于变量 X 和 Y 之前，我们称为前置变量，如图 10-3 所示。这种分析帮助我们探讨是否存在因果关系，并揭示了这种关系的真实性质。以一个例子来说明，如果我们发现婚龄长的人更容易患病，但在引入年龄这一控制变量后，发现年龄是一个更重要的因素，那么我们就可以得出结论，婚龄和患病率之间的关系不是真正的因果关系。

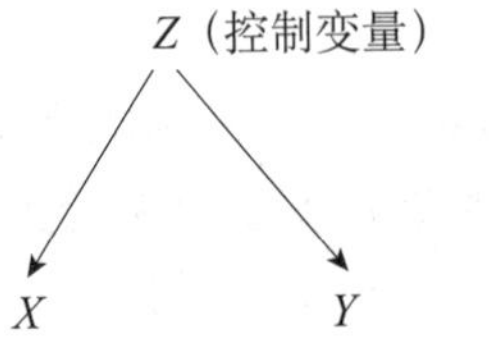

图 10-3　控制变量 Z 位于变量 X 和 Y 之前

2. 阐明分析

阐明分析中，控制变量位于自变量和因变量之间，也就是在变量 X 和 Y 之间引入控制变量 Z，这时我们称为中介变量，如图 10-4 所示。阐明分析的目的是证明变量 X 是否通过中介变量 Z 来影响变量 Y。如果在控制中介变量 Z 后，X 的变化不再引起 Y 的变化，那么我们可以得出结论，Z 是 X 对 Y 产生影响的关键因素。以一个例子来说明，如果我们研究暴力家庭中的少年犯罪率高的原因，我们可能会发现暴力导致了打架次数的增加，而这最终导致了孩子的社会化问题。在这种情况下，打架次数就是中介变量。

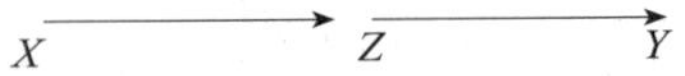

图 10-4　控制变量 Z 位于变量 X 和 Y 之间

3. 条件分析

条件分析关注的是在不同情况下，变量 X 和 Y 是否具有不同的关系。它以第三变量作为基础，来了解 X 和 Y 在不同条件下的关系。这种分析探讨了在引入第三变量后，X 和 Y 之间的原始关系如何在不同条件下变化，是否会增强、减弱或消失。条件分析的目的是研究 X 和 Y 之间的相关性在不同条件下的表现。以一个例子来说明，我们可以使用条件分析来探究不同年龄组中性别和购买某种产品之间的关系，以确定是否存在条件性差异。

二、偏相关分析与协方差分析

相关分析通常用于测量两个变量之间的关联性，以探究是否存在某种依赖关系，并通过相关系数的大小来衡量这一关联的强度。然而，当存在其他变量对两个变量同时产生影响时，传统相关分析可能无法准确反映出两个变量之间的实际关系。为了解决这一问题，就需要控制其他变量的影响，即采取统计控制的方法来分析两个变量的关系，偏相关分析与协方差分析便应运而生。

（一）偏相关分析

偏相关分析旨在当存在其他变量的影响时，排除该影响，专注于研究两个变量之间的纯净线性相关关系。因此，偏相关分析和传统相关分析的主要区别在于是否剔除其他变量的干扰。偏相关分析的核心任务是在研究两个变量之间的线性相关性时，通过控制可能对其产生影响的其他变量来进行分析，其度量工具是偏相关系数 r。例如，在研究工资收入与受教育程度之间的相关关系时，需要考虑工作经验或工龄等变量的影响。在偏相关分析中，我们将控制这些影响变量，以更准确地衡量工资收入与受教育程度之间的关系。

（二）协方差分析

协方差分析（Analysis of Covariance，ANCOVA）是在方差分析基础上拓展的一种统计方法，它用于分析具有一个或多个自变量和一个或多个协变量的数据，以确定它们与因变量之间的关系。协方差分析结合了方差分析（ANOVA）和回归分析的思想。一般的方差分析主要考察的是定类变量对连续变量的影响，回归分析考察连续变量对连续变量的影响。而协方差分析将自变量中的连续变量作为协变量，在控制协变量影响的基础上分析定类变量对连续变量（因变量）的影响。

思考发现

单变量需要从集中趋势与离中趋势两方面来进行分析，这启示我们要善于从正反两方面来描述事物。统计并非冰冷的数字堆砌，而是引导我们深刻理解社会、进行批判性思考的方法，其为我们理解社会现象、推动社会科学发展提供了强大的分析工具。

本章小结

统计学是通过搜索、整理、分析数据等手段，以推断所测对象的本质，甚至预测对象未来的一门综合性科学。其中用到了大量的数学及其他学科的专业知识，它的使用范围几乎覆盖了社会科学和自然科学的各个领域。统计分析数据的方法包括描述统计和推断统计。描述统计是通过图表或数学方法，对数据资料进行整理、分析，并对数据的分布状态、数字特征和随机变量之间关系进行估计和描述的方法。推断统计是研究如何利用样本数据来推断总体特征的统计方法。

本章前两节着重介绍了单变量和多变量的描述分析，单变量描述分析分为集中趋势分析、离中趋势分析、形状分析。在集中趋势分析中，介绍了均值、众数、中位数、分位数。在离中趋势分析中，介绍了方差、标准差、离散系数、异众比率、四分位差、全距等。同时还补充了两个重要内容：方差分析和回归分析。

本章第三节讲解了推断统计中的参数估计。参数估计的方法包括点估计和区间估计，涉及了均值、比例、相关系数这三个统计量。在实际运用中，我们主要做区间估计。

本章第四节介绍了相关关系和因果关系。第五节讲解了统计控制的一些方法，包括详析模式、偏相关分析、协方差分析。这三种方法都是通过控制某一变量得到其余两个变量之间的关系，但是它们考察的对象是不同的。

关键术语

集中趋势　离中趋势　众数　中位数　平均数　方差　标准差　全距　四分位差
离散系数　参数估计　置信度　点估计　区间估计　相关关系　因果关系
统计控制　详析模式　偏相关系数　协方差分析

资源链接

视频微课 10-1　视频微课 10-2　视频微课 10-3　视频微课 10-4　视频微课 10-5

复习思考题

1. 单变量描述分析是什么？它通常用于研究中的哪些方面？

2. 在统计学中，多变量描述分析涉及哪些关键概念？为什么研究人员可能会对多变量关系感兴趣？

3. 参数估计是什么？举例说明参数估计的过程。

4. 解释相关关系与因果关系之间的区别。为什么弄清这两者之间的区别在研究中非常重要？

5. 详析模式是什么？举例说明如何使用详析模式来研究复杂社会现象。

在线自测

扫一扫　练一练

第十一章　统计图表的呈现规范

案例导入

“图”说数据：让数字“表”现出别样力量

1992 年美国总统选举是一场备受瞩目的选举，有两位主要候选人：共和党候选人乔治·布什和民主党候选人比尔·克林顿。当晚，各大电视台竞相报道选举结果，而 NBC 电视台的一张柱状图引起了轰动。在当晚的选举报道中，NBC 播出了一张柱状图，旨在展示两位候选人的得票比例。然而，这个图表的设计引发了广泛的争议。问题在于，该图表的垂直轴并没有从零开始，而是从 19%开始。这意味着图表的底部并不是零，而是一个相对较高的数字。

这个不规范的设计导致公众产生误解。公众很容易得出错误的结论，认为布什的支持率远远低于克林顿，因为柱状图上显示的差距看起来非常大。实际上，选举结果非常接近，但由于图表的不准确呈现，观众普遍认为克林顿的支持率遥遥领先。这个事件在当时引发了广泛的关注和争议。许多观众和评论人士对 NBC 的报道提出了质疑，认为这种不规范的图表呈现误导了公众对选举结果的理解，媒体被指责为了戏剧性效果而牺牲了准确性和客观性。

在当今信息爆炸的时代，统计数据和图表的应用已经成为我们生活中无处不在的一部分。从新闻报道、科学研究到商业分析，我们每天都会遇到各种各样的统计图表，它们如同信息的画布，帮助我们更清晰地看待世界。

现在，让我们来想象一个场景：假如你是一家国际汽车公司的市场分析师，你的使命是深入研究全球汽车市场，以确定公司在未来几年应该将重点放在哪些市场以实现增长。你已经积累了大量的市场数据，包括各国汽车销售数量、不同类型汽车的受欢迎程度、油价趋势等。但是，如何将这些海量的数据转化为实际可行的战略决策呢?

通过将这些数据以视觉化的方式呈现，你可以更轻松地发现市场中的趋势，比较不同地区之间的差异，为公司提供明智的战略建议。这就是统计图表的魅力所在。在本章中，我们将带你深入了解如何正确地运用统计图表，使其成为有效的沟通工具。

让我们开始这个探索之旅，学习如何通过统计图表讲述引人入胜的故事。在接下来的内容中，我们将借助 Excel 软件，研究如何选择合适的图表类型，如何设计清晰的图表，如何添加必要的标签和注释，以及如何确保图表的信息传达方式符合实践。无论你是学术研究者、数据分析员还是普通读者，这些规范都将帮助你更深入地理解和更好地应用统计图表。

阅读提示

如果你对我国各项数据及其图表感兴趣，可访问国家统计局数据库（https://data.stats.gov.cn/），目前数据库已覆盖国家统计局和其他部门的统计指标几千个，加载数据报表上万张，总数据量上百万笔，实现了综合数据的整表、指标、专题和关键字查询，并提供多种文件输出、制表、指标解释、单位转换、表格转置等功能。国家统计局数据库为研究者提供了全面、权威的宏观数据获取渠道，提供月度、季度、年度、普查区域、部门和国际社会的经济统计数据。其中，年度数据包括 GDP、人口、就业、价格指数、固定资产和房地产、资源与环境、财政、城市概况、社会消费品零售总额、社会保障等；季度数据包括 GDP、农业、工业、建筑业、人民生活、价格指数、国内贸易、文化等。

你是否想过通过图表更生动地呈现数据，使数字变得更有说服力？本章我们将共同探讨这个问题。首先，你知道统计表的定义、作用与制作原则吗？了解统计表的基本构成和不同类型有助于更好地理解数据。其次，你是否熟悉统计图的构成和种类？单变量图、双变量图、多变量图，每一种都有其独特之处。通过图表构建器，你可以使用不同工具创造各种统计图。最后，我们将深入研究简单条形图、折线图、直方图、茎叶图、饼图、箱图、散点图、P－P 图与 Q－Q 图等，并熟练运用它们，使数据更生动、更具说服力。

第一节　数据的报表呈现

统计表以表格的形式呈现数据。数据通常以行和列的方式排列，每个数据点都以数值或文字的形式显示在特定的单元格中。统计表可以包括文本描述，使读者可以快速找到特定数据。统计图以图形的方式呈现数据。数据被转化成图形元素，如点、线、柱状等，以更直观的方式显示。统计图通常用于展示数据的趋势、分布、关系或模式。统计表和统计图在数据分析与数据呈现中各有优势，选择使用哪种方式取决于分析目的、受众和数据的性质。通常，综合使用统计表和统计图的方法可以更全面地呈现与传达数据。我们将在本节介绍什么是统计表、统计表的基本构成要素、统计表的类型及其特点，讲解如何使用 Excel 软件的图表制作、编辑功能。

一、统计表的构成、作用与制作要点

（一）统计表的定义

统计表是由纵横交叉线条所绘制的表格来表现统计资料的一种形式，作为一种用于整理、汇总和展示数据的可视化工具，通常以行和列的方式组织数据。它们提供了一种结构化的方式来呈现数据，以便人们更容易理解和分析数据的特征、趋势和模式。统计表通常包括标题、标签、数字和注释，用于提供有关数据的上下文信息和解释。

统计表中的每一个单元格都有行、列、层三个维度。单元格指的是行、列元素不同取值的组合；行指的是形成表格横行的元素；列指的是形成表格纵行的元素；层指的是表格中的第三个维度，与行、列元素（交汇形成二维表）共同形成一个立方体，即三维表。

（二）统计表的基本构成

统计表是表达统计分析结果中数据和统计指标的表格形式。它能通过简明的表格形式，有条理地罗列数据和统计量，方便阅读、比较和计算。

统计表从外形上看，由表号、总标题、横行标题、纵栏标题、数字资料、注释六大要素构成。

1. 表号

表号是统计表的序号，位于表格顶端左上角。标注表号便于对统计表进行指示和查找。

2. 总标题

总标题是统计表的名称，位于表格最上方，紧挨着表号。它能够简要说明统计表的主要内容、数据资料的时间和空间范围等。

3. 横行标题

横行标题是横行的名称，也称行标题，位于表格左侧的第一列。对于频数统计表而言，行标题表示的是统计表用来说明的主题；对于列联表而言，行标题表示的是某一个变量类别（通常是作为因变量的那个变量）。

4. 纵栏标题

纵栏标题是纵栏的名称，也称列标题，位于表格上方的第一行。对于频数统计表而言，列标题表示的是统计指标的名称；对于列联表而言，列标题表示的也是某一个变量类别（通常是作为自变量的那个变量）。

5. 数字资料

数字资料是统计表的实质性内容，是对调查数据进行统计汇总、整理和计算的结果表现，位于横行标题和纵栏标题所包含的范围之内。

6. 注释

统计表中的注释一般是指对统计表中资料的附加说明，位于表格最下方。此外，当数据资料是根据其他资料整理而来的或者是直接引用其他统计资料的统计表时，也需要对该统计表进行注释说明，这种注释一般被称为表格资料来源注释。

（三）统计表的作用

统计表是数据分析和数据传达中不可或缺的工具，它们的作用广泛且重要。以下是对统计表作用的相关表述。

1. 数据汇总和整理

统计表是整理和汇总大量数据的有效手段。通过将数据按行和列有序排列，表格可以将散乱的信息整齐地呈现出来。这对大型数据集或复杂的数据管理任务尤为重要，它们可以让数据变得更易管理和理解。

2. 数据比较

统计表的一个主要用途是比较不同组别、时间段或条件下的数据。通过将数据以表格的形式展示，可以在不同数据集之间进行直观的比较。这对于分析趋势、检测差异以及评估实验结果的有效性非常有帮助。

3. 数据可视化

统计表将数据以表格形式呈现，这有助于数据的可视化。虽然表格本身可能不像图形那样生动，但它们提供了一种清晰、结构化的方式来展示数据，从而使人们更容易理解数据的特征和模式。

4. 数据分析和摘要

统计表通常包含一些基本的统计摘要信息，如平均值、中位数、标准差等。这些摘要数据有助于快速了解数据的分布和特性，为进一步的数据分析提供了出发点。

5. 数据记录和审查

在研究、调查或实验中，统计表常用于记录数据。这不仅有助于数据的长期保存和备份，还提供了一种方法来审查和验证数据的准确性。任何数据错误或异常都可以在表格中被迅速识别和纠正。

6. 数据传达和演示

统计表是数据传达的有力工具。在会议、报告、学术论文和演示中，表格常用于支持和强调关键信息。它们以结构化的方式提供数据，帮助受众更容易理解和接收信息。

7. 数据保存和备份

统计表不仅用于数据展示，还可以用于数据的保存和备份。将数据存储在表格中，可以避免数据丢失，并在需要时轻松检索，这对于长期数据管理非常有帮助。

总之，统计表是数据处理和数据传达中的重要工具，它们能够以结构化、清晰和直观的方式呈现数据，从而支持数据分析、决策制定和信息传递。无论是在学术研究、商业分析还是日常生活中，统计表都具有广泛的应用价值。

（四）统计表的制作原则与要求

制作统计表时，有一些重要的原则可以帮助你有效地呈现数据，使表格更清晰、易读和有用。以下是统计表制作的六大原则：

（1）清晰性（Clarity）：表格应该清晰易读，避免使用过于烦琐的格式和装饰性元素。确保表格的标题、行标签、列标签和数据清晰可见，不易混淆。

（2）简洁性（Conciseness）：避免不必要的冗余信息。只保留那些对于表格的主要目的和信息传递来说是必要的数据和标签，以免让读者产生困惑。

（3）准确性（Accuracy）：数据应该准确无误，避免错误的数字或标签。在填写数据时要认真核对，尤其是在计算汇总数据时。

（4）一致性（Consistency）：保持一致的格式和样式。使用相同的单位、小数位数、日期格式等，以及统一的字体和字号，使表格整体看起来协调一致。

（5）重点突出（Emphasis）：通过加粗、斜体、加颜色或其他方式突出重要的数据或信息。但要谨慎使用，确保强调的元素不会导致表格混乱或难以阅读。

（6）提供上下文解释（Contextual Explanation）：在表格附近或标题中提供足够的上下文信息，使读者能够理解数据的含义和背景。如果数据需要解释，可以在表格下方添加注释或脚注。

制作统计表需要考虑数据的清晰性、简洁性、准确性和一致性，同时通过突出重点、提供上下文解释等方式增强信息传递效果。除了这些原则，还可以根据表号、总标题、横行标题、纵栏标题、数字资料、注释六大统计表要素构成，考虑以下几点来进一步提升统计表的质量：

首先，统计表的标题要简明扼要，要准确地说明表中数据的主要内容，做到让人一目了然。

其次，统计表的横行标题和纵栏标题要确切地反映表中变量取值的含义，并且行标题和列标题的名称也应当按照一定的逻辑顺序进行排序。

再次，统计表中的数字资料必须标明其计量单位。比如，频率单位须注明是百分比还是千分比等。如果表中的所有数字资料都只有一种计量单位或者以一种计量单位为主要单位，那么就可以将这一最主要的计量单位写在表格的右上角，也就是紧挨着总标题的后面，并将次要的计量单位写在紧挨行标题或列标题的后面，且用括号注明。

一般来说，在频数分布表中应列总计或合计栏，通常放在表格的最后一格；而在列联表中则应将各种专门的统计量放在表格的最下面一格，如自由度、显著度、相关系数等。

最后，统计表的各种表格都应当以横线为主，尽量少用竖线。对于需要用到竖线的表格，在表格的左右两端也不画竖线，即保持左右开口。通常而言，频数分布表中的竖线可以直接去掉，只要保持各行各栏的数字对齐，便于阅读即可；而列联表中的竖线也可以直接去掉，但表格最上面和最下面两条横线需要使用粗线，其余横线则全部用细线。

二、统计表的类型

统计表可以根据其用途、结构和数据呈现方式进行分类。以下是一些常见的统计表的分类方式：

按照过去常见的基本分类方式，统计表可分为：用于呈现原始数据的普通数据表格（Data Tables）；摘要表格（Summary Tables），指汇总数据的表格，通常包括统计指标（如平均值、总和、标准差等）；用于同时分析两个或多个变量之间关系的交叉表格（Cross-Tabulation Tables）；带有时间维度，用于显示随时间变化的数据的时间序列表格（Time Series Tables）；用于显示地理数据，通常包括地理坐标或地理区域的地理信息表格（Geospatial Tables）。

根据数据类型，统计表可以分为：数字表格，包含数值数据的表格；文本表格，包含文本数据的表格，如文字描述、分类标签等；混合表格，同时包含数值和文本数据的表格。

根据数据呈现方式，统计表可以分为：静态表格，静态的纸质或电子表格，内容不随时间或用户输入而改变；动态表格，包含可交互元素，用户可以根据需求筛选、排序或展开数据。

根据用途分类，我们在日常生活中常见的统计表有：财务报表，包括资产负债表、利润表和现金流量表等，用于呈现财务数据；科学实验表格，用于呈现科学实验的数据和结果；调查和统计表格，用于展示调查结果和统计数据，如民意调查、市场研究等。还可以根据特定领域或行业进行划分，比如，医疗保健表格：用于医院、医生办公室等医疗领域的数据管理和记录；教育表格：用于教育机构的数据追踪和分析；商业分析表格：用于企业和市场研究，包括销售报表、客户分析表等。

上述这些分类方式具有较高的灵活性，可以根据具体需要进行组合和扩展。选择适当的统计表类型取决于要呈现的数据的性质、目标受众以及表格的使用场景。当然，不同类型的统计表具有不同的优点和用途，最终都是为了更好地满足信息传达和分析的需求。但在专业的社会调查过程中，一般只运用 Excel 或 Stata 等统计软件的规范性表格，其基本类型包括如下几种。

（一）叠加表

叠加表（Stacking）指的是在同一表格中对两个及以上的变量进行描述的表格。也就是说，叠加表的表格中有一个维度的元素是由两个及以上的变量组成的。叠加表分为横向叠加表和纵向叠加表。简单来说，叠加表就是两个及以上简单报表的拼接。首先对每个变量分别绘制出两个及以上的简单报表，然后再将它们横向或纵向拼接在一块，如表 11－1 所示。

表 11－1　叠加表示例

政治面貌				性别	
中共党员	共青团员	民主党派	群众	男	女
1 020	772	17	8 326	4 465	5 671

（二）交叉表

交叉表（Crosstabulation）指的是描述两个分类变量之间联系时最常用的表格。它也叫交互分类表，其两个维度都是由分类变量的各类别（及汇总）所构成的，如表 11－2 所示。

表 11－2　交叉表示例

政治面貌	性别	
	男	女
中共党员	671	349
共青团员	330	442
民主党派	8	9
群众	3 455	4 871

（三）嵌套表

嵌套表（Nesting）也是用于描述两个分类变量之间联系的表格。与交叉表的区别在于，嵌套表中的两个变量是被放置在同一个表格维度之中的，也就是说，这一个表格维度是由两个分类变量的各种类别所构成的。嵌套表虽然没有交叉表呈现的结果更加直观，但是当每个单元格内需要呈现的统计指标非常多时，嵌套表的结果呈现会更加紧凑和清晰，如表 11－3 所示。

表 11-3 嵌套表示例

政治面貌	性别	计数
中共党员	男	671
	女	349
共青团员	男	330
	女	442
民主党派	男	8
	女	9
群众	男	3 455
	女	4 871

（四）多层表

多层表（Layers）指的是当指定了层元素之后，表格由二维扩展到三维而形成的统计表。多层表和嵌套表存在相似之处，多层表是嵌套表在某一层数据确定后显示出来的该层数据，只不过嵌套表只能观察到多层表中的其中一层数据而已。在数据库技术中，多层表也被叫作数据立方体。

（五）复合表格

在现实应用中，上述表格还有可能出现互相组合的情况，以便满足具体的数据分析的目的。比如，叠加-交叉表，该表格中的一个维度是分类变量，另一个维度则是两个分类变量的叠加；再如，嵌套-交叉表，该表格中的一个维度是分类变量，另一个维度则是两个分类变量的嵌套，如表 11-4 所示。

表 11-4 嵌套-交叉表示例

政治面貌	性别	城镇地区	农村地区
中共党员	男	413	258
	女	274	75
共青团员	男	243	87
	女	321	121
民主党派	男	4	4
	女	7	2
群众	男	1 780	1 675
	女	2 653	2 218

第二节 数据的图形展示

统计图通过视觉方式呈现数据，使得数据更容易理解和记忆，可以帮助人们快速捕捉主要趋势和关键分布，统计图在显示数据趋势和模式方面非常有用，如折线图可以展示时间序列数据的变化。统计图还可以用于直观地展示数据之间的相互关系和差异，如柱状图、饼图和散点图。对于复杂的数据集，统计图可以将信息呈现得更简单明了，减少信息的压倒性。简洁、清晰、直观、好看的统计图可以吸引观察者的注意力，加强信息的传达效果。但是，有时统计图可能不够详细，无法显示所有的细节信息，可能会忽略或掩盖一些重要数据。某些类型的数据，如非连续型数据或文本数据，可能不适合在图形中展示。对于包含多维数据的复杂情况，统计图可能无法有效地传达全部信息。

一、统计图的构成与分类

统计图是数据可视化的一种形式，用图形、图像和图表的方式呈现统计数据，以便更容易理解和解释。统计图的目标是通过视觉方式传达数据、趋势、关系和模式，使读者能够快速获取数据的分布状态，而无须详细分析原始数据。统计图用于对数据资料进行初级统计结果的描述，尤其对调查总体内部构成的描述，对不同现象分布的比较性描述，以及对事物现象发展趋势变化的描述等。统计图将数据转化为图形形式，以便人们可以通过视觉感知调查数据，而不是阅读数字。统计图适用于各种数据类型，包括定量数据（如数字）、定性数据（如类别或标签）、地理数据、时间序列数据等。

（一）统计图的构成

统计图的构成通常包括标题区和注解区、数据区和图例区等几个基本部分，这些部分有助于有效地传达数据和信息。

1. 标题区和注解区

标题区位于图形的最上方，标题应当注明图形的编号，标题内容应当简明扼要，用于说明数据资料的主要内容、时间、地点等。注解区则位于图形的最下方，用于对图形内容进行简单补充说明。

2. 数据区

数据区包括坐标轴和绘图区，是统计图的主体部分。坐标轴用于描述变量的取值情况，通常都需要注有标目，以说明其表示的具体含义。一般来说，坐标轴包含横轴和纵轴，但在统计图中，横轴和纵轴又可以按照数据的类型进一步分为连续轴和分类轴。连续轴的每一个刻度代表着变量在数量上的差异，而分类轴的每一个刻度则仅代表类别的不同。另外，连续轴还应当标注清楚其单位，如年份、百分比等。

绘图区也被称为内框区，指的是由坐标轴包围，直接用来表示变量数值情况的条、区、块、点、线等图形元素来进行数据呈现的区域。此外，绘图区也有可能出现各种简洁的文字注解、辅助坐标线等以便于图形的阅读。

3. 图例区

图例区一般位于图形的右上角，用于对不同颜色、线形等图形元素所代表的不同类别进行说明。

在实际应用中，标题区和注解区的功能可能并非必不可少。同时，如果图形元素没有明显的分组特征或者无须对图形进行分组，图例区也可能不需要出现。这表明，标题区和注解区可能不是每个统计图都需要的，图例区也不是必然存在的，但数据区是统计图的核心，其他区域的使用需要根据具体情况进行选择。

（二）统计图的种类

按照统计图所呈现的变量的数量，可以将统计图分为单变量图、双变量图以及多变量图。

1. 单变量图

单变量图指的是通过图形元素位置的高低、范围大小等对某一个变量的数值或类别的分布情况进行呈现，多用于描述变量的分布类型。根据变量的测量尺度，单变量图又可进一步分为连续单变量图和分类单变量图。

连续单变量图，主要包括直方图、茎叶图、箱图、P-P图和Q-Q图。直方图（Histogram），又称柱状图、质量分布图，是最常用的一个描述连续变量分布情况的图形工具。直方图的横轴表示的是变量的不同取值区段，纵轴表示的是相应区段的频数，主要是通过直条在各个取值区段范围的分布长度来直观地呈现变量的数量分布特征。茎叶图（Stem-and-Leaf Graph），又称枝叶图，由三列数组成：左边的一列数是统计数；中间的一列数是变化不大的位数，即“茎”（主干）；右边的一列数是变化大的位数，即“叶”（分枝）。茎叶图的用法与直方图类似，但它通常用于样本量较少的情形。这是由于茎叶图能够保留原始数据的信息，而直方图则会损失一部分数据的信息，因此茎叶图能够对数据进行更为精确、细致的描述。箱图（Box Plot），主要是运用百分位数体系，如中位数、四分位数等，来对某一个连续单变量的分布规律进行展示。同时，箱图还可以对该变量的极值、分布的对称性进行判定。P-P图和Q-Q图主要用于观察连续变量是否服从某种特定的分布，如正态分布。

分类单变量图，主要包括条形图、饼图、Pareto图。条形图（Bar Chart），是最常用的描述分类变量各类别频数高低的图形工具。条形图的横轴表示变量的类别，纵轴表示相应类别的频数，主要通过等宽直条的长度来表示变量各类别的数量。饼图（Pie Chart），是最常用的描述分类变量的各类别构成情况的图形工具。饼图主要通过饼块的大小来表示各类别的百分比构成情况。同时，条形图也可衍生出表示各类别构成比的百分条图。Pareto图，可以同时表示某一分类变量的各类别频数和百分比构成，在图形中既使用直条来表示频数高低，又使用折线来表示累计百分比的变化情况。

2. 双变量图

双变量图指的是用于呈现两个变量在数量上的联系的图形工具，它表示一个变量的改变会引起另一个变量的改变。

当因变量为连续变量时，因变量可用纵轴刻度的高度来表示。这里与之相关的自变量可进一步分为三种：一是当自变量为无序分类变量时，仍可用简单的条形图来呈现，此时每一个直条的高度表示自变量相应类别的频数高低；二是当自变量为有序分类变量时，如年份或时间变量，通常用线图加以呈现，此时的线条变化表示的是因变量随着有序变量的变化是如何上升或下降的；三是当自变量也为连续变量时，可用散点图来呈现，此时散点的疏密程度和变化趋势表示的是两个连续变量之间的数量联系。

当因变量为分类变量时，如果自变量也为分类变量，那么所用的图形工具仍然以条形图为主，但又可进一步细分为复式条图、分段条图和百分条图。复式条图（Clustered Bar Chart）是由两条及以上的小直条组成条组的条图，各条组内的小直条之间没有间隙，各条组之间有间隙。它用于表示两个及以上的分类变量各个类别组合下的频数情况。分段条图（Stacked Bar Chart）是用等长的直条全长表示变量各个类别的总量，各分段长度表示数量大小或构成比的条图。它主要用于表现一个分类变量各个类别的数量，并在此基础上表现两个类别的组合频数情况。百分条图（Percent Bar Chart），也称马赛克图，与分段条图类似，它是用直条各分段长度表示变量各类别的百分比情况，但此时各直条的长度不需要相等。百分条图也是以表示一个分类变量为主，它主要呈现的是在该变量的不同类别下，另一个类别的百分比变化情况。如果此时自变量为连续变量，目前尚未有图形工具可以表达，因此可先将自变量和因变量进行对换，再使用条形图加以呈现。

3. 多变量图

多变量图指的是运用一幅图形来呈现三个及以上变量的数量关联的图形工具。此时最好的办法是采用三维坐标的立体统计图，然而立体统计图在实际的纸平面或显示器平面上使用并不方便。因此在统计学上，常用的办法是采用图例这一方式对二维图进行补充，使之能够呈现出更多的数量关联，比如，在散点图中用点的颜色或形状代表不同的类别。

二、简单条形图与折线图

在日常生活中，我们常见的以及经常使用的就是条形图与折线图，首先对这两类图形的概念与制作方法进行介绍。

（一）简单条形图

条形图，又称带形图或柱状图，它是利用相同宽度的条形的长短或高低来表现统计数据大小或变动的统计图。条形图既可以描述分类变量的频数和构成比情况，也可以反映连续变量的汇总情况。它主要是通过等宽直条的长度来描述变量的数值大小。条形图分为简单条图、复式条图、分段条图、百分条图等。由于日常使用最为频繁的是简单条图，所以下面我们利用马蜂窝的2023年春节大数据，绘制2023年春节假期主题游热度的简单条形图（见图11-1）。

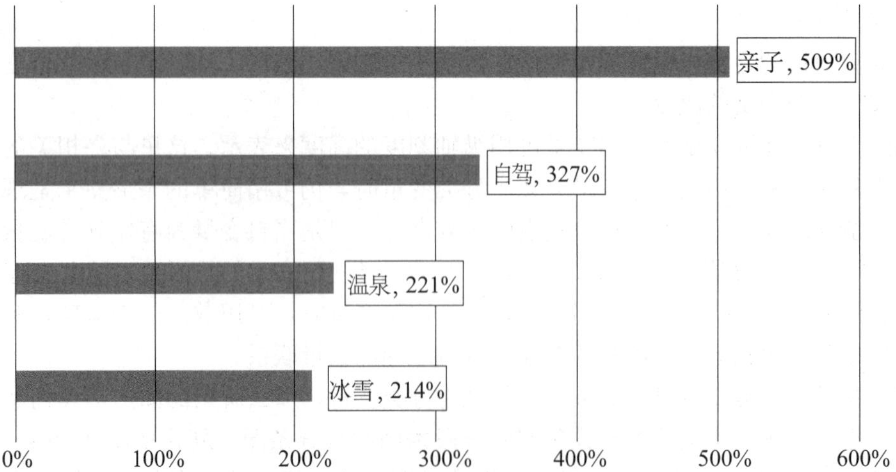

图11-1　2023年春节假期主题游热度的简单条图

（二）折线图

折线图（Line Chart），又称线图，它是利用点的高低来表示数据升降情况的一种统计图，用于展示数据随时间、有序类别或连续变量的变化趋势。它是由一系列数据点通过直线段连接而成的图形，其中横坐标通常表示时间或有序的数据点，纵坐标表示相应的数值。折线图的主要目的是帮助人们理解和分析数据的趋势、模式和关系。

我们使用 CSS2021 数据中的政治面貌变量以及被访者对社会的宽容程度的评价（1～10分，1 分表示非常不宽容，10 分表示非常宽容）进行有关折线图的绘制。

步骤一：单击“图形”—“图形构建器”菜单选项，再在左下角图库对话框中选择折线图，并将其右侧的简单折线图图标拖入画布中。

步骤二：将政治面貌变量拖入右侧画布的 x 轴（横轴）框中，将被访者对社会的宽容程度的评价变量拖入 y 轴（纵轴）框中，并在右侧单击“统计”选择“平均数”，最后单击“确定”按钮，即可输出统计图，如图 11－2 所示。

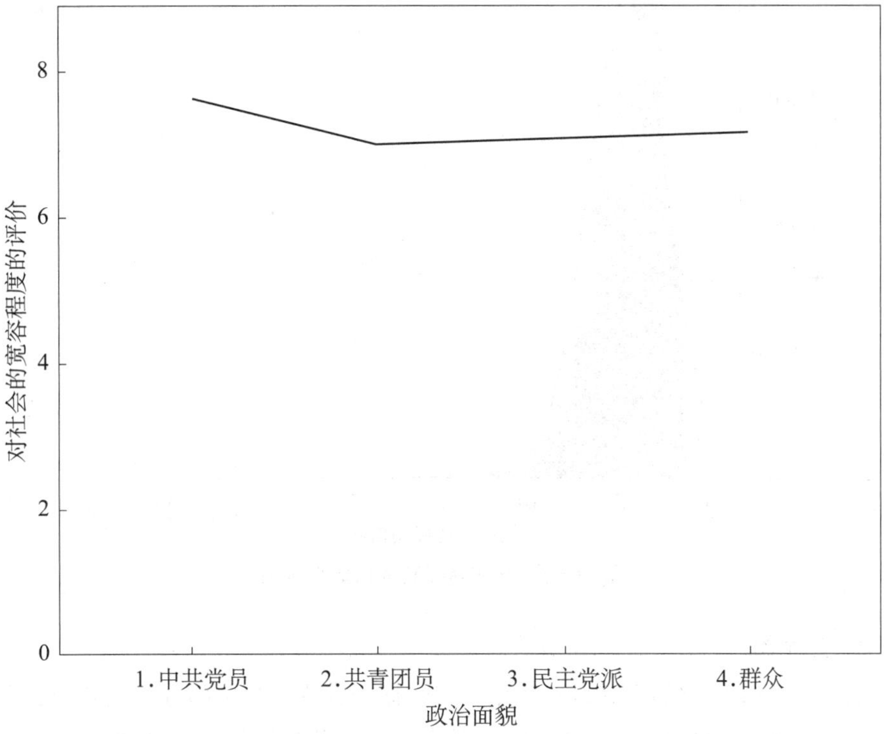

图 11－2　不同政治面貌的被访者对社会宽容程度的评价折线图

由图 11－2 可知，虽然不同政治面貌的被访者对社会宽容程度的评价差异趋势并不是特别明显，但通过折线图依然能够看出，政治面貌为中共党员的被访者认为社会的宽容程度较高，政治面貌为共青团员的被访者对社会的宽容程度做出的评价分数要低于中共党员。

三、直方图与茎叶图

直方图与茎叶图的形状和功能都十分相似。茎叶图实际上就是一种文本化的图形，若将其逆时针旋转 90°，则可近似看成直方图横向放置的结果。

（一）直方图

直方图用于描述连续变量的频数分布。在直方图中以各矩形（直条）的面积表示各组段的频数（或频率），各矩形的面积总和为总频数（值为 1）。以 CSS2021 数据中的“被访者家有人口数”为例绘制直方图，如图 11－3 所示。

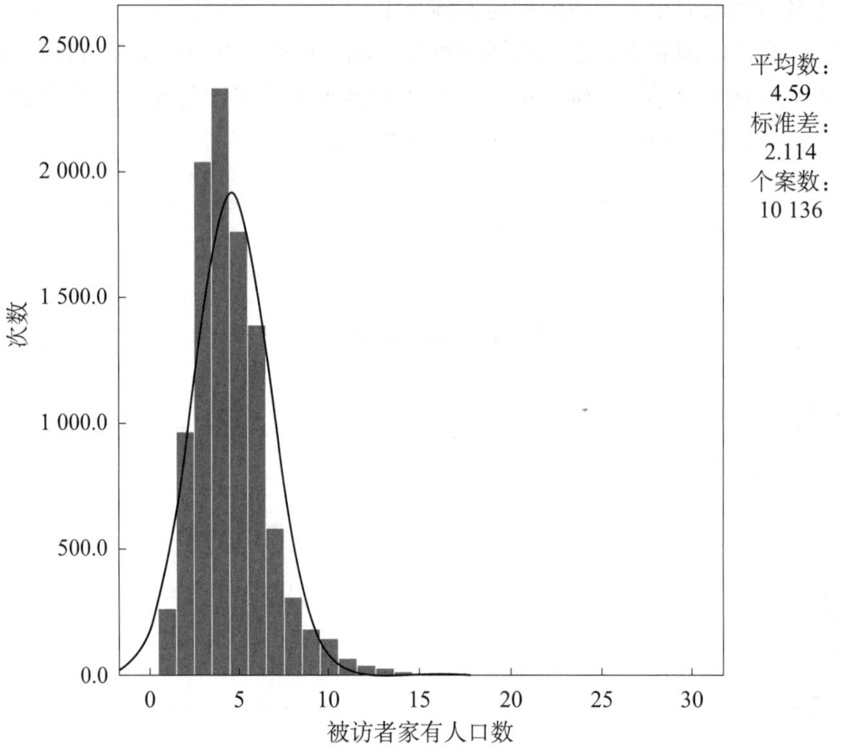

图 11－3　被访者家有人口数直方图

（二）茎叶图

茎叶图以一种文本化的方式显示数据，将数据分成茎和叶两部分。茎叶图适合反映小型数据集，可以提供更详细的数据信息，但在处理大型数据集或需要更全面的分布信息时，直方图通常更合适。相较于直方图，茎叶图在呈现数据的分布特征时能够更加精确地反映出具体的数值大小，因此对于样本量较小的情形，使用茎叶图比直方图描述更为精确。家中同父同母亲兄弟人数茎叶图如图 11－4 所示。

四、饼图

饼图是用扇形的大小来表示数值大小的统计图。饼图简单易懂，便于比较，因此，饼图的应用最为广泛。以 CSS2021 数据为例，按照被访者对高考制度公平程度的评价和其所在地区绘制性别构成比的饼图（见图 11－5）。

```
除您以外，您还有几个同父同母的亲兄弟？记录：兄弟 Stem-and-Leaf Plot

Frequency    Stem &  Leaf

 2977.00       0 . 0000000000000000000000000000000000000000000000000000000000000000000000000000000000
    .00        0 .
    .00        0 .
    .00        0 .
    .00        0 .
 3644.00       1 . 000000000000000000000000000000000000000000000000000000000000000000000000000000000000000
00000000000000
    .00        1 .
    .00        1 .
    .00        1 .
    .00        1 .
 1994.00       2 . 0000000000000000000000000000000000000000000000000000000
    .00        2 .
    .00        2 .
    .00        2 .
    .00        2 .
  913.00       3 . 0000000000000000000000000
    .00        3 .
    .00        3 .
    .00        3 .
    .00        3 .
  395.00       4 . 00000000000
    .00        4 .
    .00        4 .
    .00        4 .
    .00        4 .
  141.00       5 . 0000
   71.00 Extremes    (>=6)

 Stem width:  1
 Each leaf:      36 case(s)
```

图 11－4 家中同父同母亲兄弟人数茎叶图

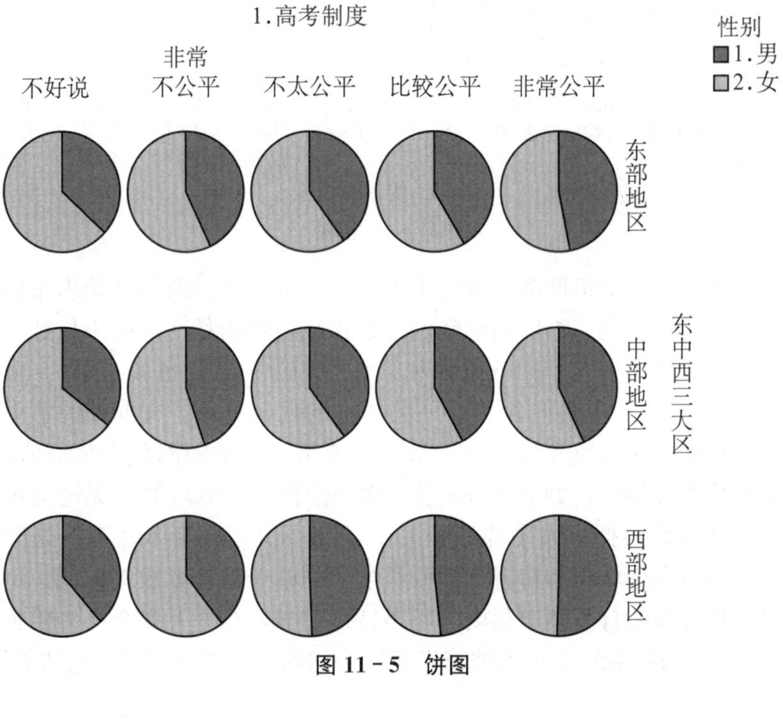

图 11－5 饼图

五、箱图

箱图（Boxplot），又称箱锁图，是表示样本数据的中位数、四分位数和极端值的统计图形。在箱图中，最上方和最下方的线段分别表示数据的最大值和最小值，其中箱图的上方和下方的线段分别表示第三个四分位数和第一个四分位数，箱图中间的粗线段表示数据的中位数。另外，箱图中最上方和最下方的星号和圆圈分别表示样本数据中的极端值。以CSS2021数据为例，结合被访者的受教育程度，以及其对工作环境的打分（−10～10分，越高代表认为工作环境越好，负数表示对这个问题“不好说”），绘制箱图（见图11－6）。

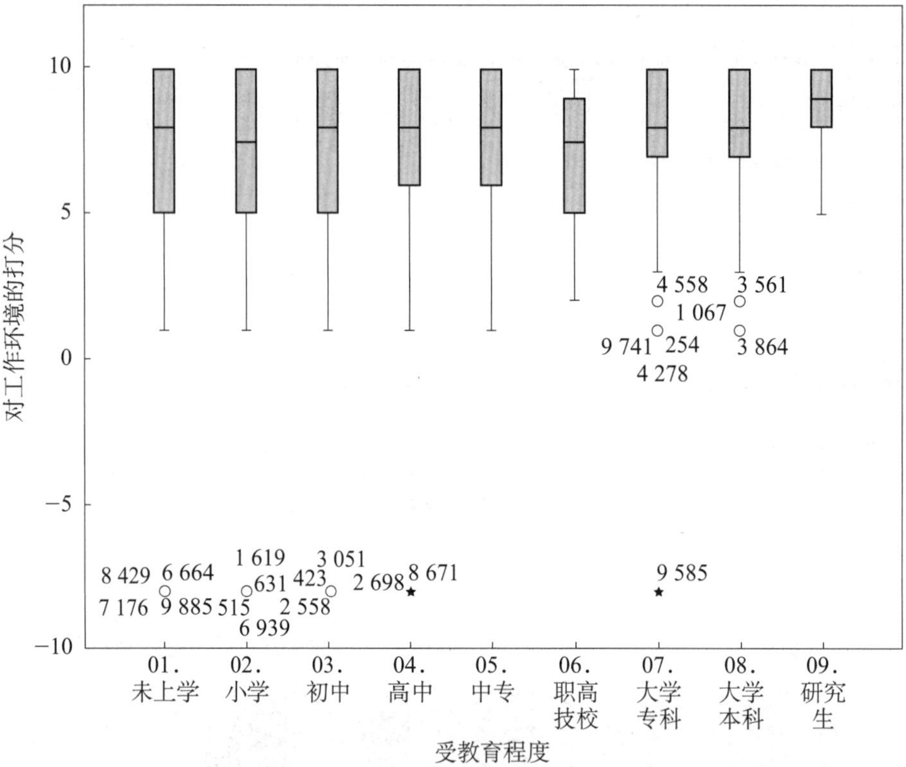

图11－6　箱图

由图11－6可知，每个箱形都是由一个方框、一条粗线、两条外延出来的细线以及最外端的一些圆圈和星号组成。箱图最中间的这条粗线表示的是变量的中位数，方框的上下两端分别表示的是变量的第三个四分位数和第一个四分位数，也就是第75个百分位数和第25个百分位数，而方框内则包含了50%的样本的数值范围。方框外的上下两条细线表示的是除去异常值后的最大值和最小值。最上方或最下方的圆圈代表离群值，如第8 429号案例；星号则代表极端值，如第9 585号案例。由图11－6可知，无论何种受教育程度的被访者，对工作环境的打分大多都处于一个较高层次。从箱体宽度、离群值和极端值看，仅仅出现了持有高中学历和持有大学专科学历的两个被访者极端案例，不同受教育程度的被访者对工作环境的打分离散程度并不是特别明显，在一万多个样本数据中，仅仅存在20个离群值，其中还包括13个因被访者对这个问题选择“不好说”造成的离群值。

箱图的编辑操作：可以利用“属性”对话框中的“条形图选项”对箱图主体的格式进行编辑，如更改中间方框的宽度、更改箱图的显示样式等；利用“属性”对话框中的“类别”更改各个箱体在纵轴中的排列顺序；利用“属性”对话框中的“数据值标签”更改标签的名称和位置；利用“元素”—“数据标签模式”来显示或隐藏某些散点的数据值标签等。

六、散点图

散点图是常用的表现两个变量或多个变量之间有无相关关系的统计图，用点的密集程度和趋势表示两个变量之间的相关关系与变化趋势。散点图常用于考察两个或多个连续变量间的相关关系（特别是在进行相关回归分析之前）。散点图分为简单散点图、矩阵散点图、重叠散点图和三维散点图，简单散点图使用较多。以 CSS2021 数据为例，结合被访者的受教育程度，以及近三个月以来参加志愿服务活动的次数，绘制散点图（见图 11－7）。

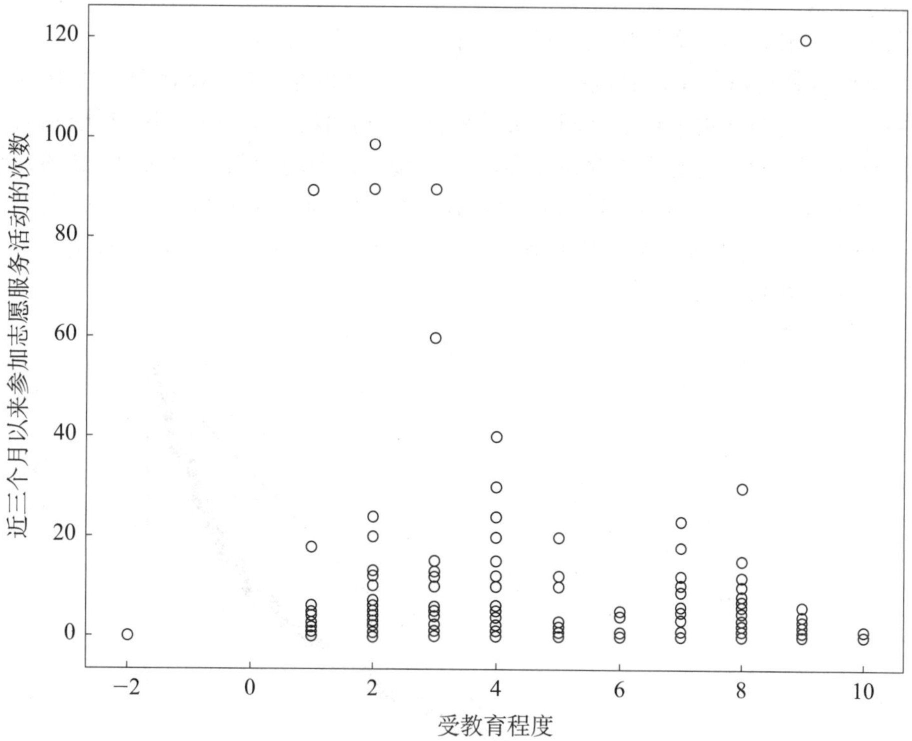

图 11－7　散点图

散点图的编辑操作：可以通过选择“元素”—“总计拟合线”在散点图中添加回归趋势线，拟合方式包括线性、二次项、立方项、y 的平均值、loess（局部加权回归光滑曲线）等；利用“属性”对话框中的“钉状图”添加钉线，这里的钉线可以是数据点到横轴、到原点或者到数据中心的线；利用“选项”—“分箱元素”来更改过密散点图的显示方式，如标记大小或色彩强度，即用散点的大小或颜色深浅来表示散点的数量多少；利用“编辑”—“套索选择标记”来选择多个散点同时编辑。

七、P-P图与Q-Q图

P-P图与Q-Q图类似，都是用于直观地反映数据分布与理论值的差距的图形。它们最常用于判定变量是否服从正态分布，此外还包括其他特定的分布，如贝塔分布、伽马分布、卡方分布、指数分布等。两者的主要区别在于比较的对象不同。P-P图比较累积分布函数，而Q-Q图比较分位数。

P-P图通常用于检验数据是否服从指定的理论分布，通常是正态分布，因此更专用。Q-Q图的适用条件更宽松一些，可用于检验数据是否服从任何理论分布。在P-P图中，如果数据服从理论分布，点将分布在一条直线上。在Q-Q图中，数据点也应接近一条直线，但这条直线通常是 $x=y$ 直线，表示样本分位数与理论分布的分位数相匹配。

P-P图是根据变量的累积比例与指定分布的累积比例之间的关系所绘制的图形。通过P-P图可以检验数据是否服从指定的理论分布。当数据服从指定的理论分布时，P-P图中各点近似呈一条直线。如果P-P图中各点不呈直线，而有一定规律，可以对变量数据进行转换，使转换后的数据更接近指定分布。

Q-Q图同样可以用于检验数据的分布，有所不同的是，Q-Q图是用变量数据分布的分位数与所指定分布的分位数之间的关系曲线来进行检验的。由于P-P图和Q-Q图的用途完全相同，只是检验方法存在差异，并且Q-Q图的绘制步骤和P-P图几乎完全相同，所以下面仅以P-P图的绘制过程为例，对两种图形的制作统一加以说明。

以CSS2021数据为例，判定其中被访者2020年全家的总收入是否服从正态分布，绘制的P-P图见图11-8。

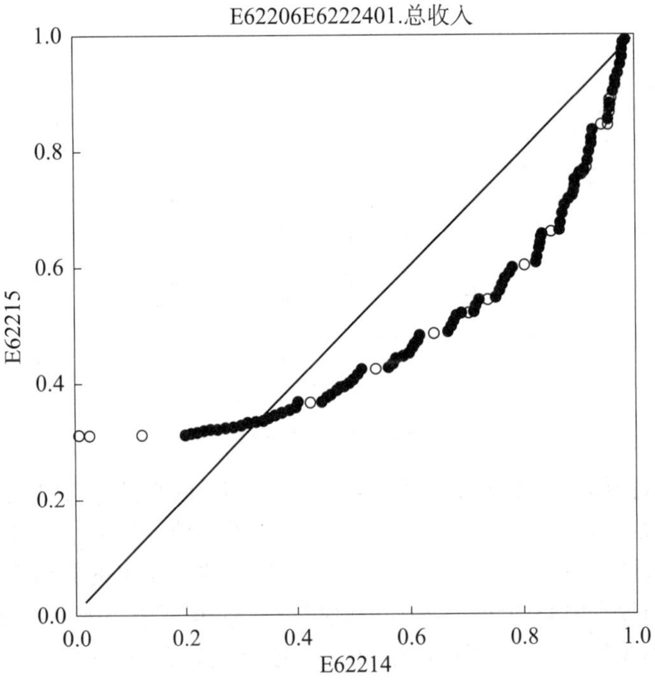

图11-8　P-P图（不服从正态分布）

由图 11－8 可知，被访者 2020 年全家的总收入的实际分布值与理论分布值存在明显的差异，不服从正态分布。同时，图 11－9 反映的是按正态分布计算的理论值与实际值之差的分布情况，也就是分布的残差图。若数据服从正态分布，则数据点应当较均匀地分布在 $y=0$ 这条直线附近。一般来说，若残差值的绝对值小于 0.05，则仍可认为数据基本服从正态分布。在本案例中，残差值的绝对值大于 0.1，也印证了被访者 2020 年全家的总收入不服从正态分布。

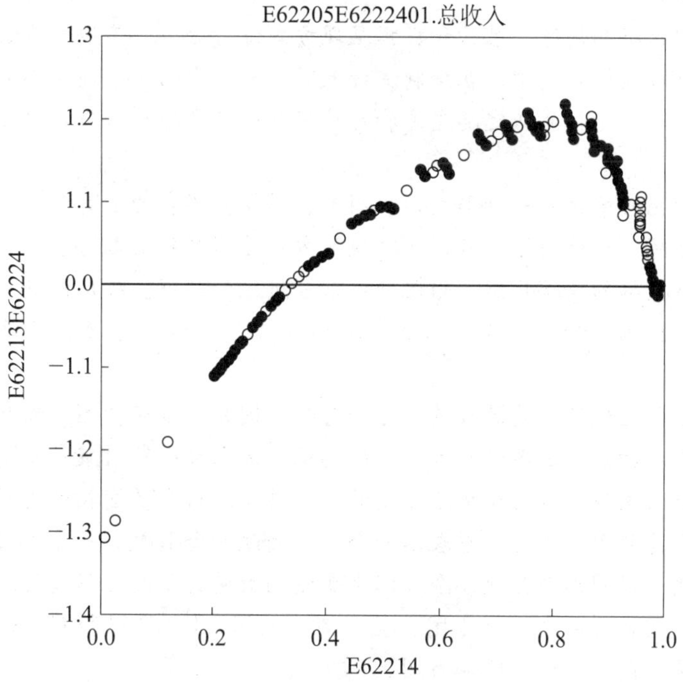

图 11－9　P－P 图（分布的残差图）

思考发现

至此，我们深入了解了数据的表格呈现和图形展示，本章的核心在于通过规范的统计表和统计图展示，更清晰、生动地呈现社会调查的数据。我们发现数据的表格呈现和图形展示并非简单的使用工具，更需要我们深入思考如何根据实际情况选择合适的表格或图形，以及如何通过编辑和解读图表来更好地传递信息。应注意，作为数据可视化呈现载体的图表需要以大家认可的规范形式呈现。

本章小结

统计表和统计图是两种用于可视化和呈现数据的不同方式，它们在数据分析和传达信息方面有着各自的优势和用途。

统计表是由纵横交叉线条所绘制的表格来表现统计资料的一种形式，作为一种用于整理、汇总和展示数据的可视化工具，通常以行和列的方式组织数据。它们提供了一种结构化的方式来呈现数据，以便人们更容易理解和分析数据的特征、趋势和模式。统计表的作用是数据汇总和整理、数据比较、数据可视化、数据分析和摘要、数据记录和审查、数据传达和演示、数据保存和备份。

统计表从外形上看，由表号、总标题、横行标题、纵栏标题、数字资料、注释六大要素构成。统计表制作的六大原则包括清晰性、简洁性、准确性、一致性、重点突出以及提供上下文解释。

统计表可以根据其用途、结构和数据呈现方式进行分类，有叠加表、交叉表、嵌套表、多层表和复合表格等类型。在绘制统计表时，表格中的变量简单而明确地被分为两种类型，一是分类变量，包括定类变量和定序变量；二是连续变量，包括定距变量和定比变量。

统计图是数据可视化的一种形式，用图形、图像和图表的方式呈现统计数据，以便更容易理解和解释。统计图的目标是通过视觉方式传达数据、趋势、关系和模式，使读者能够快速获取数据的分布状态，而无须详细分析原始数据。统计图的构成通常包括标题区、注解区、数据区和图例区等几个基本部分，这些部分有助于有效地传达数据和信息。

按照统计图所呈现的变量的数量，可以将统计图分为单变量图、双变量图以及多变量图。单变量图指的是通过图形元素位置的高低、范围大小等对某一个变量的数值或类别的分布情况进行呈现，多用于描述变量的分布类型。双变量图指的是用于呈现两个变量在数量上的联系的图形工具，它表示一个变量的改变会引起另一个变量的改变。多变量图指的是运用一幅图形来呈现三个及以上变量的数量关联的图形工具。

连续单变量图，主要包括直方图、茎叶图、箱图、P-P图和Q-Q图。分类单变量图主要包括条形图、饼图、Pareto图。

关键术语

统计表　统计图　叠加表　交叉表　嵌套表　多层表　复合表格　条形图
折线图　直方图　茎叶图　箱图　散点图　P-P图　Q-Q图

资源链接

视频微课 11-1　视频微课 11-2　视频微课 11-3　视频微课 11-4

复习思考题

1. 什么是统计表？它的构成要素和功能是什么？

2. 统计表制作过程中需要注意些什么？

3. 统计表可分为哪些类型？各个类型的统计表有什么特点？

4. 什么是统计图？它的构成要素和功能是什么？

5. 区分各类统计图的制作过程及使用特点，并绘制一个对比汇总表。

6. 找到身边所能利用的样本数据，根据本章节所学到的统计图表的呈现规范与制作步骤，试着制作几个不同类型的统计表、统计图。

在线自测

扫一扫　练一练

第十二章 报告撰写

案例导入

撰写调查报告与调查报告结果呈现方法介绍的意义

当我们从选择调查题目开始，经过设计方案、实地调查、资料分析等阶段，最终获得调查研究的结果时，我们还有一项重要的任务，这就是以恰当的方式把我们调查研究的结果转达给他人。它是一项调查结果得以应用和推广，并能丰富人们对客观事物的认识或指导人们社会实践的关键一环。

调查研究成果最常见的表达方式就是调查报告，即一种以文字、数字、图表所组成的书面调查报告。其撰写得好与坏，将直接影响整个调查研究工作成果的质量和社会作用。现实中，一部分研究者也正是由于在这一环节上有所欠缺，才导致质量本来不错的调查成果反响平平，效益一般，甚至根本未引起人们的注意。因此，每一个有志于社会调查研究工作的人，都应该重视调查报告的撰写工作，努力掌握科学的撰写方法，不断提高撰写调查报告的能力和水平。

作为一种高度结构化、高度程序化、高度数量化的社会研究方式，调查研究无法回避科学方法论对其严格的、详细的程序检验的要求。在这方面，调查研究与来源于自然科学的实验研究十分相似，而与脱胎于人类学的实地研究则相去甚远。

在调查研究的报告中，我们应该提供什么信息？为什么要提供这些信息？这是我们应该明白的重要问题。调查研究的结果和结论当然应该是我们介绍的重点。但是，除了研究背景、理论框架、研究目标、研究结果及结论以外，我们还必须在研究报告中向读者提供有关调查对象的抽取（即关于总体与样本）、概念的测量（即关于变量与指标）、资料数据的来源（即关于收集方法）以及资料数据的处理（即关于统计分析方法）等方面的信息。规范的做法是：在研究报告或论文中，一定要专列一个独立的部分来介绍自己的研究方法，即要有在如“资料与方法”、“样本与资料”、“研究设计”或“研究方法”之类的小标题下列出的专门一节。在这一节中，研究者要清楚、明白、如实地向读者介绍自己的研究方法和研究过程中各种操作的关键环节。

这种专门的介绍，不是教条，不是框框，也不是“洋八股”，而是科学研究论文的必备要件，是其结论成立的前提和依据，也是研究者科学精神和科学态度的一种体现。它既可以在一定程度上约束研究者的研究行为，同时也可以使读者和同行切实了解作者所得研究结论的正确性、普遍性和适用性。

目前，国内研究者在调查研究方法的运用上已越来越成熟、越来越规范。但是，缺少对研究方式、方法和过程的说明，仍然在一定程度上反映出我们对调查研究方法的运用还缺少某种认识、某种意识或修养。从更高的标准来看，在重视研究结果中对抽样方法、变量测量方法，以及资料收集方法等进行介绍和说明的同时，我们还应对与这些方法的运用密切相关的其他问题有更深入的认识。比如，对抽样中“一般总体、调查总体与调查样本之间的关系”“研究目标与抽样方式的选择”“样本规模的确定依据”“无回答比例的分析”“抽样设计的理想目标与实践中的各种困难”“样本结构的分析及样本质量的评价”等；变量测量中“概念操作化的多样性与相对性”“指标的选择及其理论或经验的依据”“具体指标的效度与信度衡量”等；资料收集中“匿名性的正确运用”“访谈过程的质量监控策略”“不同接触方式的效果”“不同类型调查员的影响”等；以及统计分析中“对多元统计方法的误用、错用和滥用”“对统计分析结果的正确解释”“统计分析与理论分析的关系及其结合”等。研究者只有对研究过程、操作效果、方法局限等方面做到心中有数，才能在得出调查结论时做到实事求是、恰如其分。

资料来源：风笑天．撰写调查报告．青年研究，1993（9）：6；风笑天．结果呈现与方法运用：141项调查研究的解析．社会学研究，2003（2）：11.

阅读提示

通过对本案例的阅读，我们可以了解撰写调查报告有什么意义、调查报告中方法呈现有何价值以及抽样方法有怎样的地位。除此之外，还要了解：（1）学术性调查报告一般应该包含哪些内容？（2）研究者应该如何撰写一篇优秀的调查报告？（3）调查研究在结果呈现与方法运用这两方面的状况如何？（4）强调调查报告中方法呈现对于社会学经验研究具有什么意义？

本章我们将深入研究如何撰写一份富有说服力的调查报告。通过本章学习，你将了解调查报告的不同类型及其特点，包括学术性调查报告与应用性社会调查报告、描述性调查报告与解释性调查报告的区别，以及综合性调查报告与专题性调查报告的写作要领。本章还将讨论定量调查报告与定性调查报告之间的区别，并为你提供清晰的写作指导。

第一节　调查报告的类型及特点

调查报告是一种直接反映调查研究成果的最常见的表达方式，通常用文字、数字、图表等形式，将研究过程、方法和结果表现出来，其目的是使读者获知调查研究原因、调查研究问题、调查研究进程、调查研究方法、调查研究结果以及调查研究的理论意义与实践意义等。一份调查报告撰写的水平高低，将直接影响整个调查研究工作的质量呈现及社会影响力。因此，作为调查研究最后的产出结果，调查报告不仅直观呈现出整个调查研究工作的进程以及全面总结，而且也是研究者与读者之间建立起相互对话、相互交流的基础和桥梁。

一、调查报告的类型

每一个调查报告都具有自身的目的性和功能性，因此，按照其性质、内容、用途、功能和服务对象等的不同，调查报告可以分为不同的类型。比如，根据研究内容的不同，可以把调查报告分为“经验性调查报告”“事实性调查报告”“问题性调查报告”“对策性调查报告”几种类型。其中，经验性调查报告的主要内容，是反映社会生活中的先进典型，或者介绍先进的工作经验，从而具有较强的政策性和普遍指导意义；事实性调查报告则主要针对现实生活中发生的重要事件进行调查，以此来引起社会公众或者相关部门对这些事件的重视，并针对其中的症结所在，尽可能地提出解决的办法；问题性调查报告的主要目的，是通过发现和利用确凿的证据，来揭示和披露某些重要社会事实的真相，继而揭露那些违背国家政策和法律法规的倾向性问题，指出其严重性和危害性，以期引起有关方的重视，并提出解决问题的建议和方法；而对策性调查报告则往往着眼于对当下重要的或者影响力较大的社会问题和社会事件进行分析，继而提出相应的对策建议，通常情况下，这类调查报告是直接为领导决策服务的。

除此之外，根据其他分类标准，还有许多其他调查报告的类型。在这里，我们根据调查报告的性质、功能、读者对象等方面将调查报告分为以下几类。

（一）学术性调查报告与应用性调查报告

根据研究目的的不同，调查报告可以分为学术性调查报告和应用性调查报告。

学术性调查报告是以揭示事物本质及发展规律为主要目的的研究成果，主要面向专业研究人员，强调理论分析和相互关系的深入探讨。通过对调查资料的深入分析或综合归纳，学术性调查报告旨在检验或建构理论，如通过对 CGSS 和 CSS 数据进行统计分析完成的论文报告，其强调严谨的分析过程和专业性，具有高度的说服力。

应用性调查报告，又称普通调查报告，主要目的是解决现实社会问题。针对政府决策部门、实际工作部门以及普通读者，此类报告着重于描述社会现实情况，并提供解决实际问题的建议。其典型例子如《2020 中国民生发展报告》和《中国青年网民社会心态调查报告》。与学术性调查报告不同，应用性调查报告在格式上的要求相对灵活，注重研究结果的清晰呈现和简单直白的表达，以满足广大读者群体的需求。

（二）描述性调查报告与解释性调查报告

根据主要功能和性质的不同，调查报告又可以分为描述性调查报告与解释性调查报告。

描述性调查报告侧重于全面系统地描述所调查的现象，通过详细描述调查资料和结果，展现某一现象、主体或事件的基本状况、发展过程和主要特点，适用于那些以了解现状、找出特点为目的的社会调查。例如，《中国妇女百年发展报告（1921～2021）》通过历史回顾与现状分析，全面呈现了中国妇女在健康、就业、教育、社会保障等方面的发展历程。

解释性调查报告则专注于通过调查所得资料，深入解释某一社会现象产生的内在原因机制，并在此基础上说明不同现象之间的相互关系。相对于描述性调查报告，解释性调查报告在描述社会现象时更注重深度和聚焦，强调理论提炼和针对性，旨在使读者了解社会现象的内在原因。

（三）综合性调查报告与专题性调查报告

按照调查报告所涉及范围的不同，调查报告可以分为综合性调查报告与专题性调查报告。

综合性调查报告涵盖某一现象各个方面的情况或内容，如《中国社会总体状况调查报告》。其特点在于全面性和宏观性，旨在深入反映一个现象的各个层面。这类报告通常要求具备描述性的文字，以阐明问题为主要目标，由于其全面性，相应的写作篇幅较长。

专题性调查报告则专注于某一特定问题或社会现象的分析和研究，其范围较综合性调查报告小。以“中国高等教育发展状况”的报告为例，其内容更为具体而有针对性。相对于综合性调查报告，专题性调查报告除了描述现状外，更强调对领域的解释和分析，其篇幅通常较短。

（四）定量调查报告与定性调查报告

按照对资料处理方式的不同，调查报告还可以分为定量调查报告和定性调查报告。

定量调查报告以对数据材料的数量化、表格化、逻辑性强为主要特征。其核心内容集中在统计分析结果及其讨论上，采用规范且相对固定的格式，要求清晰划分各个部分。此类报告通过应用统计技术（如描述统计或检验假设），要求同时使用各种统计图表，以精确描述统计或验证假设。

定性调查报告主要以文字、图片等材料的描述和定性分析为主要特征。在结构上，这类报告通常没有严格的规范和绝对固定的格式，研究者在行文结构上具有较大的自主性。在内容上，报告中描述资料、分析资料和解释资料之间没有明确的界限，研究者可自行决定语言表述的风格，但应避免晦涩难懂的文风，以便提高内容的易读性。一般而言，定性调查报告的篇幅相对较长，作者的主观色彩和个人特征较为突出。

二、调查报告的特点

调查报告具有以下几个鲜明的特点。

（一）真实性

调查报告必须以客观事实为基础，要求对涉及的人物、事件、时间、地点等进行真实可信的呈现。研究者需以实事求是的科学态度，避免主观臆断和猜测，确保报告真实、客观、系统地反映所调查的资料和基本情况。

（二）针对性

调查报告针对特定的工作任务或社会状况展开，其写作要求中心突出、主题鲜明、结构紧凑、论证有力。必须明确提出所针对的问题，清晰交代所取得的材料，进行仔细分析，提出具有可行性的对策建议。

（三）时效性

调查报告要对当前发生的事件和关注的问题进行及时有效的研究、分析、描述，并提出建议。研究者需要敏锐、及时地关注问题，及时整理、分析和归纳收集到的资料，使所描述的问题和解释的原因具有普遍性。

（四）完整性

调查报告需完整、系统地将被调查情况交代清楚，包括实施过程和中间的重要环节。这不是要事无巨细、面面俱到，而是要抓住调查研究的本质和主要节点，记录描述并呈现结论的推理过程，以确保结论的说服力和科学性。

第二节　调查报告的撰写步骤与内容

撰写调查报告的目的是清楚而充分地向读者表达研究者经过调查研究所得到的结果，因此，调查报告必须有清晰的逻辑脉络和内容安排，而不能随手拈来。

一、调查报告的撰写步骤

当研究者根据调查研究的目的、资料的性质、阅读对象的特点等因素来确定所要撰写的调查报告的类型之后，就可以开始按照下述步骤进行写作。

（一）确定主题

调查报告的主题是整个调查报告所要表达的中心问题，也是整个调查报告的“灵魂”。在调查报告的撰写过程中，确定主题是指研究者紧紧围绕调查所获得的全部资料认真分析、寻找规律、得出结论的过程。主题是整个调查报告的“灵魂”，是能否吸引人、说服人的一大关键。这个步骤要求研究者在分析调查资料的基础上明确调查报告的中心问题，确定一个明确而适当的主题。通常情况下，调查报告的主题与调查研究的中心问题一致，反映整个调查研究的核心内容。如果研究者无法清晰地确定主题，最后成文的调查报告可能无法体现调查研究工作的价值，从而使得整个调查研究的工作前功尽弃。

研究者在确定主题的过程中需要注意，主题的明确性和适切性是整个调查报告撰写过程顺利开展的前提。否则，研究者在撰写过程中可能会感到晕头转向、无从下笔，读者在阅读时也会感到混乱。有时候，由于调查内容过于宽泛或特殊因素的影响，可能需要从调查报告中选择部分内容，聚集焦点，形成独立的调查报告，并确定与其对应的范围更小的调查报告的主题。在这种情况下，调查报告的主题可能会与调查的主题不相统一。如果存在特殊因素导致调查研究所获得的资料与最初的目标设定存在差距，就需要根据实际资料和结果重新更换和确定调查报告的主题，以保证报告的准确性和有效性。

（二）拟订提纲

如果说，主题是调查报告的“灵魂”，那么，写作提纲就是调查报告的“骨架”。一般来说，当研究者确定了调查报告的主题之后，即便自己心中有很多内容、想法想要快速表达，但也不要马上动笔撰写调查报告，而应该事先构思好整体的写作框架，并将这种框架转变为具体的写作提纲。

拟订提纲的主要作用，是最大限度地帮助研究者理清思路、明确调查报告的主要内容、安排调查报告的整体结构，从而为下一步的实际写作打下扎实的基础。拟订提纲的方法，是对调查报告的主题进行详细的分解，并将分解后的每一部分都进一步具体化。比如，就留守儿童成长困境调查研究的例子而言，可以先将“留守儿童成长困境问题”这一主题分解为“留守儿童成长的现状”“留守儿童成长中存在的主要问题”“留守儿童成长困境的原因分析”“正确解决留守儿童成长困境的对策建议”等几大部分，然后将每一部分的内容进一步具体化，再展开写作。

当然，调查报告的提纲并不是固化的，在具体的写作过程中也可以根据实际情况的变化进行适当的修改。[①] 而且，在撰写调查报告的提纲时，除了安排好各部分结构的主题外，还可以在下方对该部分的具体写作思路进行记录和撰写，越详细越好。而对那些在构思提纲框架时所突然迸发出的灵感，研究者也应该及时记录下来，这些灵感都有可能成为报告出彩的地方。

（三）选择材料

在撰写调查报告之前，研究者需要对所获得的材料进行精挑细选，而不能把所有收集到的资料进行简单的堆积。也就是说，并不是所有获得的调查资料最后都能够被采用。因此，在撰写调查报告之前，研究者需要按照写作提纲的大致范围和要求，对已经获得的全部调查材料进行仔细筛选，挑选出那些与调查报告主题密切相关、全面、典型的材料，摒弃那些不相干的材料。

调查报告所用到的材料通常包括两种：一种是从调查中所获得的各种数据、表格、事例等客观材料；另一种则是在这些客观材料的基础上通过分析、综合、概括所形成的自主的观点、认识、建议等主观材料。这两种材料相互联系、相互依赖，共同构成填充调查报告“骨架”的“血肉”。

（四）确定格式

确定格式是指研究者需要明确调查报告应该采用的具体表达格式。这是撰写过程中的一个关键步骤，旨在帮助调查者在写作中保持结构清晰。对于大型调查报告，涉及多人或多个团队的协作，格式的统一规范和要求变得尤为重要。缺乏事先确定的格式可能导致在文稿最终汇总时出现较大的修改阻力。即便是小型调查研究，若未确定格式，研究者在写作过程中可能会遗忘最初的格式设定，从而使文稿整理工作变得复杂困难。

在确定格式时，研究者需要考虑报告主体部分所采用的格式、标题设置的统一标准、图片和表格的引用格式、每个段落的字体格式等方面。这些格式要求的提前确定有助于提高写作效率，避免文稿出现格式混乱的情况。尽管对于成熟的调查报告，并无硬性规定的格式，研究者可以根据主观意愿和写作习惯进行选择，但一旦基本格式确定，就应该严格按照规定的格式进行整篇调查报告的撰写，避免中途变换格式，确保最终报告的呈现形式和效果符合预期。

（五）撰写调查报告

撰写调查报告是调查研究的最后阶段，通过此阶段研究者将调查项目的成果以书面形式呈现出来。此时，研究者应确保主题鲜明、结构清晰、材料充分，形成一个初步框架。

---

① 仇立平．社会研究方法．2版．重庆：重庆大学出版社，2015：305.

开始撰写后，应力求全文连贯，避免频繁反复推敲和修改小细节，以免浪费过多时间和精力。这样的做法有助于使整个调查报告紧密围绕确定的主题展开，同时保证在整体思想、体系结构、内容形式、行文风格等方面的一致性。

在撰写过程中，若有新的灵感或想法，最好通过添加注释的方式记录下来，而不是在写作中频繁中断进行补充，以免打断思路。完成调查报告的初稿后，研究者需要仔细阅读、推敲和检查每一部分，特别关注观点的准确性、论证的严密性、资料解读的得当性以及语言表达的规范性。通过反复阅读和修改，确保调查报告在各个方面得到丰富和完善。

调查报告一般由该项调查研究项目的主持人或审核者负责撰写。如果是一个大型调查报告，则需要团队成员之间分工协作，共同完成调查报告的撰写工作。因此，有如下步骤需要细致考虑：首先，需明确分工计划，主要负责人根据团队人员、素质和报告格式分配任务，充分运用成员能力。其次，采用分头起草的方式，每位研究者在充裕时间内完成各自任务，提高个体素质。再次，进行集体会审，主笔人按照报告顺序逐部分审校，确保内容符合主题，有新意且生动。最后，主要负责人集中通读并整体审定报告，删除重复、调整顺序，确保整体行文流畅，形成高质量研究成果。这四个步骤有序推进，确保调查报告的一致性和高效率。

二、调查报告的撰写内容

一般而言，调查报告的撰写内容，应该包括引言、调查方法和结果、分析讨论等部分。下面将对每一部分内容进行介绍。

（一）引言

引言，又叫前言、序言或者导言，是调查报告的第一个部分，起提纲挈领的作用。在这个部分中，作者要对调查报告的基本目的、主要内容、研究对象、研究方法和调查意义等内容进行简单的介绍。一个好的引言，常常能够在交代清楚调查研究基本情况的基础之上，激发读者的阅读兴趣，以便帮助读者快速了解这项调查研究的价值与意义。引言的写作方法一般有以下四种。

1. 主旨直述法

所谓的主旨直述法，是指在引言中直接说明本项调查研究的目的、宗旨和意图，以便读者具体把握调查报告的主旨和基本精神，从而引起读者的重视。主旨直述法是一种应用较多的引言写作方法。例如，孙立平老师的《走向积极的社会管理》一文，引言就十分简短却又一目了然。

“当前对社会管理问题的着力强调，源于社会问题、社会矛盾以及社会冲突的不断增加和由此所形成的对社会生活的冲击。与传统社会相比，我们身处其中的是一个更加复杂、更具风险、充满了不确定性的世界。在面临诸多压力和挑战的情况下很容易形成对社会管理的误解，即将社会管理片面地理解为一种消极地、防范性的手段，误解为加强权力对社会的全面控制。社会管理的真正目的是改善人类的生存状况；而积极的社会管理则以主动的建设和变革为手段，以改善社会的状况，建设一个充满幸福感的、更好的社会为目标。公平正义是积极社会管理的实现途径。健全社会机制是积极社会管理的关键。”①

2. 情况交代法

所谓的情况交代法，是指在引言中就着重说明这项调查研究的目的、开展时间、实施地点、研究对象、研究方法以及调查工作的过程和具体情况。这种写作方法，详细介绍了调查的背景和过程，相对于“主旨直述法”，能让读者了解更多关于调查研究的背景条件和具体情况，也能从社会背景或研究背景引入，来帮助读者更好地了解该项调查研究的基本情况，这是引言较为常用的写作方法。

3. 结论先行法

结论先行法是指直接把调查研究得出的结论写在全文开篇处，使读者能够快速和清晰地了解最终的成果。这种写法观点鲜明，先将调查结论摆出，引起读者的兴趣和积极思索，然后在文章的主体部分再作具体论证，使读者更加容易地去把握调查报告的主题，并加深对问题的认识。简单来说，就是在写出结论的同时，描述现象、提出问题，然后在后文中分别对结论的支撑依据进行描述和展开。例如，朱依娜和何光喜的《学术产出的性别差异：一个社会网络分析的视角》的引言内容。

“科学界的性别不平等是学术界关注的重要议题。尽管很多国家的女性本科生和研究生数量已超越男性（经济合作与发展组织，2012：45－50），但女教授的人数仍明显少于男教授，在职位、薪酬、声望等方面也处于更加不利的位置（Larivière，2013）。这种现象在自然科学和工程领域尤为突出（Ley，et al.，2008；Moss-Racusin，et al.，2012；Shen，2013）。为什么会出现这种‘学术产出之谜’呢？研究者尝试从不同的角度探究造成这一现象的原因，包括婚姻家庭状况、人力资本、时间投入模式、研究资源、职称职位和机构类型等方面的性别差异（如 Rong，et al.，1989；Xie and Shauman，1998；Maske，et al.，2003；Fox，et al.，2005 等）。这些研究的基本思路是，利用男女科研人员在上述影响因素上的不平等分布，解释其在学术产出结果上的不平等分布。结果显示：女性科研人员的学术成果之所以少于男性，可能是因为她们缺乏更优质的教育背景、承担过多家务劳动、缺少足够科研时间、处于较低职位、远离核心学术资源和顶级研究机构等。”②

4. 提问法

提问法是指在调查报告的开头就提出问题，设下悬念，以便增强调查报告对读者的吸引力。这种写法通常是在引言中就提出报告所要揭示的问题，给读者一定的悬念，然后激发其继续阅读下去的兴趣，这也是研究者比较常用的一种写法。首先对某种社会现象和社会问题进行描述，紧接着对这种社会现象和问题产生的原因或造成的影响等方面进行一系列的提问，最后介绍调查的基本情况。例如，陈航英的《土客结合：资本下乡的用工机制研究》的引言内容。

“进入 21 世纪，城市工商资本下乡流转土地并直接开展农业经营的情况日益增多，此即所谓的‘资本下乡’。不同于小农家庭经营，资本下乡一般都会通过大量流转土地和雇工实行规模农业经营。主流话语认为，资本下乡开展规模经营之后，当地农户将获得两份

① 孙立平．走向积极的社会管理．社会学研究，2011（4）．

② 朱依娜，何光喜．学术产出的性别差异：一个社会网络分析的视角．社会，2016（4）．

收入：土地流转收入和工资性收入。这背后有一个潜在的假设，即认为下乡资本必定会雇用当地的劳动力，而当地那些因土地流转而‘离开土地’的劳动力也必定会愿意到这些规模农场劳作。但是，当笔者在宁夏南部的黄高县就资本下乡后的用工机制问题展开调查时发现，由下乡资本投资的规模蔬菜农场只是用了少量本地劳力，却从云南、贵州、四川等地引入了大批外地劳力。既然嵌生于村落社会，按理说，菜场最好的用工方式是就近雇用本地劳力，因为这不仅能够节约成本，还能迎合当地政府的就业期盼，但黄高县的菜场为什么会‘舍近求远’去雇用大批外地劳力呢？”①

对于调查报告的引言来说，除了上述几种主要的方法之外，还有其他一些形式多样的写作方法。因此，在具体的写作过程中，研究者可以依据自己所要撰写的调查报告的类型、目的、内容以及手上所掌握的资料、预计的篇幅长短等具体情况进行适当选择，灵活运用。但总体来说，引言部分的作用是要充分发挥其“导”和“引”的作用，从而为全文的逐步展开做好铺垫，以便做好读者的“引路”工作。

（二）调查方法和结果

这一部分是整个调查报告的核心部分，一般来说会包括两个部分的内容：说明调查所采用的方法和简单介绍调查的结果。

在学术性调查报告中，对调查方法进行详细说明是一个非常重要的部分，它涉及对研究者所进行的调查研究是否具有科学性与严谨性的直观判断，也直接关系到后面所记载的调查结果的信度与效度。因此，一份成文的调查报告，无论它的结果呈现是多么深刻精彩、充满研究者的创见，但如果调查方法经不起检验，甚至混乱不清，那么，这份调查报告的价值与意义都会大打折扣。

通常情况下，在调查报告中对调查方法的说明主要包括以下几方面内容。

1. 调查对象

每一项调查研究都应该具有自己特定且鲜明的调查对象，比如，是进城务工的农民工还是高校的应届毕业生。研究者需要在调查报告中说明调查对象具有何种鲜明的特征，以及这种调查对象是如何被仔细定义和选择的。

2. 抽样方法

在调查报告中，需要明确说明研究的样本是从何而来，又是如何进行抽样的。关于抽样方法的介绍，不能仅仅说明样本量这么简单，还需要详细说明研究者所采用的抽样程序，特别是在使用问卷调查法进行的社会调查研究中，需要向读者明确介绍样本对于总体所具有的代表性，以及研究者是如何根据总体情况来制定抽样方案的。

3. 材料与工具

在这方面的内容中，研究者需要对资料的具体收集过程进行明确介绍。首先，要对研究的主要变量进行说明，包括它们是什么、采用哪些指标进行测量、如何进行操作，以及如何对这些指标进行评分、赋值的具体程序和方法等；其次，还要说明调查过程中所使用的材料和应用的工具，如阅读材料、测量用的量表、调查问卷分别是什么，等等。

---

① 陈航英．土客结合：资本下乡的用工机制研究．社会，2021（4）．

4. 数据处理方法

在这部分内容中，研究者要清楚地说明自己采用了何种分析方法对调查所收集的数据进行分析。不同的社会调查由于其内容不同、对象不同、收集资料的方式不同，因此对于资料数据的处理也千差万别。根据不同的需要，研究者可以选择 Excel、Stata、NVIVO 等特定软件进行分析，也可以使用多种软件进行综合分析。

在对上述调查方法介绍完毕之后，研究者可以对调查结果进行进一步的解释说明。一般而言，介绍调查结果部分的写作应该遵循“先总体，后个别；先一般，后具体”的原则①，并主要从以下几方面着手：

（1）呈现结果。研究者要想把调查的结果展示给读者，可以根据需要选用文字叙述或者图表演示的方式，而最好的方式则是以图表为主、辅以适当的文字说明。值得注意的是，研究者要对调查的结果进行合理取舍，通常情况下，并非那些图表越多、材料越多的调查报告才是更好的报告，相反，只有经过合理的筛选所留下来的材料，才会使结果的呈现达到预想中最优的效果。

（2）概括说明。该部分主要是对调查研究的结果进行说明，并详细解释结果中每个数据、每个变量及其所代表的含义，特别是对部分核心关键变量而言，不仅需要研究者详细解释其各项取值的含义，还需要解释自己会选择该变量的原因等。

（3）列出图表。图表的作用在于能够将调查数据以直观简洁的形式呈现给读者，以便进一步说明调查结果、支撑调查结论。在调查报告中，常见的统计表有表格、条形图、饼图和折线图等，可以帮助读者获得更加直观的印象和理解。

（4）假设检验。在采取定量数据分析方法的调查报告中，调查结果也是假设检验的过程。在这部分内容中，研究者要依据科学推断的方法，对调查研究总体做出判断，看其是否与研究的假设相符。为此，研究者在调查结果部分还需要对研究假设进行说明，并尽可能完整地呈现自己对于一系列假设进行检验分析的过程。

（三）分析讨论

在分析讨论的部分中，研究者要对调查结果进行进一步的评价或推论，凡是与所研究课题有关的内容，均可以从不同层面、不同角度进行分析讨论。一般而言，分析讨论的主题会涉及以下几个方面：对于此次调查的结果应该作何解释；对于所得出的结果进行理论上的分析和讨论；坦率指出本次调查的不足之处和尚待解决的问题；提出未来研究中可供进一步深化、推广的方向等。

一般来说，这部分的内容与开篇的引言部分密切相关，具体表现为：在引言中提出的问题，研究者应该在此部分再次回顾，并进行回应和解答，只是此时的解答应当紧密围绕调查的结果展开，需要有推陈出新的内容，而不是简单重申或者引用他人的研究观点。

除此之外，研究者还需要注意调查结果与调查结论之间的差别。在撰写调查报告的过程中，初学者往往难以把握调查结果与分析结论的界限，而二者的差别是：调查结果是调查最终获得的信息，是具体的事实；而调查结论则是对这些信息的具体说明，是对所获得

① 风笑天．现代社会调查方法．4 版．武汉：华中科技大学出版社，2009：281.

的具体事实的进一步推断和解释。换句话说，调查结论是基于调查结果的升华与总结。针对某一个调查主题，研究者可能会提出多个假设，调查结果是检验假设的过程，而调查结论则是基于假设检验结果的概括与总结。因此，研究者在对资料进行分析讨论之后一般要得出一个简洁中肯的结论，并要具有概括力和普遍性。当然，研究者也可以给出自己对于这项调查的某些具体的建议，说明通过这项调查研究所得到的启示，并提出未来改进的意见。

总之，一份优秀且有价值的调查报告，应当是收缩有度、详略得当的，这就要求研究者撰写调查报告时，可以采用一种“沙漏”的形式来撰写，即采用“宽—窄—宽”的形式[①]，如图 12-1 所示。需要指出的是，这里说的“宽”与“窄”，并不是指具体文字的多少和篇幅的长短，而是指内容所涉及范围的宽和窄，简单来说，就是“广阔”与“聚焦”之间的关系。

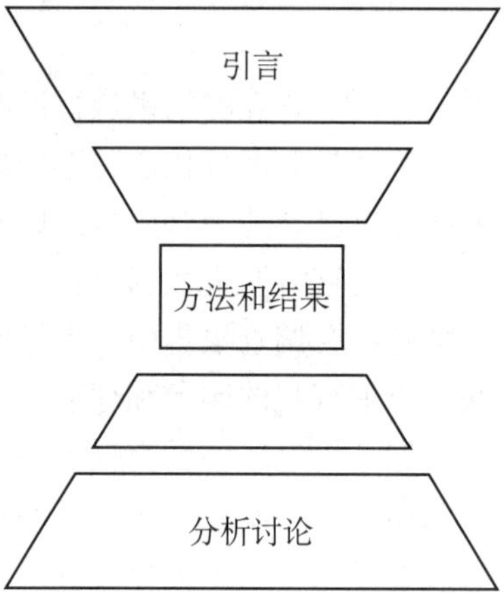

图 12-1　“沙漏”的形式

因此，如果把一篇调查报告看作是一个“沙漏”，那么引言部分就相当于“沙漏”的上瓶，它应该为研究者的整个调查研究提供大致的背景描述，并将其作为铺垫与引导，以便帮助读者适应熟悉整个调查内容。而方法和结果部分，则应该是其最狭窄的部分——瓶颈，这一部分要求对所获得的资料进行有针对性的集中分析，一步步地将读者引入到专业化领域之中，并对研究成果进行详细、具体的介绍。到了报告的分析讨论部分，则相当于“沙漏”的下瓶。作为底部，它需要托起研究者的整个调查研究，并与引言、方法和结果部分相呼应，同时进一步引导读者的思维由专业化领域向一般领域进行扩散和拓展。换言之，引言的叙述是由宽到窄的；而分析讨论部分，则是由窄到宽的。

总而言之，一个视野开阔的引言部分，可以有效地向读者提供所研究的问题之所以得以形成的背景、意义以及研究现状；到了狭窄的方法和结果部分，则可以帮助读者把注意力更多聚焦和集中在具体的研究成果和方法上；到了分析讨论部分，则可以向读者展示本项研究的丰富内涵，并进一步发掘研究成果的一般意义，从而提高研究的价值和意义。

---

① 风笑天．社会研究方法．北京：中国人民大学出版社，2001：330.

第三节 不同类型调查报告的结构与具体写作

调查报告是一项调查研究的文字成果展示，有一些调查报告是供相关部门和领导做决策时内部参考的，更多的调查报告则需要公开发表，才能更好地为读者所知晓，从而产生相应的社会效益。由于每个杂志在审核投稿时的侧重点和结构偏好有所差异，因此，在撰写调查报告之前，研究者可以先大致确定想要发表的目标杂志，从而明确自己的写作结构和框架。[①] 当然，无论是哪一种类型的调查报告，仍然有一些基本的内容要求，需要研究者共同遵守。

一、应用性调查报告的结构和写作

应用性调查报告的重点部分，在于对调研结果进行总体汇报和说明，以便供读者或相关部门参考。一般来说，这种类型调查报告的结构，往往包括标题、导言、主体和结尾四个部分。

（一）标题

对于一个研究报告而言，一个好的标题，是能够直接引起读者关注的关键性因素。如果标题起得生动、明确、针对性强，就很容易激发读者的阅读兴趣；反之，如果标题没有新意，就很难引起读者的兴趣。

标题可以有两种写法：一种是规范化的标题格式，即“发文主题”加“文种”，基本格式为“关于××××的调查报告”“××××调查分析”等；另一种则是自由式标题，包括陈述式、结论式、问题式、关键词式和双标题式等形式。自由式标题具体内容如下。

1. 陈述式

陈述式，即直接在标题中陈述和说明调查的对象及调查的问题，如《××大学本科毕业生考研情况调查》。陈述式标题的对答特点，很容易使读者对调查内容和对象进行把握，从而有利于读者根据需要来选择是否阅读。但其缺点是明显的，相比其他形式的标题，很难引起读者的阅读兴趣，难以体现调查研究的问题与结果。

2. 结论式

结论式，即采用某种结论式的语言或警句、格言、判断句等直接作为标题，如《传统村落保护面临挑战》。结论式的标题通常能够直接表明研究者的观点和结论，有较强的针对性和理论意义。但其缺点则在于形式不够活泼，理论意义较强。

3. 问题式

问题式，即以一个问题作为标题，如《留守儿童缺失的是什么?》《城乡教育均衡如何能够实现?》《她们为什么不结婚?》，这种标题往往能够很好地吸引读者的注意力，有利于进一步调动读者仔细阅读的欲望。一般而言，普通调查报告经常采用这类标题，非专业刊物上发表的调查报告，也较多采用这类标题。

---

① 徐云杰．社会调查研究方法．新加坡：新加坡国立大学出版社，2009：228.

4. 关键词式

随着现代数据库检索技术的发展，关键词式标题产生了。和前述标题形式不同，关键词式标题是指报告或论文的标题由几个关键词构成，没有严谨的语言逻辑表达，但可以极大增加报告或论文被检索选中的概率，如《认同、归属与愉悦：代群视野下广场舞女性的自我调适与主体建构》[①] 一文的标题，就可以理解为一种关键词式标题，它将文中的一些关键概念作为标题构成。

5. 双标题式

双标题式，即由主标题和副标题共同构成调查报告的标题。其中，主标题多以问题式、结论式或关键词式表达，而副标题则多以陈述式表达，表明调查的对象、范围和问题。这实际上类似于“发文主题”加“文种”的规范格式，如《乡村振兴重在人才振兴——×县乡村建设实践思考》《留守儿童心理建设重在家庭教育——×县留守儿童问题调查》等。这种形式的标题兼具上述几种标题形式的优点，因而是各类报刊发表的调查报告中十分常见的一种标题形式。

标题的写法虽然灵活多样，但有一点要十分注意，就是“文要对题”，即调查报告的标题要与调查报告的内容相符，不能为了引起读者的注意而使用超出调查报告内容的标题。例如，《关于调查处理××县工商系统 3 名领导干部更改年龄、突击退休补员情况的报告》，这个报告的重点在于处理，而不在调查。虽然从标题来看似乎是调查某情况的报告，但实际上并不符合调查报告的要求。

（二）导言

应用性调查报告的第一部分称作导言，它的主要任务是向读者简要地介绍整个调查的有关背景以及文献综述。其中，最主要的内容包括调查的目的、调查的内容、调查的对象、调查的方法、调查的意义，等等。导言的具体写法有下列几种常见的方式。

1. 直述式

直述式，即开门见山，平铺直叙，直接把调查的目的、内容、对象、范围等一一写出。比如，沈洪成在《教育下乡：一个乡镇的教育治理实践》中就这样写道：

“20 世纪 90 年代中期以来，在国家的主导下，中国开始自上而下地推动九年义务教育的普及运动，至今仍未中断。对教育水平较高的地区而言，‘普九’目标并不难实现，学生与家长投入教育的热情本就较高。但对部分乡村地区而言，由于辍学、失学、逃学的普遍存在，‘普九’目标却难以达成。即使在国家已经实行‘两免一补’政策、初中阶段的学习费用对家庭并不构成压力的情况下，辍学、失学、逃学的问题仍得不到解决。过去是‘读不起书’，如今却出现了有书不读、‘读书还要请着来’，甚至‘生怕学生不来读书’的状况。未完成国家的‘普九’目标，地方政府开始对这一问题进行治理。本文即以云南西南地区一个乡镇推行‘控辍保学、三级联动’责任制为中心，考察地方政府是如何对辍学、失学、逃学问题展开治理的，这一治理又产生了什么样的后果。”[②]

---

① 米莉．认同、归属与愉悦：代群视野下广场舞女性的自我调适与主体建构．妇女研究论丛，2016（2）．

② 沈洪成．教育下乡：一个乡镇的教育治理实践．社会学研究，2014（2）．

2. 悬念式

悬念式，即先描述某种社会现象和社会问题，然后对这种社会现象和问题产生的原因、造成的影响等给出一系列的提问，最后介绍调查的基本情况。比如，张一力等人在《海外移民创业如何持续——来自意大利温州移民的案例研究》一文中写道：

“持续创业意味着通过不断打破现有移民企业内部和外部的制度约束，利用新的知识与能力推行一系列的战略创业行为，借助持续的制度创新和文化创新，不断地传承和延续移民企业的创业精神（李新春等，2008）。由于持续创业是跨越创业者、家族、企业、产品、产业等要素的集成，持续创业本身就是创业过程的重要组成部分（Hoy&Sharma，2010）。如何在初始创业与持续创业阶段对这一群体善加引导？如何使移民群体更好地融入区域经济与区域文化？如何实现网络内部资源与外界信息的有效嵌入？上述问题的解决对于提高海外移民的话语权，推动集群网络的持续成长具有重要的理论和现实意义。”①

3. 结论式

结论式，即在描述现象、提出问题的同时，直接写出结论。比如，吕方等人在《“复杂政策”与国家治理——基于国家连片开发扶贫项目的讨论》的导言中这样写道：

“公共政策的治理结构是通过一揽子制度安排来赋予其实质内涵的，中国国家治理体系的优化与自我完善仍处在过程之中，如何在动态的视野下求解国家治理体系调整及其能力提升的命题将具有更重大的现实意义，而这一点在既有研究中着墨不多。为了回答上述问题，本研究尝试提出一个‘复杂政策’的解释框架。这一解释框架继承既有研究的共识，即不同的公共政策领域本身的特点决定了治理模式的选择。在此基础上，本文进一步提出，对于那些政策对象的需求具有多元性、治理目标具有综合性，因而对于政策产品具有差异性、定制性特点的公共政策，将资源配置的重心下沉到基层政府组织的做法有助于提升治理的有效性。不同于西方分权学说，或既有研究中对于中国国家治理体系所做的‘决策—执行’二分式解读，‘复杂政策’在治理结构安排方面试图通过‘顶层设计’与‘地方转译’相结合的方式，同时发挥好中央与地方‘两个积极性’。一方面，中央政府基于地方‘试点’的经验形成‘政策模板’，指导地方实践，这种做法既体现了中央政府在全国层面政策创新上的制度优势和信息优势，也体现了其引导和规范地方政府行为的意志。另一方面，基层政府组织被鼓励将其掌握的‘情境信息’积极贡献出来，把中央层面的‘政策模板’与地方实际需求相结合，创造性地转化为具有可操作性的‘操作文本’。上述治理理念及其相应的治理结构安排恰恰说明，中国国家治理领域试图弥合‘决策一致性’与‘需求在地性’之间的矛盾。但应当承认，这种治理模式尚处在不断探索和自我完善过程中，仍然面临着一些瓶颈有待破解。”②

（三）主体

在调查结束之后，研究者往往可以得到大量的资料、数据和结果。调查报告的主体部分正是容纳这些材料和结果的部分，写作的关键之处在于如何恰当地对这些资料、数据和结果进行富有逻辑的组织和安排。一般来说，普通调查报告主体部分的结构有下列三种常

---

① 张一力，张敏．海外移民创业如何持续：来自意大利温州移民的案例研究．社会学研究，2015（4）．

② 吕方，梅琳．“复杂政策”与国家治理：基于国家连片开发扶贫项目的讨论．社会学研究，2017（3）．

见的形式。

1. 纵向结构式

纵向结构式，即按照所调研事件的先后发生顺序和时间推演来组织和安排，以突出被调查现象或问题的具体发展过程，或者反映其在不同时期的变化与差别，如调查失业工人在失业前后的生产、生活方式和经济状况等。

2. 横向结构式

横向结构式，即主要按照调查的内容来安排，以突出某一社会现象或问题的各个方面的内容。比如，调查失业工人现在所面临的经济状况、所享受的社会保障情况等。需要注意的是，纵向结构常用于纵向社会调查的调查报告中，而横向结构则通常用于横剖式社会调查的调查报告中。

3. 纵横结合式

纵横结合式，即将上述两种方式相结合，以一种方式为主，兼采用另外一种方式。这种形式常用于较大规模的调查报告中，以便于反映比较复杂的内容。

（四）结尾

在应用性调查报告的结尾部分，一般的中心内容是要对调查的过程和主要结果进行总结，并陈述调查研究的结论。此外，有的调查报告还可以在结尾部分阐明所调查现象产生的原因、形成的影响，并提出解决办法或建议等。

结尾部分在写作上的具体要求是：语言精练，陈述明确。可以简明扼要地列出几点，清晰表明调查研究的主要结果，以及研究者的观点。例如，梁萌在《技术变迁视角下的劳动过程研究——以互联网虚拟团队为例》一文中撰写的结尾：

“基于以上分析，本文认为，虽然互联网产业中企业的组织与生产模式是丰富而多元的，但在分析过程中，技术变迁视角是最核心的线索。将技术变迁纳入劳动过程理论的分析框架中，不但有利于将信息产业的劳动研究与传统工业的劳动研究区别开来，更加有利于在信息产业内部分析不同类型企业生产整体的本质特点，特别是根据不同企业对技术变迁的处理方式和对劳动过程的相应调整进行分析，其中的分析与对比、同质与差异正是劳动过程理论所一贯关注的核心所在。”①

总的来说，应用性调查报告的导言部分以介绍情况、说明目的为主；主体部分以详细描述所调查的某一社会现象的实况以及说明实地调查的结果为主；结尾部分则对这一社会现象进行进一步讨论，以及给出解决问题的建议，以便引起读者的重视，或者提供给有关部门或领导来做决策参考。

二、学术性调查报告的结构和写作

相较于应用性调查报告，学术性调查报告的主要阅读对象是各具体学科的专业研究人员，其发表也主要在各类专业的学术会议或者专业学术刊物上，因此，这一类型的调查报告撰写要求往往更加严格，具有相对固定的格式，有学者将其概括为“洋八股”的八个部

① 梁萌．技术变迁视角下的劳动过程研究：以互联网虚拟团队为例．社会学研究，2016（2）．

分[①]。一般来说，学术性调查报告主要包括以下内容。

（一）摘要

摘要通常放在调查报告的最前面，是整篇调查报告的总体性介绍，其功能是对本项研究进行具体而简洁地说明，许多公开发表的调查报告，需要同时有中文和英文摘要，便于不同国家的读者进行查阅和了解。一般而言，摘要的语言要求尽可能地准确和精练，字数为100～200字，内容应该涵盖本项研究的问题、得出的主要结论以及该项调查研究的关键词。比如，王俊秀在《社会心态：转型社会的社会心理研究》中写道：

“在社会大转型的背景下，中国社会心理学应该关注社会转型下的现实问题，而研究转型社会的心理问题，应该采取宏观的社会心态的研究范式。本文分析了当前社会心态研究特点和社会心态对转型社会研究的现状和存在的问题，梳理了社会心态研究可以借鉴的历史学、社会学和心理学遗产；在此基础上，提出了转型社会的社会心态研究范式，分析了社会心态的分析水平和学科边界扩展问题，提出了社会心态的结构和测量方法。作者进一步指出，社会转型本身也是社会心态研究的核心对象，社会心态研究是一种社会发展研究的学科方向。”[②]

（二）导言

在学术性调查报告的导言部分，研究者要重点对研究的问题进行说明，以及说明为什么进行这一研究。虽然同是导言，学术性调查报告的导言与应用性调查报告的导言却很不相同。前者通常更为详细，所包括的内容更多。不过，导言部分的主要目的是引出后文的介绍和讨论，因此内容也不需要过于详细，只需要简要、清晰地说明问题和背景即可。从大的方面看，它一般包括三个方面的内容。

1. 介绍本项调查所研究的问题

在学术类调查报告中，无论是理论性调查研究，还是应用性调查研究，都必须明确说明所研究的问题是什么，以及为什么选择这一问题进行研究。通常，研究者还要对这一问题的来源和背景进行简单的介绍。这些内容是向读者介绍这项研究的前提。

在具体的陈述和介绍中，应该采取“沙漏”形式的写作手法，即从广阔的社会背景开始，逐渐缩小到自己所研究的现象或问题上来。这样做的优点在于：一方面，它可以使读者从叙述中了解此项研究为什么重要、为什么值得研究；另一方面，也可以使读者从思想上做好探讨所研究问题的准备。

2. 有关文献的评论

严格来说，学术研究首先是一个知识积累的过程，任何一项调查研究，都是在前人已有成果的基础上进行的。因此，每个研究者都应该尽量全面地了解与自己所研究的问题有关的理论和方法，掌握迄今为止这一领域最新的资料、研究动态和取得的成果。所以，当研究者在导言开篇陈述了自己所研究的问题及背景后，接下来就需要对这一问题领域中前人已有的研究及其结果进行综述和评论。然后，再引出自己所分析问题的切入点、重心和

---

① 彭玉生．“洋八股”与社会科学规范．社会学研究，2010（2）．

② 王俊秀．社会心态：转型社会的社会心理研究．社会学研究，2014（1）．

意义所在。比如，焦思琪、王春光就在《农村多元医疗体系的型构基础与逻辑研究》中这样写道：

“关于多元医疗体系的发展形成两种观点：第一种观点认为，在现代化与全球化发展中，传统的、非科学的、非理性的，甚至迷信的非西方医疗，将被‘等同于科学与进步’、‘对抗病毒和疾病的终极武器’的现代生物医学取代；第二种观点认为，单一的医疗体系无法完全解决人们的医疗问题，因此非西方医疗体系成为人们在西方医疗体系未满足病患需求情况下的补充与替代，抑或在农村医疗资源匮乏之下的行为选择。其中，民俗医疗在治疗中发挥着特有的仪式、支持等文化功用。结合当下我国农村医疗实践就会发现，以上分类和观点虽然提出了一些有洞见的分析，但仍存在不逮之处……因此，这些现象带来一系列值得思考的问题：究竟什么样的分类更适合当下农村医疗的现实？为什么国家主导构建的医疗体系没能阻挡其他医疗形式在农村社会的发展？农民面对不同医疗体系的就医选择有哪些偏好？

“在以上问题的指引下，我们将目光转向一个农村社会的医疗场域，这一场域并不局限于正式的医疗场域，也包含隐匿于农村社会的非正式医疗场域。任何一种医疗体系类型，其本质都是为个体健康服务，无论社会如何发展，医疗服务体系都应该体现公益性目的。对医疗体系的分类讨论，探索医疗体系的型构逻辑和实践价值，是理解和发展农村医疗体系的基础。为了发展能真正满足农民所需的医疗体系，本文将分析的重点聚焦于多元医疗体系的型构基础和逻辑机制的研究。”①

通过以上的例子我们可以看出，在文献评论这一部分中，研究者应该对这样一些问题进行阐述：第一，在相关的领域中，以前的学者已经做出了一些什么样的研究工作，彼此之间有何研究的共性；第二，对于这一特定的社会现象，学界是否存在有关的理论，以及有哪些不同的理论取向；第三，前人的这些研究主要采取的研究方法有哪些，又得到了什么有价值的结果；第四，已有的研究还存在着哪些缺陷或不足等。

需要注意的是，在文献评论这一部分，不能只是简要罗列相关的理论，为了述而述，相反，还要对这些理论进行评议，并对这些结果和结论的优劣做出自己的评价。因此，文献评论更需要的是与既有的研究成果和方法等进行对话和沟通，从而彰显出自身研究所具备的价值与意义。那么，为了后期写作的便利，研究者在最开始查阅文献时，就可以围绕文献随手做一些简要的摘录和评论，这样可以大大减少后期的工作量，有助于日后调查报告的写作。

3. 对自身研究的介绍

研究者在完成了研究背景介绍和文献评论之后，在导言部分还需要简要介绍这项调查研究的内容。即应该告诉读者，这项调查研究的基本问题和理论视角是什么，主要采用什么样的研究方法，以及这项研究具有何种研究意义和研究价值，从而明确阐明自己的研究与已有研究的不同之处，说明自己研究的特殊意义。总之，通过导言部分的介绍，读者可以很好地从文献评论过渡到研究方法部分，从而能够顺利地沿着研究者的思路继续读下去。

---

① 焦思琪，王春光．农村多元医疗体系的型构基础与逻辑研究．社会科学文摘，2022（5）．

（三）研究方法

在学术性调查报告的写作中，研究方法的介绍是非常重要的部分。因为在学术性调查报告中，专业的读者不光关注调查得到的结果和结论，他们也需要得知该项调查所采用的研究方法及流程是否科学。如果研究方法有错漏，定量研究不可证实或者证伪，那么，这项调查所得出的结果便会遭到质疑。从 20 世纪 90 年代以来，研究者愈发重视对研究方法的介绍①。

大多数学术类调查报告，研究方法部分都会包括以下几方面的内容：

（1）有关调查方式的介绍。研究者需要向读者介绍定量或定性资料的收集方式，该项调查所进行的时间、地点，以及调查人员的组织等。

（2）有关调查对象的介绍。研究者需要明确说明调查对象的总体、抽样方式以及样本状况等。只有当读者充分了解了研究者所采用的抽样方法和实际的样本时，才有可能估算出这一调查研究是否具有以及具有多大的推广普适性和局限性。

（3）对研究的主要变量的说明。包括研究的主要变量有哪些，对变量的操作定义和具体测量指标等。特别对那些核心抽象概念的操作化需要进行重点说明，同时，研究者除了要告知读者测量变量的具体指标之外，还需要让读者了解具体的计分方法和计算方法。

（4）对资料收集过程的说明。为了提高调查结果和结论的可信度，研究者还需要对资料收集过程进行详细说明，如问卷发放方式、问卷回收率和有效回收率等。

（5）对资料分析方法的说明。每一项调查研究的调查方式、样本规模、资料收集方法往往有所不同，自然所采取的分析方法也不完全一样。有的以定量分析为主，有的则以定性分析为主；有的只进行一般性的描述分析，有的则进行较深入的相关性分析、因果分析；有的完全采用手工方式对资料进行处理，有的则使用计算机和分析软件进行处理。②因此，研究者在研究方法部分还要对实际采用的分析方法进行简要说明。

（四）结果部分

在学术性调查报告的结果部分，撰写的基本原则可以概括为：先总体，后个别；先一般，后具体。即研究者要先给出总体上的基本结果，然后再陈述更细小方面的结果。在具体写法上，也通常要先给出答案，再展示证据。当每个方面的结果陈述完毕之后，还应该进行简要的小结，然后再开始下一个方面内容的陈述。

在介绍调查报告结果时，研究者主要从以下四个方面进行：呈现结果、概括说明、列出图表、假设检验。

（1）呈现结果，就是要把调查的结果用文字叙述或图表演示的方式向读者展示出来，最好的方法是以图表为主，再加上适当的文字说明，这样的表达方式往往是更为直观，也更常用。

（2）概括说明，就是对调查研究的结果用文字进行说明，并详细解释结果中每个数据及其所代表的含义。

（3）列出图表，即用表格、图形等方式进一步说明结果，以便可以更加直观而清晰地

---

① 风笑天．结果呈现与方法运用：141 项调查研究的解析．社会学研究，2003（2）．

② 风笑天．现代社会调查方法．4 版．武汉：华中科技大学出版社，2009：281.

向读者展示结果。

(4) 假设检验，就是对调查研究的总体做出判断，看其是否与自己的研究假设相符。并且要注意，在结果的表达上，总体原则是先给出总体的、一般性的陈述，然后分述各个具体部分，即“先总后分”。不管是在对整个研究结果的陈述还是对各个部分结果的陈述，研究者都应该尽量采用这一原则。

除此之外，在具体分述的某个部分，一般情况下要向读者展示各种图表，这时，就要注意各类图表的格式规范要求。在学术类调查报告中，学术规范要一致。如果调查报告里面的表采用的是三线表的形式，那么，这里面的图也同样有格式要求。

表的格式要求：一个数据表往往包含标题、表体和注释三个部分，如表 12-1 所示。首先，数据表的标题往往在表的上方，包含两个元素：表的序号和表的内容。其次，表体部分往往既有文字，又有数字，文字一般靠左排，数据居中排。中间表体一般采用三线表，一般来说是三条横线，标题下面有顶线，表格下面有底线，表头与表体之间有栏目线，竖线一般会用虚线隐掉，这样能使得内容紧凑、直观。最后，表格的注释，一般在表格的下方。

表 12-1　中国贫困变化情况

年份	贫困线（元）	贫困人口（百万人）	贫困发生率（%）	低收入线（元）	低收入人口（万人）	贫困发生率（%）
1978	100	250	30.7	—	—	—
1985	206	125	15	—	—	—
1990	300	85	9.5	—	—	—
1991	304	94	10.4	—	—	—
1992	317	80	8.8	—	—	—
1993	350	75	8.2	—	—	—
1994	440	70	7.6	—	—	—
1995	530	65	7.1	—	—	—
1996	580	58	6.3	—	—	—
1997	640	50	5.4	—	—	—
1998	635	42	4.6	—	—	—
1999	625	34	3.7	—	—	—
2000	625	32.09	3.4	865	6 213	6.7
2001	630	29.70	3.2	872	6 102	6.6
2002	627	28.20	3	869	5 825	6.2
2003	637	29.00	3.1	882	5 617	6.0
2004	664	26.10	2.8	924	4 977	5.3
2005	683	23.65	2.6	944	4 067	4.3
2006	693	21.48	2.3	958	3 350	3.7

续表

年份	贫困线（元）	贫困人口（百万人）	贫困发生率（%）	低收入线（元）	低收入人口（万人）	贫困发生率（%）
2007	785	14.79	1.60	1 067	2 841	3.0
2008	—	—	—	1 067	4 007	4.2
2009	—	—	—	1 196	3 597	3.8
2010	—	—	—	1 196	2 688	2.8

资料来源：根据国家统计局相关年份《国民经济和社会发展统计公报》《中国农村贫困监测报告》整理.

对于统计图的格式，图的编号由“图”和从 1 开始的阿拉伯数字组成，如“图 1”“图 2”等；图的编号可以一直连续到文末，图较多时，也可分章编号。图题置于图的编号之后，与编号空一格排写，如图 12－2 所示。一般来说，图表的文字说明应该在图表的前面，即先见文字再见图表。

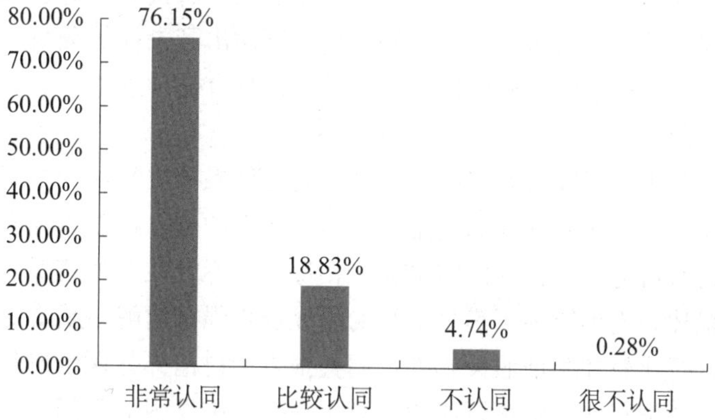

图 12－2 本科学生学习状况整体情况

值得注意的是，图与表在形式上的最大差别，是图的标题往往放在图的下方。并且，图和表的序号是相互独立的，不能连续。此外，一般在正文中要避免使用上表、下表、上图、下图这种相对直称的表示，而是直接采用表序的方式，这样的表述方式既是调查结果部分，也是调查报告最具有论证力的部分。

对于调查研究者而言，尤其对于初学者而言，特别需要注意的是，在调查报告的结果部分，通常需要对图表、数据进行合理取舍，从大量的数据资料中提取出那些真正能够反映调查主题和问题的资料。如果只是单纯地罗列数据、表格，很有可能会使读者分不清文章的主次，抓不住要领。而且，对图表和数据的说明过于肤浅，往往也不利于调查报告质量的提高。相反，图表的内涵与质量，以及这些图表与文字之间的关系，才是一份调查报告是否具有解释力和说服力的关键所在。比如，孙昕等人在《政治信任、社会资本和村民选举参与——基于全国代表性样本调查的实证分析》一文中的结果部分这样写道：

“表 5 给出的村民选举参与 Probit 模型的参数估计结果表明，村民对于乡镇党委、政府的政治信任对其村委会选举参与行为有比较显著的正影响。衡量政治信任的 5 个指标中，除基层政府是否能主持公道外，其余 4 个变量对村民参与选举的概率都有显著（或边际显著）影响且参数估计相差不大。这表明研究结果非常稳健，村民是否参与选举与其对基层政府的信任状况确实有明确的关系。由此可见，在中国现有的基层民主制度下，由于乡政府在村委会选举中和选举后的村庄治理中都占据着至关重要的位置，村民对于乡级政府的政治信任对其参与制度化的政治活动有重要影响。对于那些比较信任乡级政权的村民，参加村委会的选举被视为一种获取自身利益和实现政治价值的重要活动。而那些对于现任基层政府持有怀疑或者不信任态度的村民，或认为乡政府会直接严格控制选举，或认为即使是选举出来村干部也会因乡镇政府对村庄事务的（不当）干预而无法发挥作用，从而倾向于将村委会选举看作'走形式'并选择不参与。"①

（五）讨论

在调查报告中，讨论部分往往会与结论部分连在一起撰写，形成"结论与讨论"。在这一部分内容中，研究者的写作重心是进一步对前文所涉及的内容进行总结、回应与对话，因此，所谓的讨论并不意味着研究者可以漫无边际地进行发散，而需要紧紧围绕整个报告所研究的核心问题展开。也就是说，研究者需要向读者说明，通过本次调查研究，笔者主要发现了哪些问题，继而对导言中所提出的问题做出了怎样的分析和解释，而且经过本次调查研究之后又获得了什么样的推论，这种推论具有何种理论意义与现实意义，以及又具有什么样的局限。

而且，在这部分中，研究者最好能把自己的研究结果同文献评论中所列举出来的研究发现进行比较，从而再一次验证他们的结论。需要注意的是，这项研究有可能与预期的结果相一致，当然也有可能会与预期的结果完全相反，但不管在哪种情况下，研究者都需要在讨论部分如实描述，而不能为了满足最初的研究设想强行曲解甚至改变结论。

因此，除了进行比较和验证假设之外，调查报告的讨论部分还可以包括以下内容：对于本次研究仍然未能解释的问题进行说明；对于在研究中发现的新问题进行讨论；对于有可能会促进这些问题解决的研究领域和研究思路、观点等未经研究的畅想；对于同领域问题的下一步研究建议等。事实上，在许多有分量的调查报告中，有很大一部分就是以对进一步研究建议来作为报告结尾的。

当然，结论与讨论也不是完全一致或者可以合二为一的，在调查报告的最后部分，研究者还需要理解好二者之间的关系。一方面，二者之间具有很强的相关性；另一方面，两者又不完全相同。如果一份调查研究报告的内容相对较少，那么，出于篇幅的考虑，往往会将结论与讨论两部分合在一起写作，形成"结论与讨论"。但当一项调查研究报告的内容较多、较复杂时，更好的做法是将这两部分分开写作。在这种情况下，调查报告的结论部分，重要的是要表达和分析各个部分的结果，但在讨论部分，则主要对这项调查的整体结果进行综合性分析和描述。或者也可以这样理解，结论部分注重对研究结果的直接结论和直接内涵进行说明，而在讨论部分里，则主要是对该项研究结果更为深远的含义、影响、价值等内容进行反思。

---

① 孙昕，徐志刚，陶然，等．政治信任、社会资本和村民选举参与：基于全国代表性样本调查的实证分析．社会学研究，2007（4）．

（六）小结

小结可以算是调查报告正文中最后的一个部分，在这里，研究者通常需要对整个研究的主要内容进行简明扼要的、提纲挈领的总结。需要注意的是，有些初学者会混淆摘要和小结的写作方式，而且也有一些研究者会用摘要来代替小结。但这两者在本质上还是有所区别的。摘要往往强调的是整个调查报告研究的主要内容是什么，而小结则需要总结和说明整个调查研究所得出的结论到底是什么。比如，李小云等人在《中国减贫四十年：基于历史与社会学的尝试性解释》的小结中这样写道：

“从中国能够如此大规模地减少贫困人口这一巨大的成就来看，国家对社会的现代化改造是卓有成效的。这种改造的确在很大程度上改变了中国乡村的社会关系，但是中国乡村延续至今的社会文化结构也并没有完全崩溃。这样一种以血缘、地缘关系为核心的社会关系不仅依然在乡村中发挥作用，而且随着人口的流动影响着城市。与此同时，乡村的传统社会文化结构在国家推动的现代化改造中不断吸纳符合现代部门的伦理要素，构成了国家、市场和社会同向性的互动模式，使得贫困群体在这一互动中获得了把握市场的机会和能力。”①

（七）参考文献

一般而言，在学术性调查报告的结尾应当列出本报告所用的参考书目。这些书目通常应该包含研究者在从事这项研究过程中，所阅读、引用和评论过的文献。这样做的目的是：一方面表明研究者实事求是的、科学的研究态度；另一方面为同一领域的研究者提供了文献索引，便于其在相关研究中可以按图索骥，顺利展开。通常情况下，中文和英文文献都具有相对固定的写法和格式，也称为 MLA 格式、APA 格式和 GB/T 7714 格式。

1. MLA 格式

MLA 格式（Modern Language Association）是由美国现代语言协会针对人文类学科及其他相关学科所制定的书目及注释格式。在 1999 年颁布的手册中，MLA 对于如何进行注释的规范问题进行了详细的说明，从而形成了三大格式中调整最快、最符合学者需求的注释体例。其结构如下：

作者姓名、书名（篇名）、出版地、出版社（期刊名）、时间（年/期刊）。

（1）期刊、杂志。

中文期刊格式：

作者：篇名，出版地：出版者（期刊名），时间（年/期刊）.

举例如下：

李小云：中国减贫四十年：基于历史与社会学的尝试性解释，社会学研究，2018（6）.

英文期刊格式：

OBrien Kevin and Lianjiang Li. Selective Policy Implementation in Rural China，Comparative Politics，1999，31(2) .

① 李小云，徐进，于乐荣．中国减贫四十年：基于历史与社会学的尝试性解释．社会学研究，2018（6）.

（2）报纸。

中文报纸格式：

记者或作者：文章名称，报纸名称，时间，版别．

举例如下：

袁汝婷、谢樱：归与，归与：一座山村书院的理想 一对教授夫妇的乡愁，新华每日电讯，2020－07－31，第9版．

英文报纸格式：

Deng Zhangyu and Zhang Xiaomin，Dalian Opens Its Doors Wider to Buskers，China Daily，2023－09－18.

（3）书籍。

中文书籍格式：

作者．书名．出版地：出版社，时间．

举例如下：

赵树凯．乡镇治理与政府制度化．北京：商务印书馆，2010.

英文书籍格式：

Maurice Freedman. Chinese Lineage and Society：Fukien and Kwangtung. University of London，The Athlone Press，1966.

（4）译著格式。

中文翻译书籍格式：

原作者中文译名（原名）：书名，译者名，出版地：出版商，出版年．

举例如下：

［德］马克斯·韦伯（Max Weber）：儒教与道教，洪天富译，南京：江苏人民出版社，2008.

2. APA 格式

APA 格式（American Psychological Association）主要针对的是社会科学领域的研究，这种格式是由美国心理学会指定的参考文献规范格式，并规范了该领域学术文献的引用和参考文献的撰写方法以及表格、图表、注脚和附录的具体编排方式。从1944年到2001年，相关手册已经发行了5版。其结构如下：

作者姓名、时间（年/期刊）、书名（篇名）、出版地、出版社（期刊名）。

（1）期刊、杂志。

中文期刊格式：

作者（年代）．文章名称．期刊名称．期别．页码．

举例如下：

李小云，徐进，于乐荣（2018）．中国减贫四十年：基于历史与社会学的尝试性解释．社会学研究．6. 36－61.

英文期刊格式：

Sutton，Donald S.（2002）. Sex，Law and Society in Late Imperial China. Journal of social History，35（3）：712－714.

(2) 报纸。

中文报纸格式:

记者或作者(年月日),文章名称,报纸名称,版别.

举例如下:

袁汝婷、谢樱(2020 年 7 月 31 日),归与,归与:一座山村书院的理想 一对教授夫妇的乡愁,新华每日电讯,第 9 版.

英文报纸格式:

Deng Zhangyu and Zhang Xiaomin (2023 - 09 - 18), Dalian Opens Its Doors Wider to Buskers, China Daily, pp. B4.

(3) 书籍。

中文书籍格式:

作者(年代). 书名. 出版地点 : 出版社.

举例如下:

赵树凯(2012). 乡镇治理与政府制度化. 北京:商务印书馆.

英文书籍格式:

Maurice Freedman (1966). Chinese Lineage and Society: Fukien and Kwangtung, London: The Athlone Press.

(4) 译著格式。

中文翻译书籍格式:

原作者中文译名(译本出版年代). 书名(版别)(译者译). 出版地点:出版商.(原著出版年)

举例如下:

杜赞奇(2008). 文化、权力与国家——1900—1942 年的华北农村. 王福明译. 南京:江苏人民出版社.(原著出版年:1989 年)

(5) 会议论文。

格式如下:

作者(年代). 论文名称. 在编者编. 论文集名称. 出版地:出版者.

举例如下:

张忠智(1997). 科技书刊总编(主编)的角色要求. 佚名主编. 中国科学技术期刊学会建会十周年学术研讨会论文汇编. 北京:中国科学技术期刊编辑学会学术委员会.

(6) 网络文献。

格式如下:

作者(时间). 文章名. 网络出处.

举例如下:

余建斌(2013). 我们的科技一直在追赶:访中国工程院院长周济,来源于人民日报,http://paper.people.com.cn/rmrb/html/2013-01/12/nw.D110000renmrb_20130112-5-02.htm.

(7) 参考文献类型标识。

不同类型的文献在参考文献中缩写的标识不同。

印刷文献:

C—论文集　D—学位论文　J—期刊文章

M—专著　N—报纸文章　P—专利　R—报告　S—标准

电子文献类型标识:

MT—磁带　DK—磁盘　DB—数据库

EB—电子公告　CD—光盘　OL—联机网络

DB/OL—网上数据库(Database Online)

M/CD—光盘图书(Monograph on CD-ROM)

J/OL—网上期刊(Serial Online)

3. GB/T 7714 格式

这是我国在《信息与文献 参考文献著录规则》中规定的供研究者撰写参考文献使用的国家标准。"GB"为强制性国家标准代号,"GB/T"为推荐性国家标准的代号,均为大写。目前使用的标准编号为GB/T 7714—2015。本标准规定了各个学科、各种类型信息资源的参考文献的著录项目、著录顺序、著录用符号、著录用文字、各个著录项目的著录方法以及参考文献在正文中的标注方法。

(八) 附录

附录是正文的补充部分,在这个部分,研究者可以将那些能够帮助读者更好地了解研究细节的资料编排在一起。这些资料主要包括:研究者在收集数据资料时所使用的调查表、问卷、心理测验表等;对于文献中计算某些指标或数据的数学公式介绍;所采用的某些统计和测量指标的计算方法介绍;所用到的某些调查工具、测量仪器以及计算机软件介绍等。一般情况下,这些材料会占较大的篇幅,因此在学术论文发表时往往会略去这一部分,但是在以学位论文形式出现的研究报告中,则必须有附录部分进行补充说明。

第四节　撰写调查报告应注意的其他问题

一、调查报告中所应该注意的"五性"

"五性"即针对性、新闻性、求是性、主张性、翔实性。首先,明确报告写作目的和针对性,考虑是总结经验还是探索新路径等。其次,报告需具有新闻性和时效性,全面阐释事件原因、过程、影响,并运用数据和理论进行分析。接着,强调报告要求是基于事实的,选取最具代表性的内容,提高报告深度和准确性。再者,明确主张性,即提出研究者观点,为相关人士提供参考。最后,翔实性要求报告既详尽全面又简洁明了。

二、要遵循调查报告的行文要求

调查报告与新闻报道和文学作品不同,强调客观性、严密性和简洁性。因此,行文要求包括使用简明朴素的语言，避免文学化的渲染，保持客观公正，避免过度使用第一人称，并着重在定量研究中使用第三人称或非人称代词。

三、符合调查报告的引文与注释要求

引文和注释是确保调查报告科学性和学术规范的重要部分。注释的作用包括指明资料来源供参考、解释疑难点、表明对学术规范的遵守。注释形式可选择夹注、脚注或尾注，具体根据引用文字和报告的特点来定。

四、其他需要注意避免的情况

研究者在撰写调查报告时需避免未明确的主题、假设和理论，要事先明确，并避免简单罗列数据，要进行进一步的分析和合理解释。此外，应涉及研究者自身观点，不仅引用他人文献，还需进行实质性的讨论和对话。此外，确保论证逻辑自洽，避免统计方法的不恰当使用和简单列举，以免报告失去深度。

思考发现

调查报告所呈现的每一行字、每一组数据，都是社会现象的真实写照，是对现实的精准观察。作为调查研究者，我们应时刻铭记肩上的责任，心怀对社会的深沉热爱，尽量全面辩证地看待问题，实事求是，不因个人喜好而夸大或隐瞒事实真相，以求真务实的态度撰写调查报告来助力科学决策。

本章小结

调查报告的最后任务，是在完成资料收集和分析工作之后，把调查和研究的结果以报告的形式传达给他人。调查报告是研究者研究成果的集中体现，是同他人进行交流的基础，其好坏将直接影响社会研究成果的交流和对社会的作用。因此，研究者必须高度重视调查报告的写作。

就内容而言，任何社会现象都可以成为调查报告的内容。无论是哪种内容，调查报告的撰写都必须遵循一定的形式，按照以下逻辑顺序展开：确定主题，拟订提纲，选择材料，确定格式，撰写调查报告。

调查报告的结构类型可以分为应用性调查报告和学术性调查报告。（1）应用性调查报告的结构一般包括：标题，导言，主体，结尾。（2）学术性调查报告的结构更加丰富，主要包括：摘要，导言，研究方法，结果部分，讨论，小结，参考文献，附录等部分。

在调查报告的撰写过程中要注意“五性”：（1）针对性；（2）新闻性；（3）求是性；（4）主张性；（5）翔实性。

提高调查报告的写作能力并不是一蹴而就的，而是有一个漫长的积累过程。因此，研究者需要克服恐惧心理和完美心理，应该加强日常的写作训练，扎实基本功，提高个人素质，才能最终具备写出高质量的调查报告的能力。

关键术语

调查报告　调查报告的类型　调查报告的撰写　调查报告的结构

资源链接

视频微课 12－1　视频微课 12－2　视频微课 12－3

视频微课 12－4　视频微课 12－5

复习思考题

1. 普通调查报告与学术性调查报告的特点是什么？
2. 调查报告的撰写步骤是什么？
3. 调查报告的导言主要包括哪三个方面内容？
4. 学术性调查报告的结构主要包括哪几部分？
5. 撰写调查报告要注意的“五性”是什么？

在线自测

扫一扫　练一练

参考文献

［1］E. 迪尔凯姆．社会学方法的准则．狄玉明，译．北京：商务印书馆，1995.

［2］弗朗索瓦·迪贝．社会学有什么用．陈艳，译．北京：外语教学与研究出版社，2013.

［3］艾尔·巴比．社会研究方法．邱泽奇，译．北京：华夏出版社，2005.

［4］贝利．现代社会研究方法．许真，译．上海：上海人民出版社，1986.

［5］加里·亨利．实用抽样方法．沈崇麟，译．重庆：重庆大学出版社，2008.

［6］克莱尔·休森，卡尔·沃格尔，戴安娜·劳伦．如何进行网络调查．董海军，译．北京：中国人民大学出版社，2021.

［7］约翰·W. 克雷斯威尔．研究设计与写作指导：定性、定量与混合研究的路径．崔延强，译．重庆：重庆大学出版社，2007.

［8］劳伦斯·纽曼．社会研究方法：定性和定量的取向（第五版）．郝大海，译．北京：中国人民大学出版社，2007.

［9］林南．社会研究方法．北京：农村读物出版社，1987.

［10］罗纳德·扎加，约翰尼·布莱尔．抽样调查设计导论．沈崇麟，译．重庆：重庆大学出版社，2007.

［11］阿列克斯·英克尔斯，戴维·H. 史密斯．从传统人到现代人：六个发展中国家中的个人变化．顾昕，译．北京：中国人民大学出版社，1992.

［12］本书编写组．调查研究小全书：领导干部调查研究能力提升与调研报告写作规范．北京：中国言实出版社，2014.

［13］本书编写组．中国共产党100年奋斗历程．北京：人民出版社，2021.

［14］边燕杰，李路路，蔡禾．社会调查实践：中国经验及分析．牛津：牛津大学出版社，2004.

［15］陈述．党史上的调查研究之风及其当代启示．人民论坛，2020（18）.

［16］陈云松．当代社会学定量研究的宏观转向．中国社会科学，2022（3）.

［17］仇立平．社会研究方法．2版．重庆：重庆大学出版社，2015.

［18］董海军，李希雨．问卷调查的标准化：必要性、困境与出路．湖南师范大学社会科学学报，2021，50（2）.

［19］董海军．社会调查与统计．武汉：武汉大学出版社，2015.

［20］范伟达．中国社会调查史．上海：复旦大学出版社，2008.

［21］费孝通．社会调查自白．北京：知识出版社，1985.

[22] 风笑天．社会研究方法．6 版．北京：中国人民大学出版社，2022.

[23] 郭志刚．社会统计分析方法 SPSS 软件应用．2 版．北京：中国人民大学出版社，2015.

[24] 蒋逸民．社会科学研究中的六种常见错误．中国社会科学报，2019－01－16.

[25] 廉思．如何有效开展调查研究．北京：人民出版社，2019.

[26] 刘少杰．中国社会调查的理论前提．社会学研究，2000（2）．

[27] 彭玉生．“洋八股”与社会科学规范．社会学研究，2010（2）．

[28] 宋林飞．社会调查研究方法．上海：上海人民出版社，1990.

[29] 吴肃然．论操作化：当代社会科学哲学的启示．社会，2013，33（5）．

[30] 习近平．谈谈调查研究．学习时报，2011－11－21.

[31] 谢宇．社会学方法与定量研究．北京：社会科学文献出版社，2006.

[32] 余富强，胡鹏辉，杜沙沙．网络问卷调查的数据质量控制研究．统计与决策，2019，35（16）．

[33] 袁方．社会研究方法教程．北京：北京大学出版社，1997.

[34] 张文彤．SPSS 统计分析基础教程．3 版．北京：高等教育出版社，2017.

[35] 赵国栋，黄永中．网络调查研究方法概论．北京：北京大学出版社，2007.

[36] 郑佳节．调查研究．北京：中国人事出版社，2020.

[37] 周飞舟．将心比心：论中国社会学的田野调查．中国社会科学，2021（12）．

[38] 周晓虹．社会科学方法论的若干问题．南京社会科学，2011（6）．

附录

扫一扫

后记

经全国高等教育自学考试指导委员会同意，由公共管理类专业委员会负责高等教育自学考试《社会调查方法》教材的审定工作。

本教材由中南大学董海军教授担任主编，湖南科技大学曾东霞副教授、青海民族大学柳卓萍讲师担任副主编，中南大学米莉副教授、上海工程技术大学刘珊副教授、湖南师范大学胡书芝副教授参加编写。全书由董海军教授统稿。

南京大学孙亚忠教授、华中师范大学徐晓军教授、南京大学方长春教授对本教材进行审读，提出修改意见，谨向他们表示诚挚的谢意。

公共管理类专业委员会最后审定通过了本教材。

全国高等教育自学考试指导委员会
公共管理类专业委员会
2023 年 12 月

图书在版编目（CIP）数据

社会调查方法 / 董海军主编. --北京：中国人民大学出版社，2024. 7. --（全国高等教育自学考试指定教材）. --ISBN 978-7-300-33029-7

Ⅰ. C915

中国国家版本馆 CIP 数据核字第 20247GZ643 号

全国高等教育自学考试指定教材
社会调查方法
（含：社会调查方法自学考试大纲）
（2024 年版）
全国高等教育自学考试指导委员会　组编
主　编　董海军
副主编　曾东霞　柳卓萍
Shehui Diaocha Fangfa

出版发行	中国人民大学出版社		
社　　址	北京中关村大街 31 号	**邮政编码**	100080
电　　话	010－62511242（总编室）		010－62511770（质管部）
	010－82501766（邮购部）		010－62514148（门市部）
	010－62515195（发行公司）		010－62515275（盗版举报）
网　　址	http：//www. crup. com. cn		
经　　销	新华书店		
印　　刷	北京市鑫霸印务有限公司		
开　　本	787 mm×1092 mm　1/16	**版　　次**	2024 年 7 月第 1 版
印　　张	20 插页 1	**印　　次**	2024 年 7 月第 1 次印刷
字　　数	463 000	**定　　价**	58.00 元